苏轼和他的朋友们

杨胜宽 著

生活·讀書·新知 三联书店

Copyright © 2024 by SDX Joint Publishing Company.
All Rights Reserved.
本作品版权由生活·读书·新知三联书店所有。
未经许可，不得翻印。

图书在版编目（CIP）数据

苏轼和他的朋友们 / 杨胜宽著. -- 北京：生活·读书·新知三联书店，2024.10. -- ISBN 978-7-108-07926-8

Ⅰ．K825.6

中国国家版本馆 CIP 数据核字第 2024KF7740 号

责任编辑	柯琳芳	
装帧设计	春　雪	
责任校对	陈　格	
责任印制	李思佳	

出版发行　生活·讀書·新知三联书店
　　　　　（北京市东城区美术馆东街 22 号　100010）
网　　址　www.sdxjpc.com
经　　销　新华书店
印　　刷　北京隆昌伟业印刷有限公司
版　　次　2024 年 10 月北京第 1 版
　　　　　2024 年 10 月北京第 1 次印刷
开　　本　880 毫米 × 1230 毫米　1/32　印张 10
字　　数　286 千字
定　　价　78.00 元

（印装查询：01064002715；邮购查询：01084010542）

目 录

绪　论 …… 1

第一章　庆历"四杰"与苏轼政治观念及品格的形成 …… 19
　第一节　庆历"四杰"对苏轼的影响与培育 …… 20
　第二节　庆历"四杰"对苏轼政治品格的塑造 …… 25
　第三节　苏轼对庆历新政与熙宁变法的不同态度及其原因 …… 33

第二章　苏轼与陈希亮、陈襄的不同交情
　　　　——处理上下级关系的典型案例比较 …… 39
　第一节　苏轼与陈希亮的紧张关系 …… 40
　第二节　苏轼与陈襄的亲密关系 …… 49
　第三节　从《陈公弼传》探索其与陈希亮关系紧张的原因 …… 57

第三章　苏轼与滕甫在不同政治生态下的交谊 …… 61
　第一节　关于二人交往起始时间的考察 …… 62
　第二节　苏轼贬谪黄、汝时期与滕甫的交谊 …… 67
　第三节　元祐时期两人不断加深的交谊 …… 75

第四章　苏轼与北宋名士陈舜俞的交往及情谊 …… 82
　第一节　陈舜俞的籍贯、生平及著述 …… 83
　第二节　陈舜俞与苏轼交往寻踪 …… 87
　第三节　苏轼《祭陈令举文》真情流露的背景考察 …… 93

第五章　苏轼与刘恕父子的交情及其他 …… 100

  第一节　苏轼与刘恕在熙宁以前没有交往痕迹 …… 101
  第二节　二人熙宁时期的交往及其特性 …… 106
  第三节　苏轼晚年与刘羲仲的短暂交往 …… 113
  第四节　关于刘涣生平仕履的相关问题 …… 117

第六章　苏轼与傅尧俞的交往及关系变化
    ——一个从患难之交到势不两立的案例分析 …… 120

  第一节　二人交往起始时间与地点 …… 122
  第二节　二人的磨难及交往的情感升华 …… 130
  第三节　二人关系的恶化及其原因 …… 134
  第四节　傅尧俞的政治私心与人格污点 …… 144

第七章　苏轼与蒋之奇交游峰谷相间的变化轨迹 …… 147

  第一节　"濮议"之争对两人关系的影响 …… 148
  第二节　两人在熙宁、元丰年间的仕途浮沉及交往转机 …… 153
  第三节　元祐年间两人的仕途进退及交往 …… 159
  第四节　两人交往关系峰谷相间的政治原因 …… 165

第八章　苏轼与杨绘的交谊及其情感密码 …… 167

  第一节　苏轼与杨绘交往的几个重要节点 …… 169
  第二节　二人因政治倾向相近而越走越近 …… 176
  第三节　二人文字往还流露出的情感信息 …… 180

第九章　苏轼与钱勰交谊的政治、文化底色 …… 187

  第一节　关于钱勰及其对新法的态度 …… 188
  第二节　苏轼与钱勰的交往始末 …… 193
  第三节　二人交谊深厚的原因 …… 204

第十章　苏轼与周邠基于共同爱好的交谊 …… 210
第一节　周邠其人 …… 210
第二节　苏轼与周邠在杭州的交往 …… 214
第三节　二人后续交往及其影响 …… 225

第十一章　苏轼与蔡承禧的黄州交谊 …… 230
第一节　蔡承禧的主要生平事迹 …… 231
第二节　苏轼在黄州与蔡承禧的交往及情谊 …… 235
第三节　苏轼《好事近》可能是次韵蔡承禧"新词"之作 …… 242

第十二章　苏轼与王诜的交谊及"西园雅集"之争议 …… 249
第一节　二人熙宁年间的交往及其与"乌台诗案"的关系 …… 250
第二节　二人元祐时期的交谊 …… 256
第三节　二人共同的文学艺术爱好及关于"西园雅集"之争议 …… 263

第十三章　苏轼与李公麟的诗画交谊 …… 270
第一节　二人交往起始时间考索 …… 271
第二节　二人以诗画为媒的交往 …… 276
第三节　关于苏轼对李公麟评价的相关问题 …… 286

第十四章　苏轼与刘安世交往的曲折进程 …… 290
第一节　刘安世其人 …… 290
第二节　苏轼与刘安世的曲折交往 …… 296
第三节　关于苏轼《与刘器之二首》其一写作时间辨析 …… 306
第四节　"铁人"与"非随时上下人" …… 310

后　记 …… 313

绪　论

人们谈论宋代文化的地位与影响，必然以陈寅恪在20世纪40年代提出的"华夏民族之文化，历数千载之演进，造极于赵宋之世"[1]为知言。然陈氏虽指出了宋代文化是中华民族数千年文明发展的长期积累结晶而成，但其所谓赵宋文化，实乃限制在宋代学术或者"新宋学"的范围，并未涵盖这个时代文化的全部。其他不说，如果抽离了宋代文学与艺术，就不能客观反映宋代文化的全貌。而宋代的文学、艺术，无论是在中国整个文学、艺术发展史上，还是观察其对后世的深刻影响，其地位与作用都是极为重要的。以宋代诗词文赋等为基础构成的一代文学，能够在"唐音"盛极之后而自成"宋调"，挺立于古代文学之林，就更能使人认识"宋人生唐后，开辟真难为"的不易与可贵，以及"唐宋皆伟人，各成一代诗"（清人蒋士铨《辨诗》）的评价之公允与辩证。典型的宋代文化人，如王安石、司马光、苏氏兄弟及苏门诸学士等，莫不以诗文辞赋及经史兼擅为本色。这种兼擅众能的"复合型"人才特征，恰恰是铸就宋代文化繁荣与辉煌的重要基石。

一代文化鼎盛局面的形成，绝不是偶然地一蹴而就的，而是由多种积极而复杂的因素综合作用而形成的叠加效应。在这些因素中，文人士大夫

---

[1] 陈寅恪：《邓广铭〈宋史职官志考证〉序》，《金明馆丛稿二编》，北京：生活·读书·新知三联书店，2001年，第277页。

通过加强交流认同、相互提携鼓励等方式形成群体力量，共同致力于政治追求、文化建设、习俗引领等事业目标的实现，就是宋代一大值得关注的显著时代特征。为了各种目的而结盟的士大夫群体，又对宋代的政治格局与历史进程带来复杂的影响。这些影响从不同侧面作用于文人士大夫自身，既会对他们的交往选择、交谊深浅、亲疏关系产生影响，又会对社会层面的文化全局起到不同程度的刺激作用。

一、宋代尚文国策与党派政治的内在关联

宋代士人，作为这个时代文化建设的主体，他们以比以往任何时代都更为自觉的意识与多样化的形式，实现了华夏文化几近登峰造极的繁荣。中间的原因当然是多方面的，正是这些因素的综合作用，造就了中国历史文化演进过程中这一必然结果。

人们经常想到的，首先是赵宋自开国伊始即标榜以尚文抑武为国策。《宋史·文苑传》曰："自古创业垂统之君，即其一时之好尚，而一代之规模，可以豫知矣。艺祖革命，首用文吏而夺武臣之权，宋之尚文，端本乎此。太宗、真宗其在藩邸，已有好学之名，及[1]其即位，弥文日增。自时厥后，子孙相承。上之为人君者，无不典学；下之为人臣者，自宰相以至令录，无不擢科。海内文士，彬彬辈出焉。"[2]赵宋尚文的一大有力举措，就是重用文士，重视其在治国理政方面的重要作用。《续资治通鉴长编》载宋神宗熙宁三年（1070）三月召集二府官员讨论时政，对于是否需要更改祖宗法制的问题，文彦博等与皇帝争论很激烈。文彦博曰："祖宗法制具在，不须更张，以失人心。"上曰："更张法制，于士大夫诚多不悦，然于百姓何所不便？"彦博曰："为与士大夫治天下，非与百姓治天下也。"上曰："士大夫岂尽以更张为非，亦自有以为当更张者。"[3]论者认为这是宋代君主与士大夫共治天下的可靠证据。如果单从文彦博的话看，他认为北宋的"祖宗

1　"及"原作"作"，其义难通，据《四库全书》本改。
2　〔元〕脱脱等撰：《宋史》卷四百三十九，北京：中华书局，1985年，第12997页。
3　〔宋〕李焘：《续资治通鉴长编》卷二百二十一，北京：中华书局，2004年，第5370页。

法制"是士大夫反对"更张",假如更张法制,就是违背了"与士大夫治天下"的规矩,变成了"与百姓治天下"。这是不符合实际的。作为四朝元老,文彦博应该清楚,仁宗庆历初为刷新吏治,革除因循苟且之弊,下了决心重用韩琦、富弼、范仲淹等主张变革时政的一批士大夫,推动著名的"庆历新政"。虽然革新因各种原因在一年多后就宣告夭折,但这次政治变革的意义和影响是十分巨大而深远的,不仅熙宁变法与之有渊源,而且突出显示出这个时代的士大夫,与君主共治天下的参与意识和进取行动。文彦博把更张祖宗法制理解成背离了"与士大夫治天下"的规矩,并把它跟"与百姓治天下"对立起来,是不合理的,也是缺乏说服力的。

正是因为宋代士大夫这种与君主共治天下的议政参政意识空前强烈,所以他们不仅会利用一切机会表达各自的政治主张,发表对时政的看法,而且指陈时弊,呼吁革新,成为他们具有浓厚兴趣且经常涉及的话题。宋代制举的"贤良方正能直言极谏科",虽然是从唐代沿用下来的,但宋朝皇帝似乎在广开言路、听取士人批评时弊方面的意愿更加真诚一些,对于那些能够切中时弊要害、对策建议言之有物的应试者,也更加欣赏和重视。并且皇帝明令要求两省(中书、门下)大臣向朝廷举荐所知人才。因此,宋代贤达的士大夫,很注意发现这方面的人才,并积极向朝廷推荐,鼓励他们参加相关科目考试。而参加制举的士人,尤其看重"贤良方正能直言极谏"一科,意在借此机会发表自己的政治见解。比如苏轼,其进士科的主考官是欧阳修。欧阳修对苏轼的才识非常欣赏,有意把他培养成新一代文坛领军人物。他鼓励苏轼积极参加制科考试,并且于嘉祐五年(1060)专门向皇帝上奏了《举苏轼应制科状》,其中有言:"臣伏以国家开设科目以待俊贤,又诏两省之臣,举其所知,各以闻达。所以广得人之路,副仄席之求。"欧阳修称赞苏轼"资识明敏""论议蜂出",保荐其"应才识兼茂明于体用科"。[1]可是,苏轼最终参加的,却是"贤良方正能直言极谏科"。

---

[1] 〔宋〕欧阳修:《举苏轼应制科状》,《欧阳修全集·奏议集》卷十六,北京:北京市中国书店,1986年,第886—887页。

在《御试制科策》中，苏轼对仁宗在位三十年来的诸多弊政进行尖锐批评，并直言其"上下相安，以苟岁月"[1]的不勤政、不作为状况长期没有得到纠治。他还在对策最后阐明："夫天下者，非君有也，天下使君主之耳。陛下念祖宗之重，思百姓之可畏，欲进一人，当同天下之所欲进，欲退一人，当同天下之所欲退。"[2]不仅指出天下不是君主一人一姓的，而且主张进退人才、衡量选贤任能的最高标准，当以天下人心所望为依归。这些观念，是对君主集权专制政治及皇帝独裁权威的极大挑战。明人茅坤评价该策"多通达国体，非经生所及"，[3]高度肯定苏轼对时政利弊的深刻了解，并敢于直言不讳地提出批评，不同于一般儒生的迂腐说教。嘉祐六年（1061）八月，仁宗亲御崇政殿面试，结果苏轼被取为三等，为宋开国以来获此高等次的第二人，诏授凤翔府（今陕西宝鸡凤翔区）签判。这表明应试者在制科考试对策中批评时弊不仅不犯忌讳，而且会受到重视与奖励。苏轼没有依照欧阳修的举荐科目应试，其自主选择应该是更符合其指陈时弊的强烈愿望的。

就是在这种士人普遍希望参与天下治理进程的进取意识驱动下，他们积极致力于士大夫政治群体在君臣共治天下的治理结构中获得对君主专制集权的适度制衡，故从赵匡胤确立尚文、重用文士的基本国策之际起，士人通过政治认同结盟与群体同声共振等方式扩大其政治力量与社会影响，进而实现对皇权适当限制的尝试，就从未间断过。这一宋代政治与文化特征，经由后来的发展演变，形成了日益鲜明的"朋党"政治，对宋代历史进程产生了极为深刻而复杂的影响。

人们通常认为，"朋党"必定是势利小人为达到朋比营私的卑劣目的而结成的利益共同体，不仅人君比较厌恶，而且世人无不贬斥。但在北宋仁宗时期，围绕"朋党"存在的合理性及其作用的讨论与争议，却是一个

---

1 〔宋〕苏轼：《御试制科策》，孔凡礼点校：《苏轼文集》卷九，北京：中华书局，1986年，第292页。
2 〔宋〕苏轼：《御试制科策》，《苏轼文集》卷九，第299页。
3 〔明〕茅坤：《苏文忠公文钞》卷一，张志烈、马德富、周裕锴主编：《苏轼全集校注·苏轼文集校注》卷九《御试制科策·集评》，石家庄：河北人民出版社，2010年，第938页。

值得注意且引人深思的现象。人们大多知道庆历新政及其以失败告终的结局和原因，但对这场政治变革的起因及其中的政治斗争内涵，不一定都完全清楚。苏辙在所作《欧阳文忠公神道碑》里，有如下一段记述：

> 时西师未解，契丹初复旧约，京东、西盗贼蜂起，国用不给。仁宗知朝臣不任事，始登进范公及杜正献公、富文忠公、韩忠献公，分列二府，增谏员，取敢言士。……于是有诏劝农桑，兴学校，革磨勘、任子等弊，中外悚然。而小人不便，相与腾口谤之。公知其必为害，常为上分别邪正，劝力行诸公之言。初范公之贬饶州，公与尹师鲁、余安道皆以直范公见逐，目之党人。自是朋党之论起，久而益炽。公乃为《朋党论》以进，言君子以同道为朋，小人以同利为朋。人君但当退小人之伪朋，用君子之真朋。其言恳恻详尽。[1]

从这段记述中可知，仁宗决心解决与西夏战争带来的"国用不给"的财政困难，所以才起用了范仲淹等一批勇于作为的人，取代那些"不任事"的旧朝臣。被赶下台的夏竦心怀不满，教唆别人以"朋党"之名构陷革新派人士。欧阳修、余靖等力挺范仲淹诸人推行的一系列新政，范仲淹等人因此被罢黜远贬。欧阳修时任谏官，作为庆历新政的坚定支持者，十分认同范仲淹等人的政治改革理念，对仁宗先重用后弃用的决定不赞同，故专门写作《朋党论》上奏。这不单是为遭贬谪者鸣不平，更重要的是，提出了"何为朋党"及"如何辨别朋党"的严肃政治命题。他在文章里开宗明义："臣闻朋党之说，自古有之。惟幸人君辨其君子小人而已。大凡君子与君子，以同道为朋，小人与小人，以同利为朋，此自然之理也。"[2] 说自古有朋党之论，并非虚言，只是表述方式有所不同。西汉刘向曾言："昔孔子与颜渊、子贡更相称誉，不为朋党；禹、稷与皋陶传相汲引，不为比周。

---

[1]〔宋〕苏辙：《欧阳文忠公神道碑》，曾枣庄、马德富校点：《栾城集·栾城后集》卷二十三，上海：上海古籍出版社，1987，第1425—1426页。

[2]〔宋〕欧阳修：《朋党论》，《欧阳修全集·居士集》卷十七，第124页。

何则？忠于为国，无邪心也。故贤人在上位，则引其类而聚之于朝，《易》曰：'飞龙在天，大人聚也。'在下位，则思与其类俱进，《易》曰：'拔茅茹以其汇，征吉。'在上则引其类，在下则推其类，故汤用伊尹，不仁者远，而众贤至，类相致也。"[1]在刘向看来，孔子与弟子颜渊、子贡互相称誉，禹、稷与皋陶互相汲引，是同类相推相汲的正直行为，因为他们没有邪恶的用心。因此，在上则引其类，在下则推其类，不仅正常，而且值得提倡，因为这样做的目的没有私心私利，而是为了国家，为了事业。明眼人一见便知，刘向虽然不用"朋党"的概念，但所表达的，就是欧阳修所谓"君子与君子，以同道为朋"之意。故欧阳修在《朋党论》里申述其观点时强调："臣谓小人无朋，其暂为朋者，伪也。君子则不然。所守者道义，所行者忠信，所惜者名节。以之修身，则同道而相益；以之事国，则同心而共济，终始如一，此君子之朋也。故为人君者，但当退小人之伪朋，用君子之真朋，则天下治矣。"[2]君子与君子为朋，同道相益，同心共济，能够为国家做更多、更大的事。人君不仅不应该担心、猜忌，而且应该大力支持鼓励，依靠众君子的力量，才能把国家治理得更好。人君真正该防范的，是小人为了一己之私而结为私党，危害百姓，损害国家利益，一旦把小人分辨清楚了，就要毫不手软地铲除其大小党羽。

巧的是，欧阳修的这种观点，与范仲淹不谋而合。李焘《续资治通鉴长编》载，庆历四年（1044）四月，仁宗与范仲淹等有一番朝堂对话：

> 上谓辅臣曰："自昔小人多为朋党，亦有君子之党乎？"范仲淹对曰："臣在边时，见好战者自为党，而怯战者亦自为党。其在朝廷，邪正之党亦然，唯圣心所察尔。苟朋而为善，于国家何害也？"[3]

仁宗询问君子是不是也跟小人一样有"朋党"，范仲淹明确回答，朝

---
[1] 〔汉〕班固：《楚元王交传》，《汉书》卷三十六，北京：中华书局，1983，第1945页。
[2] 〔宋〕欧阳修：《朋党论》，《欧阳修全集·居士集》卷十七，第125页。
[3] 〔宋〕李焘：《续资治通鉴长编》卷一百四十八，第3580页。

廷有小人之党，必然就有君子之党。人君要做的事，是注意觉察朋党的"邪"与"正"，如果是"朋而为善"，不但没有害处，而且是好事，应该得到鼓励。因为有更多的人、更大的力量，致力于国家治理的各项事业，人心齐，才会国运昌。

苏轼在元祐初年，面对朋党之论再兴，作《续欧阳子朋党论》，重点阐述怎样分辨小人和如何与小人共处等现实问题，既是对庆历革新先驱们"朋党"观念的呼应，也是针对党派政治斗争新形势寻求破解之道的深沉思考。[1] 苏轼对于"朋党"问题的立场，不是简单地区分对错是非，而是立足现实政治局势，提出最大限度有利于时局稳定的应对策略。

历来论者往往只看到朋党政治对两宋数百年治乱兴衰的消极作用，甚至把北宋和南宋的灭亡归咎于此。其实，事物都有两面性。党派政治几乎与宋代历史发展相始终，必然有其存在的合理性与生命力。《周易·乾卦》早有"同声相应，同气相求"之说，《庄子·渔父》甚至提出"同类相从，同声相应，固天之理也"。[2] 志同道合的人以气类相从，这是自古以来人际交往的客观规律。宋代士大夫为了实现与君主共治天下的政治理想，不仅自身积极关注时事，通过科举考试等途径入仕参政，还采取多种方式发现和培育人才，寻求政治立场认同，壮大同盟力量，造就、吸引尽可能多的人才，以便将他们团结到推进国家治理的政治进程中来。这样的风气一旦形成，士人会直接或间接地受到贤能者的道德感召，心驰神往，见贤思齐。推动庆历新政的范仲淹、欧阳修，就是北宋时期士人景仰追慕的典范人物。苏轼《六一居士集叙》云："自欧阳子出，天下争自濯磨，以通经学古为高，以救时行道为贤，以犯颜纳说为忠。长育成就，至嘉祐末，号称多士。"[3] 嘉祐时期包括苏轼在内的一大批人才涌现的可喜局面，正是受到庆历新政"君子之党"深刻影响的结果。"通经学古""救时行道""犯颜纳说"的人才越多，君子道长、小人道消的政治力量日益壮大，士人才能在与君

---

1 笔者有专文《苏轼〈续欧阳子朋党论〉写作年代及相关问题考察》，对这些问题进行了深入探讨。
2 〔清〕郭庆藩：《庄子集释》卷十上，北京：中华书局，1982年，第1027页。
3 〔宋〕苏轼：《六一居士集叙》，《苏轼文集》卷十，第316页。

主共治天下的进程中发挥更好、更大的正面作用。

二、苏轼与人为善的做人原则及交友的基本特征

苏轼性格外向,具有典型的诗人气质,情感丰富,心地纯真。林语堂评价他说:"苏东坡比中国其他的诗人具有多面性天才的丰富感、变化感和幽默感,智能优异,心灵却像天真的小孩。"[1]据与苏轼有过直接交往的刘羲仲《漫浪野录》记载:"苏子瞻泛爱天下士,无贤不肖,欢如也。尝自言:'上可以陪玉皇大帝,下可以陪卑田院乞儿。'子由晦默少许可,尝戒子瞻择交。子瞻曰:'吾眼前见天下无一个不好人,此乃一病。'以余言之,先生天下士也,此其所以泛爱天下士。"[2]苏辙监筠州(今江西高安)盐酒税,是受元丰二年(1079)苏轼"乌台诗案"牵连被贬,可知弟弟出于防止文字之祸再度发生的好意,提醒其兄在结交朋友时要注意选择,远离势利小人。但苏轼却认为自己很难做到,因为他与人为善的本性,决定了其只会看得到别人的善良,而难以防范别人"不好"的卑劣的一面。他自己也清楚这是其处世的一大"毛病",但奈何禀性难移,不能改变。无论与"贤"还是与"不肖"交往,他都很享受当下的愉快过程,根本难以去预防这种交往可能带来的长远不利后果。即便是那些曾经排挤打击,甚至诬陷过自己的政治对手,他也不会在心里埋下一辈子仇恨的种子,而仍然保持与其本人或者后代的正常交往,留下了豁达大度、不记人过的可爱形象,有些甚至成为后人津津乐道的人际交往佳话。

最容易被人们提起的,当然是苏轼与王安石复杂而微妙的关系。从渊源上看,王安石与苏轼都是欧阳修很赏识,且加以重点培养、延誉提携的栋梁之材,一定意义上二人可以视为师出同门。在熙宁变法推进过程中,王安石最初有意将苏轼兄弟拉进变法派的政治阵营,还把苏辙安排到了新设的变法机构制置三司条例司里负责"看详文字"。这意味着苏辙能够参

---

[1] 林语堂著,宋碧云译:《苏东坡传·序》,海口:海南出版社,1993年,第1页。
[2] 〔元〕陶宗仪:《辍耕录》卷二十引,〔清〕纪昀总纂:《四库全书·子部·杂家类》,台北:台湾商务印书馆,1986年,第1040册,第635页。

与制定新法政策,并为新出台的各种"条例"把关文字内容,属于制定变法政策的核心成员之一。但苏轼从一开始就不赞同变法以丰财逐利为目的的改革方向,他始终认为在国家与民众的利益分配问题上,政府应该尽量节省财政开支,减少挥霍浪费,最大限度地减轻农民、工商业者的赋税负担,让老百姓能够安居乐业。故当熙宁二年(1069)初王安石以参知政事身份主导变法,并陆续推出"青苗法"等涉农法令之际,苏轼便于这一年的十二月作《上皇帝书》数千言长文上奏神宗,奏疏以"结人心"为核心,系统阐述他的政治、经济、国防、文化等系列主张,尖锐批评新法制定者为了增加国库收入而不惜损害农民利益的错误政策导向,呼吁神宗撤销制置三司条例司,停止派遣使者到各地督促新法执行,以免造成民众和社会恐慌。在新法刚刚颁布、朝野争议不下、基层官吏难于落实法令条款的紧要关头,苏轼这篇奏疏对王安石而言无异于当头一棒,倘若神宗真的认可了其中某些观点,变法能否顺利推进就成了一大问题。所以作为政治家的王安石,对苏轼在关键时刻阻挡其变法进程的行为极为恼怒。他毫不犹豫地把之前的好感及欲使之成为政治盟友的努力放在一边,转而明确视苏轼为自己的政治对手之一,采取一切可能的措施对其加以排挤压制。其中包括不止一次在神宗面前说苏轼"非佳士"之类的坏话,还利用对官吏任用的建议权,极尽所能将苏轼尽快赶出朝廷,使之远离政治权力中心。在让苏轼到地方任知州还是给予更低级别"差遣"的问题上,王安石与神宗反复讨价还价,苏轼最后被任命为杭州通判。苏轼对于这次出任地方官职,非常清楚是王安石在其中起了主要作用,也清楚王安石为什么要这样对待他,故其去杭州赴任,心情一直很郁闷。他的满腹牢骚在初到杭州时的一些诗、词、文及与友人的通信中表露明显,这也成为其在任上对新法流弊特别关注,并且要以诗歌形式"托事以讽"的重要心理和情感因素。

但到元丰后期,经历黄州(今属湖北黄冈)之贬数年量移汝州(今河南汝州),获准常州居住而路过金陵(今江苏南京)的苏轼,没有记恨曾经一再排挤打击自己的政敌王安石。他专门前往拜访被罢免了宰相闲居于钟山附近半山园的这位"故人",主动接续彼此的友情。《潘子真诗话》记载:"东坡得请宜兴,道过钟山,见荆公。时公病方愈,令坡诵近作,因为手写一通以为赠。复自诵诗,俾坡书以赠己。仍约坡卜居秦淮。故坡和公诗云:'骑驴渺渺入荒陂,想见先生未病时。劝我试求三亩宅,从公已觉十年迟。'"[1] 这首诗是苏轼《次荆公韵四绝》中的第三首,载于宋人施元之等编注《施注苏诗》卷二十一、清人王文诰辑注《苏轼诗集》卷二十四,写作时间为元丰七年(1084)六月苏轼与王安石在钟山相见时。他们此时此境的见面,各自心中未尝没有一些仕途荣辱、世道沧桑的身世感慨,但两人会面所呈现出来的,却是这对文章知己的惺惺相惜,彼此欣赏。王安石主动表达希望苏轼在此与自己卜邻而居的邀约,而苏轼也为对方的真诚所感动,写出了"从公已觉十年迟"的动情诗句,俨然久别重逢的老友情怀。似乎曾经的政治嫌隙已如过眼云烟随风飘逝,而眼前的相见畅谈,只有令人赏心悦目的文学对话,以及值得备加珍惜的纯粹私谊。

类似的例子还有很多,比如曾经罗织苏轼诗文"谤讪执政"罪名的李定、朱光庭,苏轼后来跟二人都有诗文往来,表明苏轼已经放下仇怨,原谅并充分理解了对方的所作所为。还有曾是苏轼同榜进士加好友的章惇,在哲宗"绍圣复辟"以后得势掌权,位居宰相,对昔日好友苏轼打击不遗余力。绍圣三年(1096),苏轼在惠州写了《纵笔》一诗,其中有"报道先生春睡美,道人轻打五更钟"两句。此诗传到章惇的耳朵里,他没有丝毫对故人远贬岭南生活安好的喜悦或者同情,反倒愤怒于其在惠州过得"如此快活",于是提议将苏轼再贬至孤悬海外的儋州。[2] 他甚至向哲宗建议,为免除后患,派遣使者董必去岭南把那些元祐大臣全部杀掉,应验了苏轼早年在凤翔任职时与章惇一次登山历险中对这位友人半开玩笑似的评价:自己能拼命,一定会杀人!但元符三年(1100)初,年仅二十多岁的哲宗去世,其弟赵佶即皇帝位。这就是宋徽宗,他调停新旧两派纷争的意图,被一些台谏官员视为政治风向转变的信号,故弹劾为相七年的章惇的奏章接

---

1 〔宋〕潘淳:《潘子真诗话》,颜中其编:《苏东坡轶事汇编》,长沙:岳麓书社,1984年,第95页。
2 〔宋〕曾季狸:《艇斋诗话》,颜中其编:《苏东坡轶事汇编》,第213—214页。

二连三,章惇由此开始了其不断被贬的仕途生涯。建中靖国元年(1101),章惇被贬为雷州司户参军。而此时,苏轼已经获准北返中原,行进在去往常州的途中。他接到章惇之子章援的书信,信中大约介绍了章惇被贬岭南的情况。苏轼在回信中说:

> 伏读来教,感叹不已。某与丞相定交四十余年,虽中间出处稍异,交情固无所增损也。闻其高年,寄迹海隅,此怀可知。但以往者,更说何益,惟论其未然者而已。[1]

计算四十余年的交情,应该是从二人在凤翔任职时有正式交往开始,中间没有断绝,包括章惇为相时对苏轼的无情打击过程在内。苏轼虽然提到那段历史,但只是淡淡地用"出处稍异"一笔带过,而强调两人的交情"无所增损"。可见苏轼丝毫没有责怪的意思,更不用说记仇了。反过来他对章惇晚年遭遇海隅贬谪深表同情,并且极力劝慰对方不要再提已经过去的那些不愉快的事(可能章援在信中就其父亲那种无情打击苏轼的做法表示了道歉),而应该着眼于未来,以后不再做那类不厚道的事,就是最令人欣慰的了。由此可以看出,苏轼之所以能够宽容那些曾经打击、迫害过他的人,就在于一贯秉持与人为善、以德报怨的交际原则,理性地处理彼此过去、现在的关系,进而对未来抱着最大的善意期待。

当然,苏轼与人交往还有更重要的一面,那就是跟品德高尚、志同道合者的过从,这是其一生广泛交友的主旋律。与这些人交往,通常能够保持彼此来往的长期性,而且随着交往的不断加深,交往形式的丰富多样,彼此情谊会不断深化,特别是这种交谊在经受了一方或者双方的人生磨难考验之后,感情变得更加纯洁、牢固,达到一种心心相印、相知相惜的深厚程度。在诸多交往形式中,诗文往还成为苏轼与人交往最重要、最普遍的方式。无论双方远隔千里,还是近在咫尺,都可以通过诗文酬赠实现彼此情感的交流,并在这个过程中共同分享文学艺术创作带来的无穷乐趣。

---

[1] 〔宋〕苏轼:《与章致平二首》其一,《苏轼文集》卷五十五,第1643页。

通过诗文酬赠以促进互相交流、增进双方友情的方式，虽然历史已经很长久，但在以苏轼为代表的宋代士大夫手中运用的广泛、丰富、灵活程度，却大大超过以往任何一个时代。事实上，这不仅是文人交往的一种普遍形式，并且成为这个时代的重要文化特征之一，甚至在造就宋代文化繁荣方面，也起到了不可忽视的积极作用。单看收入《苏轼文集》的书信，就达到一千六百多篇，占到其文章总量四千八百多篇的三分之一，是其创作的所有文体中数量最为庞大的。在苏轼流传下来的二千七百多首诗歌中，以"次韵"为题的作品就有二百七十六首，占到总数的十分之一，加上其他"和""答"等酬赠作品，数量更大，如果再计入他主动赠给别人的作品，说酬赠作品占到其诗歌创作总量的三到四成，应该是不成问题的。这既反映出此类作品在苏轼一生创作中的重要分量，也可以视为宋代文人以此作为一种互相交往交流常用形式的缩影。因此可以说，宋代士人交往中的诗文往还，不仅是彼此加强交流、增进友情的主要形式，也是他们文学创作构成的重要组成部分。宋代士人间诗文往还被广泛用于"朋旧之间"的频度与范围，不仅大大超迈往代，甚至成为宋代文化发达与繁荣不可或缺的一道亮丽风景线。

纵观苏轼一生的交往活动，呈现出几个比较明显的特征：

一是政治主张、立场认同成为影响彼此交往以及交情深浅的重要因素。从庆历新政到熙宁变法、元祐复古、绍圣复辟，每一次朝局变化都会给苏轼的人生经历、仕途发展带来直接影响。在不同人生境遇之下，他的交往倾向、条件、对象、程度等也会随之发生相应变化。庆历新政及其代表性人物"庆历四杰"，不仅影响了苏轼政治观、人生观、道德观的形成，而且对苏轼后来的从政实践也具有明显的示范作用。他主张变革的政治理念，以及什么样的政治变革才是能够兼顾国家和民众利益的认识与策略，都可以从庆历新政的革新取向及其治理实践中，以及跟"庆历四杰"的直接、间接交往中，找到相关的影子。熙宁变法由于是苏轼亲身参与并在落实新法实践中进行过观察和检验的一次重大政治改革，故不仅使其体会最为具体和深切，而且对其仕途发展的影响也最大。从熙宁时期被疏远排挤，到元丰时期被台谏罗织罪名遭遇"乌台诗案",苏轼仕途发展一路走低,甚至忍受了被捕快逮捕、监狱关押、刑讯逼供等人生羞辱,最后以罪臣身份安置于黄州,成为地方长官的"看管"对象,实际上被部分地限制了人身行动自由。

黄州之贬使苏轼经历了一段心灵苦闷、精神压抑的炼狱般的生活,偏僻的地理位置以及一时难以愈合的身体及心灵创伤,他只能在孤独中默默承受。为了尽量不连累亲旧,他主动断绝了与一些人的联系,同时又有一批在其最失意苦闷之际与其交往和亲近的人,他与这些人的交往不仅是对象的变化,更重要之处在于其背后蕴藏着的彼此命运类似、爱好相近、情感共鸣、价值认同等深层次因素,发挥了重要的催化作用。其中交往最多、彼此交谊不断深化的友人,自然就是那些跟他一样反对新法、受到以王安石为代表的新法派政治势力排挤打击的士大夫。这些人中间,有比苏轼年长的政坛先达如陈襄、滕甫、傅尧俞、钱觊等。苏轼与他们的交往情况、关系发展及结成的友谊,本书都分别进行了专门考察。无论彼此后来关系如何变化,但最初的结识交往,大多是因为他们的政治观念相近,政治立场相同,相互能够找到政治身份认同,容易产生共同语言,引起思想与情感共鸣。

二是文学艺术爱好、对文化事业的执着追求成为彼此寻找知音、加深交谊的重要联系纽带。苏轼一生宦海浮沉四十年,但他本质上仍然是一个文化人,即使在仕途最辉煌的年代,他也从未改变其文化人的本色,没有放弃所钟爱的文学艺术创作和读书、研究事业。而其遭遇政治排挤、仕途挫折的那些岁月,正好成为他投入更多时间与精力加倍创作、产出众多文学艺术精品的黄金阶段,无论倅杭,还是黄、惠、儋三处的贬谪,都是如此。苏轼晚年在金山寺看到李公麟所画自己的画像时题诗说:"问汝平生功业,黄州、惠州、儋州。"[1]他把三处贬谪地视为其"平生功业"的成就地,

---

[1] 〔宋〕苏轼:《自题金山画像》,〔清〕王文诰辑注,孔凡礼点校:《苏轼诗集》卷四十八,北京:中华书局,1982年,第2641页。

虽不乏壮志未酬的叹息，但他最热爱和不懈追求的文学艺术与学术研究，确是在这几处成就最大，最能体现其不朽的人生价值。在被贬黄州的四年多时间，就有一批仰慕其文学艺术才能的同辈和后起之秀与他定交，并在此后的岁月里保持着亲密关系，比如后来活跃于元祐文坛的"苏门四学士""苏门六君子"等骨干成员。我在《苏轼与苏门文人集团研究》一书里对他们做过较为集中的"个案"研究[1]，有兴趣者可以参考。元祐时期是苏轼仕途最顺遂的几年，众多反对新法的士大夫被召回朝廷并受到重用，是所谓"君子"齐聚京师的年代。以元祐三年（1088）苏轼在礼部主持科举考试为标志，其文坛盟主的身份更加明确，地位更加突出。在苏轼活跃的交游及以身示范的积极推动下，一个文学艺术繁荣时期如约而至。不仅士人交往聚会空前频繁，而且在苏轼周围会聚了一大批志同道合者。他们共同致力于时代文化发展，众志成城地缔造了宋代各项文化事业的辉煌局面。

三是重大文化事件对苏轼的交往关系影响明显。从苏轼一生的交往情况看，影响其与友人交往的几个重大文化事件，如英宗即位初的"濮议"之争、神宗、哲宗时期的湖州两次"六客会"、哲宗元祐前期的"策题"事件、"西园雅集"、主持礼部考试等，都不同程度地对苏轼与友人的交往及相互感情的变化，产生了直接影响。试举两例加以说明。

所谓"濮议"，即围绕英宗生父濮安懿王应该被尊崇为皇考还是皇伯问题在朝廷内部发生的争议。以韩琦、欧阳修等为代表的政府官员主张"皇考"说，即认为生身之父在人伦关系上最为重要，英宗当了皇帝，其父就应该在祖庙中占有皇考的牌位被祭祀尊奉；而以司马光、吕诲等台谏官员为代表的一方则主张"皇伯"说，认为赵宗实过继给仁宗为子，改名赵曙被立为太子，并在仁宗驾崩后顺利继承皇位，就应该认仁宗为父，而濮安懿王只能被尊为皇伯。这场争议的一方有欧阳修。欧阳修是苏轼与蒋之奇嘉祐二年（1057）科举考试的主考官，比照唐代的考试文化观念，他们之间有座主与门生之义。可是身为御史的蒋之奇却听人唆使，利用其可

---

[1] 杨胜宽：《苏轼与苏门文人集团研究》，成都：四川人民出版社，2010年。

以"风闻言事"的弹奏特权,根据传闻弹劾欧阳修与儿媳吴氏存在闺帷丑事,要求严加追究。后来查实的结果是,此乃欧阳修的妻弟为泄私愤而编造的谎言,蒋之奇由此受到贬谪。因为这件事,同出欧门的苏轼即便心里认同"皇伯"说,也全程保持沉默,并与蒋之奇拉开彼此距离。苏轼的这种态度,表明其对蒋之奇为了达到自己的目的而背叛欧阳修,是比较反感的。因此,苏轼一生与蒋之奇的交往历史,呈现出峰谷相间的不稳定状态。

而元祐元年(1086)的"策题"事件,则对苏轼与傅尧俞的关系产生重大影响。"策题"事件由台谏官员朱光庭引发,他仿照元丰二年李宜之、舒亶、李定等人深文周纳,成功制造"乌台诗案"文字狱的伎俩,弹劾苏轼所出的策题内容涉及对仁宗、神宗的不当议论,认为其意在贬低仁宗、神宗不如汉代的文帝、宣帝,是人臣对祖宗的"不敬""不忠",应该给予严厉处罚。苏轼对此罪名指控自然坚决否认。此时垂帘听政的太皇太后高氏对苏轼很信任,认为苏轼的策题意思清楚,没有贬低祖宗的用意。一时朝廷上下传言要处罚弹劾不实的言官朱光庭。而当时身为御史中丞的傅尧俞为了挽救御史台下属,率王岩叟等一批台谏官员为朱光庭帮腔,指证苏轼的策题存在问题,并且在与太皇太后的激烈争辩中,不断升级弹劾罪名,甚至以"待罪"于家来要挟太皇太后必须对苏轼做出处罚。苏轼因此而与傅尧俞由之前的交契深笃走向关系彻底决裂。这成为交谊不得善终的一个典型案例。

其他提及的文化大事件对苏轼与友人的交情影响如何,本书在相关的个案研究中都有考察分析。由此可以看出,以重视文化著称的宋代,一个文化事件既可以发挥推动文化发展繁荣的积极作用,也会对士大夫之间的人际关系产生复杂而重要的影响。通过苏轼与十多位友人交往过程及关系变化的个案分析,我们会发现:一些不为研究者注意的对象,苏轼与他们不仅有交往,而且情谊很深厚;一些研究者已经提出的研究结论,事实上可能并非如此。通过对苏轼与这些友人交往的深入考察,其中的"共性"与"个性"也会让读者看得更清楚。本书涉及的苏轼这批友人,他们与苏轼有的保持了长达数十年的交情,有的则只有一年左右的"不期而遇",有的是关系由浅到深，有的则是由交好走到关系破裂。这些差异和变化体现出来的"个性"，普遍受到当时政治风向和朝局更迭等复杂因素的直接或间接影响，这是影响苏轼与友人关系的最大"共性"。

三、影响士人关系与交情的权力之"手"

宋代的党派政治特征，一方面促使不同政治倾向与立场的士大夫依据不同时期的政治局势结成紧密或者松散的政治同盟，为相同或相似的政治理想和目标寻求君臣契合的用世机缘，努力追求其与君主共治天下的政治目标的实现；另一方面，具有不同政治立场或者利益诉求的政治派别，必然因各自的理想追求和现实的特殊政治需要而产生矛盾，并形成不同的阵营或群体，彼此的得失胜负较量甚至残酷争斗，就是不可避免的。如果不同政治势力及相互间的矛盾被出于某种政治需要的人所把控或利用，矛盾就会更加激化，斗争也会更加严酷。

宋代是中国古代历史上君主专制体制更加强化和完善的一个封建王朝。一方面，君主重用文人，建立了比以往任何朝代都更加完备的文官制度，给予文臣比以往朝代更加丰厚的物质待遇、更加优越的生活条件，使得文人士大夫拥有足够的空间与生活条件从事丰富的文化活动，为文化发展和走向繁荣营造了相对有利的成长土壤和社会环境。另一方面，不允许臣子挑战至高无上的君主绝对权威，所谓士大夫与人君共治天下，只有在二者是臣仆与君主关系的前提下才能成立。在宋代一整套文官制度体系里，台谏监察体系由过去重点监督皇权是否被君主滥用，转向为皇帝监察百官以维护其专制威权，就是一个比较突出的政治文化特征。这种权力过分集中于君主一人的政治格局，既有利于士大夫在维护皇权的前提下寻求与人君共治天下的可能性，又必然带来人君为了有效掌控政局而有意地利用不同政治倾向的力量，使其帮助人君实现其主导治理天下目标实现的方法与路径，达到各种政治力量互相制约，人君可以发挥其仲裁人的作用并使不同政治势力为己所用的目的。庆历新政本来是仁宗为了解决与西夏战争造成的财力匮乏的困难，而起用范仲淹等一批希望革除长期以来因循成风之弊的士大夫推行改革,但当夏竦教唆钱明逸以"朋党"嫌疑诬陷范仲淹等革新派时,仁宗便很坚决地罢免革新派的官职,停止了新政的推行,把这些人拆散并发遣到各地去任职。其背后的深层次政治原因,在于作为最高权力拥有者的宋仁宗,最不放心的就是不管以何种形式结成的士大夫政治同盟。这种政治同盟存在威胁皇权的潜在风险,而防范这种风险,成为人君巩固自身绝对权威,权衡其中利害得失的首要考量。因此,范仲淹等人的悲剧是颇具讽刺意味的。当初由仁宗挑选出来推行新政的一大批士大夫,为了协助皇帝实现刷新吏治、改善财政状况等目的而推行政治经济变革,后来却仅仅因为别有用心的人的污蔑而被其无情地罢免或贬谪了。即便范仲淹们说的、做的都是"为善于国家"之事,仍然没有打消仁宗埋藏在心底的权力危机疑虑。在可以考见的宋代历史文献中,如石介在《庆历圣德颂》序中所记录的仁宗在庆历三年(1043)三月开始的二十来天时间里,把枢密院、台谏部门的主要官员全部更换的强力人事调整情形,就再也没有出现过。这似乎只能解释成仁宗记取了务必铲除一切"朋党"滋生土壤的深刻政治教训。

　　神宗重用王安石等新法派,而疏远、打压新法反对派;哲宗亲政前太皇太后召还被新法派排挤的士大夫,而将掌权的新法派悉数赶出朝廷;哲宗亲政后又反其道而行之,使两股政治力量再次经历权位大挪移。这些巨大的政局变化,不仅使不同政治阵营的士大夫仕宦进退剧烈起伏,还对他们的人际关系造成直接和重大的影响。熙宁、元丰年间被新法派压制、贬抑的士大夫们,因为类似的仕途遭遇和相似的政治立场而彼此亲近,不少人因此而加强彼此间的交往,甚至成为相知相惜的莫逆之交。元祐与绍圣的两次朝局巨变所带来的影响也大致如此。如果没有太皇太后将反对新法的所谓元祐"君子"全部召回朝廷,为他们齐聚京师提供极大的交往便利和频繁聚会的条件,那么苏轼主盟文坛的情形就不可能出现,元祐时期的一系列文化大事件就不可能发生,这一时期的文化繁荣局面自然也就不可能形成。从某种意义上说,影响宋代士大夫关系及交谊的权力之"手",不仅直接左右着不同时期的党派政治格局与走向,而且对这个时代的文化发展局势，产生着复杂而广泛的影响。而从总体上看，宋代尚文的基本国策，通过君主权力之"手"的推动，对宋代文化繁荣局面的出现，起着正面作用，即宋朝各代君主对文化的持续好尚与鼓励，对推动文化不断发展，有着不可忽视的作用和意义。

第一章 庆历"四杰"与苏轼政治观念及品格的形成

庆历"四杰"酝酿和参与的庆历新政，在苏轼幼小的心灵中留下了终生铭记的深刻印象，同时也播下了变革弊政思想的种子。"四杰"诸公在苏轼的成长道路上，扮演着人生导师的角色，并对其成为"国器"发挥了多方面的积极作用。苏轼在政治立场上赞扬庆历新政，反对熙宁变法，都与其在成长过程中所接受的政治观念及其在仕途中所形成的政治立场，有着不容忽视的深刻联系。

所谓庆历"四杰"，是指宋仁宗庆历年间活跃于政坛的四位杰出人物韩琦、范仲淹、富弼和欧阳修。苏轼作于元祐四年（1089）的《范文正公文集叙》云："庆历三年，轼始总角入乡校，士有自京师来者，以鲁人石守道所作《庆历圣德诗》示乡先生。轼从旁窃观，则能诵习其词，问先生以所颂十一人者何人也？先生曰：'童子何用知之？'轼曰：'此天人也耶，则不敢知；若亦人耳，何为其不可！'先生奇轼言，尽以告之，且曰：'韩、范、富、欧阳，此四人者，人杰也。'时虽未尽了，则已私识之矣。"[1]这是时隔四十七年，已仕至翰林侍读学士的苏轼，在为范仲淹文集作序时追忆当年的一桩铭记于心的不平凡童年往事。次年苏轼在知杭州任上，遵旨为富弼作《神道碑》，再次述及此事："庆历三年，……时晏殊为相，范仲淹

---

[1]〔宋〕苏轼：《范文正公文集叙》，《苏轼文集》卷十，第311页。

为参知政事,杜衍为枢密使,韩琦与公副之,欧阳修、余靖、王素、蔡襄为谏官,皆天下之望。鲁人石介作《庆历圣德诗》,历颂群臣,皆得其实。曰:'维仲淹、弼,一夔一契。'天下不以为过。"[1]关于仁宗庆历三年朝廷人事大调整,石介的《庆历圣德颂并序》,叙述更加详细:"三月二十一日大昕,皇帝御紫宸殿朝百官,相得象、殊,拜竦枢密使,夷简以司徒归第。二十二日,制命昌朝参知政事,弼枢密副使。二十六日,敕除修、靖、素并充谏官。四月八日,皇帝御紫宸殿朝百官。衍枢密使,仲淹、琦枢密副使,乃用御史中丞拱辰、御史邈、御史平、谏官修、靖十一疏,追竦枢密使敕。十三日,敕又除襄为谏官。天地人神,昆虫草木,无不欢喜。……当时群臣犹且浓墨大字,金头钿轴,以称述颂美。时君功德,以为无前之休,丕大之绩。如仲淹、弼,实为不世出之贤。求之于古,尧则夔、龙,舜则稷、契,周则闳、散,汉则萧、曹,唐则房、魏。"[2]诗序所谓"退奸进贤",以及诗中"躬揽贤英,手锄奸枿"云云,"贤"者自然指新任用的范仲淹等十一人,而"奸"者盖指夏竦,被欧阳修、余靖两位谏官用十一道弹劾奏疏攻下台。在二十来天的时间里,仁宗把枢密院、台谏部门的主要官员全部更换,就连刚刚任命的枢密使夏竦,也把其敕书追回了,的确表现出急于刷新吏治、改革时政的巨大决心。这在当时的朝野引起了巨大震动,人们对即将开启的"新政"寄予厚望,故包括石介在内的朝廷官员,纷纷作诗文进行称颂。虽然此次一共任命了十一人,但其中最具人望的,当属范、富、韩、欧四人,石介《庆历圣德颂》重点赞誉的,也是这四人。八岁的童子苏轼,虽然还不能完全理解四人的杰出之处,但已经把他们铭记于心,永世难忘了。

第一节　庆历"四杰"对苏轼的影响与培育

庆历"四杰"中,范仲淹于仁宗皇祐四年(1052)去世,苏洵送苏轼

---

[1] 〔宋〕苏轼:《富郑公神道碑》,《苏轼文集》卷十八,第531页。
[2] 〔宋〕石介:《庆历圣德颂并序》,〔宋〕石介著,陈植锷点校:《徂徕石先生文集》卷一,北京:中华书局,1984年,第7页。

兄弟在嘉祐二年到京师参加进士考试时,他已经去世五年了。这是"四杰"中苏轼唯一没有面见的前辈,也是他最为敬仰的前辈。然而,范仲淹对苏轼成长潜移默化的影响,却是不可忽视的。他在《范文正公文集叙》里说,他读欧阳修所作的《资政殿学士户部侍郎文正范公神道碑铭》,其中有云:"公少有大节,于富贵、贫贱、毁誉、欢戚,不一动其心,而慨然有志于天下,常自诵曰:'士当先天下之忧而忧,后天下之乐而乐也。'其事上遇人,一以自信,不择利害为趋舍。其所有为,必尽其力,曰:'为之自我者当如是,其成与否有不在我者,虽圣贤不能必,吾岂苟哉!'"[1]苏轼大约对此极为认同,且独有会心,故自谓"得其为人"。[2]苏轼自言不敢推辞为范仲淹文集作序的原因是:"自以八岁知敬爱公,今四十七年矣。彼三杰者,皆得从之游,而公独不识,以为平生之恨,若获挂名其文字中,以自托于门下士之末,岂非畴昔之愿也哉。"[3]他是要以序范仲淹文集的方式,来明确表达对这位前辈的敬爱之情,弥补未能从之游的遗憾,且以自托门下之士为幸。可以想见范仲淹立身处世的人格与精神在苏轼一生中所产生的持久陶冶作用。正是这种崇敬之情,使苏轼在数十年间,先后与范仲淹之子范纯仁、范纯礼、范纯粹建立起亲密联系。这似乎成为其未能结识范仲淹的一种有效补偿方式。他要从范仲淹的后代身上,去努力感受其为政、为文、为人取得非凡成就的巨大魅力。

富弼算是范仲淹的门生辈,曾受知于范。苏轼在为其所作的《富郑公神道碑》里说:"公幼笃学,有大度,范仲淹见而识之,曰:'此王佐才也。'怀其文以示王曾、晏殊,殊即以女妻之。仁宗复制科,仲淹谓公曰:'子当以是进。'天圣八年,公以茂材异等中第。"[4]可见在富弼的成长道路上,范仲淹不仅扮演了其人生发展方向指导者的角色,而且尽力为之做引荐延誉工作,使富弼得到后来担任宰相的晏殊的赏识并以女妻之,为富弼

---

[1] 〔宋〕欧阳修:《资政殿学士户部侍郎文正范公神道碑铭》,《欧阳修全集·居士集》卷二十,第144页。
[2] 〔宋〕苏轼:《范文正公文集叙》,《苏轼文集》卷十,第311页。
[3] 〔宋〕苏轼:《范文正公文集叙》,《苏轼文集》卷十,第311—312页。
[4] 〔宋〕苏轼:《富郑公神道碑》,《苏轼文集》卷十八,第528页。

打通了仕途发展上的一个重要通道。富弼显达之后，也像范仲淹那样积极提携后进，"平生所荐甚众，尤知名者十余人，如王质与其弟素、余靖、张瓌、石介、孙复、吴奎、韩维、陈襄、王鼎、张昷之、杜杞、陈希亮之流，皆有闻于世，世以为知人"。[1]而苏轼也是富弼所看重并努力加以引荐的人才之一。苏轼说他嘉祐二年登第，成为主考官欧阳修的门生，"始见知于欧阳公，因公以识韩、富，皆以国士待轼"。[2]因为欧阳修与韩琦、富弼皆是庆历新政的主要参与者，他们政见相同，私谊甚笃，故苏轼被欧阳修所知，也就必然得到韩、富二人的器重。他们均以"国士"对待苏轼，极为欣赏其政治见识与文学才能，并且相当看好其未来的仕途发展前景。

嘉祐六年，苏轼丁母忧期满还京，到达京郊怀远驿，作《上富丞相书》。上书中既对富弼的政绩、德行及才能极为称道推许，同时也对其身为宰执而进取之心不足，特别是在提携新人方面做得不够发表了直言不讳的意见：

> 自明公执政，而朝廷之间，习为中道，而务循于规矩。士之矫饰力行为异者，众必共笑之。夫卓越之行，非至行也，而有取于世。狡悍之才，非真才也，而有用于天下。此古之全人所以坐而收其功也。今天下卓越之行，狡悍之才，举不敢至于明公之门，惧以其不纯而获罪于门下。轼之不肖，窃以为天下之未大治，兵之未振，财之未丰，天下之有望于明公而未获者，其或由此也欤？昔范公收天下之士，不考其素。苟可用者，莫不咸在。虽其狂狷无行之徒，亦自效于下风，……轼也西南之匹夫，求斗升之禄而至于京师。翰林欧阳公不知其不肖，使与于制举之末，而发其猖狂之论。是以辄进说于左右，以为明公必能容之。所进策论五十篇，贫不能尽写，而致其半。观其大略，幸甚。[3]

---

[1]〔宋〕苏轼：《富郑公神道碑》，《苏轼文集》卷十八，第536页。
[2]〔宋〕苏轼：《范文正公文集叙》，《苏轼文集》卷十，第311页。
[3]〔宋〕苏轼：《上富丞相书》，《苏轼文集》卷四十八，第1377页。

文中拿范仲淹不拘一格荐人用人，与富弼多少有些对人求全责备进行比较，认为其执掌国柄，应该对各种人才兼收并蓄，不能遗漏有"卓越之行""狡悍之才"的士人，因为人无完人，一偏之才，也有其可用之处。又专门提及欧阳修曾对富弼推荐过苏轼，迟迟不见回音，也不知其是否读过自己所作的策论篇章，看后有何评价。苏轼此时尚未正式做官，故急于有所作为，实现其人生理想抱负，难免言之颇急，求进心切。大概因为对方视自己为"国士"，他自然希望对方在仕途发展上能够助自己一臂之力。此书是否引起了富弼的重视，没有史料可以佐证，但从苏轼元祐时期所作《富郑公神道碑》看，文中评价富弼为政之道云："公之为相，守格法，行故事，而附以公议，无心于其间，故百官任职，天下无事。以所在民力困弊，赋役不均，遣使分道相视裁减，谓之宽恤民力。又弛茶禁，以通商贾，省刑狱，天下便之。"[1] 赞扬其施政重章法，讲公道，天下安宁，民众便之。似乎在经历了仕途历练之后，苏轼更加理解和认同了富弼的为政行事作风。富弼之反对新法，注重君子小人之辨，这些从仕途进退沉浮中总结的为官、为人之理念与原则，对苏轼后来从政、立身处世有着潜移默化的熏陶，故其在为富弼作《神道碑》时，特别表而出之，既属称美之言，也是认同之意。

韩琦在苏轼早期仕途发展上，是发挥过一定直接作用的。嘉祐二年登第以后，苏轼特地作《上韩太尉书》，表达希望拜见之意：

> 轼自幼时，闻富公与太尉皆号为宽厚长者，然终不可犯以非义。及来京师，而二公同时在两府。愚不能知其心，窃于道涂，望其容貌，宽然如有容，见恶不怒，见善不喜，岂古所谓大臣者欤？夫循循者固不能有所为，而翘翘者又非圣人之中道，是以愿见太尉，得闻一言，足矣。太尉与大人最厚，而又尝辱问其姓名，此尤不可以不见。[2]

---

[1]〔宋〕苏轼：《富郑公神道碑》，《苏轼文集》卷十八，第533页。
[2]〔宋〕苏轼：《上韩太尉书》，《苏轼文集》卷四十八，第1382页。

苏轼提出想拜见韩琦的理由，是希望当面领教怎样为人处世的方法。这自然是说辞，而没有点破的意图，乃是期盼得到其提携，毕竟他自己虽中第，但尚未进入仕途。信中特别提及韩琦与自己的父亲苏洵最相厚善，并且当时还专门向苏洵询问过苏轼的有关情况，故即便出于对长者的礼数，也应该登门拜谢。关于韩琦与苏洵的具体交往，现存文献资料较少涉及，但后来苏洵去世，韩琦为之作挽词二首：其一有"名儒升用晚，厚愧不先予"之句，似乎略有自愧未早日推荐延誉之意；其二云"族本西州望，来为上国光。文章追典诰，议论极皇王。美德惊埋玉，瑰材痛壤梁。时名谁可嗣，父子尽贤良"[1]，不仅对苏洵的德行、文章极为推崇，而且赞扬其二子很优秀，能够继承、弘扬其美德与文学事业。看来，韩琦还是非常有眼光的，苏轼兄弟后来的发展，印证了其当年的预见。

治平二年（1065），苏轼自凤翔府签判任满还朝，判登闻鼓院。英宗有意擢用苏轼，韩琦身为宰相，极力进行了劝阻。韩琦的这番举动究竟是为苏轼好，还是在其仕途上设置了障碍，当时及后来颇有不一致的看法。苏辙在《亡兄子瞻端明墓志铭》中说："英宗在藩闻公名，欲以唐故事召入翰林。宰相限以近例，欲召试秘阁。上曰：'未知其能否故试，如苏轼有不能耶？'宰相犹不可，及试二论，皆入三等，得直史馆。"[2] 言辞间有不满宰相韩琦阻止苏轼受英宗重用入翰林之意。而李焘《续资治通鉴长编》则云：

（治平三年二月乙酉）殿中丞苏轼直史馆。上在藩邸闻轼名，欲以唐故事召入翰林，便授知制诰。韩琦曰："苏轼远大之器也，他日自当为天下用，在朝廷培养之，使天下之士莫不畏慕降伏，然后取而用之，则人人无复异词。今骤用之，恐天下之士未必皆以为然，适足累之也。"上曰："知制诰既未可与，修起居注可乎？"琦曰："记注与制诰为邻，未可遽授。不若于馆阁中，择

---

1 〔宋〕韩琦：《苏洵员外挽词二首》，《安阳集》卷四十五，《四库全书·集部·别集类》，第1089册，第490页。
2 〔宋〕苏辙：《亡兄子瞻端明墓志铭》，《栾城集·栾城后集》卷二十二，第1411—1412页。

近上帖职与之。且近例当召试。"上曰:"未知其能否,故试,如苏轼有不能耶?"琦言"不可",乃试而命之。他日,欧阳修具以告轼。轼曰:"韩公待轼之意,乃古所谓君子爱人以德者也。"[1]

此段比较完整的记载,让读者更加清楚韩琦不让苏轼直入翰林,完全出于爱护与悉心栽培的目的,观其与英宗的对话,可以看出他对苏轼才能的高度认可,而不赞同英宗的"骤用",乃是着眼长远的考虑,强调让苏轼得到充分的成长锻炼。当天下士尚未普遍接受之前,过早重用会对其长远发展不利,反而会对其声誉造成负面影响。所以当欧阳修将此事的经过及韩琦的意图告诉苏轼之后,苏轼表示十分理解和认同,称赞韩琦对待自己乃古人所谓君子爱人以德者,有培养"国士"的良苦用心在。事实上,韩琦非常重视人才,且以礼贤下士著称。故《宋史·韩琦传》云:"琦天资朴忠,折节下士,无贵贱,礼之如一。尤以奖拔人才为急,傥公论所与,虽意所不悦,亦收用之,故得人为多。"[2] 看来韩琦用人很注重"公议",天下人皆认可接受,即使意有不悦,也加以收用。其以"国士"待苏轼,显然不应该有任何阻碍其仕途发展的企图。

欧阳修主持嘉祐二年的进士考试,看过苏轼的答卷,便对其新颖的见识与优秀的文笔印象非常深刻。他不仅本人对苏轼极力称誉培养,而且广泛向朝廷重臣和文章显达推荐苏轼,在苏轼的成长道路上付出的心血最多,也对苏轼最为信任,将自己身后的文坛主盟重任交与苏轼,希望其将北宋诗文革新事业进行到底。

第二节 庆历"四杰"对苏轼政治品格的塑造

庆历"四杰"既是著名的政治家,又是文章高手,在道德品质方面也堪称表率。故庆历三年他们被仁宗重用,成为轰动一时的政治大事件。朝

---

[1] 〔宋〕李焘:《续资治通鉴长编》卷二百七,第5039页。
[2] 〔元〕脱脱等撰:《宋史》卷三百一十二《韩琦传》,第10229页。

野上下无不称贺，以为人才之盛，古今罕匹。"四杰"所力推的新政，虽然因为反对者多方阻挠而夭折，但其对北宋后来的政治走向及士林风气，产生了广泛而重要的影响。"四杰"的仕途遭遇及人生进退虽然充满曲折，但他们的道德风范与政治遗产，却在宋代乃至此后的元明清各代不乏继承和发扬的知音。苏轼自入乡校之时起，就一直在耳闻目睹"四杰"的真实与传奇故事中成长，考取进士之后，更有机会直接与韩琦、欧阳修等人接触。他们对苏轼的扶持、提携、教导、勉励，都在苏轼的人生进步和成熟过程中，产生了直接而广泛的影响。择要而言，大略有如下方面：

第一，修身，以德行为本。庆历"四杰"之所以在当时和后世享有如此巨大的声誉，并产生如此深远的影响，其锐意变革、推进新政的胆略犹在其次，最重要的当是他们的高尚品德为时人及后世所景仰。苏轼对"四杰"以道德修身作为立身行事之根本，甚至内化而成为其秉性的人格底色，多有称道。如《范文正公文集叙》称范仲淹："其于仁义礼乐，忠信孝弟，盖如饥渴之于饮食，欲须臾忘而不可得。如火之热，如水之湿，盖其天性有不得不然者。虽弄翰戏语，率然而作，必归于此。故天下信其诚，争师尊之。孔子曰：'有德者必有言。'非有言也，德之发于口者也。又曰：'我战则克，祭则受福。'非能战也，德之见于怒者也。"[1]天下之人皆师尊范仲淹，乃是出于对其高尚道德情操的仰慕。又如《六一居士集叙》称欧阳修："自欧阳子出，天下争自濯磨，以通经学古为高，以救时行道为贤，以犯颜纳说为忠。长育成就，至嘉祐末，号称多士，欧阳子之功为多。呜呼，此岂人力也哉？非天其孰能使之！"[2]欧阳修也是天下士人"师尊"的偶像，其所以能够广受尊敬，并非人力所能为，乃是因其高尚道德情操为天下共仰。

苏轼认为，天有天德，人有人德，天地万物有违于此，则天地失其序，人不可以为人。故其对于德行高尚之人，极为称道，曾作《种德亭》诗，称颂悬壶济世的医者王复之德[3]；又称赞好友李常："怪君一身都是德，近之

---

[1] 〔宋〕苏轼：《范文正公文集叙》，《苏轼文集》卷十，第312页。
[2] 〔宋〕苏轼：《六一居士集叙》，《苏轼文集》卷十，第316页。
[3] 〔宋〕苏轼：《种德亭》，《苏轼诗集》卷十六，第822页。

清润沦肌骨。"[1]他在元祐三年主持礼部考试时,门人李廌意外落选。大约李廌有些难于接受,在写给苏轼的信中,流露出抱怨情绪。苏轼在回信中进行耐心劝导,其中有云:"私意犹冀足下积学不倦,落其华而成其实。深愿足下为礼义君子,不愿足下丰于才而廉于德也。若进退之际,不甚慎静,则于定命不能有毫发增益,而于道德有丘山之损矣。"[2]在苏轼看来,才能与德行相比较,居于次要地位。为人当以道德为立身之本,不断修炼,充实提高,才能写出好的文章,做好做成事;倘若德行有亏,其他都无价值与意义。

第二,事功,以天下为重。人生在世,必须对社会有所贡献。成就功名,是很多士人的理想追求。庆历"四杰",虽然都致力于实现自己的功名与理想,但他们具备更大的眼界、更广的胸怀,把天下安危喜忧放在比获取个人功名更高的位置。最为世人所称道的,当然是范仲淹"先天下之忧而忧,后天下之乐而乐"的格言了。王称《东都事略·范仲淹传》:"仲淹少有大志,于富贵、贫贱、毁誉、欢戚,一不动其心,而慨然有志于天下。尝自诵曰:士当先天下之忧而忧,后天下之乐而乐。此其志也。为楚州粮料院,母丧去官,自言不敢以一身之戚而忘天下之忧,乃上书宰相,极论天下事。"[3]其丁忧居家,身无官职,本来没有职责和义务去关心天下之事,但他却不以个人之悲忧为意,作《上执政书》数千言,其中言:"盖闻忠孝者,天下之大本也。其孝不逮矣,忠可忘乎?此所以冒哀上书,言国家事,不以一心之戚而忘天下之忧,庶乎四海生灵,长见太平。"[4]把忠于君国、系念天下放在首位,个人即使冒着被人指责为不孝的风险,也在所不惜。他曾作《用天下为心赋》,阐明人君为政用权,当顺应天下人心:"审民之好恶,察政之臧否;有疾苦必为之去,有灾害必为之防。……彼惧烦苛,我

---

1 〔宋〕苏轼:《次韵舒教授寄李公择》,《苏轼诗集》卷十六,第832页。
2 〔宋〕苏轼:《与李方叔书》,《苏轼文集》卷四十九,第1420页。
3 〔宋〕王称:《东都事略》卷五十九上,《四库全书·史部·别史类》,第382册,第367页。
4 〔宋〕范仲淹著,〔宋〕綦焕辑:《上执政书》,《范文正集》卷八,《四库全书·集部·别集类》,第1089册,第631页。

则崇简易之道；彼患穷夭，我则修富寿之方。"[1]君臣皆以天下为心，那就是最理想的治世了。《宋史·范仲淹传论》亦曰："仲淹初在制中，遗宰相书，极论天下事，他日为政，尽行其言。……考其当朝，虽不能久，然先忧后乐之志，海内固已信其有弘毅之器，足任斯责，使究其所欲为，岂让古人哉！"[2]遗憾的是，他力推的庆历新政，未能尽所用，而其胸襟与情怀，却是值得世人感佩的。

苏轼一生，遭遇过被排挤、坐牢、贬谪等重大人生挫折，但他对于个人的不幸，皆独自默默承受，泰然处之。他想得最多的，是担心自己遭罪会不会连累、牵扯朋友亲人；即使自己身在谪籍，处境艰难，也从未放弃对国家安危、民生疾苦的惦记。他贬谪黄州期间，曾致信友人李常（字公择）曰：

> 吾侪虽老且穷，而道理贯心肝，忠义填骨髓，直须谈笑于死生之际，若见仆困穷便相于邑，则与不学道者大不相远矣。……兄虽怀坎壈于时，遇事有可尊主泽民者，便忘躯为之，祸福得丧，付与造物。[3]

对于个人的得失进退，乃至生死，都可以笑谈面对，甚至置之度外。而于国家和民众有益的事情，则必须"忘躯为之"，至于由此遭遇的祸福，都不必计较，坚信造物者不会亏待那些心系天下之人。苏轼这样说，也这样做。其在黄州劝阻溺死女婴的落后风俗，其在惠州推广秧马技术，资助修建进城新桥，在儋州传播中原先进文化，阻止杀牛不良习俗等，都是在自己处于被贬谪安置的地位且生活极为艰难的时候，所做出的造福当地百姓之事。苏轼深受民众爱戴，迄今这些地方还对苏轼当年的善举津津乐道，感戴至深。

---

1 〔宋〕范仲淹著，〔宋〕綦焕辑：《用天下为心赋》，《范文正集》卷二十，《四库全书·集部·别集类》，第1089册，第768页。
2 〔元〕脱脱等撰：《宋史》卷三百一十四，第10295页。
3 〔宋〕苏轼：《与李公择十七首》其十一，《苏轼文集》卷五十一，第1500页。

第三，人才，以教育为先。庆历"四杰"对人才极为重视，以发现、教育、引荐、提携青年才俊为美事乐事。范仲淹两岁丧父，其母改嫁朱家，他也改名朱说。稍长，便辞母前往应天府，求学于一代名儒兼教育家戚同文。范仲淹后来作《南京书院题名记》，对戚同文兴教重学，创办应天书院（其前身为睢阳学舍），大力造就人才并以此为家风大为赞扬："睢阳先生、赠礼部侍郎戚公同文，以责于丘园教育为乐。门弟子由文行而进者，自故兵部侍郎许公骧而下，凡若干人。先生之嗣，故都官郎中维、枢密直学士纶，并纯文浩学，世济其美。"[1] 范仲淹在未大用之前，曾被应天知府晏殊聘为府学教授，专门从事人才教育工作。后来无论在地方任职，还是在朝廷秉政，都以发现、举用人才为要务。他在《选任贤能论》中说："王者得贤杰而天下治，失贤杰而天下乱。张良、陈平之徒，秦失之亡，汉得之兴；房、杜、魏、褚之徒，隋失之亡，唐得之兴。故曰：得士者昌，失士者亡。"[2] 历史经验证明，得人才者得天下，失人才者亡天下。韩琦、富弼、欧阳修都以礼遇、提携人才为重，苏轼一举中进士，就被他们待以"国士"之礼，多方帮助，为其成长为"国器"之才创造各种有利条件。苏轼《祭魏国韩令公文》有云："施及不肖，待以国士。非我自知，公实见谓。父子昆弟，并出公门。公不责报，我岂怀恩。惟此涕泣，实哀斯人。"[3] 以出于韩琦之门自豪，而因未报其恩悲恸。一代文豪欧阳修，对苏轼的培养提携更是不遗余力。他看出苏轼超常的文学才能，故重点对其传授为文之道，并创造机会使之能够出人头地。苏轼在《祭欧阳文忠公文》里说："而不肖无状，因缘出入，受教于门下者，十有六年于兹。"[4] 可以看出，在苏轼的文学成长道路上，欧阳修付出了长期教育培养的努力。苏轼知颖州（今安徽阜阳）时，前去拜见致仕闲居的欧阳修。欧阳修将文坛主盟的重任，正式托

---

1 〔宋〕范仲淹著，〔宋〕綦焕辑：《南京书院题名记》，《范文正集》卷七，《四库全书·集部·别集类》，第1089册，第622页。
2 〔宋〕范仲淹著，〔宋〕綦焕辑：《选任贤能论》，《范文正集》卷五，《四库全书·集部·别集类》，第1089册，第602—603页。
3 〔宋〕苏轼：《祭魏国韩令公文》，《苏轼文集》卷六十三，第1938页。
4 〔宋〕苏轼：《祭欧阳文忠公文》，《苏轼文集》卷六十三，第1937页。

付给苏轼,希望其传道弘业,不辱使命。苏轼对此极为感动,他在《祭欧阳文忠公夫人文》里追述云:"轼自龆龀,以学为嬉。童子何知,谓公我师。昼诵其文,夜梦见之。十有五年,乃克见公。公为拊掌,欢笑改容。'此我辈人,余子莫群。我老将休,付子斯文。'再拜稽首,过矣公言。虽知其过,不敢不勉。契阔艰难,见公汝阴。多士方哗,而我独南。公曰:'子来,实获我心。我所谓文,必与道俱。见利而迁,则非我徒。'又拜稽首,有死无易。"[1]苏轼从少年时梦想拜欧阳修为师,到后来真正成为其门生,直至最后欧阳修以主盟文坛的重任相付。这成为中国文化史上前辈教育培养后辈的著名典范。

苏轼自己成名以后,也以教育、提携后进为己任,且以结识才俊为幸事、乐事。他在签判凤翔时,作《稼说》赠张琥,教以"博观而约取,厚积而薄发"之理。这既适合于治学、为文,也可作为做人之道。其在知徐州任上,作《日喻》赠吴琯,阐明勤学以致道的哲理。这道理应试适用,为人同样适用。其贬谪黄州时,李昭玘致书请求入门从之学,苏轼大为感动,在答书中曰:

> 轼蒙庇粗遣,每念处世穷困,所向辄值墙谷,无一遂者。独于文人胜士,多获所欲,如黄庭坚鲁直、晁补之无咎、秦观太虚、张耒文潜之流,皆世未之知,而轼独先知之。今足下又不见鄙,欲相从游,岂造物者专欲以此乐见厚也耶?[2]

黄、晁、秦、张,后来成为著名的"苏门四学士",为元祐文坛的繁荣做出了重要贡献。在苏轼看来,自己的仕途发展总是坎坷曲折,难以实现最初期待的人生理想,但在获取人才方面,却成绩斐然。他自嘲是造物者所赐,其实乃是他重视人才,乐于结交文人胜士的必然结果。其晚年谪居惠州,侄婿王庠从蜀中致信请教应试方法,苏轼答书云:

---

[1]〔宋〕苏轼:《祭欧阳文忠公夫人文》,《苏轼文集》卷六十三,第1956页。
[2]〔宋〕苏轼:《答李昭玘书》,《苏轼文集》卷四十九,第1439页。

轼少时好议论古人，既老，涉世更变，往往悔其言之过，故乐以此告君也。儒者之病，多空文而少实用。贾谊、陆贽之学，殆不传于世。老病且死，独欲以此教子弟，岂意姻亲中，乃有王郎乎？三复来贶，喜抃不已。[1]

既以流行时弊谆谆告诫，又以自己年少时的教训现身说法，希望其不要单纯追求应试成败，而应该学以致用，持之以恒，最终必得对人生有益的大收获。

第四，施政，以民生为要。庆历"四杰"积极推动庆历新政，乃是看到了赵宋王朝自立国以来，积弊日重，苟且成风，逐渐失去民心，存在着动摇其统治基础的危险。范仲淹在《上执政书》里一针见血地指出："今朝廷久无忧矣，天下久太平矣，兵久弗用矣，士曾未教矣，中外方奢侈矣，百姓反困穷矣。朝廷无忧则苦言难入，天下久平则倚伏可畏，兵久弗用则武备不坚，士曾未教则贤材不充，中外奢侈则国用无度，百姓困穷则天下无恩。苦言难入则国听不聪矣，倚伏可畏则奸雄或伺其时矣，武备不坚则戎狄或乘其隙矣，贤材不充则名器或假于人矣，国用无度则民力已竭矣，天下无恩则邦本不固矣。"[2]他认为当今之天下，已到"泰极者否"的紧要关头，只有走变革时政之路，才能扶危济困，巩固大宋的政权根基。由此可以清楚看到，范仲淹建议推行新政的全部推理，都是建立在民心向背基础之上的。他由此提出"固邦本，厚民力，重名器，备戎狄，杜奸雄，明国听"等六项变革重点。所有这些举措的核心和归宿，依然落脚在"民为邦本"的根本治国理政之道上。

苏轼在为富弼所作的《神道碑》中，详细记录了其知青州（今属山东潍坊）兼京东东路安抚使时，遭遇河朔大水，救济流民的事迹：

河朔大水，民流京东。公择所部丰稔者五州，劝民出粟，得

---

[1]〔宋〕苏轼：《与王庠书》，《苏轼文集》卷四十九，第1422页。
[2]〔宋〕范仲淹著，〔宋〕綦焕辑：《上执政书》，《范文正集》卷八，《四库全书·集部·别集类》，第1089册，第632页。

十五万斛,益以官廪,随所在贮之。得公私庐舍十余万区,散处其人,以便薪水。官吏自前资待阙、寄居者,皆给其禄,使即民所聚,选老弱病瘠者厘之。山林河泊之利,有可取以为生者,听流民取之,其主不得禁。官吏皆书具劳约为奏请,使他日得以次受赏于朝。率五日,辄遣人以酒肉糗饭劳之,出于至诚,人人为尽力。流民死者,为大冢葬之,谓之丛冢,自为文祭之。明年麦大熟,流民各以远近受粮而归,凡活五十余万人。募而为兵者又万余人。上闻之,遣使劳公,即拜礼部侍郎。公曰:"救灾,守臣职也。"辞不受。……自公立法,简便周至,天下传以为法,至于今,不知所活者几千万人矣。[1]

由于救灾得法,五十多万人免于被饥、疫夺去生命,可谓功德无量。而且其成功的经验被其他各州府所借鉴采用,其赈灾救民的外溢成效,根本难以估计。而当朝廷要给予褒奖时,富弼却以守臣分内之责婉辞谢绝了。守土有责,职当救灾,但像富弼这样殚精竭虑,将民生置于最重要位置者,是值得大书特书的。

苏轼自幼即有治国安邦的宏大志向,所作数十篇策论,重点阐述的都是保国安民的道理与方法。其后一生仕途曲折,曾身典八郡,足迹遍及四方。他每到一处,都把民生事业放在首位,积极作为,恪尽职守。其知徐州时,遭遇黄河决口,凶猛的洪水直奔徐州古城而来,一城生民处于被洪水吞噬的危险之中。

苏轼《河复并叙》曰:

> 熙宁十年秋,河决澶渊,注巨野,入淮泗。自澶、魏以北皆绝流,而济、楚大被其害。彭门城下水二丈八尺,七十余日不退。吏民疲于守御。[2]

---

[1] 〔宋〕苏轼:《富郑公神道碑》,《苏轼文集》卷十八,第532页。
[2] 〔宋〕苏轼:《河复并叙》,《苏轼诗集》卷十五,第765页。

苏辙《黄楼赋并叙》曰：

> 方水之淫也，汗漫千余里，漂庐舍，败冢墓。老弱蔽川而下，壮者狂走，无所得食，槁死于丘陵林木之上。子瞻使习水者浮舟楫，载糗饵以济之，得脱者无数。[1]

苏辙在《亡兄子瞻端明墓志铭》中对此亦详加记述：

> 公履屦杖策，亲入武卫营，呼其卒长，谓之曰："河将害城，事急矣，虽禁军，宜为我尽力。"卒长呼曰："太守犹不避涂潦，吾侪小人效命之秋也。"执梃入火伍中，率其徒短衣徒跣，持畚锸以出，筑东南长堤，首起戏马台，尾属於城。堤成，水至堤下，害不及城，民心乃安。然雨日夜不止，河势益暴，城不沉者三板。公庐于城上，过家不入，使官吏分堵而守，卒完城以闻。[2]

在一城百姓生死攸关的紧要关头，苏轼临危不惧，亲临一线指挥督战。在筑堤人手不够，难以尽快完成紧迫任务的情况下，他只得破例前往守城禁军营中动员军士支援，与全城军民一起奋战数十日，最终防洪堤发挥了保住徐州城不被冲毁和淹没的重要作用，保住了古城和全城百姓的生命财产安全，受到朝廷的通令嘉奖。至今仍然矗立在徐州城中的黄楼，作为苏轼当年率领军民抗洪的历史见证，向世人述说着这位有着出色组织行动能力的贤吏以民生为重的动人故事。

第三节　苏轼对庆历新政与熙宁变法的不同态度及其原因

在北宋历史上，前后相隔二十六年的庆历新政与熙宁变法，都无疑是赵宋，乃至中国古代政治史上引人注目的大事件。神宗即位次年，王安石于

---

[1] 〔宋〕苏辙：《黄楼赋并叙》，《栾城集》卷十七，第417—418页。
[2] 〔宋〕苏辙：《栾城集·栾城后集》卷二十二，第1413页。

熙宁元年（1068）上奏《本朝百年无事札子》，虽然其中用大量篇幅肯定了仁宗在位四十余年保持天下无事的功绩，但真正的用意乃是为了揭示出看似"无事"背后所隐藏的危机及其深刻原因："本朝累世因循末俗之弊，而无亲友群臣之议。人君朝夕与处，不过宦官女子；出而视事，又不过有司之细故。未尝如古大有为之君，与学士大夫讨论先王之法，以措之天下也。一切因任自然之理势，而精神之运有所不加，名实之间有所不察。"[1]他由此认为，北宋立国百年间无事，不是值得庆幸的好事，应该加以严肃反思和改弦更张。故其在奏章末尾说："伏惟陛下躬上圣之质，承无穷之绪，知天助之不可常恃，知人事之不可怠终，则大有为之时，正在今日。"[2]在王安石看来，连仁宗在位数十年都是因循末俗，未尝大有作为，其所支持而最终归于夭折的庆历新政，自然就更不值得肯定了。《宋史·王安石传》记录了神宗与王安石在熙宁变法之前的一次深刻对话："帝问为治所先，对曰：'择术为先。'帝曰：'唐太宗何如？'曰：'陛下当法尧、舜，何以太宗为哉？尧、舜之道，至简而不烦，至要而不迂，至易而不难。但末世学者不能通知，以为高不可及尔。'"[3]而其所谓"术"，即是法度。这种法度并不是当朝所行的法度，而是末世学者们不能知晓的尧舜之道。那么，王安石声称的简而不烦、要而不迂、易而不难，且一般学者都不能通晓的这种"道"究竟是什么？其实说破了一点不神秘，就是他对神宗宣称的"因天下之力以生天下之财，取天下之财以供天下之费"的生财之道。而这种思路恰恰与神宗不谋而合，故王安石被立即擢为参知政事，主持熙宁变法，雷厉风行地推行一系列旨在丰财的变法措施。

苏轼对于庆历新政的认识，主要来自文学作品的描述以及士林间的众多赞誉性传闻。石介所作《庆历圣德颂》，在苏轼幼小的心灵里，留下了对范、富、韩、欧四"人杰"的景仰印象，故后来其与韩琦、欧阳修接触，都带着对他们的深深敬意。多年以后苏轼为他们作文集序言、神道碑、祭

---

[1]〔宋〕王安石：《本朝百年无事札子》，《临川文集》卷四十一，《四库全书·集部·别集类》，第1105册，第316页。
[2]〔宋〕王安石：《本朝百年无事札子》，《临川文集》卷四十一，《四库全书·集部·别集类》，第1105册，第316页。
[3]〔元〕脱脱等撰：《宋史》卷三百二十七《王安石传》，第10543页。

文等,既对他们一生功绩予以赞美,又对其参与推动庆历新政所带来的政治、文化、风俗等方面的深刻变化,做出高度评价。这些都表明,苏轼对于庆历新政及其主要参与者,秉持全面肯定的积极态度。

熙宁变法,则是苏轼所亲历的一次朝廷自上而下的重大政治、经济变革运动。他从一开始就抱着质疑、抵触的态度,并且很快因为其对新法举措的激烈批评,成为反对派阵营的重要代言人之一,自然也因此成为新法派的眼中钉。先是被排挤,长期被排除在朝廷权力中心之外;后来因其诗歌以艺术形式讥刺新法施行中所产生的流弊,被台谏官员罗织罪名,酿成震动朝野的"乌台诗案"。他因此被捕入狱,坐牢百余日,审讯结果是罪名成立,被贬官安置黄州,成为一名戴罪和无权与闻公事的编管人员。

颇为耐人寻味的是,无论是仁宗朝的范仲淹等人,还是神宗朝的王安石、苏轼,他们都深刻认识到仁宗数十年的政局,因为因循故制,无所振革,造成了日益严重的苟且偷安习俗,他们对此的看法是高度一致的。前述范仲淹在《上执政书》里,反复强调天下久安所埋藏的隐患十分危险,急需变革。这与王安石《本朝百年无事札子》所提出的"大有为之时,正在今日"的建议,本质上也完全相同。就是说,庆历新政与熙宁变法,两次变革都是起因于革除时政积弊,改变苟且因循的社会习气。苏轼本人在嘉祐初年撰写的策论数十篇,其主题仍然是主张改革弊政,振刷作为,以赢得民心,巩固国家的政权根基。在熙宁初年,当苏轼被神宗召见,要求其陈述对时政的看法时,他很用心地写了洋洋七千余言的奏疏,系统表达其政治、经济、国防、社会的变革主张。这说明苏轼看到了神宗是一位想有一番作为的年轻皇帝,渴望革故鼎新,解决其国内突出矛盾,改变宋长期处于弱势的地位。如此说来,他本来应该像肯定庆历新政一样肯定并积极参与熙宁变法。而事实却全然相反,他对熙宁变法的反对态度,从开始便明确而坚定。苏轼这种贬斥熙宁变法的立场,背后的深层原因是什么呢?

首先,苏轼强烈反对变法以生财为根本目的。王安石主持变法的第一项举措,就是成立制置三司条例司。它专门负责制定国家财税方面的系列政策,是一个以丰财为目的的政府工作机构。苏轼在熙宁二年十二月所作的《上皇帝书》[1]里,首先就将批评的矛头直接对准它。苏轼指出:"夫制置三司条例司,求利之名也。六七少年与使者四十余辈,求利之器也。驱鹰犬而赴林薮,语人曰,我非猎也,不如放鹰犬而兽自驯。操网罟而入江湖,语人曰,我非渔也,不如捐网罟而人自信。故臣以为消谗慝以召和气,复人心而安国本,则莫若罢制置三司条例司。"[2]他把这个机构的废除,置于消除世间传言而招来和气、赢得民心而巩固国本的高度来加以审视,可见其对变法主要目的在于生财的强烈而坚决的反对态度。他之所以认为新政生财的目的将失掉民心、动摇国本,是因为熙宁变法的生财对象,主要是农民和商贾。诸如青苗法、市易法、均输法,都是靠向农民高息放贷和实行市场专营等手段,使农民中的贫困户增加还贷负担,将商贾营求的商业利润收入国库。这样做的最终结果,是国家可以从税收和专营中获取更多财富,而社会各阶层的贫富两极分化会越来越严重。农民、工商业者在变法中得不到实惠,反而加重了经济负担,丢失了市场机会。他们自然不能接受这样的变法,心生不满乃至积怨成仇,乃是可以预见的结果。倘若对比庆历新政的参与者,他们的思想观念则是:"彼惧烦苛,我则崇简易之道;彼患穷夭,我则修富寿之方。夫如是,则爱将众同,乐与人共。德泽浃于民庶,仁声播于雅颂。通天下之志,靡靡而风从;尽万物之情,忻忻而日用。"[3]当国者应该把民众的贫富欢戚放在首位,而不应该为了丰盈国库采取有损民众利益的竭泽而渔的办法。两相对照,从中可以看出苏轼何以褒贬态度不同的必然缘由。

其次,苏轼认为解决国家财政困难的主要途径是节用。神宗在熙宁初

---

[1] 苏轼《上神宗皇帝书》的写作时间,孔凡礼点校的《苏轼文集》中该文有"熙宁四年二月……再拜上书"语,似乎此文乃是熙宁四年(1071)所作。而据宋彭百川《太平治迹统类》等史料记载,实当作于熙宁二年十二月。是年初王安石被任命为参知政事,主持变法,首先成立制置三司条例司议定新法,故苏轼随即上书皇帝表达批评意见,不会迟至两年以后再作此文。此说已成学界共识,可参见孔凡礼《苏轼年谱》卷八、张志烈、马德富、周裕锴主编《苏轼全集校注·苏轼文集校注》卷二十五《上神宗皇帝书》注〔一〕。此外,"神宗"为赵顼的庙号,苏轼上书时自然是没有的,所以不会用。明人茅维编纂《苏轼文集》时,乃使用神宗皇帝的庙号,故此文题目变成《上神宗皇帝书》。此后引用此文,不另说明。
[2] 〔宋〕苏轼:《上神宗皇帝书》,《苏轼文集》卷二十五,第731页。
[3] 〔宋〕范仲淹著,〔宋〕綦焕辑:《用天下心为心赋》,《范文正集》卷二十,《四库全书·集部·别集类》,第1089册,第768页。

即将开始变法前，曾听取身边臣僚的意见建议。广为后世所熟知的，自然当数王安石与司马光关于天下财富问题的激烈争论。苏轼在《司马温公行状》中记载其事甚详："执政以河朔灾伤，国用不足，乞今岁亲郊，两府不赐金帛，送学士院取旨。公言：'两府所赐，以匹两计止二万，未足以救灾，宜自文臣两省武臣宗室刺史以上皆减半。'公与学士王珪、王安石同对。公言：'救灾节用，宜自贵近始，可听两府辞赐。'安石曰：'常衮辞赐馔，时议以为衮自知不能，当辞位不当辞禄，且国用不足，非当今之急务也。'公曰：'衮辞禄犹贤于持禄固位者，国用不足，真急务。安石言非是。'安石曰：'不足者，以未得善理财者故也。'公曰：'善理财者，不过头会箕敛以尽民财，民穷为盗，非国之福。'安石曰：'不然，善理财者，不加赋而上用足。'公曰：'天下安有此理，天地所生财货百物，止有此数，不在民则在官。譬如雨泽，夏涝则秋旱。不加赋而上用足，不过设法阴夺民利，其害甚于加赋。此乃桑洪羊欺汉武帝之言，太史公书之，以见武帝不明耳。'"[1] 发生争论时，王安石尚未当政，而其后来执政所行新法，则完全沿袭了其"善理财"的理论逻辑，为了解决朝廷用度不足，采用了一系列广开财源的变法措施。而苏轼自早年写作策论开始，就坚持认为省财节用，是解决国家财政支出不断膨胀的根本举措，反对通过所谓开源的方式，从民众身上获取更多贷息与税收来解决财政困难。其策论《策别》专门阐述"厚货财"问题，认为主要有两种途径，一是"省费用"，二是"定军制"。两者都归结到了节省开支上。他说："人君之于天下，俯己以就人，则易为功，仰人以援己，则难为力。是故广取以给用，不如节用以廉取之为易也。"[2] 这里潜藏着的哲理，已经超出了理财的技术层面，而涉及人君与臣民的利害关系，以及国家财富应该如何合理分配的治国方略问题。对此笔者曾著文专门讨论过，此不详及。[3] 庆历新政的主要参与者，都主张节用省费，爱惜民力。前述范仲淹《上执政书》把"固邦本，厚民力"放在首

---

1 〔宋〕苏轼：《司马温公行状》，《苏轼文集》卷十六，第484页。
2 〔宋〕苏轼：《策别·厚货财一》，《苏轼文集》卷八，第267页。
3 杨胜宽：《财富分配与官民利益博弈之争：北宋熙宁变法及启示》，《求索》2013年第10期。

位，可见其用意所在。欧阳修《原弊》云："知务农而不知节用以爱农，是未尽务农之方也。古之为政者，上下相移，用以济。下之用力者甚勤，上之用物者有节，民无遗力，国不过费。上爱其下，下给其上，使不相困，三代之法皆如此。"[1]苏轼的节用主张，与之一脉相承。

再次，苏轼坚信丧失民心的变法不会成功。苏轼在熙宁二年《上皇帝书》中，围绕"结人心、厚风俗、存纲纪"三大理论主张展开其变革时政的基本思路，把人心向背列在所有问题的首位，认为这既是立国的基础，也是一切变法的出发点和归宿。他强调指出："人主之所恃者，人心而已。人心之于人主也，如木之有根，如灯之有膏，如鱼之有水，如农夫之有田，如商贾之有财。木无根则槁，灯无膏则灭，鱼无水则死，农夫无田则饥，商贾无财则贫，人主失人心则亡。此必然之理，不可逭之灾也。其为可畏，从古以然。苟非乐祸好亡，狂易丧志，则孰敢肆其胸臆，轻犯人心？"[2]而熙宁所行新法，如青苗、均输、市易等法，由于目的在于与民争利，故民众没有得到变法实惠，反而利益受到损害，他们压根是不会欢迎和接受这些变法政策的。况且青苗法在实际推行中，出现了强制抑配、层层提息等变形走样的流弊，"吏卒所过，鸡犬一空"[3]，让老百姓苦不堪言，怨声载道。苏轼针对王安石所谓"民可与乐成，不可与虑始"的论调，奉劝神宗不要相信："此乃战国贪功之人，行险侥幸之说，陛下若信而用之，则是徇高论而逆至情，持空名而邀实祸，未及乐成，而怨已起矣。"[4]在苏轼看来，任何变法，不管说得多么好听，设想得何等美好，如果得不到民众的接受与支持，是根本不会取得成功的；那种认为老百姓开始因不理解而抵触，最终会因见到成效而拥护的观点，难免自欺欺人，冒险贪功。假如招致民怨国危的后果，承受最大损失者，无疑是政权的拥有者。后来熙宁变法因神宗改变最初的支持态度而归于失败，某种程度上也印证了苏轼当初的分析判断。

---

1 〔宋〕欧阳修：《时论·原弊》，《欧阳修全集·居士外集》卷九，第421页。
2 〔宋〕苏轼：《上神宗皇帝书》，《苏轼文集》卷二十五，第730页。
3 〔宋〕苏轼：《上神宗皇帝书》，《苏轼文集》卷二十五，第733页。
4 〔宋〕苏轼：《上神宗皇帝书》，《苏轼文集》卷二十五，第736页。

第二章　苏轼与陈希亮、陈襄的不同交情
——处理上下级关系的典型案例比较

苏轼在凤翔、杭州两地，先后佐助陈希亮和陈襄，为时均是两年。但其与二人的关系却大不一样，与陈希亮关系极度紧张，而与陈襄关系异常亲密。一般研究者因为苏轼曾应陈希亮之子陈慥之请而作《陈公弼传》，其中有后悔当年"年少气盛"之辞，遂认为他们的紧张关系是暂时的，甚至根本否认之。通过对苏轼与宋选、陈希亮关系的考察，再拿来同与陈襄的关系做比较，可以发现这种看法是与事实不符的。

苏轼早年为吏于地方，先在凤翔府做签判佐陈希亮，为时两年，又在杭州任通判佐陈襄，为时亦两年。苏轼在两地的职责大致相似，任职时间也一样；陈希亮与陈襄均号称北宋的名臣良吏，政绩斐然。照理说，苏轼与他们都应该相处和谐，建立起良好的合作关系，以利于共襄政事。而实际情况却是，他在与陈希亮相处的过程中，始终心情压抑，牢骚满腹，两人关系非常紧张。他对陈希亮相当不满，甚至到了在文章中公开予以嘲讽的程度。而其与陈襄共事，则彼此欣赏，合作默契，关系十分亲密，感情极为深厚，算得上是上下级关系和谐的典范。今人研究苏轼的这两段仕途及人生经历，对于其在杭州与陈襄的友好亲密关系没有异词，赞扬有加，而对于其在凤翔与陈希亮的关系，则不乏为之回护辩解者。真实的情况究竟如何，值得深入进行探析。透过其与两人相处的不同状况，可以考察出

背后的多种复杂因素，索解其所以然之可信答案。这不仅有助于还历史以真实面貌，而且可以从中获取一些有益的经验启示。

第一节　苏轼与陈希亮的紧张关系

苏轼于宋仁宗嘉祐六年中制举入三等，被授予凤翔府签判一职。十一月十九日与弟弟子由别于郑州，独自前往凤翔赴任，十二月底前抵达任所。他在《辛丑十一月十九日既与子由别于郑州西门之外，马上赋诗一篇寄之》《和子由渑池怀旧》两诗中，都表达了与亲人远别的依依难舍之情，但当其到达任所作《次韵子由除日见寄》诗时，之前的思乡念亲之情仍在，而观其诗中所言："兄今虽小官，幸忝佐方伯。北池近所凿，中有洴水碧。临池饮美酒，尚可消永日。但恐诗力弱，斗健未免衄。诗成十日到，谁谓千里隔。一月寄一篇，忧愁何足掷。"[1]诗中表现出对首次任地方官充满期待，对任所的人文环境印象颇好，情绪甚佳，还反过来极力安慰弟弟，希望通过彼此勤寄诗作，来抵消离别相思的愁绪。

苏轼初到凤翔任职时，凤翔知府为宋选。他与之搭档一年有余，从苏轼这段时间所作诗文看，他们关系融洽，苏轼诗中表现出在繁忙的公务活动之余，尽情欣赏山水古迹的浓厚兴致。他从嘉祐七年（1062）二月初开始，受诏命前往属县减决囚禁，先后去了宝鸡、虢县（今陕西宝鸡陈仓区）、郿县（今作眉县）、盩厔（今作周至）四县，将沿途所见写成五百字长诗寄弟弟子由，让其分享见闻感受；路上游览了崇寿院、延生观、仙游潭、中兴寺、楼观、郿坞、磻溪、石鼻城等古迹，皆有诗作。历时半月，任务得以圆满完成，收获满满。综观诸诗，作者的情绪乐观，大略一路游览见闻，使其很享受。至于直接透露其与宋选关系者，则可由《新葺小园二首》《次韵子由岐下诗并引》窥见一斑。《次韵子由岐下诗》的引言云：

1　〔宋〕苏轼：《次韵子由除日见寄》，《苏轼诗集》卷三，第121页。

予既至岐下逾月，于其廨宇之北隙地为亭。亭前为横池，长三丈。池上为短桥，属之堂。分堂之北厦为轩窗曲槛，俯瞰池上。出堂而南，为过廊，以属之厅。廊之两傍，各为一小池。三池皆引汧水，种莲养鱼于其中。池边有桃、李、杏、梨、枣、樱桃、石榴、樗、槐、松、桧、柳三十余株。又以斗酒易牡丹一丛于亭之北。子由以诗见寄，次韵和答，凡二十一首。[1]

其到任一月，即有如此规模的造园、凿池、建亭之举，显然与知府宋选的关照、特许分不开。《新葺小园二首》其一有"使君尚许分池绿，邻舍何妨借树凉""身闲酒美谁来劝，坐看花光照水光"之句，其二有"去后莫忧人剪伐，西邻幸许庇甘棠"之句，特别提及宋选"分池绿""借树凉""庇甘棠"，语带感激，表明知府对其很体贴爱护，故苏轼有感恩之情。王文诰评"去后"二句云："签判廨宇，在府之东，故以宋选为西邻也。如府帅已是陈公弼，即无幸庇之词矣。"[2] 由此可知，苏轼之佐宋选，与后来之佐陈希亮，境遇大为不同。而更能说明苏轼此时对上司之好感及由此带来的上佳心情者，还有其所作《喜雨亭记》可以为证。前述所谓"于其廨宇之北隙地为亭"，即苏轼所建此亭，他为之取名"喜雨"，并为《喜雨亭记》一篇。其写作时间，也在嘉祐七年暮春三月。文云：

亭以雨名，志喜也。古者有喜，则以名物，示不忘也。……余至扶风之明年，始治官舍，为亭于堂之北，而凿池其南，引流种树，以为休息之所。是岁之春，雨麦于岐山之阳，其占为有年。既而弥月不雨，民方以为忧。越三月乙卯，乃雨，甲子又雨，民以为未足，丁卯，大雨，三日乃止。官吏相与庆于庭，商贾相与歌于市，农夫相与抃于野，忧者以乐，病者以愈，而吾亭适成。[3]

---

1 〔宋〕苏轼：《次韵子由岐下诗并引》，《苏轼诗集》卷三，第134页。
2 〔宋〕苏轼：《新葺小园二首》其二，《苏轼诗集》卷三，第122页。
3 〔宋〕苏轼：《喜雨亭记》，《苏轼文集》卷十一，第349页。

字里行间，洋溢着阴阳燮理、政通人和、官民关系融洽的可喜景象。苏轼名亭曰喜雨，并不完全是因春雨三日，一年收成可期而喜，也还有对宋选为政亲民，为了缓解凤翔旱情，率苏轼等官员专程到太白山祈雨，故而天从人愿的赞许之情。故《喜雨亭记》文末又曰："一雨三日，繄谁之力？民曰太守，太守不有。归之天子，天子曰不然。归之造物，造物不自以为功。归之太空，太空冥冥。不可得而名，吾以名吾亭。"[1]民众将此功归于太守，可见其施政颇得民心，而太守不据以为己功，正可以见出其谦卑、低调不居功自傲的为官品德。清乾隆皇帝评此文云："天固妙万物而不有者也。轼故曰'造物不自以为功，归之太空也'。虽然，妙万物而不有，万物是以大有；人人不自有其善，天下于是大善。……轼斯记也，几于道矣。"[2]太守不自有其善，才会造就天下大善的道德局面。宋选的这种为官美德，是苏轼对其表达敬重，且心存好感的重要方面。

宋选罢凤翔知府任的时间，孔凡礼《苏轼年谱》系于嘉祐八年（1063）夏六月[3]，继任者即陈希亮。《苏轼诗集》中的《题宝鸡县斯飞阁》一诗，清代以来注家对其写作时间及主旨情怀颇有争议，兹先录原诗如下：

> 西南归路远萧条，倚槛魂飞不可招。野阔牛羊同雁鹜，天长草树接云霄。昏昏水气浮山麓，泛泛春风弄麦苗。谁使爱官轻去国，此身无计老渔樵。[4]

该诗不见于《施注苏诗》本。据清人王文诰说，查慎行《苏诗补注》从邵长蘅《施注苏诗续补遗》中录出编入该书卷三。今查《苏诗补注》，此诗的确见于卷三，但查慎行并未交代其来源。此诗之后，为《壬寅重九不预会，独游普门寺僧阁，有怀子由》《客位假寐》诸诗。[5]查慎行则以为，

---

1 〔宋〕苏轼：《喜雨亭记》，《苏轼文集》卷十一，第349—350页。
2 〔清〕爱新觉罗·弘历：《御选唐宋诗醇》卷四四，《四库全书·集部·总集类》，第1447册，第756页。
3 孔凡礼：《苏轼年谱》卷五，北京：中华书局，1998年，第114—115页。
4 〔宋〕苏轼：《题宝鸡县斯飞阁》，《苏轼诗集》卷四，第168页。
5 〔清〕查慎行：《苏诗补注》卷三，《四库全书·集部·别集类》，第1111册，第78页。

该诗的写作时间当在陈希亮接替宋选之时。今人马德富先生以为此诗乃嘉祐七年春苏轼奉诏前往属县决囚途经宝鸡所作,主要理由是不赞成王文诰"感宋选之去"的说法,认为诗的主旨乃是思归。[1]

然而,无论是查慎行,还是王文诰,均认定此诗乃苏轼在宋选与陈希亮职务交接之际所作,则其写作时间当在嘉祐八年,而不会是嘉祐七年。王文诰《苏文忠公诗编注集成总案》云:"(嘉祐八年)三月过宝鸡斯飞阁,有怀宋选之去,作诗。"且加了如下一段按语:"诗有'谁使爱官轻去国,此身无计老渔樵'句,此因陈公弼之来而感宋选之去,无可疑者。"[2] 因诗中有"泛泛春风弄麦苗"之句,王文诰与孔凡礼的意见又产生了分歧。孔凡礼认为陈希亮接替宋选的时间在这一年的六月,所引的证据为苏轼《与蒲诚之六首》其一。苏轼谓其伯母卒于六月十日,信中还有"新牧、倅皆在此,常相见"等语[3],故孔凡礼认为"新牧"当指陈希亮,系其刚到任不久之辞,而以王文诰认定陈希亮此年一月到任为误。[4] 然而,查现存历史文献,皆不能确定陈希亮到凤翔知府任的准确时间,孔凡礼依据"新牧"称谓而认定陈希亮乃六月到任,也不一定可靠。在孔氏提及的苏轼那封书信的结尾,有"同僚中有可与相处而乐者否?新牧、倅皆在此,常相见,恐知悉"数语[5],则言辞间隐约流露出苏轼与同僚相处而不乐的意味,似乎此时已与新牧陈希亮相处有日,而他们之间的矛盾已经显现出来;而让苏轼初感不快的,在《题宝鸡县斯飞阁》诗中就露出端倪,故信中特别以此为问。照此看来,主张陈希亮一月到任也是说得通的。到任数月,仍然可以称其为"新牧",因为"新牧"是相对离去的宋选而言,并不完全取决于时间久暂。

更为重要的是,该诗的措辞及表达的情绪,已经与此前宋选为知府时大异其趣。王文诰根据"谁使爱官轻去国,此身无计老渔樵"两句诗所

---

1 张志烈、马德富、周裕锴主编:《苏轼全集校注·苏轼诗集校注》卷三《题宝鸡县斯飞阁》"题注",第223页。
2 〔清〕王文诰:《苏文忠公诗编注集成总案》卷四,成都:巴蜀书社,1985年,第110页。
3 〔宋〕苏轼:《与蒲诚之六首》,《苏轼文集》卷五十九,第1816—1817页。
4 孔凡礼:《苏轼年谱》卷五,第114—115页。
5 〔宋〕苏轼:《与蒲诚之六首》其一,《苏轼文集》卷五十九,第1817页。

流露的失落情绪,判断其有感于宋选之去,是有一定道理的,其中"爱官""无计""渔樵"等词语所蕴含的牢骚意味,的确为宋选任知府时所无。不仅如此,此年九月所作之《壬寅重九不预会,独游普门寺僧阁,有怀子由》诗有"忆弟泪如云不散,望乡心与雁南飞。明年纵健人应老,昨日追欢意已违"等语,明里盼望着与弟弟团聚,暗里实可一语双关,表明曾经的欢快时光已经一去不返了。翁方纲《答俪笙小牍》重点对该诗末二句"不向秋风强吹帽,秦人不笑楚人讥"评论云:"'不与会'者,不预府中太守宴也。次句'冷'字,第七句'强'字,皆所谓文之心也。是时先生为凤翔签判,若以孟嘉为桓温参军之例,必与参佐同集,是强之耳。此第七句一'不'字乃是正点题中'不与会'之'不'字也。南山之冷翠正与楚人之冷笑相激射。"[1]据《晋书·孟嘉传》,桓温游龙山,僚佐毕集,参军孟嘉与会,风吹其帽落,桓温命孙盛为文讥之,置于孟嘉坐处。[2]翁氏之意,为苏轼用孟嘉典,意在强调本该参与陈希亮的聚会,但被强之不与会,故以"冷""强"等字为全诗"文之心"。朱筠《东坡先生壬寅重九诗石跋尾》则说:"盖讥其时知凤翔府陈希亮之漠不知己,不若元子(桓温字)之于万年(孟嘉)也。"[3]按照朱筠的理解,苏轼用孟嘉典,是表达陈希亮对自己比不上桓温对孟嘉的关照之意。不管如何理解,苏轼作此诗表达其胸中的不满,是毫无疑问的。至于《客位假寐》诗的不满情绪,就更加暴露无遗了。此诗苏轼有自注:"因谒凤翔府守陈公弼。"当是实有其事的纪实之作。诗云:

> 谒入不得去,兀坐如枯株。岂惟主忘客,今我亦忘吾。同僚不解事,愠色见髯须。虽无性命忧,且复忍须臾。[4]

此诗《苏诗补注》有查慎行按语云:"《客位假寐》一首,讹载杭州卷中,今以时地考之,其为凤翔作无可疑者,故类编于此。史称公弼(陈希

---

[1]〔清〕翁方纲:《答俪笙小牍》,《复初斋文集》卷十一,清李彦章校刻本,第468页。
[2]〔唐〕房玄龄等撰:《晋书》卷九十八《孟嘉传》,《四库全书·史部·正史类》,第256册,第614页。
[3]〔清〕朱筠:《笥河文集》卷六,清嘉庆二十年椒华吟舫刻本,第439页。
[4]〔宋〕苏轼:《客位假寐》,《苏轼诗集》卷四,第163—164页。

亮字）清劲寡欲，平生不假人以色，其守凤翔时年且老矣。《邵氏闻见后录》谓公弼在府，东坡初擢制科，吏呼苏贤良。公弼曰：'府判，何贤良也！'杖其吏不顾。或谒入不得见，故东坡《客位假寐》诗云云，其不堪如此。后公弼受他州馈酒，从赃坐，沮辱抑郁，抵于死。或云欧阳公憾于公弼有曲折东坡，不但望公弼相遇之薄也。公弼子季常（陈慥字）居黄州，元丰初，东坡谪黄者，执政疑公弼废死由东坡，委于季常甘心焉。然二人相得甚欢，故东坡为公弼作《传》，有'轼官凤翔，相从二年。方是时，少年盛气，屡与公争议，至形于言色，已而悔之'等语。愚谓两先生皆贤者，当官意气，一时偶不相下，容或有之，若谓东坡因此修怨，致公弼放废以殁，此事所必无者；使诚有之，则季常又岂忘亲徇友者？邵氏之说未可尽信也。"[1]

查慎行所引邵博《邵氏闻见后录》，见于该书卷十五[2]，并非原文照录，只是摘取所需而已。邵博所言苏轼元丰二年谪黄州，执政疑陈希亮废死乃因苏轼之故，故委于其子陈慥，使之为父报仇甘心，然而苏轼在黄州遇陈慥，二人甚相得。苏轼因陈慥请求而作《陈公弼传》，其中确有苏轼上述诸语。表明邵氏所记，大致属实。至于执政者将苏轼谪于黄州，是否有让陈慥为父报仇的目的，邵氏用了一个"疑"字，既可以理解为是执政所疑，也可以理解为是邵博并未予以肯定。就陈希亮受他州馈酒而以贪赃论罪一事，正史明文记载，系确有其事。王称《东都事略·陈希亮传》："入为开封府判官，久之，为京西京东转运使，知凤翔府。始，州郡以酒相饷，例皆私有之，而法不可。希亮以遗游士之贫者。既而曰：'此亦私也。'以家财偿之，且自劾求去，坐是分司西京。遂致仕，卒。"[3]这段记载取材于苏轼《陈公弼传》，表明陈希亮收受馈酒之事，就发生在知凤翔府时。他把这些酒送给了贫穷的游士。虽然过去大家都这样做，但这是违反法规的。陈希

---

1 〔清〕查慎行：《苏诗补注》卷三，《四库全书·集部·别集类》，第1111册，第78—79页。
2 〔宋〕邵博撰，刘德权、李剑雄点校：《邵氏闻见后录》卷十五，北京：中华书局，1983年，第121—122页。
3 〔宋〕王称：《东都事略》卷七十五《陈希亮传》，《四库全书·史部·别史类》，第382册，第487页。

亮用家财做了赔偿,并且自劾请求解职。朝廷的具体处理方案是,解除其凤翔知府职务,新职务是分司西京。坐赃及分司西京的处理结果,直接导致了其决定致仕,不久去世的后果,时为英宗治平二年,卒年六十四。

从事情的前因后果看,陈希亮坐赃被免,跟苏轼在凤翔与之关系紧张,二者根本没有联系,苏轼在《陈公弼传》中明文载之,就是有力证明。显然,身为签判的苏轼,在陈希亮坐赃及被处罚问题上,他无缘置喙,陈希亮被免职也与他们之间的关系如何没有任何关联性。反倒是苏轼因在中元节不过知府厅,被陈希亮向朝廷奏本,被罚铜八斤。这是朝廷的一次处罚,苏轼在重要时刻必须如实报告此类"重大事项"。故后来苏轼遭遇"乌台诗案"时所作的《供状》,就特别提到这一处罚:"轼任凤翔府签判日,为中元节假,不过知府厅,罚铜八斤。"[1]

通过中元节不过知府厅而被陈希亮弹奏一事来理解苏轼的《客位假寐》诗,就不难明白作者当时的处境,及其在诗里所表达的不满情绪了。王文诰说此诗只是"解嘲",而极力反驳查慎行、冯应榴"坐实"其事[2],当有为贤者讳之嫌。或谓苏轼诗中的不满情绪,乃是替王彭而发,因为苏轼后来作《王大年哀词》,其中特别追忆当年在凤翔的同事关系及陈希亮对下属的超级严厉作风:

> 嘉祐末,予从事岐下。而太原王君讳彭,字大年,监府诸军。居相邻,日相从也。时太守陈公弼驭下严甚,咸震旁郡,僚吏不敢仰视。君独侃侃自若,未尝降色词。……尤喜予文,每为出一篇,辄拊掌欢然终日。[3]

虽然作者盛赞王彭在陈希亮的官威之下侃侃自若,不为之降其色词;但由此可见,身为知府的陈希亮,其对待下属何等严厉,以至于其幕僚不

---

[1]〔宋〕朋九万:《乌台诗案》,四川大学中文系唐宋文学研究室编:《苏轼资料汇编》上编,第二册,北京:中华书局,1994年,第583页。
[2]〔宋〕苏轼:《客位假寐》王文诰"题解",《苏轼诗集》卷四,第163页。
[3]〔宋〕苏轼:《王大年哀词》,《苏轼文集》卷六十三,第1965页。

敢仰视之,遑论与之建立互信和亲近关系。而王彭恰恰又是苏轼文章的崇拜者,每读其一篇文章,足以高兴一整天。从这里自然可以看出苏轼与之很合得来,关系友好亲密。他赞扬王彭不畏上司的威严作风,实际上也昭示了他自己不畏、不满陈希亮威严做派的鲜明态度。故其在《客位假寐》诗的前四句,敢于毫不含糊地对陈希亮大摆官架子、慢待僚吏的行为给予讽刺:投谒之后,不敢离开,但又不得召见,等待兀坐如枯株,还是没有任何动静;不仅是知府忘了久等的僚属,就连自己都忘记了我是谁,为何要坐在这里!枯坐的同僚中有愤然作色者,苏轼揶揄道:与当年谢安等待郗超接见相比,多等一会儿没关系,毕竟不会有性命之忧啊!王文诰读不出此诗通篇的讽刺意味,却说乃苏轼自嘲,属强作解人。与苏轼生活年代接近的友人张舜民在其所作《房州修城碑阴记》中说:"子瞻在岐,与陈公不相叶。至境(一作竟至,是)上闻。其来,陈公以乡里长老自处。子瞻少年气刚,不少下。子瞻后悔此事,不喜人问之。于是作《陈公弼传》,是亦补过之言。"[1] 不管苏轼后来为陈希亮作传是否出于后悔与补过,其证实了苏轼与陈希亮关系十分紧张,以至于陈希亮借其不过知府厅而向朝廷告状。苏轼以少年气盛,并不买其以乡里长辈自居的账,相处时丝毫不相让。这种态度与举动,与王彭正好如出一辙。

似乎苏轼的不满情绪尚未发泄殆尽,又因陈希亮筑凌虚台而命其为记,于是作《凌虚台记》借题发挥,表达其辛辣的讽刺之意:

  方其未筑也,太守陈公杖屦逍遥于其下,见山之出于林木之上者,累累如人之旅行于墙外而见其髻也,曰:"是必有异。"使工凿其前为方池,以其土筑台,高出于屋之危而止。然后人之至于其上者,恍然不知台之高,而以为山之踊跃奋迅而出也。公曰:"是宜名凌虚。"以告其从事苏轼,而求文以为记。

  轼复于公曰:"物之废兴成毁,不可得而知也。昔者荒草野

---

[1] 〔宋〕张舜民:《画墁集》卷六,《四库全书·集部·别集类》,第1117册,第35页。

田,霜露之所蒙翳,狐虺之所窜伏,方是时,岂知有凌虚台耶?废兴成毁相寻于无穷,则台之复为荒草野田,皆不可知也。尝试与公登台而望,其东则秦穆之祈年、橐泉也,其南则汉武之长杨、五柞,而其北则隋之仁寿、唐之九成也。计其一时之盛,宏杰诡丽,坚固而不可动者,岂特百倍于台而已哉!然而数世之后,欲求其仿佛,而破瓦颓垣无复存者。既已化为禾黍荆棘丘墟陇亩矣,而况于此台欤?夫台犹不足恃以长久,而况于人事之得丧,忽往而忽来者欤?而或者欲以夸世而自足,则过矣。盖世有足恃者,而不在乎台之存亡也。"

既已言于公,退而为之记。[1]

一般以为苏轼对陈希亮所说的话,自"物之废兴成毁"至"而不在乎台之存亡也"整段皆是。在笔者看来,"尝试与公登台而望"以下,乃是苏轼的议论性文字,用以古鉴今的笔法,阐明物有废兴,不足以恃其长久;人事之得丧,亦复如此。如果有人以一时得势而自夸自足,是可笑和可悲的。这一段借题发挥的文字,苏轼肯定没有当面对陈希亮说过,故成文之后,陈希亮读完,才明显体会到了苏轼对其不满之意。邵博《邵氏闻见后录》专门引出这段话后,接着记述陈希亮的反应:"公弼览之,笑曰:'吾视苏明允犹子也,某犹孙子也。平日故不以辞色假之者,以其年少暴得大名,惧夫满而不胜也,乃不吾乐耶?'"[2]其实,物有废兴,凌虚台也有成为废墟的一天,这个道理陈希亮是懂的,故苏轼在陈希亮面前表示要写这一层意思,估计后者不会反对。至于由物有废兴,进而发挥为人事有得丧,不可以一时得势而夸世自足,苏轼是有所针对的,陈希亮立马感到是针对自己而发,所以才有"不吾乐"的所谓"笑"言。

更有意思的是,明代蜀人杨慎将此文与苏轼之前所作的《喜雨亭记》做了一番比较性评价:"《喜雨亭记》,全是赞太守;《凌虚台记》,全是讥太

---

[1] 〔宋〕苏轼:《凌虚台记》,《苏轼文集》卷十一,第350—351页。
[2] 〔宋〕邵博:《邵氏闻见后录》卷十五,第121页。

守。《喜雨亭》直以天子、造化相形,见得有补于民;《凌虚台》则以秦、汉、隋、唐相形,见得无补于民。"[1]前文已对《喜雨亭记》做过分析,杨慎看出苏轼两文的情绪表达完全不一样,而标准则是一个,那就是是否有补于民。他讥讽陈希亮作凌虚台,是于民无补之举,这从其文中也可以见出蛛丝马迹。当台将建时,只是因为陈希亮游凌虚山时,"见山之出于林木之上者,累累如人之旅行于墙外而见其髻也",以为是某种"异"象,就兴师动众地凿池筑台,且亲自以"凌虚"名之。这个名字就跟其本身蕴含的意义一样,相比于以喜雨名亭,确实与民生关系不大,只能成为文人雅士游玩吟啸的一个"凌虚"场所而已。

从一定意义上说,《喜雨亭记》与《凌虚台记》,就是苏轼与前后两位知府关系的文学性形象表达。通过以上比较,可以清楚看到,苏轼在凤翔与宋选和陈希亮共事,其处境与心情全然不同。与宋选之间的关系融洽,更反衬出其与陈希亮关系的紧张达到了非同寻常的程度。张舜民以为苏轼后来因为后悔而作《陈公弼传》以补其过,不免言过其实。苏轼在《陈公弼传》中说自己"少年盛气,屡与公争议,至形于言色"的话,虽有几分自我检讨的意味,但并不完全真实,因为其与宋选共事时,并没有出现"少年盛气"而不能与之相处的问题。苏轼这样说的用意,恰恰在于清楚地证明了其与陈希亮关系异常紧张的客观事实。

第二节　苏轼与陈襄的亲密关系

几年以后,苏轼因为反对王安石变法,被排挤到杭州去做通判,开启了近三年的倅杭仕途历程。其中约两年时间,是佐助知州陈襄,他们二人建立了日益亲密和谐的工作关系,并在此基础上,滋长出依依难舍的友人感情。这种感情,是其在凤翔佐陈希亮时不可能培养起来的。

---

1 〔明〕杨慎编:《三苏文范》卷一四,张志烈、马德富、周裕锴主编:《苏轼全集校注·苏轼文集校注》卷一一《凌虚台记》题注,第1101页。

陈襄之前，杭州知州为沈立。此人在正史中无传，其事迹主要见于方志。他知杭州的时间在熙宁三年十二月，苏轼于熙宁四年（1071）十一月到任，与之共事了半年多，沈立于熙宁五年（1072）秋被召还朝。检《苏轼诗集》，其中保存了与沈立有关的作品两题四首，分别是《沈谏议召游湖，不赴。明日得双莲于北山下，作一绝持献沈，既见和，又别作一首，因用前韵》《和沈立之留别二首》，皆为七言绝句。纪昀评云："既涉世故，那能不作应酬诗？但存之集中，则转为盛名之累。此非作诗者之过，而编诗者之过也。"[1]显然纪昀没有批评到点子上，作品质量不高，怎么把责任归在编诗者头上？其实，苏轼的两题应酬诗，措辞和用典，都多少显出一些勉强应付的意味，如《和沈立之留别二首》其一云："卧闻铙鼓送归艎，梦里匆匆共一觞。试问别来愁几许，春江万斛若为量。"诗下苏轼自注："去时，予在试院。"[2]表明苏轼没有亲自为沈立送行，故诗里有"卧闻""梦里"之句。而"试问别来愁几许，春江万斛若为量"这样的表达，确实显得有些熟滥，反而让人觉得空泛失真。之所以诗写得很一般，主要原因在于其与赠诗对象没有多少感情联系，难以写出激动自己，打动读者的好作品来。

陈襄于熙宁五年八月到任以后，他们的关系就大不一样了。鉴于已有文章对二人交往赠酬活动依照时间顺序做过梳理和评述[3]，本文不再对二人的交往历程——进行缕述，而是转换角度做一些深入分析。

陈襄到任与苏轼唱和的第一首诗，乃是《中和堂木芙蓉盛开戏呈子瞻》，诗云：

> 千林寒叶正疏黄，占得珍丛第一芳。容易便开三百朵，此心应不畏秋霜。[4]

---

1 〔清〕纪昀：《纪评苏诗》卷八，张志烈、马德富、周裕锴主编：《苏轼全集校注·苏轼诗集校注》卷八，第720页。
2 〔宋〕苏轼：《和沈立之留别二首》，《苏轼诗集》卷八，第379页。
3 李立明：《苏轼与陈襄之情谊研究》，《东吴中文研究集刊》2007年第14期，第111—128页。
4 〔宋〕陈襄：《古灵集》卷二十五，《四库全书·集部·别集类》，第1093册，第704页。

诗题用"戏"字,其实并不是游戏为诗,也不带有调侃意味,反倒是用此一字,隐含了作者所要表达的深刻寓意。所谓"此心应不畏秋霜",正是其因反对王安石新法而在政治上受到排挤打击的心情表露。陈襄以木芙蓉自拟,谓秋霜尽管可以摧花,但他初心不改,对仕途失意无所畏惧。苏轼从诗句中读出了陈诗的寓意,故作答诗《和陈述古拒霜花》云:

千林扫作一番黄,只有芙蓉独自芳。唤作拒霜知未称,细思却是最宜霜。[1]

木芙蓉又名拒霜花,花期在秋季,但性不耐寒。苏轼诗谓其被称作拒霜,似乎有些名实不符,但仔细想来,它却是最宜秋霜之物。对于这二句,查慎行评之为"浅"。而纪昀则很称赏:"末二句用意颇为深曲,初白以'浅'讥之,似未喻其旨。""原唱末二句:'容易便开三百朵,此心应不畏秋霜。'此则更进一层,以比述古(陈襄字)之见斥而名愈重耳。"[2]纪昀理解了陈、苏二人通过咏写拒霜花来寄寓不惧王安石排挤打击的旨意,是有道理的。陈诗用一"戏"字,苏诗不称"木芙蓉"而用"拒霜花",皆别有其用意在。这表明,他们之间的关系,并不仅仅是工作中的上下级,而是基于彼此都因反对王安石新法被排挤打击才走到一起的,成就了这一段共事的因缘。以政治立场认同和仕途命运相似为建立二人关系的基础,更能找到交流思想的共同点,增进交往的结合点,加深感情的着力点。

熙宁六年(1073)冬十月,杭州一僧寺竟有牡丹开花数朵,陈襄有《次韵柯弟太博见示超化牡丹》二首,其一云:"百草萧条病朔风,双枝成染魏家红。直疑天与凌霜色,不假东皇运化工。"其二云:"一朵鞓红折寺园,忽惊寒律动春暄。非关花好难栽接,自是天时变木根。"[3]苏轼《和述古冬日牡丹四首》,其二、其四为和原韵诗。其二云:"花开时节雨连风,却

---

1 〔宋〕苏轼:《和陈述古拒霜花》,《苏轼诗集》卷八,第380页。
2 张志烈、马德富、周裕锴主编:《苏轼全集校注·苏轼诗集校注》卷八《和陈述古拒霜花·集评》,第756—757页。
3 〔宋〕陈襄:《古灵集》卷二十五,《四库全书·集部·别集类》,第1093册,第704页。

向霜余染烂红。漏泄春光私一物,此心未信出天工。"其四云:"不分清霜入小园,故将诗律变寒暄。使君欲见蓝关咏,更倩韩郎为染根。"而另两首则非次原韵:

> 一朵妖红翠欲流,春光回照雪霜羞。化工只欲呈新巧,不放闲花得少休。(其一)
> 当时只道鹤林仙,解遣秋光发杜鹃。谁信诗能回造化,直教霜蘤放春妍。(其三)[1]

这四首诗后来被列入"乌台诗案",苏轼承认其中带有讥讽执政之意。然细味各诗,明显带有讥讽之意的,主要在第一首,所谓"讥讽当时执政大臣,以比化工,但欲出新意擘画,令小民不得暂闲也。"[2]苏轼把不次原韵却带有讥讽执政意者放在第一首,是为了突出其借牡丹开花不时之异,来寄托批评王安石等人推行新法使天下不得安宁的立意。

在苏轼与陈襄众多往还诗词中,这是唯一一首牵涉入诗案的,陈襄也因此被列入"收苏轼有讥讽文字不申缴入司"的二十九人名单之中。[3]这一事实表明,苏轼把陈襄视为可以大胆讥讽批评新法弊病的可信赖对象,用和诗形式向其倾诉心曲。

陈襄与苏轼作为上下级,其工作关系亲密无间,陈襄对苏轼充满关爱体贴,与苏轼在陈希亮幕府里完全不一样。熙宁五年十月,苏轼即将完成属县督役任务时作《盐官部役戏呈同事兼寄述古》一诗,其末四句云:"我州贤将知人劳,已酿白酒买豚羔。耐寒努力归不远,两脚冻硬须公软。"[4]对于最后一句,纪昀认为"不应如此之鄙",以为太过鄙俗。王文诰则以"一

---

[1] 〔宋〕苏轼:《和述古冬日牡丹四首》,《苏轼诗集》卷八,第525—526页。
[2] 〔宋〕朋九万:《乌台诗案》,四川大学中文系唐宋文学研究室编:《苏轼资料汇编》上编,第二册,第600页。
[3] 〔宋〕朋九万:《乌台诗案》,四川大学中文系唐宋文学研究室编:《苏轼资料汇编》上编,第二册,第608页。
[4] 〔宋〕苏轼:《盐官部役戏呈同事兼寄述古》,《苏轼诗集》卷八,第391页。

结妙甚"加以称赞。[1]从这几句诗中,可以看到陈襄对苏轼冬季督役十分关心体贴,故知道其即将完成任务归来时,提前准备了白酒、豚羔,用以犒劳。对于这份情意,苏轼是备感温馨的,故后二句透露出欣喜之情,谓已被冻硬的双脚,要靠陈襄准备的白酒和猪肉来使之暖和变软。正是因为彼此相处融洽随和,故诗里可以说得这样直白而亲切。这种话,苏轼对陈希亮不敢说也不会说。故王文诰的评价是对的。

熙宁六年正月,苏轼生了一场病。陈襄得知苏轼病愈,特意邀请其往城外游春。苏轼作《正月二十一日病后,述古邀往城外寻春》诗赠陈襄,诗末有"曲槛幽榭终寒窘,一看郊原浩荡春"之句。[2]陈襄答诗云:

郊原绿意动游人,湖上晴波见跃鳞。闲逐牙旗千骑远,暗惊梅萼万枝新。寻僧每拂题诗壁,邀客仍将滤酒巾。寄语文园何所苦,且来相伴一行春。[3]

王文诰《苏轼诗辑注》引查慎行《苏诗补注》,说陈襄诗题为《和苏子瞻通判在告见寄》,与《古灵集》中的有所不同。若依《古灵集》中之题意,是苏轼在病假中,闻陈襄出城郊游,寄诗给陈襄而陈襄作酬答;若依苏轼诗题,则是陈襄主动邀病后初愈的苏轼一起去城外寻春。观陈襄诗末二句,正是表达相邀寻春之意,则苏轼诗乃赓和陈诗的酬答之作。但不论当时的情形如何,陈襄邀苏轼出城寻春的事实是存在的。此事的意义,在于陈襄对苏轼的格外关心及深切了解。不久,苏轼得到别人赠送的官法酒,专门作了《有以官法酒见饷者,因用前韵,求述古为移厨饮湖上》一诗,诗的二句云:"芳意十分强半在,为君先踏水边春。"[4]可见病后的苏轼游春意兴之浓郁,也体现出其与陈襄关系之亲密,因为他知道,这位上司也是

---

1 张志烈、马德富、周裕锴主编:《苏轼全集校注·苏轼诗集校注》卷八《盐官部役戏呈同事兼寄述古·集评》,第773页。
2 〔宋〕苏轼:《正月二十一日病后,述古邀往城外寻春》,《苏轼诗集》卷九,第429页。
3 〔宋〕陈襄:《和苏子瞻通判在告中闻余出郊以诗见寄》,《古灵集》卷二十五,《四库全书·集部·别集类》,第1093册,第704页。
4 〔宋〕苏轼:《有以官法酒见饷者,因用前韵,求述古为移厨饮湖上》,《苏轼诗集》卷九,第429页。

最喜欢在游玩中以诗酒尽兴的。

九月某天，好酒的陈襄在幕僚周邠家里饮酒，苏轼没有参加，但得到陈襄的赠诗一首，苏轼以《次韵述古过周长官夜饮》答之云：

> 二更铙鼓动诸邻，百首新诗间八珍。已遣乱蛙成两部，更邀明月作三人。云烟湖寺家家境，灯火沙河夜夜春。曷不劝公勤秉烛，老来光景似奔轮。[1]

从诗意可知，陈襄与周邠算得上开怀畅饮，饮酒时间长，二更才归，铙鼓惊动了四邻；酒趁珍馐，作诗甚多，收获满满。苏轼让周邠还要奉劝陈襄，多搞些秉烛夜游的活动，及时行乐。

可是，陈襄的宴会太多了，苏轼开玩笑称之为"酒食地狱"[2]，穷于应对，只好逃避，但遭到陈襄写诗来责怪。苏轼作《述古以诗见责屡不赴会，复次前韵》以答之，其中有"老病年来益自珍"之句[3]，他只得以年老多病为借口来解释逃避的理由。值得注意者，虽然苏轼多次不参加陈襄举办的宴会，但是陈襄只是写诗进行催促与责问，而不是像陈希亮那样动辄惩罚，乃至向朝廷告状。苏轼把它写进诗里，正可以见出二人关系亲密，不以为讳，反而可以视为士林趣事。

苏轼与陈襄关系亲密，一个共同爱好发挥了重要的作用，那就是他们都对文学创作有着浓厚的兴趣。工作、生活、饮宴、出游，乃至于彼此的思念之情，莫不以诗词的表达形式实现之。据李立明统计，苏轼在杭州期间与陈襄的唱和诗有约二十首，词十四阕，尤其是送别词，在其一生所作五十来首送别词中，熙宁七年（1074）就作了二十四首，而送别陈襄一人竟有七首之多，占该年送别词近三分之一。

熙宁六年初冬，苏轼前往常州、润州（今属江苏镇江）赈灾，至次年

---

1 〔宋〕苏轼：《次韵述古过周长官夜饮》，《苏轼诗集》卷十，第513页。
2 宋朱彧《萍洲可谈》卷三载："东坡倅杭，不胜杯杓。诸公钦其才望，朝夕聚首，疲于应接，乃号杭倅为'酒食地狱'。"《四库全书·子部·小说家类·杂事之属》，第1038册，第310页。
3 〔宋〕苏轼：《述古以诗见责屡不赴会，复次其韵》，《苏轼诗集》卷十，第513页。

三月寒食节已过，工作仍未结束，离开杭州已有半年，苏轼与陈襄分别如此之久，不禁想念一起工作、相邀出游的难忘时光，遂作数诗寄赠，表达其意。这些诗在今本《苏轼诗集》中，被编为《常润道中，有怀钱塘，寄述古五首》。其中最值得注意的是第五首：

> 惠泉山下土如濡，阳羡溪头米胜珠。卖剑买牛吾欲老，杀鸡为黍子来无？地偏不信容高盖，俗俭真堪著腐儒。莫怪江南苦留滞，经营身计一生迂。[1]

苏轼为常州、润州的山水民风所深深吸引，萌生了在此买地建宅以终老的念头。周必大《东坡宜兴事》云："公熙宁中倅杭，沿檄常、润间，赋诗云：'惠泉山下土如濡，阳羡溪头米胜珠'；又有'买牛''欲老''地偏''俗俭'之语，卜居盖权舆于此。"[2]此时苏轼年龄才三十九岁，就埋下了在常州终老的念想，后来尽管经历了若干人生沉浮，其最终还是实现了这一愿望，把生命的最后一息，留在了常州。

其实，总名为《常润道中，有怀钱塘，寄述古五首》的几首诗，并非苏轼一次性作完寄赠陈襄的，其中只有三首为陈襄酬和，另两首可能就是这几天所作，也是思念陈襄的，甚至把想在常州终老的念头都告诉了陈襄。因为这个地方比较偏僻，民风朴美，最适合他这种不合时宜之人卜居，并且希望到时候陈襄能够常去看他，可以一起回忆过往人生的酸甜苦辣。二人关系的亲密程度，由此可见一斑。

陈襄于熙宁七年七月将离杭赴南都（今河南商丘）任时，在著名的有美堂宴请群僚。苏轼陪同陈襄最后一次在杭州周边名胜古迹游览，其间作词七首，表达对陈襄的依依难舍之情，颇为动人。他在《诉衷情·送述古迓元素》的词中说："钱塘风景古来奇，太守例能诗。"而耐人寻味之处，苏轼这期间没有选择他们二人最常用的诗歌表达形式，全部改用词这种体

---

1 〔宋〕苏轼：《常润道中，有怀钱塘，寄述古五首》其五，《苏轼诗集》卷十一，第555—556页。
2 〔宋〕周必大：《文忠集》卷十九，《四库全书·集部·别集类》，第1147册，第198页。

裁来传达其情意，而陈襄没有一首回赠酬答之词作。苏轼在有美堂陈襄宴请同僚的席上作《虞美人·有美堂赠述古》词：

> 湖山信是东南美，一望弥千里。使君能得几回来？便使樽前醉倒更徘徊。　沙河塘里灯初上，《水调》谁家唱？夜阑风静欲归时，惟有一江明月碧琉璃。[1]

傅幹《注坡词》题注引杨素《本事集》云："陈述古守钱杭，已及瓜代，未交付前数日，宴僚佐于有美堂。侵夜，月色如练。前望浙江，后顾西湖，沙河塘正出其下。陈公慨然，请贰车苏子瞻赋之，即席而就。"今人薛瑞生以为，"傅氏为南宋人，去东坡、元素（杨素字）未远，其转述或近本真。既云'已及瓜代，未交付前数日，宴僚佐于有美堂'，乃知述古为主人，杨元素与焉，曾亲见东坡挥毫情状，观其'侵夜，月色如练。前望浙江，后顾西湖，沙河塘正出其下'，确为经见者语。"[2]依据傅幹的说法，作词乃是应陈襄的请求，苏轼触景生情，提笔一挥而就。杭州湖山之美及夜归景色，当然最值得留恋，而惜别之情隐含其中。另一首送别陈襄的《菩萨蛮·西湖送述古》，其表达别情又有所不同：

> 秋风湖上潇潇雨，使君欲去还留住。今日谩留君，明朝愁杀人。　佳人千点泪，洒向长河水。不用敛双蛾，路人啼更多。[3]

据王文诰《苏文忠公诗编注集成总案·熙宁七年》："七月，与陈襄放舟湖上，燕于孤山竹阁，作《江神子》词，……再作《菩萨蛮》词（略）。又《菩萨蛮》词云：'娟娟缺月西南落，相思拨乱琵琶索。枕泪梦魂中，觉来眉晕重。　画堂堆烛泪，长笛吹新水。醉客各西东，应思陈孟公。'"[4]由此可知，苏轼陪同陈襄在西湖上放舟游览，并在孤山竹阁宴饮，苏轼共

---

1 〔宋〕苏轼：《东坡乐府》卷下，上海：上海古籍出版社，1979年，第78页。
2 薛瑞生：《东坡词编年笺注》卷一，西安：三秦出版社，1998年，第75页。
3 〔宋〕苏轼：《东坡乐府》卷下，第42—43页。
4 〔清〕王文诰：《苏文忠公诗编注集成总案》卷十二，第433—434页。

作词三首送别陈襄。后一首《菩萨蛮》,副题为"西湖席上代诸妓送述古",是以诸妓的口吻表达别情的。其实,三词均有妩媚婉转、愁肠百结的女性口吻韵致。从这里,正可以见出苏轼表达送别陈襄之情时选择词而不是诗的良苦用心。

陪同游览数日似乎仍觉难舍,苏轼又专程同舟远送陈襄数十里至临平镇,作《南乡子·送述古》惜别:

> 回首乱山横,不见居人只见城。谁似临平山上塔,亭亭。迎客西来送客行。 归路晚风清,一枕初寒梦不成。今夜残灯斜照处,荧荧。秋雨晴时泪不晴。[1]

上阕以临平山上之塔见证过客西来东往,来反衬作者告别陈襄以后难以再见的依依情怀。下阕转入写其归来入夜无眠,窗外下着秋雨,作者的眼泪却比这雨水还要多,停不下来。宋胡仔《苕溪渔隐丛话·后集》引《复斋漫录》:"鲁直记江亭鬼所题词,有'泪眼不曾晴'之句。余以为此鬼剽东坡乐章'秋雨晴时泪不晴'之句。"[2]黄庭坚出自苏门,也是作词能手,其暗用东坡乐章语,当不奇怪,正好说明苏轼此词造语新颖别致,言情深曲而形象,让人印象深刻,在苏门及词林中产生了影响。苏轼一生写过不少送别的诗词,而像其在词中表情达意带有如此浓郁的女性化色彩,且一再用"泪"字来倾诉其极度不舍之心绪,却是非常罕见的。

第三节 从《陈公弼传》探索其与陈希亮关系紧张的原因

苏轼在凤翔和杭州,都是州府之佐,为时均两年左右。共事的两位陈姓长官,其中陈希亮还是蜀人,其家青神离眉山很近,苏轼找的两任妻子,都是青神王家女。陈希亮自言视苏轼犹孙子,似乎按照蜀人的"竹根亲"

---

1 〔宋〕苏轼:《南乡子·送述古》,《东坡乐府》卷上,第35页。
2 〔宋〕胡仔:《苕溪渔隐丛话·后集》卷三十八,北京:人民文学出版社,1984年,第314—315页。

习俗，彼此多少还有点沾亲带故的关系。照理说，他与陈希亮应该相处更亲近，更容易找寻和睦相处的共同点。而事实却不然，苏轼反倒是与来自福建福州号称理学"海滨四先生"之一的陈襄相处最善，关系异常亲密。李立明在研究苏轼与陈襄交情的文章中探讨了他们之间情谊深厚的多方面原因，包括二人都反对新法、勇于进谏，勤于吏治、爱民利民，同重教育、奖掖贤才，刚健果敢、个性相近等[1]，言之成理。如果放在与陈襄相对照的视野下，就可以清楚地看出陈希亮与苏轼关系紧张的重要因素。

总体而言，造成苏轼与陈希亮关系紧张的主要责任方，应是陈希亮，而非苏轼。邵博《邵氏闻见后录》云："陈希亮字公弼，天资刚正人也。嘉祐中，知凤翔府。东坡初擢制科，签书判官事，吏呼'苏贤良'。公弼怒曰：'府判官何贤良也？'杖其吏不顾。"[2]府吏称签书判官苏轼为"苏贤良"，其实根本算不得什么大事，只是客套性尊称而已，放在今天也是再正常不过了。而陈希亮居然把这个小吏杖打一顿，且根本无视苏轼的存在。对于陈希亮如此小题大做、杀鸡儆猴的做法，谁都会心存芥蒂，对其不满。其意盖在向苏轼传递明确信息，绝不能挑战其官威。邵博还记载："东坡作府斋醮祷祈诸小文，公弼必涂墨改定，数往反。"[3]写点祭祀方面的应用公文，对于苏轼来讲，原本不在话下，因为这是他最擅长，也是颇为自信的优势项目。但这些文字每次拿到陈希亮那里，不仅被涂抹得面目全非，而且反复多次都交不了差。这对苏轼的自信和自尊，无疑都是极为沉重的打击。陈希亮这样做，照他自己的说法，是担心苏轼少年得志，暴得大名，容易自满骄傲。但即使其用意甚善，也须讲究方法，把握好分寸，不能故意刁难，让对方难以承受。至于中元节假因不过府厅，陈希亮便上奏朝廷要求处罚苏轼，就更不是善待下属或者同僚之道了。

至于苏轼多年后应陈忱之请而作《陈公弼传》，读者除了细味其中自言"年少气盛，愚不更事，屡与公争议，至形于言色，已而悔之"数语之

---

[1] 李立明：《苏轼与陈襄之情谊研究》，《东吴中文研究集刊》2007年第14期，第121—128页。
[2] 〔宋〕邵博：《邵氏闻见后录》卷十五，第121页。
[3] 〔宋〕邵博：《邵氏闻见后录》卷十五，第121页。

外,还应该注意文末的"赞语":

> 闻之诸公长者,陈公弼面目严冷,言语确讱,好面折人。士大夫相与燕游,闻公弼至,则语笑寡味,饮酒不乐,坐人稍稍引去。其天资如此。然所立有绝人者。谏大夫郑昌有言:"山有猛兽,藜藿为之不采。"淮南王谋反,论公孙丞相若发蒙耳,所惮独汲黯。使公弼端委立于朝,其威折冲于千里之外矣。[1]

苏轼自谓"愚不更事",才与上司争议,后来感到后悔,也许意在表达争议过程中"形于言色",过于冲动了些,而争议本身并不是错。依照邵博所记述诸事,根据苏轼的秉性,绝不肯忍气吞声而不与之争议,哪怕是最威严的顶头上司。这也是他特别赞扬王彭不为陈希亮官威所动的根本理由所在。

传末"赞语",则真正揭示了他与陈希亮难以关系和谐、愉快共事的根本原因。开头所谓"闻之诸公长者",一见便知是苏轼使用的障眼法,其实就是他对这位上司为人的全面评价。陈希亮"面目严冷","好面折人",以这样的表情和做派,与苏轼这种好开玩笑、性格诙谐幽默的人相遇,笃定是彼此不能欣赏乃至接受的。说朋友或者同僚聚会,听见陈希亮来了,不能随便玩笑趣谈,彼此间的交谈变得淡乎寡味,喝酒也不能尽兴,有机会就找借口溜走,各自散伙。苏轼是喜欢热闹、乱开玩笑的典型诗人气质,酒喝高兴了更加随意放纵,像陈希亮这样的性格,自然也难以忍受。邵博以为苏轼将陈希亮拟为汉代汲黯,是很高的赞誉,细味之未必尽然。关于淮南王谋反独惮汲黯之说,司马迁《史记·汲黯列传》记载如下:"淮南王谋反,惮黯,曰:'好直谏,守节死义,难惑以非。至如说丞相弘,如发蒙振落耳。'天子既数征匈奴有功,黯之言益不用。始黯列为九卿,而公孙弘、张汤为小吏,及弘、汤稍益贵,与黯同位,黯又非毁弘、汤等。已而弘至丞相,封为侯;汤至御史大夫;故黯时丞相史皆与黯同列,或尊用过

---

[1] 〔宋〕苏轼:《陈公弼传》,《苏轼文集》卷十三,第419页。

之。黯褊心,不能无少望,见上,前言曰:'陛下用群臣如积薪耳,后来者居上。'上默然。有间黯罢。上曰:'人果不可以无学,观黯之言也日益甚。'"[1] 淮南王谋反,对汲黯心存畏惧是实,但如果联系下文看,则皇帝不重用汲黯的一个重要原因,在于此人虽然好直谏,但"无学",把握不好说话的分寸。宋代士人皆重学术,如果苏轼将陈希亮比为汲黯隐含了这一层意思,那就并非全是赞誉性评价了。从《陈公弼传》的全部内容看,所记的事迹多选择其严厉执法、缉盗之事。似乎苏轼有意将陈希亮描绘成一个当代具有法家思想倾向的严吏形象,故特别突出其冷峻、威严、寡言少恩、不徇私情的性格与行事作风。这与陈襄谦和长者、与人为善的个性与为人风范,正好形成鲜明对比。恰好苏轼是一个以儒家思想为立身之本,而对于法家极为不敬的士大夫。明乎此,其与陈襄关系亲密无间,而与陈希亮关系紧张异常,就是不难理解的了。

---

1 〔汉〕司马迁:《史记》卷一百二十《汲黯列传》,北京:中华书局,1983年,第3108—3109页。

第三章　苏轼与滕甫在不同政治生态下的交谊

苏轼与滕甫的交往及情谊，迄今为止学界尚无专门研究。在留存至今的苏轼与友人通信中，其与滕甫通信数量最多，尤其以其贬谪黄州、汝州期间为最密集。这表明在苏轼身处逆境时，滕甫对其特别关心，多所闻问。这令苏轼对这位前辈的行为十分感动，与滕甫的交情日益亲密，视之为可与共患难的知心朋友。两人自熙宁初因对新法持相似立场而始有交往，直到滕甫于元祐五年（1090）去世，交往时间达二十年之久。时间是他们交谊日深的客观见证，而大略相似的仕途挫折，则是两人惺惺相惜的情感催化剂。

滕甫（1020—1090），初字元发，后因避哲宗祖母高氏父名之讳，以字为名，改字达道（为行文方便计，以下皆以滕甫之名称之），浙江东阳（今属浙江金华市）人。史料记载其曾与范仲淹次子范纯仁一起考进士，考官已评为第三名，但殿试时因声韵不应格而被仁宗黜落。八年后于仁宗皇祐五年（1053）再次应考，又以第三名高中，故世人以其两得探花传为佳话。滕甫少时就显示出豪纵不羁的独特个性，为苏州名士范仲淹所爱，让其与诸子同受学于理学大家胡瑗，在其众多门人中，以能文为第一。[1]或

---

[1] 〔宋〕苏轼：《故龙图阁学士滕公墓志铭》，《苏轼文集》卷十五，第459页。

被称为胡氏门下高弟。[1]虽然清人万斯同将其与范纯仁、陈颐等均列为胡瑗学派的传人之一[2]，但考察其理学著述或者做出的学派传承实际成绩，多少有些勉强。宋人费衮在《梁溪漫志》中记录其早年"能文"的一则轶事，倒一定程度上可以印证其"未遇"前颇有文学才能："旧传滕达道未遇时，与诸生讲学于僧舍。主僧出，诸生夜盗其犬而烹之。事闻，有司欲治其罪。滕公为丐免。守素闻其能赋，因谕之曰：'如能为《盗犬赋》，则将释之。'滕公即口占，其辞曰：'僧既无状，犬诚可偷。辍蓝宫之夜吠，充绛帐之晨羞。抟饭引来，犹掉续貂之尾；索绹牵去，难回顾兔之头。'守大笑，即置不问。今人相传为口实。"[3]看来滕甫能赋且敏于才思，在当时颇有知名度，其言行举止与传统观念中的儒生大为不同。从滕甫一生的作为看，似乎他既没有走宋代较为时髦的理学家谈性说理之路，也没有充分发扬其在文学方面的天赋以文名家，而是以戍边有成著称。仁宗曾赏识其能"安边"，他便以"安边"名所居堂室[4]，号为名将。苏轼代张方平撰写的《故龙图阁学士滕公墓志铭》载其有《文集》二十卷，而自南宋晁公武《郡斋读书志》等已不具载，证明当时已佚亡不见。所存唯其早年通判湖州时记录孙沔剿灭侬智高之事的《孙威敏征南录》一卷，收入《四库全书》中，略可窥见其文采之一二。今人所编的《全宋诗》《全宋文》，仅辑录其诗文数篇（首），表明其作品流传价值并不算高。

第一节　关于二人交往起始时间的考察

就现有资料看，苏轼流传于今与滕甫文字往还的作品，最早者是熙宁七年知密州（今山东诸城）时所作《与滕达道六十八首》其二。苏轼到达任所的时间为十二月初，因见密州蝗灾非常严重，故于下旬致书宰相韩琦，

1　〔宋〕黄震：《黄氏日钞》卷四十五，《四库全书·子部·儒家类》，第708册，第253页。
2　〔清〕万斯同：《儒林宗派》卷八，《四库全书·史部·传记类·总录之属》，第458册，第547页。
3　〔宋〕费衮：《梁溪漫志》卷十《作赋赎罪》，《四库全书·子部·杂家类·杂说之属》，第864册，第765页。
4　〔宋〕苏轼：《故龙图阁学士滕公墓志铭》，《苏轼文集》卷十五，第463页。

希望减免密州百姓的赋税。¹又在与滕甫（时任青州知州）的书信中，请求其向朝廷进言，呼吁"体量减放"密州灾民赋税。²信的抬头为"某再启"，表明此信并不是苏轼写给滕甫的第一封，大约之前数日已经写过信给滕甫，或许只是通报了到任情况，没有特别提及当地灾情，故此信特别提出，希望对方帮助呼吁解决密州遭受严重蝗灾的问题。苏轼之所以请求滕甫向朝廷呼吁减免灾民赋税，是因为滕甫的官方身份是青州知州兼京东路安抚使，密州属于京东路，故滕甫为本路属州请求因灾减税，应是其职责范围内的事。苏轼在与滕甫的第四封书信里，有"某孤拙无状，得在麾下，盖天幸也"之言³，可见这种公务上的从属关系。而在这封信中，苏轼还有"违远已久，瞻仰日深""门庭咫尺，无缘驰候，岂胜怅然"等语⁴，可知他们彼此结识，并非始于此时，而是远在此前某时。至于始于何时，学界迄今对此没有说法。

那么，这个起始点是什么时候？他们在什么背景下有彼此交往的条件？

在苏轼《与滕达道六十八首》其四十五中，有如下数语，特别值得考究：

> 一别四年，流离契阔，不谓复得见公。执手恍然，不觉涕下。风俗日恶，忠义寂寥，见公使人，差增气也。⁵

此信写于苏轼谪居黄州的第五个年头，即元丰七年。这年三月，苏轼得到量移汝州的诏敕，于四月离开黄州，辗转九江、庐山、湖口、池州、芜湖、当涂等地，七月到达金陵，与王安石相见。其间真州（今江苏仪征）知州袁陟遣专人来迎请苏轼前往真州。八月，苏轼在真州见到了进士同榜友人蒋之奇，触发了其买田宜兴的念头。在赴常途经润州时，时任湖州知

---

1 〔宋〕苏轼：《上韩丞相论灾伤手实书》，《苏轼文集》卷四十八，第1395—1396页。
2 〔宋〕苏轼：《与滕达道六十八首》其二，《苏轼文集》卷五十一，第1475页。
3 〔宋〕苏轼：《与滕达道六十八首》其四，《苏轼文集》卷五十一，第1476页。
4 〔宋〕苏轼：《与滕达道六十八首》其四，《苏轼文集》卷五十一，第1476页。
5 〔宋〕苏轼：《与滕达道六十八首》其四十五，《苏轼文集》卷五十一，第1489页。

州的滕甫亲自乘舟来与苏轼相见，上面书信中所说，即是此次见面的情景与感受。

信中所谓"一别四年"，《永乐大典》卷一一三六八、《东坡七集·续集》卷四皆作"一别十四年"。[1]究竟应作"四年"还是"十四年"，当考察二人的行迹来加以认定。如果作"四年"，则二人的上次相见当在元丰三年（1080）。这年初，苏轼刚至黄州，虽然有团练副使的官方身份，但属于被安置对象，他的行动不是完全自由的。黄州知州对其负有看管之责，一旦其远离州境走失，朝廷要拿知州是问。所以，苏轼这一年不可能远离黄州去某地见友人。在其熟悉的朋友中，只有李常来黄州看望过他。

再看滕甫，元丰元年（1078）任池州知州，三年，神宗拟让其知蔡州（今河南汝南），但因受到御史何正臣的弹劾，于六月改知安州（今湖北安陆）。[2]苏轼在一封写给滕甫的信里，正好谈及滕甫赴任途经州界之事：

> 舍弟来，具道动止甚详，如获一见。移知安陆，日闻首耗。忽蒙惠书，承已到郡，且审起居康胜。初不知轩旆过黄陂，既是州界，一走，见亦不难，此事甚可惋叹也。[3]

所谓"舍弟来"，指元丰三年五月苏辙前往筠州赴任，途经黄州看望苏轼。在兄弟交谈中，苏辙对滕甫的情况介绍甚为详细，苏轼得知其移知安陆的消息。对于滕甫经过黄陂赴任，苏轼事前并不了解，如果知道，前往州界之内的黄陂一见滕甫，是可行且不违规的；由于不知情，所以成为错失见面机会的遗憾了。因此，苏轼元丰七年所写的信，显然不是指元丰三年相见之事，因为这次本可相见的机会，被事先不知情而浪费掉了。

再看二人十四年前有无相见的机会。由元丰七年逆推十四年，当为熙宁三年。苏轼于熙宁元年七月为父亲苏洵守制期满，二年正月抵达京师。二月，差判监官告院，不久改任权开封府推官，直至熙宁四年因被王安石

---

1 〔宋〕苏轼：《与滕达道六十八首》其四十五，《苏轼文集》卷五十一，第1490页。
2 〔宋〕李焘：《续资治通鉴长编》卷三百五，第7421—7422页。
3 〔宋〕苏轼：《与滕达道五首》其一，《苏轼佚文汇编》卷三，第2473页。

的姻亲谢景温弹劾其扶柩回乡私贩盐及苏木等，十一月出为杭州通判，中间的两年多时间，均在京城任职。

再看滕甫的仕宦轨迹。据《续资治通鉴长编拾补·熙宁二年（四月戊戌）》载："权知开封府滕甫知瀛州。甫以父讳辞，改知郓州。……安石与甫同考试，语言不相能，深恶甫，故极力挤出之。"[1]可知滕甫出任郓州知州的诏命是熙宁二年四月下达的，此前他在京任职。至于其被排挤出京的原因，这里说是与王安石一起考试时"语言不相能"，故王安石极力排挤之，而苏轼所作《故龙图阁学士滕公墓志铭》的解释则与之不同：

> 遂以右正言，知制诰谏院、开封府，拜御史中丞、翰林学士，且大用矣。……事无巨细，人无亲疏，辄以问公。或中夜降手诏，使者旁午，公随事解答，不自嫌外。而执政方立新法，天下汹汹，恐公有言而帝信之，故相与造事谤公。帝虽不疑，然亦出公于外。以翰林侍读学士知郓州。[2]

则滕甫被出，乃是因不支持王安石所推行的新法。虽然王安石是变法的主推手，但真正的主宰则是神宗。为了有利于王安石推行新法，神宗即使信任滕甫，也只好将不支持新法的滕甫安排到地方任职，以减少变法阻力。熙宁三年九月，滕甫移知定州（今河北定州）。入觐时便极言新法之害："'臣始以意度其不可耳。今为郡守，亲见其害民者。'具道所以然之状。"[3]表明其从变法之始，就认为新法不可行，直到为知州，进一步印证了原先的看法。

从以上对二人行踪的梳理看，熙宁二年上半年他们有同处京师的时间交集。且王安石被任命为参知政事（二月）后，便立即成立制置三司条例司，迅速开启了推行新法的大幕。在此影响时局和士人仕途命运的政治大

---

[1]〔清〕黄以周等辑注，顾吉辰点校：《续资治通鉴长编拾补》卷四，北京：中华书局，2004年，第174页。
[2]〔宋〕苏轼：《故龙图阁学士滕公墓志铭》，《苏轼文集》卷十五，第459页。
[3]〔宋〕苏轼：《故龙图阁学士滕公墓志铭》，《苏轼文集》卷十五，第463页。

事件面前，朝野上下议论汹汹，士大夫们都把这当成关系国家前途命运及自身进退荣辱的头等大事。苏轼与滕甫在其离京赴任之前相见，讨论新法举措及其推行动向等重大时政话题，是极符合现实背景和共同需要的。况且，他们都非常熟悉要好的范仲淹次子范纯仁此时也在京城供职，同样是反对新法阵营中的重要一员。他无疑为促使二人相见增加了有利条件。

所以，苏轼元丰七年所作致滕甫书信中之"一别四年"，当以"一别十四年"为是。这期间两人仕途及人生命运颇多挫折坎坷。滕甫在地方辗转任职十年，中间还受到贬官、罚铜等惩罚。苏轼自为杭州通判以后，不仅未曾还京任职，而且还遭遇了"乌台诗案"的沉重打击，入狱百余日之后，被贬谪黄州，安置居住。所以"一别十四年"之久，苏轼发出了"流离契阔"的深切喟叹。

苏轼后来写给滕甫的相关书信可以清楚证明，他们二人正式结识的时间至迟在熙宁二年上半年，至于这之前有无可能交往，目前尚无直接证据。促使二人结识的最主要动因，乃是熙宁二年初开始启动的熙宁变法。在这一以丰财强兵为宗旨的全面政治经济变革运动中，士大夫无论出于对国家兴衰治乱的高度关切，还是基于自身未来仕途进退的实际考虑，他们都必须明确表达其政治立场，以及对新法举措的态度。兹事体大，且来得有些突然，进展也相当快，导致朝廷大多数官员均表现出怀疑、不安、焦虑的情绪反应。这种情绪变化随着变法政策逐渐出台，以及变法派对怀疑、反对变法者的挤压手段不断升级而日益明显，使得双方的矛盾和对立更加尖锐，甚至演变成所谓新旧两派政治势力的激烈政治斗争。

苏轼自眉山结束守制还京，突遇朝廷如此重大政治事件的发生，作为一个怀揣人生理想，且对时局改革具有独立思考与见解，又尚未经历仕途挫折的士人，他急需得到更多政治讯息，迫切需要与在朝廷的有一定政治经验的先达乃至前辈进行沟通交流，听取他们的看法与建议，滕甫无疑是比较理想的人选之一。他不仅有历仕三朝的丰富从政经历，而且还很受新即位不久的神宗皇帝倚重。苏轼觉得可以从他那里得到一些自己特别关注的重要政治讯息，应该是情理中事。从后来苏轼多次在信中提及那次见面的激动情绪和深刻记忆看,滕甫当时给苏轼留下了铭记于心的难忘印象,并且自此奠定了以后进一步加深相互交往的重要基础。

第二节　苏轼贬谪黄、汝时期与滕甫的交谊

自熙宁二年、四年两人先后离京转任地方,他们多数时候天各一方,即使任职地相距稍近,也因为各种主客观原因难以见面。就像熙宁七年至八年(1084—1085)时,苏轼在密州,滕甫在青州,两州空间距离并不远,并且彼此还有公务上的从属关系,但他们除了互通音问以外,并没有创造出合适的见面机会。虽然彼此思念之情颇深,但也只能在书信中一道心意而已。后来苏轼由密而徐,于元丰二年初被任命为湖州知州,四月下旬到任,而"乌台诗案"两个多月后发生,他被逮入御史台监狱。恐怕苏轼从未想到,会以这种方式再次来到京城。经过百余日的严苛审讯,他被贬谪为黄州团练副使,不得签书公事,本州安置。

滕甫卸任青州后,移知齐州(今山东济南),随即回乡丁父忧。守制结束,神宗有意安排其在京中任职,但遭到御史何正臣弹劾,被命知池州。任满,神宗本拟让其知蔡州,仍然遭人反对,乃改任安州知州。此地离黄州较近,两地均处在长江水系,可以通航,这为他们增进交往带来一定有利条件。

苏轼在黄州期间,写给滕甫的信约三十封,占到两人通信总数七十二封(去其内容重复计)的近百分之四十二,成为他们文字往来甚为密集的一个重要时期。特别是苏轼谪居于此,被视为"罪臣",过去曾有过交情的一些亲故,因为其处境不利而不再与之来往,彼此音信断绝;而苏轼自己也以其身份和境遇如此,生怕连累别人,采取主动姿态,尽量不与一些亲故联系,担心他们因此受到牵连。在其谪居黄州的开始一段时间里,寂寥苦闷是主要心态。倘若有人不计此嫌,有勇气主动与之交往,并且竭诚给予关心和帮助,对于苏轼而言是极为珍贵的,给他留下的情感记忆也是最为深刻的。

滕甫与在黄州的苏轼交往，正属于这种情况。据《续资治通鉴长编·元丰三年六月（癸卯）》载，因御史何正臣言滕甫妻党谋逆事，不应令守大藩，宜给一小州，故诏命滕甫知安州。[1]由前引苏轼作于元丰四年（1081）的《与滕达道六十八首》其一所谓"久不修问，亦非怠慢"可知，苏轼谪居以来，未尝主动给滕甫写过信，原因不言自明。而滕甫到任之后，很快就主动给苏轼写信，并派专使送达，故苏轼回信说：

> 某启。专使至，远辱手诲累幅，伏读感慰。……某凡百如常，杜门谢客已旬日矣。承见教，益务闭藏而已。近得筠州舍弟书，教以省事。若能省之又省，使终日无一语一事，则其中自有至乐，殆不可名。此法奇密，惟不肖与公共之，不可广也。[2]

苏辙因受"乌台诗案"牵连，被责授监筠州盐酒税，到任时间在元丰三年六月。[3]其赴筠途中，在黄州与苏轼相聚，已经谈起过滕甫的相关情况，并且知道其已经由黄州境内之黄陂，抵达安陆任所。颇为令人困惑的是，滕甫应该早知道苏轼谪居在黄州，既然经过该州境内，何以没有事先联系苏轼，相约在黄陂见上一面呢？在苏轼看来，他去黄陂会见滕甫，因为未出州界，并不受约束。

笔者推测，这应该跟两人此时的境遇有一定关系。滕甫知安州前，尚挂有礼部侍郎的头衔，命其知一小州，带有明显的贬谪性质，且正被御史何正臣紧盯不放。故其既考虑自己，也顾及苏轼，采取了比较谨慎小心的态度，没有事先将行程告知苏轼。这也算是其对苏轼十分了解的处理方式。因为苏轼在给滕甫的另一封信里就展露过其此时此境的真实心迹："黄当江路，过往不绝，言语之间，人情难测，不若称病不见为良计。"[4]苏轼在黄州，处事非常小心，害怕其口无遮拦的性格又被人利用。在上引书信

1　〔宋〕李焘：《续资治通鉴长编》卷三百五，第7421—7422页。
2　〔宋〕苏轼：《与滕达道六十八首》其二十二，《苏轼文集》卷五十一，第1482页。
3　〔清〕孙汝听：《苏颍滨年表》，《栾城集·附录二》，第1781页。
4　〔宋〕苏轼：《与滕达道六十八首》其二十，《苏轼文集》卷五十一，第1481页。

里，不仅说到杜门谢客已旬日，还特别言及冬至后斋居四十九日"聊自反照"。而其把苏辙来信劝其"省事"一策，视为"奇密"，只可与滕甫共享其"乐"，还不忘谆谆叮嘱：不宜"广"之他人。其实，弟弟出于希望苏轼记取"乌台诗案"教训的好意，劝其"省事"，这番苦心苏轼是非常明白的。而他进一步发挥到"终日无一语一事"，称其中自有不可名状的"至乐"，这话带有很大自慰慰人的意味，乃是两人处境、心境相似的一种特殊开解方式。实际上，苏轼自己也清楚，他不可能做到"终日无一语一事"，即使真正做到了，也未必就能领略到所说的"至乐"，而他将此法推荐给滕甫，还说只宜两人共享，根本意图不过是希望对方也跟自己一样，尽量"闭藏"起来，不让那些敌视之人抓到新的攻击把柄。这是苏轼悟出的身处逆境之生存智慧，不得已而为之。这种带泪的"笑""乐"，没有与苏轼相似的人生体验，是难以真切理解的。苏轼对滕甫主动写长信给他十分感动，因为对方不仅是前辈，而且丝毫不嫌弃自己的"罪臣"身份与谪居逆境，殊为难得，是很多人做不到的。

出于感动和信任，苏轼把滕甫视为可以交心的朋友。在其与滕甫的书信往来中，恳谈自己的处境与作为，揭示出其生活方式与价值观的巨大转变。如第二十一信云："某闲废无所用心，专治经书，一二年间欲了却《论语》《书》《易》，舍弟已了却《春秋》《诗》。虽拙学，然自谓颇正古今之误，粗有益于世，瞑目无憾也。又自笑往往不会取快活，真是措大余业。"[1] 既然仕途理想难以实现，便转而研治经学，希望以"立言"垂世。这是苏轼黄州谪居"闲废"处境下不得已而为之，也是一种不自甘绝望的积极调整与主动适应。对于几部儒家经典的训解，始自黄州，成于儋州，前后延续近二十年，皆是其在人生挫折的逆境中所为，被他称作"平生功业"的重要组成部分，故其尤为珍视之。

苏轼在给滕甫的通信中，对其多所劝谕，希望其临事处变不惊，遭遇挫折要泰然面对。尽管自己的处境已经很不幸，内心苦闷很多，但他更多

---

[1] 〔宋〕苏轼：《与滕达道六十八首》其二十一，《苏轼文集》卷五十一，第1482页。

地替朋友着想，希望其过得比自己好。这是苏轼真诚待友之道，同样非常难能可贵。

元丰六年（1083）冬，滕甫结束安州知州任后，将入朝觐见皇帝，曾专门致信苏轼，相约在黄州相见。苏轼得信后回复道：

> 公解印入朝，当过岐亭故县。预以书见约，轻骑走见，极不难，慎勿枉道见过，想深识此意。乍冷，万乞自重。[1]

似乎滕甫这回早有准备，要补上前次赴任未能与苏轼见面的遗憾，故致信预约两人在黄州相见。苏轼自然非常高兴，且渴望一见。但在回信中，他特别提醒最好在其赴京途经之地顺道相见，一定不要绕道来黄州，其中的原因心照不宣，怕有人抓住把柄找麻烦。可惜此次约见，并未能实现。孔凡礼《苏轼年谱·元丰六年十一月》载："滕元发罢安州，入朝，苏轼欲于岐亭相见。至黄陂，则元发已道出信阳，遂相失。"[2] 这次相见，是滕甫提议的，故苏轼致滕甫第十八信亦云："某比谓公有境上之约，必由黄陂，遂径来此。"[3] 苏轼对彼此相见是很重视的，直奔黄陂等待滕甫。而计划落空以后，他曾反复表达失望的心情，如在这封信中，苏轼接言："拙于筹画，遂失一见，愧恨可知。"又在另一封信里说：

> 某到黄陂，闻公初五日便发，由信阳路赴阙，然数日如有所失也。欲便归黄州，又雨雪间作。向僧房中明窗下，拥数块熟炭，读《前汉书·戾太子传赞》，深爱之。反复数过，知班孟坚非庸人也。方感叹中，而公书适至，意思豁然。稍晴暖，当阳罗江上放舟还黄也。[4]

滕甫之所以如此迅速地派人送信给苏轼，必然是重点解释何以改道走

---

1 〔宋〕苏轼：《与滕达道六十八首》其三十一，《苏轼文集》卷五十一，第1485页。
2 孔凡礼：《苏轼年谱》卷二十二，第589页。
3 〔宋〕苏轼：《与滕达道六十八首》其十八，《苏轼文集》卷五十一，第1481页。
4 〔宋〕苏轼：《与滕达道六十八首》其二十六，《苏轼文集》卷五十一，第1484页。

信阳入觐，而没有照原计划来黄州与苏轼相见的原因。苏轼读信以后，几天来的失望情绪一扫而光，心情一下好起来了。看来滕甫所解释的理由，是令苏轼非常满意并认同的。

滕甫此次进京，并未得到神宗的召见，其背后的原因是遭人谗毁，神宗直接出手诏贬滕甫知筠州。此事的来龙去脉有些复杂，需要做一番史料梳理。

事情原委在相关史料里有所表露。李焘《续资治通鉴长编·元丰七年正月》载："（乙巳）正议大夫滕甫知筠州。甫罢安州入朝。手诏'谋逆人李逢，乃甫之妻族近亲，不宜令处京师，可与东南一小郡'故也。甫上书自辩。寻改知湖州。"注云："五月一十二日辛酉乃知湖州。"[1]似乎因其受妻党李逢谋逆牵连，神宗才在手诏里做此明确交代。但李逢案发生在熙宁八年（1075），当时已体现对滕甫的职务调整之处理。《续资治通鉴长编·熙宁八年二月》载："（辛未）知青州翰林侍读学士滕甫知齐州；天章阁待制李肃之两易其任。时治李逢狱，以甫娶逢妹故也。"[2]元丰三年六月，"御史何正臣言：礼部侍郎滕甫，近自知池州移知蔡州，甫顷尝阿纵大逆之人，法不容诛。朝廷宽容，尚窃显位，于甫之分，侥幸已多，岂可更移大藩？乞别移远小一州。诏改知安州"。[3]由蔡州改知安州，算是其任职第二次受到影响。苏轼在为滕甫作的《墓志铭》中云："（安州）既罢入朝，未对，而左右有不悦者，又中以飞语，复贬筠州。士大夫为公危栗，或以为且有后命。"[4]看来是亲近神宗之人谗毁滕甫，并且好像还有可能给予更重的处罚。那么，这个"左右"究竟是什么来头，对神宗影响如此之大？笔者以为，必是神宗亲近之人，极有可能就是内供奉谢諲（或作祼）。起因是谢諲奉旨到安州买红花，而被滕甫奏本，采买活动被迫停止。《续资治通鉴长编·元丰五年八月》："知安州滕甫言：内供奉谢諲，奉旨买红花万斤。

----
1 〔宋〕李焘：《续资治通鉴长编》卷三百四十二，第8219页。
2 〔宋〕李焘：《续资治通鉴长编》卷二百六十，第6334页。
3 〔宋〕李焘：《续资治通鉴长编》卷三百五，第7421—7422页。
4 〔宋〕苏轼：《故龙图阁学士滕公墓志铭》，《苏轼文集》卷十五，第460页。

今又继买五万斤。而一州所产止二万斤耳,恐不足数。上亟诏寝之。"[1]苏轼在滕甫《墓志铭》中记载此事却说:"敕使谢譂市物于安,因缘为奸,民被其毒。公密疏其奸状,上为罢黜譂。"[2]苏轼的说法与李焘的不太一样。按照李焘的记载理解,是神宗接到滕甫对谢譂的弹奏之状,立即停止了采买活动,并未提及罢黜谢譂职务一层。今天已经无法弄清加买五万斤红花之举,究竟是谢譂自作主张,还是受神宗之命而为。倘若是后者,则其不仅得罪了谢譂,而且让神宗不悦,这位内供奉趁机谗毁滕甫,把其妻党谋逆与其有关联的旧账再清算一次,就完全有可能了。神宗手诏特别强调远贬就是这个原因,正好透露出其中消息。滕甫似乎也从这次贬职的诏命中嗅到了一丝不同寻常的气息,故特别上章自辩,为自己与李逢之事撇清关系。

而这篇自辩状,正是苏轼为滕甫代笔。在澄清自己与谋逆者"义同路人"的关系之后,文章把主要笔墨集中在提请神宗注意防范身边的谗毁之人上:"一自离去左右,十有二年,浸润之言,何所不有?至谓臣阴党反者,故纵罪人。""但念世之憎臣者多,而臣之赋命至薄。积毁销骨,巧言铄金。市虎成于三人,投杼起于屡至。倘因疑似,复致人言,至时虽欲自明,陛下亦难屡赦。"[3]好像监察、台谏、朝官、内供奉等人反复用滕甫与妻党谋逆之事有关来说事,神宗也多少相信了这些人的观点。直到其看了滕甫的自辩状,才打消了疑虑。故《墓志铭》有言:"帝览之释然,即以为湖州。方且复用,而帝升遐。公读遗诏,僵仆顿绝。久之乃苏,曰:'已矣,吾无所自尽矣。'"[4]神宗之死,滕甫认为是自己的最大不幸,因为以后不会再遇到像神宗那样对他信任倚重的君主了。

滕甫于元丰七年五月被命知湖州,苏轼也于这年三月得到量移汝州的诏敕,便于四月离黄州,启程间道赴汝州安置所。八月,苏轼行至江宁府,专门写信给滕甫,表达在此行途中与之见面的殷切期望:

---

[1] 〔宋〕李焘:《续资治通鉴长编》卷三百二十九,第7922页。
[2] 〔宋〕苏轼:《故龙图阁学士滕公墓志铭》,《苏轼文集》卷十五,第463页。
[3] 〔宋〕苏轼:《代滕甫辩谤乞郡状》,《苏轼文集》卷三十七,第1056—1057页。
[4] 〔宋〕苏轼:《故龙图阁学士滕公墓志铭》,《苏轼文集》卷十五,第460页。

久不奉状,愧仰日深。辱专人手书,具审比来起居胜常,感慰兼集。自闻公得吴兴,日望一见于中途。而所至以贱累不安,迟留就医,竟失一婴儿。又老境所迫,归计茫然,故所至求田问舍,然卒无成。十四日决当离此。真州更不敢住,恐真守坚留,当住一日。不知公犹能少留,以须一见否?……人还,谨奉状布谢。[1]

从苏轼所言可知,是滕甫派专人送信来,苏轼遂在回信中特别提议见面之事。他们期待已久的见面,这次终于在润州之金山实现了。孔凡礼《苏轼年谱·元丰八年八月》载:"来往金山。与滕元发会金山,许遵(仲途)、秦观亦至,有唱和。"[2] 苏轼《次韵滕元发、许仲途、秦少游》诗云:

二公诗格老弥新,醉后狂吟许野人。坐看青丘吞泽芥,自惭黄潦荐溪蘋。两邦旌纛光相照,十亩锄犁手自亲。何似秦郎妙天下,明年献颂请东巡。[3]

王文诰在首二句下有注云:"时滕元发起知湖州,与公期会于金山。许遵自润州至,盖地主也。"[4] 则滕甫期与苏轼在金山相见,乃其赠诗之意,苏轼次韵答之,兼及许遵、秦观二人。许遵时为润州知州,是苏轼的老友,自然不肯错过当"地主"的机会;而秦观是苏轼最器重的才士之一,这次专程自高邮来见苏轼。适逢苏轼结束黄州谪居,几位故人相聚在一起,自然让苏轼很高兴,且留下了深刻记忆。后来滕甫去世,苏轼作《挽词》二首,其中有"荆溪欲归老,浮玉偶同游"之句,王注引赵次公云:"浮玉乃润州金山也。"[5] 虽然偶然相见于旅途中,但对于他们二人而言,都很重要,且值得纪念。

苏轼在赴汝州途中,重点关注买田寄居、安顿家室之事,即前其与滕

---

1 〔宋〕苏轼:《与滕达道六十八首》其三十五,《苏轼文集》卷五十一,第1486—1487页。
2 孔凡礼:《苏轼年谱》卷二十三,第644页。
3 〔宋〕苏轼:《次韵滕元发、许仲途、秦少游》,《苏轼诗集》卷二十四,第1266—1267页。
4 〔宋〕苏轼:《次韵滕元发、许仲途、秦少游》王文诰"案语",《苏轼诗集》卷二十四,第1267页。
5 〔宋〕苏轼:《滕达道挽词二首》其二王文诰注语,《苏轼诗集》卷三十二,第1721页。

甫信中所言"老境所迫,归计茫然,故所至求田问舍"之意。所幸在蒋之奇的提议和蒋公裕的具体操办下,其在宜兴买田之事终于成功,算是为归老求得一个落脚之地。此事办成,苏轼便打算请求朝廷将其安置于常州,在此度过余生。他把这一想法告诉了滕甫,希望后者以后有机会来常州看望他,二人会聚于此:"仆买田阳羡,当告圣主哀怜余生,许于此安置。幸得许者,遂筑室荆溪之上而老矣。仆当闭户不出,君当扁舟过我。"[1]一般的客人当闭门不见,而对于滕甫,则希望时常在养老之地相见,可知二人交情深厚。

苏轼在扬州、泗州(今安徽泗县)两次上表神宗,请求常州居住,终于得到恩准,以汝州团练副使、不得签书公事身份在常州居住。他便不用前往汝州任所,计划直接奔赴安置地常州了。此时滕甫已在湖州知州任,苏轼曾屡次在信中说到今后书信往来更方便了,在湖州相见也更容易了,他希望有机会在湖州多待些时日,好好畅叙一番友情:

> 某至楚、泗间,欲入一文字,乞于常州住。若幸得请,则扁舟谒公有期矣。(其三十八)
>
> 若得请居常,则固当至治下,搅扰公数月也。(其四十五)
>
> 某旦夕过江,径往毗陵,相去益近,时得上问也。(其三十九)
>
> 某留家仪真,独来常,以河未通,致公见思之深。又有旧约,便当往见。……定居后,一日可到也。(其四十一)[2]

如此热切地相见期待,却因突然间的朝局变化而无法实现。元丰八年(1085)三月初,神宗驾崩,其子赵煦继位,因其年幼,太皇太后高氏垂帘听政,启用司马光等反对新法之人还朝执政,新法被废。苏轼作为当年反对新法的代言人之一,于六月被起知登州,其贬谪生活及"罪臣身份"终

---

[1] 〔宋〕苏轼:《与滕达道六十八首》其三十二,《苏轼文集》卷五十一,第1486页。
[2] 上述引文见苏轼《与滕达道六十八首》(《苏轼文集》卷五十一,第1487—1490页)。

告结束。他得到诏命，便写信告诉滕甫："登州见阙，不敢久住，远接人到便行。会合邈未有期，不免怅惘。……京东有干，幸示谕。"[1]又曰："向虽有十日之约，势不可住，愧负无限。"[2]如此怅惘乃至愧负的心情，反映出二人交谊的深厚程度。

知湖州之后，滕甫先后被命知苏州、扬州、郓州（治所在今山东东平）、真定（今河北正定）、太原府等，继续在地方辗转任职。他们相见的机会，更加难以寻找了。

苏轼谪居黄州期间，为滕甫作《论西夏书》一事，值得一提。此篇奏章，写于元丰四年，时滕甫知安州。事情的起因乃是神宗得知西边守将报告西夏主秉常被太后所囚，以为是征服西夏的最佳时机，遂生征讨之意。诏令陕西、河东两路征讨西夏，两国战端自此开启。[3]苏轼《代滕甫论西夏书》有"近日臣僚献言用兵西方"之语，可知此书乃是在朝臣多倡言用兵西夏的背景下写作的。全文主旨，在于劝诫神宗不要"急于功名，履危犯难"。[4]滕甫自以为"谪守在外，不当妄言，然自念老臣，譬之老马，虽筋力已衰，不堪致远，而经涉险阻，粗识道路"[5]，完全出于忠君爱国的情怀而为之。自幼以"能文"著称的滕甫，却请苏轼代笔，显然是由于两人观念一致，且彼此高度信任，更可以由此窥见二人之深厚交情。

第三节　元祐时期两人不断加深的交谊

苏轼于元丰八年（1085）十月以礼部郎中召还，十二月抵京赴任。他在还京途经郓州时，与担任该州知州兼京东转运使的范仲淹第三子范纯粹讨论募役法，两人意见一致，苏轼回京便草成《论给田募役状》一文，阐明免役法不可尽废、应该参用所长的主张。他说："臣伏见熙宁中尝行给田

---

1 〔宋〕苏轼：《与滕达道六十八首》其四十七，《苏轼文集》卷五十一，第1490页。
2 〔宋〕苏轼：《与滕达道六十八首》其四十八，《苏轼文集》卷五十一，第1491页。
3 〔元〕脱脱等撰：《宋史》卷十六《神宗本纪三》，第307页。
4 〔宋〕苏轼：《代滕甫论西夏书》，《苏轼文集》卷三十七，第1054页。
5 〔宋〕苏轼：《代滕甫论西夏书》，《苏轼文集》卷三十七，第1054页。

募役法，其法亦系官田，如退滩、户绝、没纳之类。及用宽剩钱买民田，以募役人，大略如边郡弓箭手。臣知密州，亲行其法，……民甚便之。"并历数"五利"，希望朝廷"详议施行"。[1]但此状的观点与时任宰相司马光意见不一致，暂时被搁置下来，随后苏轼曾与之争论此事，招惹一群"惟温是随"的台谏官员强烈不满。苏轼在元祐二年（1087）将此状正式上奏，认为"今日尚可施行"。[2]同年作有《辩试馆职策问札子二首》，其二涉及前一年与执政、台谏争议过程，其言云："臣前岁自登州召还，始见故相司马光，光即与臣论当今要务，条其所欲行者。臣即答言：'公所欲行者诸事，皆上顺天心，下合人望，无可疑者。惟役法一事，未可轻议。何则？差役、免役，各有利害。……今免役之法……民不知有仓库纲运破家之祸，此万世之利也，决不可变。'……光闻臣言，大不以为然。"[3]他在《札子》中还陈述了与台谏官员孙升、傅尧俞等人争议的经过，认为司马光及其追随者"其意专欲变熙宁之法，不复较量利害，参用所长"。[4]这件事反映了朝廷上下为募田免役法存废所发生的激烈争议，最终演变成党同伐异的政治斗争。苏轼因在役法问题上坚持平正公允的政治原则，被台谏围攻，在朝中处境日益艰难。

他把自己的无奈处境在信中告诉了滕甫。其中一封说："某蒙庇粗遣，但蹿次骤进，处必争之地，非久安计。但脱去无由，公必念之。"[5]此信的写作时间，可能在元祐一、二年间。所谓"蹿次骤进"，指其在元祐元年的数月之间，由礼部郎中擢升翰林学士知制诰的三次提拔。这确实是超常升迁，他自己内心惴惴不安，同时也招来很多人的嫉妒，尤其是追随司马光的那群台谏官员。另一封信也说："某衰病短才，任用过量；论议疏阔，所向难合。日俟汰遣而已。"[6]所谓"论议疏阔，所向难合"，显然是指与执政司马

----

[1]〔宋〕苏轼：《论给田募役状》，《苏轼文集》卷二十六，第768—771页。
[2]〔宋〕苏轼：《缴进给田募役状议札子》其二，《苏轼文集》卷二十七，第793页。
[3]〔宋〕苏轼：《辩试馆职策问札子二首》其二，《苏轼文集》卷二十七，第791页。
[4]〔宋〕苏轼：《辩试馆职策问札子二首》其二，《苏轼文集》卷二十七，第792页。
[5]〔宋〕苏轼：《与滕达道六十八首》其六十六，《苏轼文集》卷五十一，第1496页。
[6]〔宋〕苏轼：《与滕达道六十八首》其六十八，《苏轼文集》卷五十一，第1496页。

光及其追随者围绕役法存废所形成的矛盾。本来其被召还京,且得到重用,主要是拜司马光所赐,但在役法问题上,他们之间发生了严重的意见分歧。苏轼并不因为司马光有恩于己,就一切附和之,而是坚持自己的独立判断,当其意见与之不同时,敢于毫不犹豫地表达出来,并且与之在政事堂里公开辩论。苏辙在为其兄所作墓志铭中叙述此事甚详:"时君实方议改免役为差役……君实为人,忠信有余,而才智不足。知免役之害,而不知其利,欲一切以差役代之。方差官置局,公亦与其选,独以实告,而君实始不悦矣。尝见之政事堂,条陈不可。君实忿然。……公知言不用,乞补外,不许。君实始怒,有逐公意矣,会其病卒乃已。时台谏官多君实之人,皆希合以求进,恶公以直形己,争求公瑕疵,既不可得,则因缘熙宁谤讪之说以病公,公自是不安于朝矣。"[1]从当初力荐,到后来欲排逐之,这种戏剧性变化是两人尖锐矛盾的集中反映,跟熙宁初王安石对待苏轼的态度,颇有些相似之处。当初台谏官员罗织苏轼的诗含有谤讪之意,而今台谏官员又欲故技重施以罪之。两次遭遇的相似,根源都在于苏轼不附和执政,而坚持自己的独立政治主张。这种遭遇、处境与心情,难于与外人道,唯可向如滕甫这样的知己者言。

大约元祐元年末,滕甫遭遇丧妻之恸,苏轼得知消息,多次致信慰问劝导,表现出真挚深切的同情与友谊:

> 某馆伴北使半月,比出,方闻公有闺中之戚,慰问后时。本欲作令子昆仲疏,秦君行速,作书未及。惟千万节哀以慰亲意也。相次别奉状。(其六十四)

> 某慰言。不意祸故,奄及闺阁。闻问怛然,悲惋不已。窃惟恩义之重,哀痛难堪,日月如昨,屡易弦望,追恸无极,触物增感。奈何,奈何!未由躬诣吊问,临纸哽咽。谨奉疏陈慰,谨疏。(其六十二)

---

[1] 〔宋〕苏辙:《亡兄子瞻端明墓志铭》,《栾城集·栾城后集》卷二十二,第1415页。

某启。惊闻郡君倾逝，悲怆无量。恨不躬往慰问，但以至理宽譬左右也。平日学道，熟观真妄，正为今日。但当审察本心，无为客尘幻垢所污。况公望重中外，今者人物雕丧，耆老殆尽，切须自爱。若使缠绵留恋，不即一刀两段，乃是世俗常态，非所望于杰人也。愿三复此语而已，余非面能尽。（其六十三）[1]

据史载，苏轼馆伴北使在元祐元年十二月初，半月后得知滕甫妻子亡故，则其死时当在十二月上中旬。在以上表示哀悼的诸信中，苏轼反复表达没有亲自前往凭吊，心里更加惭愧和悲痛。他觉得滕甫对自己恩义甚重，而眼下因为公务在身的缘故，不能到灵前一哭，是有些对不住滕甫的。除此之外，他又言辞恳切地劝慰对方，应该节哀自爱，以佛法参破生死真妄，与悲哀缠绵之情一刀两断，摆脱世俗常态，因为对方是人杰，应该迅速从悲恸中解脱出来，勿增亲故之忧。苏轼这些话并非故作高论，而是他自己的切身体验。当其由黄赴汝途中，与王朝云所生的唯一一子遁儿突然夭折，老来丧子，且身处逆境之中，苏轼难过的心情是不言而喻的。他在当时告知滕甫此一消息时云："所至贱累不安，迟留就医，竟失一婴儿。又老境所迫，归计茫然。"[2] 其茫然无助的心情流露于字里行间。但没过几天，苏轼再给滕甫去信时，其中的情绪表露陡然转变："丧子之戚，寻已忘之矣。此身如电泡，况其余乎！"[3] 同样在佛法中求得精神解脱。

元祐以来数年间，在滕甫先后所知苏州、扬州、郓州、真定、太原府中，郓州、真定、太原诸地，皆当时北方重要边防，关系着国家安宁稳定。而滕甫镇守边防，可谓成就斐然。苏轼在其《墓志铭》中云：

> 治边凛然，威行西北，号称名将。而宦官走马者，诬公病不任职，诏徙许州。御史论公守边奇伟之状，且言其不病，诏复留河东。而公已老，盖年七十有一矣，即力求淮南，上不得已，乃

---
1 〔宋〕苏轼：《与滕达道六十八首》，《苏轼文集》卷五十一，第1495—1496页。
2 〔宋〕苏轼：《与滕达道六十八首》其三十五，《苏轼文集》卷五十一，第1486页。
3 〔宋〕苏轼：《与滕达道六十八首》其三十七，《苏轼文集》卷五十一，第1487页。

以龙图阁学士知扬州，未至而薨。[1]

所谓御史论滕甫"守边奇伟之状"，或即中书舍人王岩叟封还滕甫与范纯仁对易职务诏之词头事，见于《续资治通鉴长编·元祐五年三月（癸酉）》所载王岩叟之言：

> 闻元发在河东，颇有显效，为士大夫所称。按本路每岁入秋，即自近里州军发兵马往戍河外，涉春乃还，坐耗刍粮于难得之地，不知几万计。前此帅臣，虽度知无事，未有敢不遣戍者。去秋元发独能不遣，为国惜费，其利甚博。盖其明见事机，以身任责，故为之不疑。众论莫不嘉元发有大帅之略。[2]

因此，滕甫徙知许州之事暂被搁置，让其继续镇守太原。而《续资治通鉴长编·元祐五年十月》载："（乙卯）新知青州龙图阁学士、右光禄大夫滕元发卒，赠右银青光禄大夫，谥章敏，特赐钱三十万。权知开封府王岩叟言元发卒于都城之外，家无余赀，乞加优恤也。"李焘注引刘挚语曰："初命元发与王安礼对易，韩川封还元发词头，以为病不可为帅，过都门二十日，不敢求觐，其病无疑。元发磊落有气节，每不为任事者所喜，故挤逐流落几二十年。方稍被眷奖，有所任之而老矣，苦脚疾，他无甚病。然其志未能无所望，既摧颓不能支，又为后生辈指点，议者疑其邑邑以死也，亦可哀矣。"[3]《墓志铭》未言及其被命知青州一职，也未揭示其致死的深层次政治原因。如果刘挚所言属实，以滕甫镇边之显著成效，犹遭受小人的莫名挤兑乃至算计诬陷，其晚景遭遇相当不好，抑郁失意，或是其致死的原因之一，的确值得同情。

王岩叟因滕甫死后家无余资，无力安葬，请求朝廷给予优恤，表明滕甫一生为官廉洁奉公，没有利用其身份与地位等有利条件，为自己谋求利

---
1 〔宋〕苏轼：《故龙图阁学士滕公墓志铭》，《苏轼文集》卷十五，第460页。
2 〔宋〕李焘：《续资治通鉴长编》卷四百三十九，第10576页。
3 〔宋〕李焘：《续资治通鉴长编》卷四百四十九，第10799页。

益。苏辙也于元祐二年（1087）十月专门上章，请求官方赒赠丧葬等费用，并且妥善处理其相关后事：

> 臣伏见故龙图阁学士、前知太原滕元发，昔事先朝，早蒙知遇。方群臣争以财利求进之秋，元发独能守正，时献谠言。先帝取其大节，虽任用进退不一，而卒蒙保全。近者，朝廷知其可用，复还旧职，擢置河东。元发亦能裁损极边冗戍，为国惜费，颇有成效。今不幸身亡，子弱家贫，已蒙圣恩特加赒赠。欲乞检会近例，差破人船津送丧柩骨肉直归苏州，俟有葬日，仍令本州量事应副。元发有弟申，从来无行。今元发既死，或恐从此凌暴诸孤，不得安居。缘元发出自孤贫，兄弟别无合分财产。欲乞特降指挥，在京及沿路至苏州以来官司，不许申干预元发家事及奏荐恩泽，仍常切觉察。[1]

滕甫一生为官，死后连安葬都要国家提供优恤经费，其两袖清风，廉洁无私，放在今天，也是值得很多官员学习的。

苏轼于元祐六年（1091）自杭州知州召还，途经陈州（今河南周口淮阳区），在张方平府中盘桓二十多天。他受嘱托，以张方平的名义为滕甫撰写墓志铭，一方面出于他与张方平的深厚交情，另一方面也因为他熟悉自己的这位挚友，义不容辞和心甘情愿，两者兼而有之。

细读这篇墓志铭，与通常"述其人世系、名字、爵里、行治、寿年、卒葬年月，与其子孙之大略"[2]的写法颇有些不同。作者没有完全依照志主仕宦经历次第先后来结构全文，而是遵循滕甫"将起复仆""虽仆复兴"[3]的仕途起伏变化的脉络，来记述其充满跌宕挫折的不平凡人生经历。

滕甫在熙宁初，很受神宗倚重，将委以大任，而王安石变法兴起，滕

---

[1] 〔宋〕苏辙：《乞优恤滕元发家札子》，《栾城集》卷四十六，第1011页。
[2] 〔明〕徐师曾著，罗根泽校点：《文体明辨序说·墓志铭》，北京：人民文学出版社，1982年，第148页。
[3] 〔宋〕苏轼：《故龙图阁学士滕公墓志铭》，《苏轼文集》卷十五，第466页。

甫因对新法持怀疑态度，不受执政待见，也被神宗冷落了。从此在地方辗转任职长达二十年，这种遭遇在神宗、哲宗在位时，均无大的改变。其间谗毁滕甫的人始终不断，反复纠缠其与妻党谋逆之事有牵连。这好像一个无解的魔咒，几乎困扰其仕途后半程，成为其"将起复仆"的重要原因。至于说滕甫"虽仆复兴"，并非指其仕途道路发生了重大逆转，而是说其虽然不能再在朝廷的核心岗位上发挥作用，但其转任地方多职，每到一处都能够尽心尽责，做出政绩，留下好的口碑。特别是其镇守边郡，敢于担当，有勇有谋，成为威震北方的一代名将。苏辙在《滕达道龙图挽词二首》中也对此备加称赞："大节轻多难，深言究远图。收功太原守，谈笑视羌胡。""简册何人知造膝？边防触处竦先声。"[1]故这种"兴"，主要不是身份职务上的，而是体现在事业有成上。苏轼在其《墓志铭》中有云："以先帝神武英断，知公如此，而终不大用。每进，小人辄谗之。公尝上章自讼，有曰：'乐羊无功，谤书满箧；即墨何罪，毁言日闻。'天下闻而悲之。呜呼，命也乎！"[2]似乎命运在无形中主宰着滕甫的仕途沉浮，载兴载仆。

明眼人不难看出，苏轼的立意构思，虽说是滕甫仕途进退的真实写照，而更重要的主观因素，则是苏轼把自己与之相似的仕途遭遇和人生经历，有意无意间投射到了滕甫身上。特别是每当受到重用时，总有人跳出来进行谗毁阻挠，使之不能尽其才用。这也许是苏轼情愿代笔为滕甫撰写墓志铭的一个内在动因。苏轼在滕甫去世后所作《挽词》中有云："云梦连江雨，樊山落木秋。公方占贾鹏，我正买龚牛。"[3]可以视为两人命运相似、惺惺相惜的精确概括。

---

[1]〔宋〕苏辙：《滕达道龙图挽词二首》，《栾城集·栾城后集》卷一，第1101页。
[2]〔宋〕苏轼：《故龙图阁学士滕公墓志铭》，《苏轼文集》卷十五，第460页。
[3]〔宋〕苏轼：《滕达道挽词二首》其二，《苏轼诗集》卷三十二，第1721页。

第四章　苏轼与北宋名士陈舜俞的交往及情谊

被今人称为北宋名士的陈舜俞，其实人们对他的认识和了解极为有限，就连一些基本常识，如其籍贯、仕履、生平事迹等，大都不甚了了，甚至以讹传讹，更不用说真正弄清其在英宗一朝的政治遭遇，在神宗一朝的进退荣辱了。通过考察苏轼与陈舜俞的交情，不仅可以对一些历史问题加以澄清，而且还能够丰富苏轼交友论题的研究内涵。因为就现存资料看，他们二人的交往时间主要集中在熙宁七年前后，时间很短暂，但苏轼与陈舜俞的友情之真切深厚，却是非常特别和引人注目的。

陈舜俞一生虽然只活了五十岁，但经历了仁宗、英宗、神宗三朝，对于三位皇帝的治国之道，他都有自己的看法，并且屡次上疏，指陈得失，直言不讳。其在三朝的命运和处境，各有不同，大略而言，可谓受知于仁宗，受冷于英宗，受困于神宗。在这种政治际遇中，他先后多次出仕、归隐，游走于官场与江湖之间。自宋以来，无论官方正史，还是士林，对其言行的评价分歧颇大，褒贬不一。就年齿论，苏轼比陈舜俞小整整十岁，其考中进士、取制科高第的时间也比陈舜俞晚了些。就交往情况看，他们二人相识相见的具体年份虽然难以确定，但在熙宁七年前后彼此就有密切往来，而且一旦结识就成为交谊深厚的相知，这在苏轼的朋友圈里，类似的案例并不多见。考察苏轼与陈舜俞交往的情况，再一次印证在北宋时代，政治因素对士人交友及建立彼此感情，起着极为重要的决定性作用；而在政治风向变换过程中的个人言行和操守，则决定着这种感情的纯度与深度。

第一节　陈舜俞的籍贯、生平及著述

陈舜俞（1026—1076），字令举，号白牛居士，《宋史·张问传》附《陈舜俞传》，称其为湖州乌程（今浙江湖州属县）人，且谓其"博学强记。举进士，又举制科第一。熙宁三年，以屯田员外郎知山阴县，……青苗法行，舜俞不奉令，上疏自劾，……奏上，责监南康军盐酒税，五年而卒。舜俞始尝弃官归，居秀之白牛村，自号白牛居士。已而复出，遂贬死。"[1]其记载显得有些自相矛盾。既称其为湖州乌程人，又谓其弃官归隐，居于秀州（又称嘉禾，今浙江嘉兴）之白牛村，以白牛居士自号。而据陈舜俞于仁宗嘉祐四年（1059）所作之《海盐李宰遗爱碑记》落款自署"嘉兴陈某记"[2]，其自明籍贯为嘉兴非常清楚。《都官集》有《将至嘉禾先寄诸兄弟》诗云："半年西走若飞蓬，得禄无多计屡穷。骥足寒孤甘伏枥，雁群惊迸苦伤弓。家贫不易新堂构，天幸犹能遇岁丰。且待归来都讲论，一篙烟水趁霜风。"[3]可知其诸兄弟均居住在嘉禾。而《都官集·和刘道原骑牛歌》附录刘涣《〈骑牛歌〉后序》，称"嘉禾陈令举"云云[4]，则与其过从甚密之刘涣的说法，跟陈舜俞本人所言完全一致，故当定其籍贯为嘉兴。而观陈舜俞《双溪行（有序）》所言，可知吴兴（今浙江湖州辖区）并非其家乡。其序云："熙宁七年九月，予游吴兴，遇致政张郎中子野，日有文酒之乐。时学士李公择为使君，幕客

---

1 〔元〕脱脱等撰：《宋史》卷三百三十一《陈舜俞传》，第10663—10664页。
2 〔宋〕陈舜俞：《海盐李宰遗爱碑记》，《都官集》卷八，《四库全书·集部·别集类》，第1096册，第498页。
3 〔宋〕陈舜俞：《将至嘉禾先寄诸兄弟》，《都官集》卷十三，《四库全书·集部·别集类》，第1096册，第540页。
4 〔宋〕刘涣：《〈骑牛歌〉后序》，《都官集》卷十二，《四库全书·集部·别集类》，第1096册，第534页。

陈殿丞正臣皆予故人。"[1]熙宁七年九月，正是陈舜俞陪同苏轼到吴兴会见湖州知州李常的时间。据所言，显然他是客游吴兴，而张先作为吴兴人，尽地主之谊热情招待他，既有文酒之乐，陈正臣复出家妓助兴。南宋陈振孙《直斋书录解题·庐山记》称"屯田员外郎嘉禾陈舜俞令举撰"。[2]元马端临《文献通考·经籍考·陈都官集》称"嘉禾陈舜俞令举撰"[3]。元徐硕撰《至元嘉禾志》称："嘉兴县白牛镇，在县东北六十里，宋贤良陈舜俞为东坡六客之一，尝居于此，自号白牛居士，故以名。"[4]则知陈舜俞在辞官归隐时，所居之地正是嘉兴县的白牛镇，乃以家乡地名为号。北宋、南宋人多称陈舜俞为嘉兴人，唯李焘《续资治通鉴长编》有"舜俞，乌程人"之说[5]。元代脱脱及清代《四库全书总目》编撰者以其为湖州乌程人，而谓其所居白牛村为曾经的居住地，或本于此。今人所编之《全宋文》[6]《全宋诗》[7]等，仍然沿袭《宋史》《四库全书总目》之误，称陈舜俞为乌程人，实在属于失考所致。陈舜俞所居之白牛村，今称枫泾，已属于上海金山区管辖。枫泾古镇还为纪念他而在其曾经居住的地方建起"三百园"，但陈舜俞墓前所立石碑介绍陈舜俞时，却称其为湖州市吴兴人，不知何以如此互相矛盾。

据陈杞《都官集跋》，陈舜俞于仁宗庆历六年（1046）中进士第，释褐授签书寿州（今安徽淮南寿县）判官事，随后还做过明州（今浙江宁波）观察推官、天台从事等。因父丧扶柩归乡里，过了一段隐居生活。李焘《续资治通鉴长编》卷一百九十载，陈舜俞于嘉祐四年参加朝廷的制科考试，入"材识兼茂明于体用科"四等，陈舜俞获第一，被授予著作佐郎、

---

1 〔宋〕陈舜俞：《双溪行（有序）》，《都官集》卷十二，《四库全书·集部·别集类》，第1096册，第536页。
2 〔宋〕陈振孙：《直斋书录解题》卷十七，《四库全书·史部·目录类·经籍之属》，第674册，第690页。
3 〔元〕马端临：《文献通考》卷二百三十六，《四库全书·史部·政书类·通志之属》，第614册，第819页。
4 〔元〕徐硕撰：《至元嘉禾志》卷三，《四库全书·史部·地理类·都会郡县之属》，第491册，第26页。
5 〔宋〕李焘：《续资治通鉴长编》卷一百九十，第4584页。
6 曾枣庄等主编：《全宋文》卷一五三四，上海：上海辞书出版社，2006年，第306页。
7 傅璇琮等主编：《全宋诗》卷四〇二，北京：北京大学出版社，1995年，第8册，第4945页。

签书忠正军节度判官事[1];中间又弃官归隐乡里数年,直到神宗熙宁三年复出,被授予屯田员外郎知山阴县之职。上任不久,因违诏旨,拒不执行青苗法,被贬监南康军(治所在今江西庐山)盐酒税,先有旨召试学士院,也被搁置。[2] 其在监南康军盐酒税任上似乎时间并不长,随即回乡隐居,其曾孙陈杞谓"累年竟不仕以没"[3],可知其弃官归隐了多年,直到熙宁八年在白牛村居所去世,终年五十岁。

陈舜俞被誉为北宋名士,可能首先是因为其数度从官场上回乡归隐,有"弃官"的勇气。自古以来人们对于不留恋名利爵禄的士人都比较敬重,故多善而称之。其次是他在王安石于熙宁初强推青苗法时,作为山阴县令拒不执行新法,并且上疏自劾,请求解除其县令之职。他在《奉行青苗新法自劾奏状》中说:"臣虽愚暗,尝深世务,官于县道,职在爱民。今不敢苟免按问,雷同官吏,诱陷小民,日入困敝。在犬马之心,亦深惜轻误圣朝,别生此赋。所有青苗新法,难以奉行,谨具状自劾以闻。"[4] 可谓陈词慷慨,胆气十足。他因此被贬谪为监南康军盐酒税的小官,又与同样去官隐居于庐山脚下的刘涣时常骑牛游山玩水,诗酒往还,过着洒脱而逍遥自在的日子,一时得到士大夫的广泛赞誉,名噪一时。

在此期间,他将邀游庐山所见所闻,编撰成《庐山记》一书,此书成为记载庐山胜迹的最重要的文献之一。此书之完成,刘涣亦有不少功劳。据《都官集·和刘道原〈骑牛歌〉》附录刘涣《后序》云:"嘉禾陈令举,嘉祐间中贤良科,逡巡十余年,方莅邑事;复以诋青苗利病忤执政,名重天下,谪东市征,欣然就局。余山林独往,得以亲偫,何乐如之!时同泉石之趣,因豢双犊以遂其志。而又得咏歌之美,敢砻石以永其传。"[5] 而《庐

---

1 〔宋〕李焘:《续资治通鉴长编》卷一百九十,第4583—4584页。
2 〔宋〕李焘:《续资治通鉴长编》卷二百十二,第5150页。
3 〔宋〕陈杞:《都官集跋》,《都官集》附录,《四库全书·集部·别集类》,第1096册,第551页。
4 〔宋〕陈舜俞:《奉行青苗新法自劾奏状》,《都官集》卷五,《四库全书·集部·别集类》,第1096册,第449页。
5 〔宋〕刘涣:《〈骑牛歌〉后序》,《都官集》卷十二,《四库全书·集部·别集类》,第1096册,第534—535页。

山记·原序》更言:"(舜俞)以不奉行青苗,谪南康监税,与致仕刘涣乘黄犊游览庐山,尝以六十日之力,尽南北山水之胜,每恨慧远、周景式辈作《山记》疏略,而涣旧尝杂录闻见,未暇诠次。舜俞采其说,参以记载,耆旧所传,昼则山行旁抄,夜则发书考订,泓泉块石,具载不遗,折衷是非,必可传而后已。"[1]陈舜俞以刘涣的闻见记录为素材,在此基础上做了细致的考订和补充完善加工等工作,使之更加精确完备,成为传世之作。

陈舜俞所著诗文,经由其女婿、孙子及曾孙三代人的编校刊刻,得以存世。其曾孙陈杞于南宋宁宗庆元六年(1200)作《都官集跋》,其中有云:"曾祖都官以庆历六年贾榜登进士第。嘉祐四年,与钱公藻同中材识兼茂明于体用科,实为举首。熙宁中,知越之山阴县。会新法行,上书极论其害,遂贬监南康军酒税。累年竟不仕以没。……先考删定宝藏都官遗文。杞顷为闽中常平使者,尝刻之,版未成而移漕广右,委之僚属,尚多差舛,每以愧恨。洎来此邦,念都官本以明州观察推官试大科,欲考陈迹,则相去百四十余年,不可得知。《集》中自言'十五年间再官于天台、四明之二州',犹有《鄞县镇国院记》等文存焉。因再加雠校,而缺其不可知者,属郡博士郡从事刊之,以广其传。"[2]年辈几乎与陈杞相同的学者陈振孙,在《直斋书录解题》里著录《陈都官集》三十卷[3],元代马端临沿用陈氏之说。至清代官修《四库全书》,其《总目》著录《都官集》十四卷,且云:"其集乃舜俞殁后,其婿周开祖所编,凡三十卷,蒋之奇为之序。庆元中,其曾孙杞以徽猷阁待制知庆元府,复刊版四明,名之曰《都官集》,楼钥为后序。原本久佚,惟《永乐大典》所载篇什颇多,检核排比,可得十之六七。谨以类编次,益以厉鹗《宋诗纪事》、沈季友《槜李诗系》所录诗七首,厘

---

1 〔宋〕佚名:《庐山记序》,《庐山记》卷首,《四库全书·史部·地理类·山水之属》,第585册,第14页。
2 〔宋〕陈杞:《都官集跋》,《都官集》附录,《四库全书·集部·别集类》,第1096册,第551页。
3 〔宋〕陈振孙:《直斋书录解题》卷十七,《四库全书·史部·目录类·经籍之属》,第674册,第690页。

为文十一卷、诗三卷。"[1]所言与陈杞不尽相同。或者其父乃依据周邠（字开祖）所编，补充了家藏陈舜俞之文，而卷帙划分并未改变。清代《四库全书》所著录，乃从《永乐大典》中辑出，补充了《宋诗纪事》等收录的少量佚诗，重新加以编次，仅得十四卷而已。

第二节　陈舜俞与苏轼交往寻踪

南宋宁宗时，楼钥为陈舜俞《都官集》作序云："尝三复公之遗文，而得其为人抱负素已不群。本之忠义，充以学问，以安定胡先生为师，所友自东坡先生而降，皆天下士，渊源又如此。"[2]特别点出苏轼是陈舜俞最重要的朋友之一。考之保存至今的苏轼兄弟诗文，其实他们直接与陈舜俞往还的作品极少，这对于我们考察苏轼与陈舜俞交往的起始时间及过程，造成很大困难。

苏轼《祭陈令举文》云："予与令举别二年而令举没，既没三年，而予乃始一哭其殡而吊其子也。"[3]此文作于元丰二年苏轼赴湖州知州任路过嘉兴前往其家凭吊时，前推三年为熙宁九年（1076），是陈舜俞去世之年；再前推二年，则为熙宁七年。此年九月，苏轼被任命为密州知州。他离开杭州北上赴任，一路杨绘、张先、陈舜俞与之同舟而行，途经湖州，与知州李常在碧澜堂相会，举办了著名的"六客会"，并与诸人及刘述一同前往吴江（今江苏苏州辖区）垂虹亭游玩。苏轼所言其与陈舜俞之别，乃此前两月，陈舜俞来杭州见苏轼，苏轼于七夕赠其《鹊桥仙》一词：

缑山仙子，高情云缈，不学痴牛騃女。凤箫声断月明中，举手谢时人欲去。　　客槎曾犯，银河波浪，尚带天风海雨。相逢

---

[1]〔清〕永瑢等撰：《都官集》提要，《四库全书总目》卷一百五十三，北京：中华书局，1980年，第1317页。
[2]〔宋〕楼钥：《都官集序》，《都官集》卷首，《四库全书·集部·别集类》，第1096册，第408页。
[3]〔宋〕苏轼：《祭陈令举文》，《苏轼文集》卷六十三，第1944页。

一醉是前缘，风雨散、飘然何处？[1]

　　从词中所言内容及作者表达的赞美之情看，在此之前，他们已经是比较熟悉的朋友了。其中以高情仙子比喻陈舜俞，且谓其客槎犯银河，显然指的是舜俞熙宁三年拒不执行青苗法触忤执政，被由山阴县令贬为监南康军盐酒税之事。苏轼之所以对此事非常看重，是因为在熙宁二年十二月，苏轼曾向神宗上"万言书"，激烈批评王安石所力推的青苗法等新法，他说："议者必谓民可与乐成，不可与虑始。故劝陛下坚执不顾，期于必行。此乃战国贪功之人，行险侥幸之说，陛下若信而用之，则是徇高论而逆至情，持空名而邀实祸，未及乐成，而怨已起矣。"[2] 所谓"民可与乐成，不可与虑始"，正是王安石借用商鞅劝秦孝公变法的著名说辞。苏轼认为神宗偏信王安石贪功近利之言，才坚持支持其推行熙宁变法，但青苗法是不得人心，不被农民接受的。第二年陈舜俞作为山阴县令，拒绝执行青苗法，自然成为苏轼观点最具说服力的实例，故苏轼当时对陈舜俞必定是极为认可的。词中盛赞其"举手谢时"，拂袖辞官尚带"天风海雨"，此时追忆依然肃然起敬。南宋著名诗人陆游对苏轼此词高度评价云："昔人作七夕诗，率不免有珠栊绮疏惜别之意，惟东坡此篇居然是星汉上语。歌之曲终，觉天风海雨逼人。"[3] 陆游看到了苏轼词的独特之处，它只是借用了七夕这个传统题材，而赋予了苏轼对真挚朋友的赞美之情，把对方的傲岸气节和淡泊名利的姿态，展现得淋漓尽致。苏轼之所以具有这一番情怀，自然不是没有缘由的。

　　熙宁四年，苏轼也因反对王安石变法而被排挤，出任杭州通判，于十一月辗转抵达杭州就任。他是带着失意和郁闷的心情前往杭州的。我们有理由推测，应该就在熙宁三、四年间，苏轼与陈舜俞正式结识，且在苏轼通判杭州三年左右的时间里，彼此往来不断，在苏轼即将离任前两个月，

---

[1] 〔宋〕苏轼：《鹊桥仙·七夕送陈令举》，《东坡乐府》卷下，第85页。
[2] 〔宋〕苏轼：《上神宗皇帝书》，《苏轼文集》卷二十五，第736页。
[3] 〔宋〕陆游：《跋东坡七夕词后》，《渭南文集》卷二十八，《四库全书·集部·别集类》，第1163册，第525页。

陈舜俞来杭州与之相会，大概是二人交往中留下了明确文字痕迹的一次。故从苏轼词的字里行间，已经可以感受到彼此的友情非一日之久了。词末二句"相逢一醉是前缘，风雨散、飘然何处"云者，既是对他们此前结缘的客观陈述，也表达了此次相别，再难有经常相见机会的不舍。因为毕竟苏轼要去北方的密州任职，对于仕宦及家乡均在江南的陈舜俞来说，空间距离之拉大，的确成为他们往来的客观障碍。

苏轼等人在湖州境内的六客会，对于参与聚会的每一位朋友而言，都是难以忘怀的。苏轼在吴江聚会将结束之际，还专门作词一首，赠予陈舜俞，即《菩萨蛮·席上和陈令举》：

> 天怜豪俊腰金晚，故教月向松江满。清景为淹留，从君都占秋。　　身闲惟有酒，试问遨游首。帝梦已遥思，匆匆归去时。[1]

从词中"从君都占秋"之语可知，他们在秋天相会已非一次；而由结句可知，陈舜俞就要告别苏轼与诸位友人了。字里行间，充满对陈舜俞的赞扬和同情之意。苏轼在结束此次聚会前往密州的途中，又写信给自己的同事加友人，同时又是陈舜俞女婿的周邠（字开祖），谈及此次聚会的深刻印象及留恋不舍之情。《与周开祖四首》其一云：

> 某忝命皆出奖借，寻自杭至吴兴见公择，而元素、子野、孝叔、令举皆在湖，燕集甚盛，深以开祖不在坐为恨。别后，每到佳山水处，未尝不怀想谈笑。出京北去，风俗既椎鲁，而游从诗酒如开祖者，岂可复得。乃知向者之乐，不可得而继也。令举特来钱塘相别，遂见送至湖。久在吴中，别去，真作数日恶。然诗人不在，大家省得三五十首唱酬，亦非细事。[2]

周邠在苏轼通判杭州时，任钱塘县令，彼此因工作关系早已熟悉，并

---
[1] 〔宋〕苏轼：《菩萨蛮·席上和陈令举》，《东坡乐府》卷下，第43页。
[2] 〔宋〕苏轼：《与周开祖四首》其一，《苏轼文集》卷五十六，第1668—1669页。

且成为很合得来的朋友。书信中不仅叹息六客之会周邠无缘参加，深以为恨，同时特别提到其丈人陈舜俞专程来杭州为自己送行，并且一路陪伴参加完六客聚会才分手。翁婿两代，均成为苏轼的知心朋友，这的确是令他非常高兴的事。故聚会之乐，未及到达任所，他便致函告知，与之分享，还为以后可能很难再有这样的聚会而情带感伤。

十多年之后的元祐四年，苏轼以龙图阁学士知杭州军州事，道过湖州，知州张询将苏轼的朋友曹辅、刘季孙、苏坚等邀请到一起，再次举办六客会（世人称为"后六客会"）。苏轼为聚会作有《定风波》词，序云："余昔与张子野、刘孝叔、李公择、陈令举、杨元素会于吴兴，时子野作《六客词》……凡十五年，再过吴兴，而五人者皆已亡矣。时张仲谋与曹子方、刘景文、苏伯固、张秉道为坐客，仲谋请作《后六客词》云。"[1]十五年间，包括陈舜俞在内的当年六客会参与者，如今只剩下苏轼一人，难免生出人生如梦、物是人非的沧桑之感。故词中有"十五年间真梦里"这样不胜唏嘘的喟叹之语。在湖州相聚两年之后，陈舜俞就在家乡孤寂地去世了，且年纪仅为五十岁，可谓英年早逝。当初苏轼与之在七夕之日相会，赠陈舜俞《鹊桥仙》词所谓"相逢一醉是前缘，风雨散、飘然何处"，竟一语成谶，成为二人的永别之言。

颇为令人费解的是，陈舜俞擅长诗文，而没有一首词作保存下来。苏轼在杭州与之相会时，不是用诗，而是用词的体裁形式表情达意。在与陈舜俞交往的数年间，苏轼竟没有一首直接写赠陈舜俞的诗，只在元丰五年（1082）谪居黄州时所作《次韵答元素》一诗的序言中，提及陈舜俞的名字："余旧有赠元素词云：'天涯同是伤流落'。元素以为今日之先兆，且悲当时六客之存亡。六客盖张子野、刘孝叔、陈令举、李公择及元素与余也。"[2]王文诰《苏轼诗辑注》引施元之注："东坡在杭三年，将去，而元素来守杭，席上作《醉落魄》词曰：'分携如昨，人生到处萍飘泊。偶然相聚

---

1 〔宋〕苏轼：《东坡乐府》卷上，第33页。
2 〔宋〕苏轼：《次韵答元素并引》，《苏轼诗集》卷二十一，第1114页。

还离索。多病多愁,须信从来错。樽前一笑休辞却,天涯同是伤流落。故山犹负平生约。西望峨眉,长羡归飞鹤。'"[1]所引词乃苏轼熙宁七年十一月在润州与杨绘将分别时的宴席上所作。观词中语及其情意,与数月前苏轼在杭州七夕写赠陈舜俞的《鹊桥仙》颇多相近处,尤其是感伤离别流落,奉劝樽酒一醉,叹息再见难期。似乎苏轼有着强烈的预感,六客会的友人们,有的可能再无相见聚首的机会了,后来的事实应验了苏轼的这种不祥之感。

在保存下来的陈舜俞诗作中,却有不止一首是赠予苏轼的。据孔凡礼《苏轼年谱》,熙宁七年四月,"离润州,至丹阳,与周邠别,送诗"。[2]苏轼所送周邠诗,即《杭州牡丹开时,仆犹在常、润,周令作诗见寄,次其韵,复次一首送赴阙》,其一云:"差归应为负花期,已见成荫结子时。与物寡情怜我老,遣春无恨赖君诗。玉台不见朝酺酒,金缕犹歌空折枝。从此年年定相见,欲师老圃问樊迟。"[3]陈舜俞有《和开祖丹阳别子瞻后寄》诗,观诗题及诗意,乃周邠告别苏轼以后,寄诗其岳丈,陈舜俞和而答之。诗云:

  仙舟系柳野桥东,会合情多劳谪翁。相对一尊浮蚁酒,轻寒二月小桃风。羁怀散诞讴歌里,世事纵横醉笑中。莫恨明朝又离索,人生何处不匆匆。[4]

五月,苏轼至常州,有寄知州陈襄诗,其《常润道中,有怀钱塘,寄述古五首》之五表达了欲卜居常、润间之意:"惠泉山下土如濡,阳羡溪头米胜珠。卖剑买牛吾欲老,杀鸡为黍子来无?地偏不信容高盖,俗俭真堪著腐儒。莫怪江南苦留滞,经营身计一生迂。"[5]南宋周必大《益公题跋》

---

1 〔宋〕苏轼:《次韵答元素并引》王文诰注,《苏轼诗集》卷二十一,第1114页。
2 孔凡礼:《苏轼年谱》卷十三,第275页。
3 苏轼:《杭州牡丹开时,仆犹在常、润,周令作诗见寄,次其韵,复次一首送赴阙》其一,《苏轼诗集》卷十一,第557页。
4 〔宋〕陈舜俞:《和开祖丹阳别子瞻后寄》,《都官集》卷十三,《四库全书·集部·别集类》,第1096册,第542页。
5 〔宋〕苏轼:《常润道中,有怀钱塘,寄述古五首》其五,《苏轼诗集》卷十一,第555—556页。

云:"公熙宁中倅杭,沿檄常、润间,赋诗云:'惠泉山下土如濡,阳羡溪头米胜珠。'又有'买牛''欲老''地偏''俗俭'之语,卜居盖权舆于此。"[1] 知苏轼在熙宁七年曾动过买田卜居阳羡的念头。陈舜俞有《和章子厚闻子瞻买田阳羡却寄》诗记其事:

> 卷画春流藻荇长,吴门菰米鳜鲈乡。谋田问舍拙者事,寻壑买山君底忙。出处两忘同旅寓,浊清一种付沧浪。故人诗酒如驱使(白公诗云:诗酒尚堪驱使在),别有甘泉绿野堂。[2]

依诗题,是章惇(字子厚)听说苏轼欲卜居阳羡(今江苏宜兴),作诗赠苏轼求得证实,陈舜俞又和章惇诗,劝苏轼不必急着求田问舍,应该秉持一种出处两忘、浊清等齐的达观态度。虽然苏轼此次在阳羡买田的打算最终并没有成功,但由陈舜俞之诗,可以窥见作者淡泊旷达的处世方式。

陈舜俞还有《中秋佳月独游垂虹亭有怀胡完夫苏子瞻钱安道》一诗,观诗末句意,或当作于熙宁七年之中秋节时,因为此时苏轼尚在杭州,故诗中特别提及之:

> 月光清极向中秋,千古松陵此夜游。寥泬更无云碍眼,沧浪合是我维舟。浮生未有明年约,浅酌聊资到晓留。辜负金波三万顷,诗豪草圣在杭州。[3]

苏轼于九月被任命为密州知州,其离开杭州的时间在九月中下旬,故中秋时仍在杭州任上。陈舜俞因在湖州独自游览垂虹亭,希望苏轼等朋友能够来一起游玩,故作三诗,分别寄赠胡宗愈、苏轼和钱颢三人以致其意。

---

1 〔宋〕周必大:《益公题跋》卷十二,四川大学中文系唐宋文学研究室编:《苏轼资料汇编》上编,第二册,第554页。
2 〔宋〕陈舜俞:《和章子厚闻子瞻买田阳羡却寄》,《都官集》卷十三,《四库全书·集部·别集类》,第1096册,第542页。
3 〔宋〕陈舜俞:《中秋佳月独游垂虹亭有怀胡完夫苏子瞻钱安道》,《都官集》卷十三,《四库全书·集部·别集类》,第1096册,第545页。

在赠苏轼的诗中，除了称苏轼为"诗豪""草圣"外，还特别表达了希望相会有期的恳切愿望。所谓"浮生未有明年约，浅酌聊资到晓留"，当是追忆他们曾经在一起诗酒畅叙的情景，因为担心以后相见困难，所以既然有缘相见，就须开怀畅饮，通宵达旦。

从苏轼和陈舜俞二人留存下来的作品看，熙宁七年是他们交往最密切的一年，陈舜俞不止一次前往杭州与苏轼相会，把酒言欢，甚是畅快。当陈舜俞得知苏轼将要调离杭州去别处任职的消息后，专程赶去与之话别。可能是受杨绘和苏轼的邀请，他又与张先等几位前来与苏轼道别的朋友，同舟前往湖州，既送苏轼离杭，又可以去见他们共同的友人李常。因为此时李常正在湖州任知州，想邀他们一起游览湖州境内的名胜古迹，这便成就了随后的吴江六客之会。虽然张先、陈舜俞随后不久便离世了，但这次六客聚会却成为苏轼铭刻于心的永久记忆，难以忘怀。

第三节　苏轼《祭陈令举文》真情流露的背景考察

元丰二年，苏轼由徐州知州调任湖州知州。这是一个对苏轼而言具有非常特别的意义的地方。他很要好的老朋友李常几年前曾在这里做过知州，自己在前往密州赴任途中跟张先、杨绘、陈舜俞、刘述等几位友人与李常举办过让人难忘的聚会。而今参与聚会的好友中，张先、陈舜俞已经不在人世，想起不免令人充满感伤。到任数月，他就被台谏官员罗织酿成"乌台诗案"，其仕途发展及人生命运，在此出现了一次重大挫折。此次赴任途中，他顺道前往嘉兴去陈舜俞的家乡凭吊老友，表达深切怀念之情，并为此写作了《祭陈令举文》。现将全文引录如下：

> 呜呼哀哉！天之生令举，初若有意厚其学术，而多其才能，盖已兼百人之器。既发之以科举，又辅之以令名，使取重于天下者，若畀之以位。而令举亦能因天之所予而日新之，慨然将以身任天下之事。夫岂独其自任，将世之士大夫，识与不识，莫不

望其如是。是何一奋而不顾，以至于斥，一斥而不复，以至于死。呜呼哀哉。天之所付，为偶然而无意耶？将亦有意，而人之所以周旋委曲辅成其天者不至耶？将天既生之以畀斯人，而人不用，故天复夺之而自使耶？不然，令举之贤，何为而不立，何立而不遂。使少见其毫末，而出其余弃，必有惊世而绝类者矣。予与令举别二年而令举没，既没三年，而予乃始一哭其殡而吊其子也。呜呼哀哉。[1]

这篇文章，在陆游看来是苏轼四十篇祭文中写得最有感情的，算得上其中的上乘之作。他说："东坡前后集祭文凡四十首，惟祭贤良陈公辞指最哀，读之使人感叹流涕。其言天人予夺之际，虽若出愤激，然士抱奇材绝识，沉压摈废，不得少出一二，则其肝心凝为金石精气，去为神明，亦乌足怪。彼愦愦者，固不知也。"[2]陆游这番话，显然带有弦外之音，寄寓了他本人摈弃多年而不用的郁闷情怀。但就其评论苏轼文章本身而言，应是看到了其最大的成功之处，在于感情的丰富而深厚。

文章首先从陈舜俞学术厚积而多才能讲起，高度称赞其兼有"百人之器"。接着追述其科举与仕途发展，既中进士，又列制科第一，在仁宗朝四十余年的制科人才中，仅九人获得四等的成绩，堪称难得。以这样的才能与声誉，照理在仕途发展上应该一帆风顺，志得意满，以副苍天所赐。陈舜俞因天赋所与而日新其德，慨然以天下事为己任。士林人士对其充满期待，以为必将有一番大作为。可是，他的仕途命运却是"一奋而不顾，以至于斥，一斥而不复，以至于死"，以悲剧告终。苏轼在文章中发出诘问：究竟是上天有意无意间造成的，还是天赐之而人不用，故夺之以为自用？问题的答案其实是非常明显的。作者意在谴责当时执政者容不得其对青苗法的异议及其拒不执行的大胆行为，故痛加贬斥，不复录用，致使其

---

[1] 〔宋〕苏轼：《祭陈令举文》，《苏轼文集》卷六十三，第1944页。
[2] 〔宋〕陆游：《跋东坡祭陈令举文》，《渭南文集》卷二十八，《四库全书·集部·别集类》，第1163册，第524—525页。

一斥而废，既废而亡，永无翻身之日。苏轼指出，如果陈舜俞不是因为激烈批评和坚持拒绝执行青苗法，以他的贤能完全可以有一番"惊世而绝类"的大作为。似乎陈舜俞的最大悲剧，在于不识时务，不善于与当权者周旋。但苏轼对陈舜俞最为敬重，也是用情最真切处，恰恰在于其坚毅果决，不与权威妥协，自己不认同的事，敢于直言不讳，哪怕冒着巨大的政治风险，舍弃功名利禄，乃至付出生命的代价，也在所不惜，一往无前！

关于陈舜俞对于青苗法的立场与态度，在历史文献中有着不同的说法与评价，观苏轼此文，他是认定陈舜俞反对青苗法的立场从未改变，态度非常鲜明而坚定的，故对其赞美有加，深表同情和惋惜。然而，在南宋李焘的《续资治通鉴长编》里，所作记载却与之不同。《续资治通鉴长编·神宗（熙宁三年六月丙子）》载：

> 降屯田员外郎、知山阴县陈舜俞监南康军盐酒税，坐违诏旨，不散常平钱自劾也。舜俞先有旨召试学士院，亦诏寝之。舜俞为人矫激不情，仕宦颇龃龉。中间尝躁忿弃官，居嘉禾白牛村，自称白牛居士。已而不能忍，复出仕进。既谪南康，其后乃上书称青苗法实便，初迷不知尔。时参知政事冯京，欲缘此复用之，宰相王安石曰："为人反复，如何可用也？"方是时，畿内初置保甲，且观其端。而知宿州元积中遽乞布之四方。故京师为之语曰："元积中逆承保甲，陈舜俞翻悔青苗。"闻者以为笑。[1]

这段官方记载中，关于陈舜俞对青苗法立场反复、态度大变的说法，不知出自哪位史官之手。但李焘在文后加了一段注释云："冯京参政在九月十四日。立保甲法在十二月九日。王安石拜相在十二月十一日。舜俞翻悔，当附十二月末，或削去。"[2]

李焘根据冯京任参知政事、立保甲法及王安石拜相的几个时间点，提

---

1 〔宋〕李焘：《续资治通鉴长编》卷二百十二，第5150页。
2 〔宋〕李焘：《续资治通鉴长编》卷二百十二，第5150页。

出两种处理方法：一个是承认陈舜俞对青苗法态度翻悔的事实，但此项记录应该放在王安石拜相以后；另一个是从时间点上的矛盾，认定此事不可靠，应该删削掉。

说陈舜俞仕宦颇龃龉的原因是其为人的"矫激不情"，并且谓其不止一次弃官的主观原因也是"躁忿"，这类说法恐怕主要出于为文者的主观推断，并无确凿的事实可以凭借。根据迄今掌握的材料，陈舜俞所谓弃官归隐总计大约有三次：一次是其丧父守制以后未按时出仕；一次是因抵制青苗法被贬斥监南康军后不久归隐至死；唯中间一次退隐的具体原因不明，时间长短也无法考证。但考察陈舜俞曾上英宗皇帝三书，我们以为其弃官归隐应该在治平至熙宁三年这段时间。其《上英宗皇帝书三》有"具官臣陈某谨昧死上书皇帝陛下：臣虽愚暗，先皇尝以贤良方正科，擢臣为第一。幸逢陛下大明继照，万事更始，早有圣德，天下属望。臣怀忠愤，少知治体，忍不为陛下于此时言之乎？十一月二十八日谨诣阁门上书"[1]等语，可知其极有可能在仁宗嘉祐八年英宗继位数月之后，曾两次上疏给英宗，陈述治国安邦的政见。似乎这些建议没有收到预期的效果，于是又上第三疏，再申前论，且言辞间充满了批评之意。如言："继体守成之君，要在躬亲政事，收揽威柄以厌服天下，惟恐人心之不早得也。""今陛下即位以来，……四海之人，拭目而望，洗耳而听，以谓陛下将大有为，亲用威柄，兴举庶政，以强王道。今乃退托渊默，委政大臣，小不闻兴滞补敝之论，大无进贤退不肖之议，天下万事，无有大小，皆宰相群有司是非废置于下，而陛下不过主诺而已。""夫天子者，非以位号富贵可为尊严，为其得操是数柄，大臣有所不与，知天下莫之敢窥故也。不操此柄，徒恃位号，不足长久。此臣夙夜为陛下凛然寒心也。"[2]陈舜俞的这些话，在他自己看来是"位疏言亲"，是地位卑微的小官向新皇帝说掏心窝子的话。但在英宗看来，恐怕是

---

[1] 〔宋〕陈舜俞：《上英宗皇帝书三》，《都官集》卷四，《四库全书·集部·别集类》，第1096册，第443页。

[2] 〔宋〕陈舜俞：《上英宗皇帝书三》，《都官集》卷四，《四库全书·集部·别集类》，第1096册，第444页。

责之过严,有僭越言事之嫌。我们不清楚陈舜俞是否因此受到过斥责,但终英宗朝直至神宗熙宁三年,他都在家隐居,没有做官的历史痕迹,是他主动归隐,还是被斥责而退居,已经无法弄清其详情。但史官所谓陈舜俞"躁忿""矫激"之论,大约由此得来。

再看陈舜俞于熙宁三年五月所上《奉行青苗新法自劾奏状》论青苗法云:"盖朝廷设法,已分为夏秋二料,五月放秋料,正月放夏料,所敛秋料正在正月间,所敛夏料正在五月间,不过给秋料使以纳正月所举者,给夏料使以纳五月所举者。则其出民力者,但计所当息钱,益所给为所纳耳。若然,则是使吾民一取青苗钱,终身以及世世,一岁常两输息钱,无有穷已。万一如此,则是别为一赋,以敝生民,非朝廷王道之举也。臣虽愚暗,尝深世务,官于县道,职在爱民。今不敢苟免按问,雷同官吏,诱陷小民,日入困敝。"[1]陈舜俞对青苗法放贷取息的分析是很清晰的,因为他作为地方官员,对农民的情况十分了解,出于爱民的良心和职责,他宁愿被责罚贬官,也不愿意执行此法以困民。有此清醒的认识和为政的良知,说他后来立场翻悔,改称对青苗法"初迷不知",是难以成立的。故宋人曹彦约力辩其诬,《跋陈令举骑牛图》云:"身不能采薇,不可以学扣马之谏;妇不能荆钗,不可以学五噫之歌。耕莘钓渭,非膏粱文绣所能办也,必能管榷,不以纡朱怀金为乐;必能骑牛,不以高车驷马为优,安往而不得。贫贱然后敢论时事矣。士大夫食君禄,知天下事不尽如人意,触机而来,愤悱出一语,异时窘于奉养,不但缩舌嗒齿而已,方且三缄其口,不暇畴望。其安于管榷、骑牛而不悔,能扣角而歌之,此令举所以为不可及也。当熙宁新法时,苏长公以讥时抵狱;孔经父以对策报罢。考其岁月,尚在令举后。元气正脉,愈抑愈烈。"[2]

陈舜俞抵制青苗法而被谪,其与刘涣骑牛游山玩水,怡然自得,绝不

---

[1] 〔宋〕陈舜俞:《奉行青苗新法自劾奏状》,《都官集》卷五,《四库全书·集部·别集类》,第1096册,第449页。

[2] 〔宋〕曹彦约:《跋陈令举骑牛图》,《昌谷集》卷十七,《四库全书·集部·别集类》,第1167册,第204—205页。

类患得患失、以名利为重者之所为。故楼钥《都官集序》对此大为赞赏："（舜俞）自以亲结昭陵之知，身虽在外，遇事辄发，书论灾异，言尤激烈。三上英宗书，又皆人所难言。迨神宗作兴，锐意治功，王文公得君用事，法度更新，诸老大臣争不能得；抵戏取爵位之人，不可胜数，风俗为之大变。至有远在蜀万里外，官为偏州，腾奏于朝，盛称青苗新法之美，而捷取膴仕者。公方宰山阴，既尝中大科，例以秩满登馆阁，小忍不言，岂不足以平进？而抗章力辩，缴纳召试堂札，自取窜责而不悔。方且优游庐山，与刘公凝之，骑牛松下，穷幽寻胜以自娱适。呜呼，非凝之不足以当欧阳公之《庐山高》，非公不足以侣凝之之贤也。使当时以公一言而寤君相之意，安有后日之纷纷哉！"[1] 这表明陈舜俞敢于直言，在仁宗、英宗、神宗三朝一贯如此，并非为了一己进退着想。况且在熙宁变法时，士大夫反对之声不绝，皆遭遇贬斥，陈舜俞如果权衡个人利害，他完全可以隐忍不言，得到平步青云的好处。但他出于为民着想的一介官吏良知，公然上疏自劾，虽遭窜谪而无怨无悔。

后来苏轼也因反对新法而被人罗织成罪，他和陈舜俞一前一后，遭遇颇为相似，但其风概却完全相同。这恰好可以解释何以苏轼对陈舜俞在熙宁年间的表现如此高度地肯定，且对其为人充满了敬意。

需要说明的是，苏轼反对青苗法等新法获罪，是台谏官员揭发其熙宁至元丰初年的诗歌以及奏章，用艺术表现手法讥讽执政，甚至谤讪皇帝，于元丰二年被捉拿入京，投入御史台监狱，经过一百多天的审问，最后定罪贬谪，其时间确实比陈舜俞晚，但其开始发出反对青苗法等新法的声音，却是熙宁二年年底所作的《上皇帝书》。上书围绕结人心、厚风俗、存纲纪三大问题，集中批评新法意在从农民及商人身上牟利，追求富国强兵，而以民众的付出为代价，不受农民的接受与欢迎。他尖锐批评设置制置三司条例司的根本目的就是为了牟利，故云："夫制置三司条例司，求利之名也。六七少年与使者四十余辈，求利之器也。……故臣以为消谗慝以召和

---

[1]〔宋〕楼钥《都官集序》，《都官集》卷首，《四库全书·集部·别集类》，第1096册，第408页。

气,复人心而安国本,则莫若罢制置三司条例司。"[1]又批评青苗法云:"孟子曰:'始作俑者,其无后乎?'《春秋》书'作丘甲'、'用田赋',皆重其始为民患也。青苗放钱,自昔有禁。今陛下始立成法,每岁常行,虽云不许抑配,而数世之后,暴君污吏,陛下能保之欤?……臣顷在陕西,见刺义勇,提举诸县,臣尝亲行,愁怨之民,哭声振野。当时奉使还者,皆言民尽乐为。希合取容,自古如此。"[2]这段评述清楚揭示了青苗法放贷于民,目的在于取息营利;并且法令虽然不许抑配,但实施过程中普遍采取强行抑配,无论农民是否情愿。苏轼反对青苗法的理由,跟陈舜俞几乎完全一致。

苏轼对陈舜俞的遭遇表示深切同情的另一原因,是其一遭贬斥就再也没有轮上被重新起用的机会,竟因此含恨而死。他在元丰二年到达湖州任所写给陈舜俞之婿周邠的信中特别提到:"到郡不见令举,此恨何极!"[3]在这个他们曾经聚会的地方,生出物是人非之感,故睹物而伤情。结合苏轼的仕途经历看,他虽然因反对王安石变法而遭排挤,到杭州做了三年通判,但随后擢任密、徐、湖三州知州,相比陈舜俞,显然要幸运一些。他在《祭陈令举文》中反复强调陈舜俞才兼百人之器,他本人有志于在仕途上有一番大作为,士林人士也以此相期许;如果陈舜俞既斥之后而获用,凭他的才能和对君国的忠诚,就没有实现不了的理想,没有干不成的事业,"使少见其毫末,而出其余弃,必有惊世而绝类者矣",其作为将不比包括自己在内的任何人差。这既是陈舜俞本人的悲剧,更是整个国家的不幸!当然,此时的苏轼尚未料到,残酷政治斗争的血雨腥风正在湖州等着他,接下来所遭遇的命运悲剧,让他更加明白了个人的力量在强大的国家政治机器面前是何等微不足道!也许在经历了"乌台诗案"与黄州贬谪,以及晚年的岭海之贬后,其对陈舜俞当年的言行和最终命运,会有与此时不完全一样的体认与感触,而其对陈舜俞出自内心的真切同情,则会更加深厚和丰富。

---

1 〔宋〕苏轼:《上神宗皇帝书》,《苏轼文集》卷二十五,第731页。
2 〔宋〕苏轼:《上神宗皇帝书》,《苏轼文集》卷二十五,第735页。
3 〔宋〕苏轼:《与周开祖四首》其四,《苏轼文集》卷五十六,第1670页。

第五章　苏轼与刘恕父子的交情及其他

刘恕被林语堂称为熙宁变法时期苏轼的三个"密友"之一。而仔细考察分析可以看出，苏轼与刘恕的交往时间跟另外两位比较起来，相当短暂；苏轼赠刘恕诗文所体现的思想情怀，与当时新旧两派政治力量对变法的不同态度密切相关；作为一致反对王安石变法且一并遭遇排挤的仕途失意者，他们之间的交情及过程，明显带有当时政治背景下的特殊性质。刘涣与其子刘羲仲的相关问题，也是值得加以关注的。

林语堂在所著《苏东坡传》里评述熙宁变法的两派政治力量对比时，把刘恕列为同属反对派阵营的苏轼三个"密友"之一，另两位则分别是孙觉和李常。[1]对于苏轼与后两人的关系，笔者已著文进行专门考察，认为其实苏轼跟他们的亲密程度是有差别的。[2]苏轼与刘恕的关系及交情如何，则是本书要加以分析阐述的问题。

对于苏轼与刘恕关系的研究，迄今成果甚少，尚未受到足够的关注。2012年，眉山市政府及中国苏轼研究学会共同主办了"全国首届苏辙学术

1　林语堂著，宋碧云译：《苏东坡传》第八章，海口：海南出版社，1993年，第76页。
2　参见杨胜宽：《苏轼与孙觉交往述论》，西华大学、四川省文史研究馆主办：《蜀学》第十五辑，成都：西南交通大学出版社，2018年；《苏轼与李常的交往及评价》，西华大学地方文化资源保护与开发研究中心编：《地方文化研究》第十五辑，成都：巴蜀书社，2020年。

研讨会",会议论文集由四川大学出版社于当年11月正式出版,其中收录了孙晓东、易集明、苏宇三人合写的《眉山二苏与高安三刘》一文,算是就苏轼兄弟与刘氏祖孙三人交往做专门研究的一项成果。[1]此后似再无这方面的论著出现。

本书所谓刘恕父子,指刘恕与其儿子刘羲仲。因为从迄今能够见到的资料看,苏轼与刘恕之父刘涣并无直接交往,而苏轼的弟弟苏辙则与之交往很早,刘涣死后苏辙还应邀为之撰写了一篇哀辞,表明彼此情谊深厚。然而,早年与苏辙一同入京的苏轼及其父亲苏洵,何以完全没有与刘涣交往的痕迹,更无片言只字及之?这是值得玩味的一个现象。而苏轼与刘恕、刘羲仲父子二人的交往,则分别出现在其人生的中年和晚年,在年代上完全没有重叠。如果再仔细考察苏轼与刘恕的交往情形,并不像其跟孙觉、李常一样,保持了相当长的时间跨度,涵盖其仕途浮沉的不同阶段,而是仅集中在熙宁四至六、七年的短暂时间段里,此后便再无彼此往还文字和资料的记载。这固然跟刘恕去世较早相关,但苏轼在入仕早期,曾与刘恕同朝共事,且彼此的职事相近,在两人的诗文中,却没有留下直接交往的任何记载。这一现象在苏轼平生所交的友人中,尤其显得有些特别。尽管如此,仅从苏轼保存下来的几篇诗文看,他与刘恕的情谊,林语堂称之为"密友",似乎也并无不妥。因为就当时的特殊政治气候而言,苏轼在诗文中所表达的思想感情,非亲密关系不会至此。本书将在已有研究的基础上,对苏轼的这些作品进行深入辨析,以印证他们二人在当时政治背景下的深厚情谊及其特性,并对相关问题予以澄清。

第一节　苏轼与刘恕在熙宁以前没有交往痕迹

《眉山二苏与高安三刘》一文的作者说:"治平元年(1064)十二月,

---

[1] 孙晓东、易集明、苏宇:《眉山二苏与高安三刘》,方永江、刘清泉主编:《全国首届苏辙学术研讨会论文集——苏辙研究》,成都:四川大学出版社,2012年,第143—150页。

苏轼罢凤翔任，治平二年（1065）二月直试馆。史馆，即崇文院下属的史馆、昭文馆、集贤院三馆之一。此时，刘恕与苏轼同属崇文院，一个在书局，一个在史馆。刘恕因编写资料长编的原因，需到崇文院各馆院查阅资料，与在史馆工作的苏轼之间往来频繁，遂成至交。而苏辙与刘恕相识，也是在这一段时间。"[1]这里涉及的重要问题，是苏轼与刘恕交往的起始时间，以及苏轼、苏辙兄弟谁先与刘恕相识相交，值得仔细加以辨析。

　　要考察苏轼兄弟与刘恕的确切交往时间，主要可以依据的应有以下几方面的材料：首先是交往双方所保存下来的诗文、书信等文字材料；其次是官方史传、历代文人笔记之类所留下的可信记录；再次是年代较近的当事人作品搜集整理、诗文注解刻印所透露的相关信息；最后还有从历代公私藏书志、方志等介绍当事人生平、仕履、创作、作品流传等情况中所能考察到的有用信息。不管采用来自哪方面的文献资料，即使其可信程度不尽相同，也都必须要有明确的资料作为佐证，而不能凭空揣测做结论，这是最基本的要求。

　　关于苏轼兄弟与刘恕及其父亲刘涣的交往起始时间及过程，见于明确文献记载且可信度很高的，当首推苏辙在刘涣去世后应其子刘格之请为其所作的一篇哀辞。载于《栾城集》的《刘凝之屯田哀辞·叙》云："始予自蜀游京师，识凝之长子恕道原。……士知君者曰：'……君父凝之始以刚直不容于世俗，弃官而归，老于庐山二十年矣。君亦非久于此者也。'既而君得请以归养其亲。三年，得疾不起。今年春，予以罪谪高安，过君之庐，伤君之不复见，拜凝之于床下。……然予之见凝之，始得道士法，却五谷，煮枣以为食，气清而色和。及其没也，晨起衣冠言语如平时，无疾而终。予然后知君父子皆有道者。"[2]据此可知，苏辙最早与刘恕相识，是在其首次由蜀游京师时，即仁宗嘉祐二年与父兄一起到京城汴京参加礼部举办的进士考试。文中所谓"三年，得疾不起"，指刘恕归养其亲三年遂得疾不治

1　孙晓东、易集明、苏宇：《眉山二苏与高安三刘》，方永江、刘清泉主编：《全国首届苏辙学术研讨会论文集——苏辙研究》，第143页。
2　〔宋〕苏辙著，曾枣庄、马德富校点：《栾城集》卷十八，第425—426页。

身亡。王文诰据此推断刘恕的卒年在熙宁七、八年间。[1]然考张耒《冰玉堂记》:"公(刘恕)归庐山无几何,得疾,以元丰元年九月卒。"[2]当以张耒所记卒于元丰元年为确。而所谓"今年春,予以罪谪高安",指神宗元丰三年初,苏辙因其兄苏轼"乌台诗案"牵连被贬谪为监筠州盐酒税之职。从苏辙的叙述可以知道,他最早与刘恕结识,在结识过程中,不仅对其为人为学有深切了解,而且有机会与刘恕的父亲刘涣相识,并且了解到此人学会了道士养生的辟谷法,不食五谷,只吃煮熟的大枣,气色不错。苏辙在文中引述士君子的话说:刘涣之因秉性刚直而不容于世俗,干脆弃官归隐,在庐山隐居已经二十年之久。[笔者按:刘涣弃官归隐庐山在其五十岁时的皇祐二年(1050),由此后推二十年,则当熙宁三年(1070),而非指苏辙撰写哀辞的元丰三年。]苏辙被贬筠州的元丰三年初,专门前往庐山拜谒刘凝之,且缅怀刘恕之逝,当年九月,刘涣便去世了。

根据苏辙此文所述,其中只提及了他本人与刘恕最早相识之事,并未涉苏轼及父亲苏洵是否与之相识。文章追忆由二人始交直至刘恕之死的经过,均未提及如此长时间其父兄与刘恕的关系问题,这是需要加以注意的。显然,苏辙与刘恕相识之时,苏轼与之尚无交结。这表明苏辙是三苏父子中,结交刘恕最早的一位。苏轼作于熙宁四年的《送刘道原归觐南康》诗有"君归为我道姓字,幅巾他日容登堂"之句,表明此时其尚未见过刘凝之。《眉山二苏与高安三刘》的作者说苏辙与刘恕的交往起始时间在治平二年前后,将两人结交的时间推迟了七年。

至于苏轼与刘恕结交的时间,今天能够看到的所有材料,均以苏轼熙宁四年六月所作《送刘道原归觐南康》一诗为最早,我们可以据此来进行推断。《施注苏诗》将苏轼此诗编于《出都来陈,所乘船上有题小诗八首,不知何人有感于余心者,聊为和之》(笔者按:此诗系苏轼熙宁四年七月离京赴杭倅途经陈州所作)之前。清人王文诰赞同其说,且云:"先是,治平

---

1 〔清〕王文诰:《苏文忠公诗编注集成总案》卷六,第183页。
2 〔宋〕张耒撰、李逸安、孙通海、傅信点校:《张耒集》卷四十九,北京:中华书局,1998年,第762页。

中，司马光编次《通鉴》，辟刘道原为局僚；逮安石专政，欲引置条例司，道原不可，至面刺其过，安石怒甚，遂绝交。光出知永兴军，道原以亲老，求为南康军监酒以归，过公言别，因赠此诗。诗有'交朋翩翩去略尽，惟吾与子独彷徨'句，是道原与公之出最后，可为四年（所作）确证。"[1]而苏轼本人在"乌台诗案"的供状中，回答其赠刘恕诗三首是否含有讥讽时政之意时回忆道："熙宁六年，轼任杭州通判。有秘书刘恕字道原，寄诗三首，轼依韵和……恕于是时自馆中出监酒务。"[2]其回忆的时间有些出入，但明确是刘恕出监南康军酒务时所作，则其具体写作时间当为熙宁四年六月苏轼即将出京赴杭时无疑。

刘恕请求出监南康酒务，表面的理由是就近养亲，其实直接和深层的原因是与王安石的政见不和所产生的尖锐矛盾。这种矛盾再加上司马光的去留等因素，就显得更加突出。查阅李焘《续资治通鉴长编》可以清楚看出，司马光与王安石的矛盾，从熙宁三年起就日益尖锐，他不止一次要求神宗在自己与王安石之间做出取舍，有王安石在朝执政，他就只能选择离开。在其与王安石的多次言论交锋中，也屡屡涉及对苏轼的不同评价态度：

> （熙宁三年八月）壬申，王安石独对，上谓安石曰："司马光甚怨卿。"安石曰："何故？"上曰："光前日上殿乞出，言谢景温言苏轼，必及举主，若朝廷责范镇，臣亦住不得。苏轼刚正，谢景温全是卿羽翼。"[3]
>
> （熙宁四年二月）光知言不用，遂乞判西京留司御史台，不报。又上章曰："臣之不才，最出群臣之下。先见不如吕诲，公直不如范纯仁、程颢，敢言不如苏轼、孔文仲，勇决不如范镇。……轼与文仲皆疏远小臣，乃敢不避陛下雷霆之威，安石虎狼之怒，上书对策，指陈其失，骤官获谴，无所顾虑。此臣不如

---

1 〔清〕王文诰：《苏文忠公诗编注集成总案》卷六，第183页。
2 〔宋〕朋九万：《乌台诗案》，四川大学中文系唐宋文学研究室编：《苏轼资料汇编》上编，第二册，第602—603页。
3 〔宋〕李焘：《续资治通鉴长编》卷二百十四，第5207页。

轼与文仲远矣!"[1]

上述文字清楚反映出王安石与司马光对苏轼的亲疏关系。司马光出知永兴军（治所在今陕西西安）在熙宁三年九月[2]，而四年四月，其"乞判西京留司御史台"的要求才获得神宗任命。《续资治通鉴长编·熙宁四年二月》"诏（司马）光移知许州"条注："留台得请，乃四月十九日癸酉，今并书于此。"[3] 看来王文诰说刘恕在司马光于熙宁三年出知永兴军时就请求归觐南康是不够准确的，应该在司马光被神宗恩准自行在洛阳设局完成《资治通鉴》一书之时，刘恕才决意辞京回南康任职，将其主要精力用于参与编撰《资治通鉴》。

苏轼《送刘道原归觐南康》中"交朋翩翩去略尽，惟吾与子独彷徨""朝来告别惊何速，归意已逐征鸿翔"之句，是王文诰判断刘恕"过公言别，因赠此诗"的主要依据。从全诗语意看，只能得出此时苏轼与刘恕彼此引为知己、情义甚重的结论，并不能据此判断他们的这种交情是从何时开始建立起来的。说治平年间由于二人同在馆阁，因此而"往来频繁，遂成至交"，属于研究者的揣测之辞，并无可以取信的文献依据。若事实果真如此，他们何以没有片言只语透露其频繁交往的内容与情景？即便刘恕文字散佚严重，可能难以考索，而苏轼兄弟的诗文是保存比较完好的，尤其苏轼喜好用诗文记录朋友交往及借以表达彼此情谊的风格揆之，颇不相侔。

依照笔者的看法，不能排除苏轼在写作《送刘道原归觐南康》一诗之前就与刘恕有了交往的可能性，但可惜也没有可信文献证据确定他们交往的起始时间。唯独可以确定的是，《送刘道原归觐南康》是苏轼保存至今所有诗文中赋赠刘恕的第一首作品，故而也不能排除他们之间的正式往来，开始于熙宁变法之初（熙宁二年，即1069年左右）的可能性：正是二人在

---

[1]〔宋〕李焘：《续资治通鉴长编》卷二百二十，第5339—5340页。
[2]〔宋〕李焘：《续资治通鉴长编》卷二百十五，第5247—5248页。
[3]〔宋〕李焘：《续资治通鉴长编》卷二百二十，第5340—5341页。

反对王安石变法的政治立场上高度一致，促进了彼此迅速靠近，情感升温。要说二人成为"至交"，放在此时庶几可以当之。刘恕之与王安石绝交，同时又与苏轼成为至交，成为政治立场的分野主导熙宁官场大洗牌与大重组的范例及缩影！或许林语堂正是从这层意义上来定义苏轼与刘恕的"密友"关系的。

第二节　二人熙宁时期的交往及其特性

现存的苏轼诗文集中，仅保留了其赠刘恕诗四首。另有书信一封，并未收入其文集中，孔凡礼整理《苏轼文集》时，从南宋邵博《邵氏闻见后录》卷二十辑录，收入《苏轼佚文汇编》卷二。仅从数量看，远远少于其与很多重要友人的诗文往还。观其《和刘道原见寄》诗题，则知刘恕有写赠苏轼的诗作，可惜佚失不存，无法知道其中的内容与所表达的情怀。从苏轼这些诗文的写作时间看，四首诗集中于熙宁四年至五年，唯一一封书信的写作时间，按照邵博的说法，作于苏轼倅杭时（熙宁四年至七年），确切时间难以知晓。则两人有文字往还的交往时间，主要集中在熙宁的短短三四年间。从苏轼离开杭州直至元丰三年刘恕去世的五六年里，再无可以查考的彼此文字往还痕迹。这在苏轼一生所交往的朋友中，算得上是时间比较短暂，且情况有些特殊的。

关于刘恕的生平事迹，《宋史·刘恕传》称：刘恕，字道元，筠州人，赐第为进士，调巨鹿主簿、和川令，熙宁年间的仕履未详。[1]而王文诰《苏轼诗辑注·送刘道原归觐南康》题解引王注尧卿曰："道原名恕，熙宁二年，为秘书丞，编修文字。"[2]又引施注云："与介甫有旧，介甫执政，道原在馆阁，欲引置条例司，固辞，而谓曰：'天子方付公大政，宜恢张尧舜之道，不应以利为先。'是时，介甫权震天下，人不敢忤，而道原愤愤，欲与

---

[1]〔元〕脱脱等撰：《宋史》卷四百四十四，第13118—13119页。
[2]〔宋〕苏轼：《送刘道原归觐南康》王文诰"题解"，《苏轼诗集》卷六，第257页。

之校。又条陈所更法令不合众心者，劝使复旧，至面刺其过。介甫怒，变色如铁，道原不以为意。或稠人广坐，对其门生，诵言得失无所忌，遂与之绝。以亲老求监南康军酒，官至秘书丞，卒年四十七。"¹据两家注可知，刘恕熙宁二年所任的秘书丞，就是其一生的最高职位，故其裔孙刘元高在南宋度宗咸淳年间（1265—1274）编纂《三刘家集》时，称刘恕为秘丞。而刘恕之所以选择监南康军酒税，真正原因并非为了就近养亲，而是因与故人王安石的政治理念根本相左。他以自己的刚直性格，规劝、指斥、面责王安石变法的过失，后者终于被激怒，气得面色如铁。刘恕清楚，因为彼此政治理念不同，做官已没有前途和意义，故坚请闲散之职，以示其不愿与之为伍的决绝之意。

对于刘恕与王安石的尖锐矛盾和多次立场交锋，以及刘恕不因与王安石有旧而有丝毫规避的刚直性格表现，一直高度关注变法动向及士大夫不同政治立场的苏轼，对此不可能不知悉，故借刘恕出监南康酒务而前来辞别一事，在自己也因坚决反对变法而被排挤即将出京的特殊时间节点和政治力量分野已经大为明朗的情况下，他既要表达对刘恕坚定的支持态度，又要表明对王安石变法加以批判的鲜明思想情感。清人汪师韩看出此意，评点说："谓恕借旧史以诛奸强，即是轼借旧史以刺执政。恕乃刚直者，诗故不嫌明目张胆而道之。至于恕归而匡庐色喜，言外有直道难容之叹，非直幸其无恙而归也。"²为了便于深入分析，兹将原诗抄录如下：

晏婴不满六尺长，高节万仞陵首阳。青衫白发不自欺，富贵在天那得忙？十年闭户乐幽独，百金购书收散亡。归来东观弄丹墨，聊借旧史诛奸强。孔融不肯下曹操，汲黯本自轻张汤。虽无尺棰与寸刃，口吻排击含风霜。自言静中阅世俗，有似不饮观酒狂。衣巾狼藉又屡舞，傍人大笑供千场。交朋翩翩去略尽，惟我

---

1 〔宋〕苏轼：《送刘道原归觐南康》王文诰"题解"，《苏轼诗集》卷六，第257页。
2 〔清〕汪师韩：《苏诗选评笺释》卷一，张志烈、马德富、周裕锴主编：《苏轼全集校注·苏轼诗集校注》卷六《送刘道原归觐南康·集评》，第530页。

与子犹彷徨。世人共弃君独厚,岂敢自爱恐子伤。朝来告别惊何速,归意已逐征鸿翔。匡庐先生古君子,挂冠两纪鬓未苍。定将文度置膝上,喜动邻里烹猪羊。君归为我道名姓,幅巾他日容登堂。[1]

全诗二十八句,除最后六句因刘恕归觐言及对其父亲刘涣的赞许以及表达将在他日前往拜谒之意外,其余二十二句均围绕刘恕而发。明里是赞扬刘恕不慕富贵荣华、甘于清静幽独的"高节",而暗里处处关合时事,把刘恕直言排击王安石新法的勇决与气魄作为其高节的体现,赞美刘恕借编撰旧史寄寓其对当下得势者的口诛笔伐,用孔融不肯下曹操、汲黯本自轻张汤的历史典故,来讥刺王安石等人的奸邪,揭示出刘恕与王安石一派的政治斗争是势不两立的。"交朋"以下六句,顺理成章地联系到作者本人,谓志同道合的友人,已经被新法派排挤殆尽,眼下轮到刘恕与自己也被发遣出京,彼此的仕途命运都因坚决反对王安石新法而被紧紧联系在一起,从而引起发自内心的情感共鸣及政治身份认同。他们两人的"交朋"情谊,主要不是建立在长期交往与深刻了解基础上的,而是在突如其来的熙宁变法运动中,新法推动者依靠执政的力量把反对新法的士大夫悉数排挤出朝,致使被排挤者重新分辨敌我关系,所有反对新法的政治力量便因此而成为一个无形的同盟。他们不仅在反对新法上有着共同政治话语和斗争目标,而且因都遭遇了相似的政治打击而彼此惺惺相惜,迅速形成相当一致的政治失意情感认同。苏轼在诗中说:"世人共弃君独厚,岂敢自爱恐子伤。"既像是苏轼自道其遭到遗弃的失落感,也像是刘恕当下处境的真实写照。他们在相似的人生处境与命运面前,生出同病相怜、引对方为知己的特殊情感,是再自然不过的。

果然,就在苏轼抵达杭州通判之任不久的熙宁五年三月,刘恕便接连赠诗或寄诗给苏轼,其中包括以咏史为题材的作品,以回应苏轼出京前所赠诗中表达的知己之情。苏轼一一作和诗回赠,其《和刘道原见寄》云:

---

[1] 〔宋〕苏轼:《送刘道原归觐南康》,《苏轼诗集》卷六,第258—259页。

敢向清时怨不容,直嗟吾道与君东。坐谈足使淮南惧,归去方知冀北空。独鹤不须惊夜旦,群乌未可辨雌雄。庐山自古不到处,得与幽人子细穷。[1]

此诗被纳入"乌台诗案"的审讯范围,苏轼对诗中的讥讽时政之意,并不否认。他招供说:"轼为刘恕有学问,性正直,故作此诗美之。因以讥讽当今进用之人也。"[2]诗的前半用孔融、汲黯比刘恕,为其被逐出朝廷打抱不平,意谓如此正直敢言之人不见容于朝廷,而大肆进用一些阿时逐利之徒。所谓"清时"云者,自是反讽之语。后半用"独鹤"与"群乌"对比,讥讽执政者用人不当,像刘恕这样的人才,只得去与庐山为邻,成为无用武之地的一介"幽人"。苏轼赞美刘恕,全从当时用人不当、贤不肖颠倒着眼,其讥讽时政的立意是很明显的,故被制造"乌台诗案"的人抓住不放。

《和刘道原咏史》与《和刘道原寄张师民》二诗,原诗并不是刘恕写赠苏轼的,盖是刘恕寄赠近作给苏轼,苏轼依韵赓和之作。据苏轼在"乌台诗案"中的招供,《和刘道原寄张师民》一诗没有寄给张师民,因为此人他并不熟悉。所以,二诗之作,完全是因为刘恕寄赠而和之,表明此时他们二人的文字往还较为频繁,特别以刘恕为主动,可以看出其对于苏轼友情的重视。《和刘道原咏史》云:

仲尼忧世接舆狂,藏榖虽殊竟两亡。吴客漫陈豪士赋,桓侯初笑越人方。名高不朽终安用,日饮无何计亦良。独掩陈编吊兴废,窗前山雨夜浪浪。[3]

今天已经无法知道刘恕《咏史》原作表达了什么样的思想情怀,但从苏轼的和作看,显然带有结合现实政治借古讽今的写作意图。苏轼诗的前

---

1 〔宋〕苏轼:《和刘道原见寄》,《苏轼诗集》卷七,第331—332页。
2 〔宋〕朋九万:《乌台诗案》,四川大学中文系唐宋文学研究室编:《苏轼资料汇编》上编,第二册,第602—603页。
3 〔宋〕苏轼:《和刘道原咏史》,《苏轼诗集》卷七,第333页。

六句,皆紧扣"咏史"主题,涉及孔子忧世与接舆佯狂,臧、穀亡羊,陆机作《豪士赋》以讽吴王,桓侯笑扁鹊而身亡,叔孙高论人生不朽,爰种劝爰丝终日饮酒以避祸等诸多历史人物和古代寓言。虽然这些历史人物的处世态度及命运结局不同,寓言故事所寄寓的主旨抑或相异,但诗人将他们拼接在一起,表达对历史兴废的咏叹。关合刘恕以史学见长,深知历代盛衰成败之理,却不能为改变现实的弊政效力,只好掩卷兴叹,对雨无眠。

《和刘道原寄张师民》要算苏轼赠刘恕几首诗中讥讽时政用意最为明显的了,诗云:

> 仁义大捷径,诗书一旅亭。相夸绶若若,犹诵麦青青。腐鼠何劳吓,高鸿本自冥。颠狂不用唤,酒尽渐须醒。[1]

朋九万《乌台诗案》记录苏轼的供词称:"此诗讥讽朝廷近日进用之人,以仁义为捷径,以诗书为逆旅,俱为印绶爵禄所诱,则假六经以进。如《庄子》所谓'儒以诗礼发冢',故云麦青青;又云:小人之顾禄,如鸱鸢以腐鼠吓鸿鹄,其溺于利,如人之醉于酒,酒尽则自醒也。"[2]颇有意思的是,苏轼用道家表达出世思想的《庄子》的话来讥讽朝廷当权者及那些窃取功名利禄的人。王安石说动神宗变法,高调宣称唐太宗不值得效法,其变法的目标,是要用尧舜之道来实现天下大治。[3]然而,在苏轼看来,其变法之策,不过是想方设法在百姓身上牟利,根本没有摆脱利益的诱惑。那些追名逐利之徒,正是认清了这一本质,故专门以索取民脂民膏作为其进身取禄的手段。在拥护变法的旗帜之下,聚集着怀揣各种野心的人。而那些不赞成加重民众负担,也不愿意与势利之徒为伍的士人,就像自冥的鸿鹄,不屑与之争食腐鼠。刘恕寄张师民之诗,不知立意如何,而从苏轼的这首和赠诗看,其通过讥讽朝政来为刘恕鸣不平,同时发泄自己郁闷的政

---

1 〔宋〕苏轼:《和刘道原寄张师民》,《苏轼诗集》卷七,第333—334页。
2 〔宋〕朋九万:《乌台诗案》,四川大学中文系唐宋文学研究室编:《苏轼资料汇编》上编,第二册,第602页。
3 〔元〕脱脱等撰:《宋史》卷三百二十七《王安石传》,第10543页。

治牢骚,这种意味非常浓郁,以至于清代纪昀评为"叫嚣唾骂,不止怨以怒矣"。[1]纪昀表达的是贬义,但从另一方面证明了此诗的艺术表达风格。

苏轼初到杭州通判任,其愤世嫉俗之意正盛,在所作寄赠诗中,多带有讥讽朝廷时政的用意,如《戏子由》《李杞寺丞见和前篇,复用元韵答之》等。这些诗都被列入"乌台诗案"的审问范围,苏轼也毫不否认其中的讥刺之意。如后诗有句云:"岁荒无术追亡逋,鹄则易画虎难摹。"苏轼供词云:"意取马援言,言岁既饥荒,我欲出奇画赈济,又恐朝廷不从,反似画虎不成类狗也。"[2]苏轼当时的官职只是一个通判,面对杭州的严重饥荒,他有心拿出赈济的奇妙办法加以解决,但他料定朝廷当权者不会支持,故以"无术"为叹。实际上并不是真的没有办法,而是那些推行新法者,并不热心赈济灾民,他们最关心的,只是尽可能多地征收赋税而已。如果我们联想到多年后苏轼再任杭州地方长官,浙西遭遇严重水灾,他想方设法赈济灾民,减少了成千上万的灾民死亡,就说明他当时并非大言欺人,而是确有应对"奇画",只是苦于无法施展。这从一个侧面反映出,关于变法与反对变法的分歧,相当程度上集中在如何合理兼顾国家与农民的利益分配问题上。笔者曾有文进行专门探讨,此不赘言。[3]

苏轼熙宁七年初在常州、润州等地督查捕蝗之事,二月作有《和苏州太守王规父侍太夫人观灯之什。余时以刘道原见访,滞留京口,不及赴此会,二首》诗。其二有"蹭蹬归期为恶宾"之句[4],用调侃的语气言及其与刘恕的期会之约。这次刘恕与苏轼的京口(今江苏镇江)之会,是否见面?历来各家对此存在不同看法。王文诰云:"考公以四年至杭倅任,七年

---

[1] 张志烈、马德富、周裕锴主编:《苏轼全集校注・苏轼诗集校注》卷七《和刘道原寄张师民・集评》,第664页。
[2] 〔宋〕苏轼:《李杞寺丞见和前篇,复用元韵答之》查注引《乌台诗案》,《苏轼诗集》卷七,第320页。
[3] 杨胜宽:《财富分配与官民利益博弈之争:北宋熙宁变法及其启示》,《求索》2013年第10期,第70—72页。
[4] 〔宋〕苏轼:《和苏州太守王规父侍太夫人观灯之什。余时以刘道原见访,滞留京口,不及赴此会,二首》其二,《苏轼诗集》卷十一,第551页。

春中在润州,道原相约来会,似道原已罢酒官,故出游也。"[1]没有正面说明究竟两人见面与否。孔凡礼《苏轼年谱》于熙宁七年二月列"刘恕(道原)来访"条目,谱文云:"据《(苏轼)诗集》卷十一诗题(五五〇页)。据《宋史·刘恕传》,恕时监南康军酒。"[2]则其根据苏轼和苏州知州王晦(规父)之诗,认定刘恕与苏轼在京口是见过面的。而业师曹慕樊与徐无闻主编的《东坡选集·东坡年谱简编》则云:"与刘恕期于京口,不至。"[3]明确认定两人相会之约并未兑现,至于何以刘恕爽约,没有指明原因。如果依照王文诰的说法,刘恕此时已罢酒官,故可以出游会友;而按照孔凡礼的说法,刘恕此时尚为官身,其出境远道会友,可能受到一些条件限制。倘若联系苏辙在《刘凝之屯田哀辞》中所言,刘恕归觐南康三年得疾不起的话,也不排除系因得疾而不能远途劳顿的无奈爽约。但即使如此,苏轼在京口专候刘恕来访,对方没来成,他再无任何诗文提及此事,也无对刘恕身体有恙的问候关心,似乎与苏轼一贯的交友之道不尽相符。而且刘恕可能在此后不久去世,苏轼仍然没有只字片言表达哀悼追怀之思,同样显得有些不合常理常情。

苏轼与刘恕的唯一一封书信,保存在南宋邵博所著的《邵氏闻见后录》中,同样与王安石和他所奉行的变法有关。原文如下:

> 东坡倅钱塘日,答刘道原书云:"道原要刻印《七史》固善,方新学经解纷然,日夜摹刻不暇,何力及此。近见京师经义题'国异政,家殊俗',国何以言异?家何以言殊?又有'其善丧厥善',其厥不同何也?又说《易·观》卦本是老鹳,《诗·大小雅》本是老鸦。似此类甚众,大可痛骇。"时熙宁初,王氏之学,务为穿穴至此。[4]

----

[1] 〔清〕王文诰:《苏文忠公诗编注集成总案》卷六,第183页。
[2] 孔凡礼:《苏轼年谱》卷十三,第273页。
[3] 曹慕樊、徐无闻主编:《东坡选集》,成都:四川人民出版社,1987年,第709页。
[4] 〔宋〕邵博:《邵氏闻见后录》卷二十,第160页。

孔凡礼编纂《苏轼佚文汇编》，摘录了书信全文，省去了"时熙宁初，王氏之学，务为穿穴至此"数语。[1]观邵博"时熙宁初"之言，证之以王安石"熙宁二年，臣安石以《尚书》入侍，遂与政。而子雱实嗣讲事。有旨为之说以献。八年，下其说太学，班焉"等语[2]，可知由王安石主导、其子王雱等人合作完成的《三经新义》，始作于熙宁二年，到苏轼倅杭的熙宁四年，应该已经完成。虽此时尚未颁布于学官，但日夜摹刻不暇的情形，精通经史之学的苏轼和刘恕，当然都是很清楚的。从苏轼书信的措辞看，他对王安石的新学是不以为然的，列举其穿凿之尤者加以指斥，使用了"大可痛骇"这样的评价，极言其荒诞不经，贻笑士林。

通过以上对于苏轼与刘恕两人交往始终及相关诗文内容的考察，可以得到的突出印象是，他们之间在熙宁四年至七年这不长几年间的交往，政治色彩十分浓厚。苏轼在所作赠刘恕的诗文里所表达的情怀，主要基于二人相似的仕途遭遇和政治失意，故彼此用互赠诗文的方式，发泄对当权者及其所推行的新法与新学之不满，倾诉可以激发强烈共鸣的思想情绪及其身份认同感。

第三节　苏轼晚年与刘羲仲的短暂交往

苏轼与刘恕之子刘羲仲（字壮舆）的交往，在其从海南儋州贬所遇赦北归途经南康军时，已经是刘恕去世二十三年之后的徽宗建中靖国元年四月。在保存至今的苏轼诗文中，有《题刘壮舆长官是是堂》诗一首，书信六封，题跋一首。苏轼离开南康军后前往定居地常州，七月便溘然辞世，时间相距仅三月左右。两人相见，仅此一地，所有诗文，皆苏轼逗留南康数日间所作。他们之间的交往，可谓十分短暂，也多少有些特别。

虽然时间短暂，但彼此交往的内容颇为丰富。据王文诰《苏文忠公诗

1　孔凡礼：《苏轼文集·苏轼佚文汇编》卷二，第2440页。
2　〔宋〕王安石：《书义序》，宁波、刘丽华、张中良校点：《王安石全集》卷八十四，长春：吉林人民出版社，1996年，第882页。

编注集成总案》的梳理，计有以下数事：

第一，与刘安世（器之）同游庐山回，造访刘羲仲是是堂。苏轼在与之交谈过程中，特别以重修《三国志》相托。据张耒《是是堂歌》（该诗今本《张耒集》不存）所言，是是堂乃刘羲仲在南康军官舍后所建的居室。《是是堂歌》云："子刘子构堂于官舍，名之曰是是，而求予为诗。"[1]可知是张耒应其请求作此诗。关于苏轼嘱咐刘羲仲重修《三国志》之事，邵博《邵氏闻见后录》、王铚《默记》等宋人笔记均有载录，但所述不同。邵氏云："东坡自黄冈移汝坟，舟过金陵，见王荆公于钟山，留连燕语，荆公曰：'子瞻当重作《三国书》。'东坡辞曰：'某老矣，愿举刘道原自代云。'"[2]这里的刘道原（恕），显系刘羲仲之误，因为刘恕早已于元丰元年去世，苏轼不可能举荐一个死去数年的人。而王铚所记，似更为可信：

> 东坡自海外归，至南康军，语刘羲仲壮舆曰："轼元丰中过金陵，见介甫，论《三国志》曰：'裴松之该洽，实出陈寿上，不能别成书而但注《三国志》，此所以（有阙文）陈寿下也。盖好事多在注中。安石旧有意重修，今老矣，非子瞻，他人下手不得矣。'轼对以于讨论非所工。盖介甫以此事付托轼，轼今以付壮舆也。"仆闻此于壮舆，尽直记其旧言。[3]

这段话把事情的前因后果交代得很清楚。元丰年间，苏轼自黄州量移汝州，路过金陵与王安石晤谈，王安石提议苏轼来重修《三国志》，苏轼以不擅长"讨论"为由婉言谢绝。后来当其自岭海北归至南康军时，郑重托付刘羲仲来完成此事。盖其深知刘氏父子均以史学专擅，堪当此任。王铚说是亲耳听刘羲仲所言，其真实性、可靠性自然更高。

第二，应请为刘羲仲祖父刘涣题写墓表表额，并为之书写苏辙所作

---

[1] 〔宋〕张耒《是是堂歌》，〔宋〕刘元高编：《三刘家集》，《四库全书·集部·别集类》第1345册，上海：上海古籍出版社，1985年，第558页。
[2] 〔宋〕邵博：《邵氏闻见后录》卷二十一，第167页。
[3] 〔宋〕王铚：《默记》卷中，上海：上海古籍出版社，1991年，第344—345页。

《刘凝之屯田哀辞》。王文诰云:"道原故后,(刘凝之)次子格字道纯已登第,往从公(苏轼)于徐。……恕之子羲仲字壮舆,以《资治通鉴》成,追录恕劳叙官,尝为令。殆公北还过之,则壮舆已归矣。"[1]苏轼《与刘壮舆六首》其二:"方令小儿研磨,为君写数大字,旋得来书及纸,因尽付去。恐墓表小字中亦有题目,则额上恐不当云墓表,故别写四大字,以备或用也。舍弟所作词,当续写去。"[2]可知是刘羲仲派人送达书信,请求苏轼为祖父刘涣题写墓表之额,苏轼写好让送信人取走,而所嘱书写苏辙《刘凝之屯田哀辞》事,承诺尽快写就。

第三,刘羲仲奉上《文编》,请苏轼品鉴。苏轼读后,回信称奇,且作《题刘壮舆文编后》之跋文。苏轼《与刘壮舆六首》其三云:"旦来枕上读所借(疑为'寄'字之误)《文编》,释然遂不知头痛所在。曹公所云,信非虚语。然陈琳岂能及君耶?"[3]用曹操读陈琳檄文而愈其头病的典故,意在赞美刘羲仲文章之妙,读之不知头痛所在,堪称奇效。《题刘壮舆文编后》语意略近:"今日晨起减衣,得头风病,然亦不甚也。取刘君壮舆《文编》读之,失疾所在。曹公所云,信非虚语。然陈琳岂能及君耶?建中靖国元年四月十二日书。"[4]当是苏轼看完《文编》,题跋此数语于末,复信中再用此意。

第四,题刘涣(凝之)故居冰玉堂榜。王文诰《苏文忠公诗编注集成总案》引《舆地广记》云:"冰玉堂在南康府治后,刘涣故居也。苏轼尝曰:'凝之父子,冰清而玉刚。'堂名以此。"[5]其实,《舆地广记》的说法有误。所谓"凝之父子,冰清而玉刚"的评价,出自苏辙《刘凝之屯田哀辞》:"若凝之为父,与原之为子兮,洁廉不挠,冰清而玉刚。"[6]并非语出苏轼。张耒《冰玉堂记》云:"元符中,予谪官庐陵,道原之子羲仲主簿,于

---

1 〔清〕王文诰:《苏文忠公诗编注集成总案》卷四十五,第1040页。
2 〔宋〕苏轼:《与刘壮舆六首》其二,《苏轼文集》卷五十三,第1582页。
3 〔宋〕苏轼:《与刘壮舆六首》其三,《苏轼文集》卷五十三,第1582页。
4 〔宋〕苏轼:《题刘壮舆文编后》,《苏轼文集》卷六十六,第2074页。
5 〔清〕王文诰:《苏文忠公诗编注集成总案》卷四十五,第1041页。
6 〔宋〕苏辙:《刘凝之屯田哀辞》,《栾城集》卷十八,第426页。

德安叙其大父与父之事于予，且曰：顷眉山苏子由尝道庐山，拜我大父于床下，出而叹曰：'凛乎非今世也。'其卒，为辞以哭之曰：'凝之之为父，道原之为子，洁廉不挠，冰清而玉刚。'乡人是其言。名吾大父故居之堂曰'冰玉'。"[1] 苏轼为冰玉堂题榜，当也是应刘羲仲所请。苏轼当年在写给刘恕的信中，曾表达过他日将拜谒刘涣，这次为其故居题榜，也算是了却了心中的一桩夙愿。

第五，苏轼作《题刘壮舆长官是是堂》诗，刘羲仲以茶、簟为馈，苏轼留下茶而退还簟，且回信做出解释。诗云：

闲燕言仁义，是非安可无？非非义之属，是是仁之徒。非非近乎讪，是是近乎谀。当为感麟翁，善恶分锱铢。抑为阮嗣宗，臧否两含糊。刘君有家学，三世道益孤。陈古以刺今，紬史行天诛。皎如大明镜，百陋逢一姝。鹗立时四顾，何由抚群狐。作堂名是是，自说行坦途。孜孜称善人，不善自远徂。愿君置座右，此语禹所谟。[2]

欧阳修居洛阳时，名其所居曰非非堂，且作《非非堂记》以明其意。文中有云："心静则智识明，是是非非，无所施而不中。夫是是近乎谄，非非近乎讪，不幸而过，宁讪无谀。是者，君子之常，是之何加。一以观之，未若非非之为正也。"[3] 苏轼为刘羲仲是是堂题诗，化用欧阳修《非非堂记》意旨，强调君子立身处世，当是非分明，特别是对于世间善恶，要锱铢必较，不能含糊。刘氏祖孙三代，用史家陈古刺今的笔法，诛伐弊政，无所隐讳，赢得了天下士人的尊敬。诗中勉励刘羲仲发扬这种是非分明的家风，与善为邻，不善自然远去。

刘羲仲得到苏轼题诗后，为了感谢其为自己所做的几件事，赠送茶及簟表示谢意。苏轼回信云："辱手教，仍以茶、簟为贶。契义之重，理无可

---

1 〔宋〕张耒：《冰玉堂记》，《张耒集》卷四十九，第763页。
2 〔宋〕苏轼：《题刘壮舆长官是是堂》，《苏轼诗集》卷四十五，第2453页。
3 〔宋〕欧阳修：《欧阳修全集·居士外集》卷十三，第453页。

辞。但北归以来，故人所饷皆辞之。敬受茶一袋以拜意，此陆宣公故事，想不讶也。"[1] 唐代陆贽路过寿州，不收地方官张镒所赠钱一百万，仅收下新茶一串以示领情，被载入史册以为美谈。[2] 而苏轼为刘羲仲做了不少事，最终连所馈赠的一席凉簟也不肯收下，其廉洁的风范，并不逊刘氏家风，尤其值得后人敬佩。

第四节　关于刘涣生平仕履的相关问题

刘恕之父刘涣的生平事迹，在《宋史》中附见于《刘恕传》，极为简略："（恕）父字凝之，为颍上令，以刚直不能事上官，弃去。家于庐山之阳，时年五十。欧阳修与涣，同年进士也。高其节，作《庐山高》诗以美之。涣居庐山三十余年，环堵萧然，馆粥以为食，而游心尘垢之外，超然无戚戚意，以寿终。"[3] 如果仅据这一记载，人们会以为刘涣一生，只做过颍上县令的官，就因为与上司不睦，弃官归隐，以终其生。而考察与刘涣同时代或年辈很接近的一些北宋士大夫留下的相关诗文及官方文献，则发现其仕履轨迹并不如此简单。

首先，《刘恕传》提到欧阳修与刘涣为同年进士。欧阳修中进士在仁宗天圣八年（1030），则刘涣中进士并释褐为官的时间可以确定在此年。当刘涣于皇祐二年弃官将归庐山时，作为同年的欧阳修曾专门前往送行，并作《庐山高赠同年刘中允归南康》一诗以美之。诗题称刘涣为中允，即太子中允，是东宫官属。欧阳修在诗里说："策名为吏二十载，青衫白首困一邦。宠荣声利不可以苟屈兮，自非青云白石有深趣，其气兀硉何由降。"[4] 按照宋朝的官吏铨转制度，有定期考核流转黜陟的一整套办法，显然刘涣在二十年的官宦生涯中绝不止最后所任的颍上县令一职。李常为其作《墓志

---

1 〔宋〕苏轼：《与刘壮舆六首》其四，《苏轼文集》卷五十三，第1582页。
2 〔五代〕刘昫等撰：《旧唐书·陆贽传》，北京：中华书局，1988年，第3791页。
3 〔元〕脱脱等撰：《宋史》卷四百四十四《刘恕传》，第13118页。
4 〔宋〕欧阳修：《庐山高赠同年刘中允归南康》，《欧阳修全集·居士集》卷五，第36页。

铭》,也仅用"历官至颖上县令"一语带过,史料阙失,无法具体了解了。其最终致仕时的官衔是太子中允,当时一同参与送行的刘攽,也作有《送中允》诗,诗中有"五柳先生厌俗纷,拂衣归去卧江滨"之言。[1]可能《刘恕传》所称刘涣为颖上令与上司不睦而弃去,就是依据欧阳修、刘攽等人的说法。即使是刘涣归隐庐山之后,友人们依然用"中允"头衔称之,故陈舜俞有《邀中允题净慈寺》诗,僧了元有《寄中允》诗。[2]保存于刘元高所编的《三刘家集》中,还有两道仁宗皇帝的敕谕,是关于褒赠刘涣之父荣誉官职的,题为《西涧父赠官敕》一道,所用刘涣的头衔为"朝请郎守太子中允致仕骑都尉赐绯鱼袋"[3],第二道署明的时间是嘉祐三年(1058),而第一道可能就颁布于刘涣弃官退隐后不久。

其次,刘涣归卧庐山之后,曾因皇恩获得加官的待遇,这在李常所作的《尚书屯田员外郎致仕刘凝之府君墓志铭》中交代得比较清楚。这篇未保存于刘元高所编《三刘家集》,而出土后收藏于江西省博物馆的历史文献,今人曾枣庄、刘琳主编的《全宋文》将其全文收录。文云:"皇祐之庚寅(皇祐二年),有洁身不辱之士,姓刘氏,讳涣,字凝之,行年五十,致其仕而归。方是时,学士大夫争为咏叹以饯之,非所以崇其行,以预送凝之为荣耳。欧阳文忠公之诗,道其为人与夫去详且工,人能诵之,谓为实录。……(凝之)少举进士第,历官至颖上县令。其去也,始卜庐山之阳以居,五亩之宫,灌园茹蔬,逾三十年。……两以泛恩与其子通籍,由太子中允,三转为屯田员外郎,享年八十有一。"载明其卒年为元丰三年九月辛未,七十五天之后,葬于庐山清泉乡何村里。[4]这表明在刘涣退居庐山的三十余年间,因两次皇帝恩典,由原先的太子中允致仕,三转而为屯田员外郎致仕。故在嘉祐六年关于追赠刘涣之父官衔的敕谕中,刘涣的头衔变

---

1 〔宋〕刘攽:《送中允》,〔宋〕刘元高编:《三刘家集》,《四库全书·集部·别集类》,第1345册,第554页。
2 〔宋〕刘元高编:《三刘家集》,《四库全书·集部·别集类》,第1345册,第554—555页。
3 〔宋〕刘元高编:《三刘家集》,《四库全书·集部·别集类》,第1345册,第559—560页。
4 〔宋〕李常:《尚书屯田员外郎致仕刘凝之府君墓志铭》,曾枣庄、刘琳主编:《全宋文》卷一五七六,第72册,第258页。

更为"朝请郎尚书屯田员外郎致仕上轻车都尉赐绯鱼袋"[1]。

关于刘涣归隐庐山的时间,可据欧阳修饯行诗的创作时间推断,一般认为作于皇祐三年(1051),而李常在《墓志铭》中则记为皇祐二年。比较而言,似当以李常所记的时间为准。这不仅与欧阳修《庐山高》诗所谓"策名为吏二十载"相符,也与李常所言"始卜庐山之阳以居,五亩之宫,灌园茹蔬,逾三十年"相吻合。

再次,刘涣去官归庐山闲居,其与上司间矛盾的是非曲直不得而知,但当时士大夫不少人前去送行,且以参与送行活动为荣,表明理在刘涣一方。而从朝廷在其退隐之后仍然为其转官,并多次追赠其父的官衔这些举动看,朝廷对其行为的正当性是给予肯定的。《西涧父赠官敕》云:"朕躬执圭币,以事上帝,并严考配,永言孝思,蒙获福釐,赐于下眷。尔文武之士,应受渥恩,固必念其前人,有以感怆。是举褒命,以慰其心。所以振追远之风,广移忠之孝也。以尔躬有善行,积是余庆;施于子舍,服在朝序。逮兹熙事之集,刴洽宠荣之宜。申以慰章,告于其第。尚饰幽怀,繄享荣之。可特赠大理寺丞。"[2]敕文特别肯定了刘涣的善行和忠孝之心,朝廷为了弘扬这种道德风气,故追赠其父官衔,以示褒奖。刘涣之父获得三次追赠,其头衔也由大理寺丞而殿中丞而尚书刑部侍郎,节节高升。至于刘涣本人,两次因泛恩与其子通籍,其致仕官衔由太子中允三转而为屯田员外郎。故苏辙为其所作《哀辞》,李常为其所作《墓志铭》,均以"屯田员外郎"的官衔称之。

---

1 〔宋〕刘元高编:《三刘家集》,《四库全书·集部·别集类》,第1345册,第560页。
2 〔宋〕刘元高编:《三刘家集》,《四库全书·集部·别集类》,第1345册,第559—560页。

第六章　苏轼与傅尧俞的交往及关系变化
——一个从患难之交到势不两立的案例分析

苏轼与傅尧俞的交往，虽然计算起来维持了十多年，但由于直接的史料较少，很难完全弄清其中一些交往的具体细节。古今论者均以苏轼兄弟熙宁四年在陈州所作寄题傅尧俞济源草堂诗，为彼此文字交往之始，但提供不出形成联系渠道的可靠证据。考察苏颂与傅尧俞、苏轼的亲密关系，他应是二人熙宁初在京城开始交往的牵线人。苏轼与傅尧俞关系的变化，由熙宁初年结交，到元丰时建立患难之情，终至元祐初走向势不两立，深受当时政治斗争形势演变的影响。傅尧俞卷入台谏弹劾苏轼策题事件，及其在事态发展中所扮演的不公正角色，导致他们的关系以决裂告终。

傅尧俞（1024—1091），字钦之，本郓州须城（今山东东平）人，后徙居孟州济源（今河南济源市）。其在六十八年的人生历程中，历仕四朝，且多位居显要。史称傅尧俞未及冠，即中进士，知其考取进士为宋仁宗庆历二年（1042）。释褐为监西京税院事，深得留守晏殊、夏竦赏识，以为有"卿相才"。[1]嘉祐末，为监察御史里行。英宗治平中，历任殿中侍御史、中书舍人、右司谏、同知谏院，因坚辞兼侍御史知杂事，被出为和州知州。

---

[1]〔元〕脱脱等撰：《宋史》卷三百四十一《傅尧俞传》，第10881页。

神宗初即位，知其为人"方正"，初有将其从地方召还，委以言责之意。[1]然而，傅尧俞因为在变法问题上不支持王安石，加之恰逢丧亲，便回家守制，其事遂寝。至其服丧期满还朝，已是熙宁三年，王安石以参知政事身份所推行的熙宁变法，进入第二个年头。《续资治通鉴长编》在熙宁三年八月的纪事中，称傅尧俞的官衔为"兵部员外郎、直昭文馆"，而在任命傅尧俞为盐铁官还是言事官的问题上，王安石与曾公亮意见不一。神宗最终采纳了王安石的意见，没有同意让傅尧俞任言官，而委以权发遣盐铁副使之职。神宗在随后给曾公亮的一道手谕中说："尧俞资序甚浅，先朝自知谏院擢为御史知杂，实不曾受命，寻出补外官。丁忧服除，到阙未久。今兹超越伦辈，擢置要职，恐无以鼓动务切实之流，而因循者得以侥幸。"[2]傅尧俞的年辈较苏轼为长，考取进士、入仕为官均远早于苏轼。况且傅尧俞在仁宗朝后期及英宗时，仕途均较为顺达，已经荣膺过中书舍人、同知谏院等要职。只是到了神宗与王安石力推变法的熙宁初年，其仕途才遭遇阻滞。熙宁四年，出为河北转运使，离开朝廷权力中心。

苏轼于仁宗嘉祐二年考取进士，嘉祐六年高中制举，年末被授任凤翔府签判。四年后的英宗治平二年，还朝召试秘阁入三等，得直史馆。次年父亲苏洵在京师去世，他与弟弟苏辙扶灵柩返乡安葬，并守制三年，于熙宁二年还朝注官，担任殿中丞、直史馆、判官告院。三年八月，因王安石姻亲侍御史知杂事谢景温弹劾苏轼守制服除返京途中私贩牟利，神宗"诏江淮发运、湖北运司，体量殿中丞、直史馆苏轼居丧服除往复贾贩，及令天章阁待制李师中供析照验见轼妄冒差借兵卒事实以闻"。李焘注："《（苏轼）墓志》云：知杂御史诬奏公过失，公未尝一言自辩，乞外任避之，通判杭州。然轼自此留京师几一岁。明年夏末秋初，乃出都，由陈州赴杭州。"[3]自二年还朝至四年六月，苏轼做过判官告院、开封府推官，都在京师任职。六月出为杭州通判，七月离京，经陈州、颍州（今安徽阜阳辖区）

---

1 〔宋〕李焘：《续资治通鉴长编》卷二百九，第5085页。
2 〔宋〕李焘：《续资治通鉴长编》卷二百一十四，第5194—5195页。
3 〔宋〕李焘：《续资治通鉴长编》卷二百一十四，第5200—5201页。

赴任。

从以上傅尧俞与苏轼仕宦经历的简要梳理可以看出，熙宁三年至四年间对他们两人而言是一个特殊时段，不仅因为他们都以反对王安石新法而遭遇仕途挫折，还因此而使二人得以同朝为官，有了彼此接触甚至直接交往的可能。而这种可能性是否能够变成现实，还需通过进一步考察分析，才可以做出合理判断。

第一节　二人交往起始时间与地点

在苏轼留存下来的诗作中，有一首《傅尧俞济源草堂》诗，人们历来对其写作的时间和地点有不同看法。依照写作时间先后编排的施元之、顾禧合作编注，施宿补充完善的《施注苏诗》，将此诗编在卷三，明确该卷诗歌的写作起讫时段为"熙宁己酉还京师，至辛亥乞外，除判杭州，赴任，由陈、颍过广陵作"，且系于《出都来陈所乘船上有题小诗八首不知何人有感于余心者聊为和之》《送张安道南都留台》诗后[1]，则以《傅尧俞济源草堂》诗为苏轼熙宁四年七月离京过陈州时所作，当甚清楚。[2] 恰好在苏辙手编的《栾城集》中，也有《傅钦之学士济源草堂》的诗作，编于卷三，次《送张安道南都留台》诗之后。且苏辙诗末有自注："时钦之在许州。"[3] 而《宋史·傅尧俞传》在其出任河北转运使下有"改知江宁府……徙许州、河阳、徐州，再岁六移官，困于道路"的叙述[4]，傅尧俞确实有熙宁四年或五年知许州（今河南许昌）的任职经历，这可能成为《施注苏诗》认定苏轼与弟弟苏辙同时作该诗的重要依据。清查慎行《苏诗补注》沿用了施氏父子的编排次序，在诗下注"济源草堂"引《名胜志》云："济源草堂在济渎

1　〔宋〕苏轼著，〔宋〕施元之原注，〔清〕邵长蘅删补：《施注苏诗》卷三，《四库全书·集部·别集类》，第1110册，第147页。
2　〔清〕王文诰《苏轼诗集辑注》本编次与之相似，见《苏轼诗集》卷六，第271—271页。
3　〔宋〕苏辙：《傅钦之学士济源草堂》，《栾城集》卷三，第69页。
4　〔元〕脱脱等撰：《宋史》卷三百四十一《傅尧俞传》，第10884页。

庙西，宋知河阳军傅尧俞建，俗呼其遗址为傅家林。"[1]并附录了苏辙《傅钦之学士济源草堂》诗以资佐证[2]，表明其认同二人诗均在陈州作。

然而，孟州济源位于京城西北千里之外，苏轼何以在从开封东南行至陈州时，而作寄题傅尧俞济源草堂诗？这不符合情理和逻辑。即便可以推断苏轼兄弟确实在熙宁四年作有赠傅尧俞之诗，但仍有一个至关重要的问题没有得到合理解释，即苏氏兄弟是通过什么渠道得以跟比他们年长十多岁，且为官资历更老的傅尧俞结识的？如果找不出这样一位为他们牵线搭桥的中间人，他们一同作诗寄题傅尧俞的济源草堂，就显得没有根由了。因为彼此素昧平生，根本不可能贸然地作诗相赠。而找到这位既与傅尧俞有交情，又与苏轼兄弟熟悉，且乐意为双方交往积极撮合的人，就成为考察苏轼与傅尧俞交往起始时间和地点的一条必要线索。

如果是苏轼兄弟在陈州因对傅尧俞其人和他的济源草堂有所了解而同时写诗寄题草堂，我们最先想到的合适中间人选应是时任陈州留守张方平。他与苏洵及苏轼兄弟两代人交情都比较深厚，苏辙因在新设立的变法机构制置三司条例司反对王安石推行的新法令而受到排挤，张方平及时聘苏辙来陈州做教授，以彰显他们在变法问题上的共同政治立场。故苏轼去杭州赴任，之所以要枉道过陈州，既是为了与弟弟苏辙相聚，又带有去向张方平表达谢意的目的。可是，从今天能够看到的史料考察，除了张方平与傅尧俞二人在熙宁初都持反对王安石变法的相似立场外，完全找不到他们直接交往的历史痕迹，也没有彼此间的诗文往还文献证据。显然，张方平不具备在傅尧俞和苏轼兄弟之间做牵线搭桥之人的起码条件。因此，即使苏轼兄弟在陈州相聚期间都写作了寄题傅尧俞济源草堂的诗，恐怕也与张方平没有任何关系。

还有可以质疑之处是，虽然施元之原注的《施注苏诗》把苏轼《傅尧

---

[1] 〔清〕冯应榴辑注，黄任珂、朱怀春校点：《苏轼诗集合注》（上海：上海古籍出版社，2001年，第242页）卷六《傅尧俞济源草堂》诗题解"榴案"："《名胜志》无此条，见《一统志》，'林'作'园'，今土人则称傅家林也。"
[2] 〔清〕查慎行：《苏诗补注》卷五，《四库全书·集部·别集类》，第1111册，第132—133页。

俞济源草堂》编排在其自京师来陈州时所作,但其子施宿所著《东坡先生年谱》,却并无苏轼熙宁四年在陈州作该诗的表述,更没有由此确认苏轼在这一年与傅尧俞存在过任何文字交往。[1]同样,在宋人何抡《眉阳三苏先生年谱》、王宗稷《东坡先生年谱》、傅藻《东坡纪年录》及清人孙汝听《苏颍滨年表》里,均没有提及苏轼和苏辙在陈州有题赠傅尧俞诗之事。[2]由此表明,宋、清几家三苏年谱编纂者,都拿不出确凿证据来坐实苏轼兄弟在陈州有题赠傅尧俞济源草堂之举,故不能确认他们彼此间在这一年有文字往还的"神交"事件发生。

刊布于清道光二年(1822),被称为"在众多的苏轼年谱中,比较起来,《总案》要略胜前人一筹"的《苏文忠公诗编注集成总案》中,[3]在"熙宁四年八月"有"寄题《傅尧俞济源草堂》,作《陆诜挽词》"的谱文,且按语云:"《济源草堂》《陆诜挽词》二首,《栾城集》亦编于陈州,与《施注》原编合,盖同时所作。"[4]除了沿袭宋人《施注苏诗》、清人《苏诗补注》的编排理由外,王氏认为苏轼《傅尧俞济源草堂》诗编在《陆龙图诜挽词》前,与苏辙自编《栾城集》将《傅钦之学士济源草堂》诗编在《故成都尹陆介夫挽词》之前相吻合。且据史料记载,陆诜于熙宁二年以龙图阁学士知成都,次年八月卒,证明兄弟二人赠傅尧俞诗,均作于陈州。然观文中"盖"字措辞,似乎王文诰并不能十分确定。

今人孔凡礼撰《苏轼年谱》一书,被学界视为编撰苏轼年谱的集大成之作,其在"熙宁四年八月"纪事中,有"(戊寅)傅尧俞(钦之)作济源草堂,寄题尧俞"的谱文,且云:"弟辙寄尧俞诗谓尧俞时在许州。《宋史》傅传谓'知江宁府、许州、河阳、徐州'。查《景定建康志》卷十三,

---

1 〔宋〕施宿:《东坡先生年谱》(上),王水照编:《宋人所撰三苏年谱汇刊》,上海:上海古籍出版社,1989年版,第42—43页。
2 〔宋〕傅藻:《东坡纪年录》、王十朋:《集注分类东坡先生诗》(《四部丛刊》本)卷首;其余均见王水照编《宋人所撰三苏年谱汇刊》各家年谱熙宁四年纪事。
3 巴蜀书社编辑部:《〈苏文忠公诗编注集成总案〉出版说明》,〔清〕王文诰:《苏文忠公诗编注集成总案》卷首。
4 〔清〕王文诰:《苏文忠公诗编注集成总案》卷六,第185页。

傅知江宁府（今江苏南京）为熙宁五年二月事，自江宁改河阳（今河南孟州）为六年二月事。尧俞知许州在知江宁前，《宋史》误。"[1]但李焘《续资治通鉴长编》明确记载："（熙宁四年三月）辛丑，兵部员外郎、直昭文馆、权发遣盐铁副使傅尧俞为河北转运使。尧俞自言：为御史日，尝弹劾薛向，今难与共事故也。寻改知江宁府。"李焘自注："知江宁在此月二十四日，今并书。"[2]显然，《宋史·傅尧俞传》叙其仕途经历，乃是依据李焘《续资治通鉴长编》而来，其由河北转运使改知江宁府，确切时间在熙宁四年二月，中间没有知许州的"插曲"存在。孔凡礼却置此于不顾，直接认定《宋史》为误，显得不够严谨，缺乏足够说服力。何况，据清查慎行所引《名胜志》记载，济源草堂乃傅尧俞知河阳军时所建，而其知河阳军的时间在熙宁六年二月，就更不可能有苏轼兄弟熙宁四年八月寄题济源草堂诗的事情发生。假如苏轼兄弟熙宁四年在陈州真写了寄题傅尧俞济源草堂的诗，那只能解释为傅尧俞由知江宁府改知许州发生在同年八月之前，也有可能是《景定建康志》将傅尧俞知江宁府的时间由熙宁四年二月误记为五年二月。而其徙知许州、河阳军、徐州的准确时间难以考定。《宋史·傅尧俞传》"再岁六移官，困于道路"的说法本于《续资治通鉴长编》："（熙宁七年十二月）己巳，知徐州、兵部员外郎、直昭文馆傅尧俞管勾崇福宫。尧俞再阅岁，凡六徙，困于道途，知不为执政所容，遂丐闲局，而有是命。"李焘注云："此据吕大防《墓志》。"[3]李焘据吕大防所撰傅尧俞《墓志》，载其熙宁七年末由知徐州改授管勾崇福宫。"再阅岁，凡六徙"之语，既可以指熙宁六、七两年而言，也可以指熙宁四、五两年而言。观其在熙宁四年三月就先后有河北转运使、知江宁府的两次职务变动，似以指前者与事实更接近。

依笔者之见，为苏轼兄弟与傅尧俞之间实现文字交往的牵线搭桥之人，应是苏颂。理由如下：

---

1 孔凡礼：《苏轼年谱》卷十，第208页。
2 〔宋〕李焘：《续资治通鉴长编》卷二百二十一，第5382页。
3 〔宋〕李焘：《续资治通鉴长编》卷二百五十八，第6296页。

首先，苏颂与双方都保持着亲密关系。苏颂大约在嘉祐五年就与苏洵结交，因为苏洵这一年被授校书郎之职，与时任太常博士、馆阁校勘的苏颂从事着相似的校勘古籍工作，并且二人因同署共事而关系密切，得叙"宗盟"之好。[1] 苏洵去世，苏颂作有挽词《苏明允宗丈二首》，其二云："尝论平陵系，吾宗代有人。源流知所自，道义更相亲。痛惜才高世，赍咨涕满巾。又知余庆远，二子志经纶。"[2] 宗亲加友情，苏颂对苏洵逝世深致悼念，并对苏轼、苏辙兄弟的才能与未来发展给予高度期许。苏轼兄弟继承了父亲与苏颂之间的友好关系，与其常有诗文往来。在苏轼去世前不久的建中靖国元年六月，其得知苏颂去世的消息后，专门作《荐苏子容功德疏》一文，开头便叙述两家保持了四十余年的良好情谊："伏以自先君以来，常讲宗盟之好。俯仰之间，四十余年。"[3] 由此可知，苏轼与苏颂的交往，几乎伴随了其从入仕到去世的仕宦全过程。而苏颂与傅尧俞年辈、资历相当，同样历仕四朝，且两人交往时间长，关系相当亲近。在傅尧俞于元祐六年去世时，苏颂作《中书侍郎赠银青光禄大夫傅钦之挽词三首》以志哀悼，其三云："平生出处与迹通，五十年中事事同。晚岁金门陪末议，一朝华簪见将终。晋贤已失苍生望，鲁国还嗟我道穷。衰病无因送归绋，商声聊复寄深衷。"[4] 诗中倾诉两人五十年的出处进退经历相似，性分相近，故苏颂对其去世深感惋惜。苏颂与傅尧俞、苏轼两人都交往长久，且情感深厚，其乐于为他们结交提供帮助，当是情理中事。

其次，他们三人熙宁初年都有在京师供职的经历，具备彼此交往的时空条件。苏轼在家乡眉山为父亲守制期满，于熙宁元年十二月回到京城，不久被任命为殿中丞、直史馆、判官告院兼尚书祠部，随后权开封府推官，

---

1 〔宋〕苏轼：《荐苏子容功德疏》，《苏轼文集》卷六十二，第1905页。颜中其《苏颂年表》载二人叙宗盟之好于嘉祐五年二月。见〔宋〕苏颂著，王同策等点校：《苏魏公文集》附录二，北京：中华书局，2004年，第1258页。
2 〔宋〕苏颂：《苏明允宗丈二首》其二，《苏魏公文集》卷十四，《四库全书·集部·别集类》，第1092册，第224页。
3 〔宋〕苏轼：《荐苏子容功德疏》，《苏轼文集》卷六十二，第1905页。
4 〔宋〕苏颂：《中书侍郎赠银青光禄大夫傅钦之挽词三首》其三，《苏魏公文集》卷十四，《四库全书·集部·别集类》，第1092册，第228页。

直到熙宁四年八月离开京城,道过陈州赴任杭州通判。傅尧俞于熙宁三年八月被从庐州(今安徽合肥)知州任上召回京师,任命为兵部员外郎、直昭文馆,权发遣盐铁副使,至熙宁四年三月出为河北转运使,中间有七个月时间在京城任职。而苏颂自熙宁元年至四年九月以前,均在京城做官,先后任知制诰、同知审刑院等职,直至熙宁四年九月被出为婺州(今浙江金华)知州[1],离开京城。苏轼在《荐苏子容功德疏》里,有追忆其与苏颂在京的过从:"在熙宁初,陪公文德殿下。"[2] 三人同时在京城的时间为熙宁三年下半年至四年上半年。昭文馆、史馆均设在崇文院,凭借与傅尧俞、苏轼的亲密关系,苏颂在这段时间介绍同在崇文院履职的两人结识,具备很方便的条件。

再次,苏颂、苏轼均作有寄题傅尧俞济源草堂的诗歌,写作的时间或许相同。苏颂《寄题傅钦之学士济源草堂》诗云:

大形南址直河津,君有茅庐沸水滨。苍翠入檐藏绝景,潺湲绕舍隔嚣尘。久游台阁忘声利,长忆渔樵狎隐沦。待得功成年至日,归来不负故园春。[3]

"沸水"即济水,源出于济源境内的王屋山。在先秦时代与长江、黄河、淮水并称为"四渎",拥有享受天子定期祭拜的地位,故济源古有"济渎庙"。观"君有茅庐沸水滨""归来不负故园春"等句诗意,傅尧俞的草堂应该是其出仕前的居所,而非其后来知河阳军(治所在今河南济源)时所新造。

苏轼《傅尧俞济源草堂》诗云:

微官共有田园兴,老罢方寻隐退庐。栽种成阴十年事,仓黄

---

1 〔宋〕李焘:《续资治通鉴长编》卷二百二十六,第5514页。参见颜中其《苏颂年表》,《苏魏公文集》附录二,第1261—1263页。
2 〔宋〕苏轼:《荐苏子容功德疏》,《苏轼文集》卷六十二,第1905页。
3 〔宋〕苏颂:《苏魏公文集》卷十八,《四库全书·集部·别集类》,第1092册,第178页。

求买百金无。先生卜筑临清济，乔木如今似画图。邻里亦知偏爱竹，春来相与护龙雏。[1]

诗的前四句说自己也有田园隐逸之兴，却没有像傅尧俞那样早备退隐之所，等到老罢才来经营，让屋舍周围草木成荫少不了十年工夫，并且仓促间购买花费极高。后四句称赞傅尧俞卜居所建草堂，已乔木参天美如画图，邻里乡亲常年为之看护，尤其是其房舍周围的竹子，在邻居的精心看护下，都能由竹笋长成竹林。虽然苏轼诗在谋篇布局上与苏颂之诗有所不同，但二人称赞傅尧俞的济源草堂之美，并以此赞扬主人的隐逸高情雅致的命意完全一致。也许在初次结识的交谈中，傅尧俞本人提及其济源草堂的话题，苏颂与苏轼得以知晓其详情，故有感而发，同时写下各自寄题济源草堂之诗。苏颂在诗中称傅尧俞为"君"，显示彼此为平辈关系；苏轼则在诗中尊称其为"先生"，以自谦自己年辈较晚、资历尚浅。这一称呼上的差异，正体现出二人与傅尧俞交往关系的深浅程度有别，苏轼因为是初次与之结识，故用尊称。

从以上的考察大致可以得出以下结论：熙宁三年下半年或者四年初，苏轼通过苏颂的介绍，得以在京城与傅尧俞相识；三人言谈中涉及傅尧俞济源草堂的相关话题，苏轼与苏颂两人有感而发各自写下咏其济源草堂诗，借对草堂幽静美丽环境的咏叹，寄寓对草堂主人所怀田园雅兴、进退两得人生态度的肯定。

此外，为傅尧俞济源草堂写诗的，还有刘攽、苏辙、秦观诸人。[2] 刘攽《傅尧俞草堂歌》云：

汉朝名臣有傅伯，谏诤由来犯颜色。兰台下笔不自休，义阳封侯勇无敌。石渠昨者承明直，虎符今为二千石。邀我请赋草堂

---

1 〔宋〕苏轼：《傅尧俞济源草堂》，《苏轼诗集》卷六，第271页。
2 秦观有《寄题傅钦之草堂》诗，徐培均据黄䇓《山谷先生年谱》将该诗系于元丰七年作，以为乃黄庭坚诗，然今传黄庭坚诗集无此诗。见徐培均：《淮海集笺注》卷二，上海：上海古籍出版社，1994年，第77—78页。姑置不论。

诗,草堂欲归那可得。太行之上无高山,济水之外无清源。闻君筑居山水际,清高正为若家言。上有无心之云出幽谷,下有劲节之竹森寒玉。四邻空地犹几许,容我东西一茅屋。[1]

可知这是刘攽受邀为傅尧俞济源草堂所作,观诗中"石渠昨者承明直,虎符今为二千石"之语,则知此时傅尧俞已经离开京城,去地方做知州了。由刘攽这首诗,再看苏辙也有《傅钦之学士济源草堂》之作,可以发现两者的措辞颇有相似处,其诗云:

闻有高居直百金,西山南麓北山阴。园通济水池塘好,花近洛川颜色深。人去节旄分重镇,客来猿鹤感幽吟。溴溪雨过西湖涨,归兴萧然定不任。[2]

"人去节旄分重镇""溴溪雨过西湖涨"之语,则与作者自注"时钦之在许州"中的时间点相符。("溴溪"即溴水,发源于河南新郑境内辛店镇大隗山凤后岭,流经许州。)巧合的是,两人在诗中不约而同地用了"闻"字,表明他们对傅尧俞济源草堂的了解,都是从别人口中知晓的,并非得自于亲身闻睹。由此笔者推断,刘攽与苏辙的寄题济源草堂诗,其写作的时间大致相近,都在傅尧俞离开京城到地方任职时。苏辙明言其时傅尧俞知许州,这个时间点应在熙宁四年三月以后,有可能其诗为此后不久在陈州所作。所以,苏辙自编《栾城集》的顺序安排是可靠的。观其诗中"闻有高居直百金"之语,或许关于傅尧俞及其济源草堂的相关情况,苏辙正是从苏轼的介绍中了解到的,甚至还有看过苏轼所写《傅尧俞济源草堂》诗的可能。兄弟之作虽无赓和之名,而具赓和之实。历来人们通过苏辙自编《栾城集》中《傅钦之学士济源草堂》的编排顺序,推定苏轼之诗与之同时作于过陈州时,可能实际情况并非如此。

---

[1] 〔宋〕刘攽:《傅尧俞草堂歌》,《彭城集》卷七,《四库全书·集部·别集类》,第1096册,第63页。
[2] 〔宋〕苏辙:《傅钦之学士济源草堂》,《栾城集》卷三,第69页。

第二节　二人的磨难及交往的情感升华

苏轼与傅尧俞因反对新法而同年离开京城到不同地方任职，这对他们之间进一步加深交往造成不便。据《续资治通鉴长编》《宋史》等记载，傅尧俞自熙宁四年离开京城去地方任职以后，历知江宁府、许州、河阳军、徐州，提举崇福宫。熙宁八年三月，因有人告发其此前知徐州时没有向朝廷报告李逢以谈论天文休咎谋逆并及时逮捕法办之事，傅尧俞受到削职处理[1]，被安排到黎阳县（今河南浚县）监仓草场，整整十年没有被启用。直到哲宗即位，司马光于元丰八年六月上奏，提及傅尧俞"清立安恬，淹滞岁久"，希望将包括傅尧俞、苏轼兄弟在内的一批被新法派长期排挤压制的士大夫加以提拔任用。[2]同年十月，傅尧俞被以秘书监召还。[3]

苏轼自离开京城赴杭州任职后，先后知密州、徐州、湖州。元丰二年七月，在湖州任上因台谏官何正臣、舒亶、李定等多人弹劾其《湖州谢上表》讥讪执政以表达对新法的不满，被逮捕投入御史台监狱。经数月审讯结案，最终责授检校尚书水部员外郎，充黄州团练副使，本州安置，不得签书公事。在黄州谪居四年多，再量移汝州。因苏轼一再奏乞在常州居住，后以汝州团练副使居住常州。适逢神宗去世，哲宗幼冲继位，不能独立处理朝政，由太皇太后高氏垂帘听政，召司马光还朝主持朝政，因其力荐，苏轼被启用知登州。到任不久，元丰八年十月即被召还朝，十二月到礼部郎中任。寻擢迁中书舍人。

可以看出，在神宗熙宁中后期及元丰时期，傅尧俞与苏轼的仕途均极坎坷：一个被削职处理，在黎阳草场"淹滞"十年；一个被台谏群官弹劾，坐牢数月饱受凌辱，之后又被贬谪黄州四五年，遭遇人生至暗时段。

恰恰在如此相似的人生境遇下，他们二人中断了十余年的关系得以重新恢复。元丰六年，在苏轼谪居黄州的第四个年头，看守黎阳草场的傅尧

1　〔宋〕李焘：《续资治通鉴长编》卷二百六十五，第6486页。
2　〔宋〕李焘：《续资治通鉴长编》卷三百五十七，第8553页。
3　〔宋〕李焘：《续资治通鉴长编》卷三百六十，第8609页。

俞托人主动去黄州看望苏轼,带去了其对苏轼的同情与关心,并表达希望得到苏轼近作的愿望;苏轼除了深受感动以外,也通过来人了解到傅尧俞离开京城后的不幸遭遇及当时处境之艰难。苏轼便极为用心地手书之前所作的《赤壁赋》为赠,并附信札一封,回馈其美意:

> 轼去年作此赋,未尝轻出以示人,见者盖一二人而已。钦之有使至,求近文,遂亲书以寄。多难畏事,钦之爱我,必深藏之不出也。又有《后赤壁赋》,笔倦未能写,当俟后信。[1]

此信孔凡礼《苏轼佚文汇编》辑自清人孙承泽的《庚子销夏记》,辑录者附校语云:"据简中'去岁'云云,此简作于元丰六年。苏轼友人中,有傅尧俞字钦之,《诗集》卷一(笔者按:当为卷六)有《傅尧俞济源草堂》诗,不知是否即此钦之。"[2]言辞间带有不能确定之意。而其于《苏轼年谱》中,将苏轼亲书《赤壁赋》并附信札寄傅尧俞事系于元丰六年年末,谱文云:"本岁,友人钦之有使至,求近文,遂书《赤壁赋》寄之,嘱其深藏不出,盖以多难畏事故也。此钦之或为傅尧俞。"下有说明文字云:"尧俞,已见熙宁四年'傅尧俞作济源草堂'条。《宋史》卷三百四十一《傅尧俞传》谓其'不为时所容',其为人'厚重寡言,遇人不设城府',彼此相投,或以是故。"[3]虽仍然带有"或"然之意,但明显偏向于肯定,且给出了傅尧俞为人可靠,赢得苏轼好感的确认理由。查孙承泽《庚子销夏记·苏东坡书〈前赤壁赋〉》条,引述苏轼跋语前有"《赤壁赋》为东坡得意之作,故屡书之。此本小字,楷书尤有精采"之语。[4]苏轼后来的确多次书写过《赤壁赋》,但其元丰六年专门为傅尧俞用楷书写赠,应该是首次。据黄州学者王琳祥考证,此本在南宋被贾似道收藏,元代陈基,明代陆完、文征

---

1 〔宋〕苏轼:《与钦之一首》,《苏轼文集·苏轼佚文汇编》卷二,第2455页。
2 〔宋〕苏轼:《与钦之一首》,《苏轼文集·苏轼佚文汇编》卷二,第2455页。
3 孔凡礼:《苏轼年谱》卷二十二,第594页。
4 〔清〕孙承泽:《苏东坡书〈前赤壁赋〉》,《庚子销夏记》卷八,《四库全书·子部·艺术类》,第826册,第93页。

明、严嵩、项元汴、王屡善，清初梁效标等都曾私家收藏此本，至乾隆时为皇家收藏。蒋介石逃离大陆时带往台湾，现藏台北故宫博物院。[1]孔凡礼说傅尧俞为人厚道，与人相交不设城府，是赢得苏轼好感的主要原因，这固然不错，而更为重要的原因，恐怕是此时两人遭遇和处境极为相似，彼此容易产生心理认同与感情共鸣。苏轼在信札中那番"深藏不出"的殷殷嘱咐，对"爱我"之人道明"多难畏事"的担忧，清楚地体现出其对傅尧俞托人专程看望并求近作动了友人间的真情。为了报答对方的殷切爱怜之意，故特意将自认为最得意之作《赤壁赋》用心书写相赠，并且还特别告诉对方，随后还将为其书写《后赤壁赋》，以传达一片至诚心意。这次患难之中的文字之交，是二人用情至深之举，达到彼此交往过程中的一个高峰。正是两人相似的仕途命运，打破了他们之间的空间距离，从而增进了彼此互相怜惜的真情实感。

元祐元年，苏轼与傅尧俞几乎同时被召还朝，且都受到重用，其中司马光起了力荐的重要作用。傅尧俞任秘书监不久，被任命为给事中兼侍讲，成为帝王师。是年三月，又擢升吏部侍郎。时为中书舍人的苏轼，为这次任命草拟了诏敕。《给事中兼侍讲傅尧俞可吏部侍郎》的敕文云：

> 士以德望进，则风俗厚而朝廷尊；以经术用，则议论正而名器重。此君子所以难合，而朕亦难其人焉。具官傅尧俞，博学笃行，久闻于世。历事四世，挺然一节。怀道不试，十年于兹。朕欲闻仁人之言，置之讲席，非尧舜之道，盖未尝言；给事黄门，未究其用。往贰太宰，益修厥官；董正治典，以称先帝复古之意。可。[2]

虽然是代皇帝草拟诏敕，但其中多少能够反映苏轼的看法和评价倾向。特别值得注意的，是"博学笃行，久闻于世。历事四世，挺然一节。

---

[1] 王琳祥：《苏东坡〈赤壁赋〉墨迹长卷传世记》，《苏轼研究》2022年第3期。
[2] 〔宋〕苏轼：《给事中兼侍讲傅尧俞可吏部侍郎》，《苏轼文集》卷三十八，第1063页。

怀道不试，十年于兹"几句，尽管是代表官方的评价，但其中显然蕴含了苏轼本人的基本态度。认为傅尧俞以博学笃行著称于世，历仕四朝，都能以挺然节操履职行事。"怀道"两句，特别突出其在先朝不但才能没有得到充分发挥，而且宦海失意，淹蹇十年。最后点明这次任用的目的，是希望傅尧俞在掌管吏部的岗位上，实现先帝"复古之意"。这话看起来很矛盾，明明是在先帝朝没有受到重用，却偏要说这次重用，是要实现先帝的为政意愿。这里最耐人寻味的是"复古"二字所寄托的内涵。众所周知，神宗即位以后，便雷厉风行地推动熙宁变法，从熙宁到元丰的十八年，基本上是变法派得势，而反变法势力受到排挤打压的政治格局，傅尧俞之十年"怀道不试"，正是一众新法反对派人物政治命运的缩影。所谓"复古"，当然就是指回到变法以前的政治路线上来。这无异于是向包括傅尧俞在内的朝野士大夫宣示元祐之政将彻底废弃变法、改弦更张的明确政治信号。

这一年九月，傅尧俞参与详定役法，但因意见与文彦博、司马光、吕公著不和，请求辞免，其言云："闻陈力就列，不能者止。此亦臣之不能为者。陛下采用臣言，敢不悉心共职。若谓臣言与议者不合，不可施行，乞依苏轼例，许臣罢免详定。傥以臣上违朝旨，将以诫敕不恪，虽加重责，臣不敢辞。"[1]他与苏轼一样，不赞同执政者不分好歹地把免役法等可以继续使用的政策一概废弃，故请求依照苏轼先例，免除其看详役法之职。表明傅尧俞、苏轼两人虽然都是司马光重点推荐得以召用的，但对役法取舍保持着自己的独立意见。到十一月，傅尧俞被任命为御史中丞，执掌专司言职的御史台。任命制敕则是时为中书舍人的苏辙所拟："敕：枉直未定，决于绳墨之平；是非相乘，临以法度之士。比朕缵服之始，群议纷然，实赖耳目之司，力陈骨鲠之论。逮兹阅岁，浸以成风。然而神明存乎其人，众正可以无咎。余欲一变至道，固须多士以宁。具官某，凛然直谅之风，出于恺悌之性。早为御史，议礼不阿；中列谏垣，言政多悟。流落虽久，志气益坚。俾还侍于燕闲，日有闻于礼义。执法之任，非尔而谁！盖政无旧

---

1 〔宋〕李焘：《续资治通鉴长编》卷三百八十八，第9439页。

新，以便民为本；人无彼此，以得贤为先。朕将允执厥中，尔尚不牵于俗？可。"[1] 傅尧俞上章推辞，大概仍然以前述为理由，表达与政府不和、难以胜任之意。此时已为翰林学士、知制诰的苏轼，又代皇帝草拟了《赐新除御史中丞傅尧俞辞免恩命不允诏》：

> 敕尧俞。朕以卿有樊仲之风，是以擢卿为中执法。才难之叹，古今共之。岂以小嫌，而废大任！与其拘文以自疑，不若直己而行义。亟服乃事，无烦固辞！[2]

至此，苏轼兄弟与傅尧俞不仅维持着正常的同朝共事关系，而且在围绕役法废"免"复"差"的争议中，他们坚持自己的独立判断，并不盲目追随司马光，甚至在自己的建议得不到采纳时，傅尧俞还引苏轼为先例，拒绝参与其事，以表明其态度之坚决。而到十二月，因为谏官朱光庭弹劾苏轼试馆职策的试题存在"人臣不忠""讽议祖宗"的严重问题，傅尧俞作为御史中丞带着救助朱光庭的目的卷入其中，其与苏轼的关系便陡然发生逆转。

第三节　二人关系的恶化及其原因

傅尧俞刚刚履新，便发生了朱光庭弹劾苏轼试馆职策题事件，不仅把傅尧俞迅速卷了进来，而且随着事态的发展，台谏与政府之间，乃至台谏内部，因为立场态度分歧而演变成一场朋党纷争。《续资治通鉴长编》载："（元祐元年十二月壬寅）左司谏朱光庭言：学士院试馆职策题云：'欲师仁祖之忠厚，而患百官有司不举其职，或至于偷；欲法神考之励精，而恐监司守令不识其意，流入于刻'。又称'汉文宽大长者，不闻有怠废不举之病；宣帝综核名实，不闻有督察过甚之失。'臣以谓仁祖之深仁厚德，如

---

[1]〔宋〕苏辙：《傅尧俞御史中丞敕》，《栾城集》卷二十七，第579—580页。
[2]〔宋〕苏轼：《赐新除御史中丞傅尧俞辞免恩命不允诏》，《苏轼文集》卷四十，第1142页。

天之为大，汉文不足以过也；神考之雄才大略，如神之不测，宣帝不足以过也。后之为人臣者，惟当盛扬其先烈，不当更置之议论也。今来学士院考试不识大体，以仁祖难名之盛德，神考有为之善志，反以偷、刻为议论，独称汉文、宣帝之全美，以谓仁祖、神考不足以师法，不忠莫大焉。伏望圣慈察臣之言，特奋睿断，正考试官之罪，以戒人臣之不忠者。"[1]朱光庭弹劾苏轼的要害在于，人臣不能拿祖宗施政得失作议论，苏轼不仅以此发策为问，而且通过对比，称美汉文、宣二帝，有显示本朝仁宗、神宗二帝为政有失之嫌。朱光庭由此给苏轼的行为扣上"不忠"的帽子。在古代，人臣不忠，是杀头大罪。如果罪名成立，苏轼的命运有可能比"乌台诗案"时更惨。

太皇太后对于朱光庭上纲上线的弹劾，并不认可，诏令"放罪"，没有要追究的意思。但朱光庭不服，十四日再次上章，攻击的火药味更浓，把"不当议论"升级到"讽议祖宗"的高度，主张必须从严治罪。甚至还提及苏轼在与司马光争论役法时，骂过对方；稍后司马光去世，苏轼前往吊丧，程颐坚持所谓"哭则不歌"的古礼加以阻挡，苏轼又骂了他。这些事原本与其策题是非毫无联系，但也被用作不该对苏轼"放罪"的说辞。

苏轼于同月十八日上章自辩：

> 臣窃闻谏官言臣近所撰《试馆职人策问》，有涉讽议先朝之语。臣退伏思念，其略曰："今朝廷欲师仁祖之忠厚，而患百官有司不举其职，或至于偷；欲法神考之励精，而恐监司守令不识其意，流入于刻。"臣之所谓偷与刻者，专指今之百官有司及监司守令，不能奉行，恐致此病，于二帝何与焉？至于前论周公、太公，后论文帝、宣帝，皆是为文引证之常，亦无比拟二帝之意。况此《策问》第一、第二首，邓温伯之词，末篇乃臣所撰。三首皆臣亲书进入，蒙御笔点用第三首。臣之愚意，岂逃圣鉴？

---

[1]〔宋〕李焘：《续资治通鉴长编》卷三百九十三，第9564—9565页。

若有毫发讽议先朝，则臣死有余罪。伏愿少回天日之照，使臣孤忠不为众口所铄。[1]

从苏轼的自辩文可知，朱光庭弹劾奏章中所称的"不当更置之议论"，此时已经变成了"讽议先朝"，性质更加严重，由设问方式不当，变成了有意为之，这就更有理由认定其"不忠之罪"了。苏轼列出的三条自辩理由，一是所谓"偷"与"刻"之弊，乃是指百官有司而言，并非批评仁、神二宗为政之缺失。二是举周公、太公、文帝、宣帝为政之美，是为了让百官有司追慕前贤，系为文引证的惯用方式，并不是用以对比仁、神二宗为政之短。三是策题乃与邓温伯分别草拟，抄誊后交由皇帝钦点，经过御览最后选定，倘若存在讥议，难道还会被选中？这第三点本来是苏轼就策题的确定过程进行说明，但后来被台谏抓住把柄，恶意发挥，认为是苏轼为了撇清自己而把责任推给皇帝。

苏轼的自辩状上奏后，开初可能因为第三条理由惹恼哲宗，其下达诏谕认定苏轼当为策题议论祖宗不当负责，要求中书省提出处理意见。但随即诏谕又被收回。[2]这个从"放诏"到"收诏"的急剧转变动作的发生，背后反映了哲宗与太皇太后之间的暗中角力。最后可能是太皇太后亮明了不治苏轼之罪的明确"主张"而哲宗被动选择了收回成命。由此又带来了新的问题：既然苏轼无罪，那么弹劾他的朱光庭就可能因此而承担责任。关于朱光庭将遭免职的说法开始在大臣中间传布。正是在担心朱光庭将被免职的情况下，作为御史台掌门人的傅尧俞此时便强势介入，与侍御史王岩叟一道，接连上疏论奏，反复申说苏轼策题不当议论祖宗，朝廷对苏轼先非后是的做法有伤国体，将为后世开启很坏的先例，由此带来的皇帝声誉

---

1 〔宋〕苏轼：《辩试馆职策问札子二首》其一，《苏轼文集》卷三十八，第788—789页。
2 李焘《续资治通鉴长编》卷三百九十三载王岩叟奏言："臣窃闻：初有圣旨，以学士院所撰馆职策题，祖宗为不足法，而归全美于异代。用谏官言，将议其罪。陛下宽仁，特恕免之。举朝之人，方纷然交议，以谓学士深失大体，谏官言之为甚当，朝廷令免罪为太轻。今复闻续有指挥，追回放罪敕旨。物论疑骇，不审陛下知其意不可恕，而遂欲正典刑，以示天下耶，反以无过，而收已行之命耶？"（第9566页）。

损失，远远大于对苏轼个人的治罪与否。故《续资治通鉴长编》云：

> 或传朝廷谓光庭所言非是，将逐去之。御史中丞傅尧俞、侍御史王岩叟相与言：朝廷命令反覆，是非颠倒，不可不辩。又恐遽逐光庭，则所损益大。因欲于未逐前早救之。乃各上疏，论轼不当置祖宗于议论之间，犹未显斥其有讥讽意也。[1]

根据《王岩叟朝论》所载，傅尧俞、王岩叟、王觌、孙升等人的上章"流水"如下："元年十二月二十七日，尧俞第一奏；二十八日，岩叟继之。二年正月八日，尧俞、岩叟再奏；九日，王觌奏；十一日，觌又奏。十二日，批出：令尧俞、岩叟、光庭不须弹奏。十三日，三人赴都堂受旨。十四日，三人又各上奏；十七日，罢轼自辩。十八日，尧俞、岩叟同入对。十九日待罪；二十一日，孙升奏；二十二日，进呈尧俞、岩叟所奏。二十三日，诏令各供职。是日，孙升又奏。二十五日，三人侍班次。二十七日，同见于紫宸殿门。此一段事方竟耳。"[2]可见，台谏官至少五人参与到了弹劾苏轼的行动中，前后延续一个月之久。傅尧俞本人章奏四次，面奏一次，对王岩叟、王觌、孙升等起到了很大的鼓动作用。从时间点上看，苏轼的第一次自辩状作于元祐元年十二月十八日，傅尧俞的第一个弹劾状上奏于九天后的十二月二十七日，第二个弹劾状上奏于元祐二年正月八日。十二日"不须弹奏"的御批下达中书省，十三日，他们到都堂领旨。但十四日，傅尧俞等三人仍然继续奏论，表示不能就此罢休。三天后的十七日，苏轼上章作第二次自辩。观其中"今言臣者不止三人，交章累上，不啻数十，而圣断确然深明其无罪……德音一出，天下颂之"等语[3]，朝廷则再次表明了苏轼无罪的鲜明态度。十八日，傅尧俞与王岩叟入对，十九日"待罪"于家，以无法履职表示不服。二十二日，傅尧俞、王岩叟再上章论奏。二十三日，诏令就位履职；二十五日归入朝班，风波到此宣告结束。

---

[1] 〔宋〕李焘：《续资治通鉴长编》卷三百九十三，第9565页。
[2] 〔宋〕李焘：《续资治通鉴长编》卷三百九十三，第9566页。
[3] 〔宋〕苏轼：《辩试馆职策问札子二首》其二，《苏轼文集》卷三十八，第790页。

在一个月一方群起多次弹奏，一方两作申辩的斗争中，傅尧俞的态度在不断发生变化，其所起到的作用随着事态发展逐渐得以彰显。据《王岩叟朝论》："既而闻有旨抽入放罪指挥，又谓谏官言之非是，且有意逐谏官。臣愚与尧俞皆以命令反覆，是非颠倒，不可不辩。又恐遂逐谏官，所损大矣，不若以未逐以前，早救其事，乃上疏不疑。愚二十七日上，尧俞次日亦入。然愚二人皆不斥其有意讥讽，但云不当置祖宗于议论之间耳。"[1] 这表明他们最初的意图，主要在于营救同僚，对苏轼策题的定性，不像朱光庭那样无限上纲，欲致其死罪。但几次论奏后，傅尧俞"被召入对"时，态度越来越强硬："傅尧俞、王岩叟入对。论苏轼策题不当……尧俞既读札子竟，太皇太后曰：'此小事，不消得如此，且休。'对曰：'此虽数句言语，缘系朝廷大体，不是小事，须合理会。'又曰：'苏轼不是讥讽祖宗。'对曰：'启陛下：若是讥讽祖宗，则罪当死，臣等不止如此论列。既只是出于思虑，言词失轻重，有伤事体，亦合略有行遣。'"[2] 显然，太皇太后坚持苏轼无罪，希望台谏不必无中生有、小题大做。而傅尧俞却主张苏轼策题存在问题，必须得到处理。看来此时由最初被动营救朱光庭，已改为采取攻势，转向争论应该怎样处罚苏轼的抗争策略。傅尧俞又说：

> 执政于都堂对臣等皆言苏轼不是。既知不是，岂可却教朝廷做不是底事？又岂有朝廷明知不是，却抑言事官要休？若寻常人私事则可休，朝廷事则不可如此。臣等为朝廷持风宪，若凡所论奏，常指挥令休和，要将安用？是臣等坏却风宪，更有何面目居职？[3]

傅尧俞采用步步为营、递进升级的争论方式，特意点出政府方面认为苏轼策题"不是"以为佐证，倘若不处分苏轼，就是破坏了"风宪"规矩，暗示将以"待罪"来抗议。

---

1 〔宋〕李焘：《续资治通鉴长编》卷三百九十三注引，第9570页。
2 〔宋〕李焘：《续资治通鉴长编》卷三百九十三注引，第9571—9572页。
3 〔宋〕李焘：《续资治通鉴长编》卷三百九十三注引，第9572页。

（哲宗）又云："此朱光庭私意，卿等党光庭耳。光庭未言时，何故不言？"皆对曰："有一人论之，且观朝廷行不行，中间或有差失，方当继言。昨朱光庭初言，朝廷有放罪指挥。则是朝廷行遣得正，自不消言。后见反汗，又是非颠倒，臣等方合论。"愚怀策题一本，就帘前指其文而解，未终，（帘中）厉声曰："更不须看文字也！"又进读愚札子，竟不然之。尧俞曰："如此，是太皇太后主张苏轼。"（哲宗）乃厉声曰："太皇太后主张苏轼则甚，又不是太皇太后亲戚也！"[1]

哲宗见傅尧俞攻势太猛，乃指出言事官有朋党嫌疑，朱光庭出于私意而对苏轼如此紧追不舍，乃是党同伐异。但傅尧俞并不退缩，反倒当面指责太皇太后偏袒苏轼。双方争论的激烈尖锐程度，至此达到白热化。接下来围绕元祐改制进行了一番激烈交锋之后，再次转入对苏轼的处理问题：

（王岩叟曰）况臣等与轼皆熟，素无怨仇。只知忠于陛下，要正朝廷事，使天下后世不能指议陛下，故都无所避。……前日召臣等去都堂，外庭不知，皆言是奉圣旨召台谏官戒励，甚骇听闻。……陛下于苏轼所惜者小，则于言路所损者大，不可不思。风宪之地，非臣之私，乃陛下家事。陛下不崇奖，则臣一匹夫耳。[2]

点出傅尧俞、王岩叟与苏轼相熟这层关系，意在表明台谏只忠于皇帝的决心，也道出了皇帝利用台谏钳制大臣的要害，甚至说台谏就是皇帝的家臣。故争论至此，忽然出现了傅尧俞期待的转机：

（哲宗）即峻语曰："待降责苏轼。"愚与尧俞皆进曰："此在陛下。假令暂责，随即召之，亦是行遣正。"乃曰："待相度。"尧俞曰："爱而知其恶，憎而知其善，乃所以为平。今待轼如此，

---

1 〔宋〕李焘：《续资治通鉴长编》卷三百九十三注引，第9570页。
2 〔宋〕李焘：《续资治通鉴长编》卷三百九十三注引，第9573页。

轼骄,将何以使?"又曰:"便总出台谏官。"愚对曰:"若台谏
所言,陛下能尽听纳,自足以成陛下之美,台谏何预焉!"[1]

至此,太皇太后和哲宗乃不得不做出让步,答应对"降责"苏轼的问题"相度"。尽管最终事实上并没有处罚苏轼,但这场与皇帝、太皇太后的争论交锋,在应对君王具有丰富经验的傅尧俞的主导下,傅、王二人不仅最终赢得了主动,而且占据了道义的制高点。

苏轼对朱光庭挑起的这场策题"讽议祖宗"的弹劾十分敏感,因为元丰二年的"乌台诗案",就是台谏官员利用其《湖州谢上表》几句带点牢骚的话语,加以任意发挥,弹劾其有讥讽执政、指斥乘舆的用意,最终酿成一场牵涉数十名官员的惊天大案。朱光庭的做法,是师法舒亶、李定等人当年的故技,欲置之罪与死。随着傅尧俞、王岩叟、王觌、孙升等人参与围攻的态势发展,苏轼看到了当年的戏码正在重复上演。他在两次上章自辩的同时,一再请求外任以避台谏围攻之锋。虽然这一次因为太皇太后的坚强保护而幸免,但他清楚台谏还会纠缠不休,故在元祐三年请求外任的奏疏中说:

> 特以臣拙于谋身,锐于报国,致使台谏,例为怨仇。臣与故相司马光,虽贤愚不同,而交契最厚。光既大用,臣亦骤迁。在于人情,岂肯异论。但以光所建差役一事,臣实以为未便,不免力争。而台谏诸人,皆希合光意,以求进用。及光既殁,则又妄意陛下以为主光之言,结党横身,以排异议,有言不便,约共攻之。……其后又因刑部侍郎范百禄与门下侍郎韩维争议刑名,欲守祖宗故事,不敢以疑法杀人,而谏官吕陶又论维专权用事。臣本蜀人,与此两人实是知旧。因此,韩氏之党一例疾臣,指为川党。……臣二年之中,四遭口语。发策草麻,皆谓之诽谤。[2]

---

[1] 〔宋〕李焘:《续资治通鉴长编》卷三百九十三注引,第9570—9571页。
[2] 〔宋〕苏轼:《乞郡札子》,《苏轼文集》卷二十九,第827—828页。

可见，在苏轼做翰林学士以后，司马光的台谏追随者，就从未停止拿苏轼草拟的制敕做文章，其策题被弹劾，只是一连串围攻的开幕大戏。

苏轼两次遭遇文字之祸，前后性质有所不同。元丰之祸，根源于围绕新法的两派政治斗争，支持新法与反对新法，态度鲜明，立场清楚，阵营边界分明。舒亶、李定等人弹劾苏轼诗文讥谤新法，正符合执政者和神宗皇帝的口味，故台谏与政府、皇帝达成了最大默契，从逮捕入狱到审结判案和做出处罚，几乎一气呵成，中间不存在案件性质的争议，剩下的问题只在于对苏轼处罚的轻重掂量。而元祐初的策题风波，没有任何"主义"不同的内涵与背景，只是朱光庭怀着为司马光、程颐报怨的个人私意，拿苏轼的策题做文章，而祖宗可不可以议论的命题，根本上缺乏清晰界限与制度规约。苏轼在自辩时说，当年所作策论及参加制科考试的答策，都对仁宗时的施政得失加以评点，其中不乏对时弊的批评；在神宗即位之初召对问政，他也直言不讳地对本朝立国以来的沉疴痼疾加以揭露，从来没有人认为有什么不妥。事实上，苏轼参加嘉祐五年的制科试，策题明言："朕德有所未至，教有所未孚，阙政尚多，和气或鳖……子大夫其悉意以陈，毋悼后害。"[1]公开承认"阙政尚多"，鼓励应试者"悉意以陈，毋悼后害"。为什么到苏轼现在草拟策题，相关的议论都成了罪名？何况其意还不在于所谓贬低祖宗，而是要求百官有司取其长而不产生弊端。朱光庭的用意，显然在于借题发挥，达到扳倒苏轼、报其私怨的目的。故傅尧俞最初参与救援朱光庭的行动，并没有足够的底气指责苏轼策题有"不忠"的嫌疑，只是说其方法欠妥，不当置祖宗于议论之间。但越到后来，傅尧俞在弹劾苏轼的过程中，越是显出主角的作用，从多次上奏，到面见哲宗和太皇太后，再到居家"待罪"以示不屈服，可以看出他才是掌握节奏及采取行动的真正主角。其所有举动的目标指向，都是要对苏轼惩罚治罪。至此，宣称与苏轼关系甚"熟"，"素无怨仇"的傅尧俞，已经不再对苏轼存有任何同情与怜惜之心。

---

1 〔宋〕苏轼：《御试制科策并策问》，《苏轼文集》卷九，第289—290页。

在苏轼与傅尧俞等台谏围绕策题交锋的对垒中，可以看到台谏官员互为声援、群起围攻的党与特征。被司马光称为有"清、识、勇三德"的傅尧俞[1]，在这件事上所扮演的角色，并不光明磊落。对于朱光庭上纲上线弹劾苏轼策题存在"讽议祖宗"的"不忠"用心，他只要看看策题，并不难判断其观点是否站得住脚。但出于保护下属、维护台谏权威等目的，他由幕后走到台前，由配角变成主角，把一个策题是否该拿"祖宗"来议论的技术性表达问题，逐步推升到有失国体、损害台谏与皇权关系的政治高度，甚至牵连到太皇太后与哲宗谁主国是等微妙问题，其欲救下属而无所不用其极的做法，不得不使后人对其有所质疑乃至非议。南宋史家王称曰："道大不容，不容然后见君子。苏轼以雄文直道冠冕当世，而辄不容于时。李定、舒亶、贾易、赵挺之、黄庆基、董敦逸之流，诬以谤讪，不足道也。而光庭辈，世之所谓君子者亦为尔，何哉？孔子曰：'君子而不仁者，有矣！'诚可信云。"[2]这里所谓"光庭辈"，没有提及傅尧俞，也许有为"贤者"讳的顾虑。故王文诰云：

> 尧俞、岩叟非光庭比也，何乃有此一肯？彼但知光庭将逐，欲挽救之，遂不知顾惜国体，而党祸由此起……则尧俞、岩叟之罪，不可逭矣。《（东都）事略》于光庭传极贬此三人，而于傅尧俞、王岩叟传则尽删以为之讳。其意似若惜之而正所以愧之也。[3]

又于"自是朋党之祸起"谱文下云：

> 前论役法一事，为党怨所归，群起攻之。时司马光已有逐公之意。会宣仁不次擢用，且论廷臣此中自除，故中寝也。朱光庭乘隙而起，遂有洛党之目。若傅尧俞者，即争役为难之人，与王岩叟皆朔党也。然《札》云"言臣不止三人，交章累上，不啻数

---

1 〔元〕脱脱等撰：《宋史》卷三百四十一《傅尧俞传》，第10885页。
2 〔宋〕王称：《东都事略》卷九十四，《四库全书·史部·别史类》，第382册，第612页。
3 〔清〕王文诰：《苏文忠公诗编注集成总案》卷二十七，第523页。

十",则诸党皆在其中,但洛党开其端耳。[1]

苏轼在元祐二年正月所上的自辩札子中的确提到参与详定役法,跟孙永、傅尧俞等"论难反复"的情形[2],看来傅尧俞曾是赞同司马光废除免役法的,后来却改变立场,转而主张保留免役法的适用部分,立场与苏轼比较一致了。其立场的变化与司马光的逝世时间存在巧合(元祐元年九月),其中是不是有随着司马光之死,傅尧俞的立场便发生变化的嫌疑?朔、洛两党虽在围攻苏轼的立场上一致,但他们彼此又存在其他利害冲突,这或许成为司马光死后傅尧俞立场有所转变的重要原因?

台谏党以围攻方式展开弹劾行动,在元祐二年五月救援监察御史张舜民一事上,也体现得淋漓尽致。傅尧俞、梁焘、王岩叟、朱光庭、王觌、孙升、韩川七人都先后上奏,极言张舜民不当被免职,而吕陶、上官均因为没有及时上奏,被傅尧俞他们参奏一本,谓其不该说好了却不参奏,要求勘会其"公肆面欺"之罪。[3]吕陶在解释的奏章中说:"臣伏见近日以来,欲言一事,本台上下往往预先商议,定为一说,以至谏官结为一党,不顾事理是非,务以众力求胜公议,取必朝廷。"[4]又说:

> 盖舜民是尧俞、岩叟荐为御史,今耻其不称职,力欲率众救之。缘臣是远方寒士,在朝孤立,自辩明朱光庭弹奏苏轼策题,后来尧俞、岩叟常怀恨怒,并不与臣论议。[5]

可见在傅尧俞操控下的台谏言事部门,已经沦为党同伐异的交易场所。傅尧俞曾在哲宗质疑台谏有党的问题时说:"臣等不知有党无党,但知据事之是非论列。"[6]看来由于党同营私,要真正明辨是非,已经是说得到做不到了。

---

1 〔清〕王文诰:《苏文忠公诗编注集成总案》卷二十七,第523页。
2 〔宋〕苏轼:《辩试馆职策问札子二首》其二,《苏轼文集》卷二十七,第792页。
3 〔宋〕李焘:《续资治通鉴长编》卷四百,第9752页。
4 〔宋〕李焘:《续资治通鉴长编》卷四百,第9753页。
5 〔宋〕李焘:《续资治通鉴长编》卷四百,第9754页。
6 〔宋〕李焘:《续资治通鉴长编》卷三百九十三注引,第9572页。

第四节　傅尧俞的政治私心与人格污点

苏轼与傅尧俞二人于神宗熙宁初在京中供职时得以相识,又于哲宗元祐初同在朝中供职时对簿朝堂,彼此的交往关系持续了十六七年。崇文殿的短暂接触,说不上彼此有多深的了解,更难说有多少感情。但随即他们都因不赞同王安石推行的新法而被排挤打击,辗转地方任职多年,各自都遭遇了仕途和人生旅程中的一些不幸事件。在相似命运的捉弄下,虽天各一方,不仅空间距离没有使彼此相忘,反倒因同病相怜而拉近了心理距离,强化了感情认同。元丰中谪居黄州的苏轼,颇有些意外地接到了傅尧俞委派的信使来访及所转达的心意与愿望,他的确被深深地触动了,既为对方的相似落难遭遇,也为其远道带达的关怀之意。故亲书《赤壁赋》且附短札作答,特别表达其此时此境的真诚和"爱"意。这时候,是他们感情真切、纯洁的最佳状态,也是二人交往关系的最美好境界。元祐同被召用,且都处在重要的职位上,本来有条件在为国家做些事情的同时,将彼此的关系推进一步,但被后世称为元祐"君子"的苏轼与傅尧俞,却因为策题事件而走向势不两立,为他们的友好交往摁下了多少有些令人遗憾的休止键。

对二人关系的恶化,显然傅尧俞要负主要责任。当然,如此结局的出现,根本原因在于他处在御史台掌门人这个特殊位置上,有时会身不由己地做出政治选择。正是宋朝台谏的职责与特性,很大程度上决定了傅尧俞在对待苏轼策题问题上的立场与言行。从事情的起因及走向看,傅尧俞最初是被动地卷入其中的,因为司谏朱光庭率先挑起对苏轼策题的弹劾,并且气势汹汹,声言要治苏轼"不忠"之重罪。他跟当年舒亶、李定等人的做法一样,抽取策题中的片言只语,断章取义,借题发挥,上纲上线,企图以此取悦上意。殊不知宣仁太皇太后与当年的神宗已不一样,也许她还记得元丰时苏轼遭遇"乌台诗案"的戏码,故坚持苏轼策题并无讽议祖宗之意,把朱光庭的弹劾挡了回去。至此,事件进入升级和转折的重要关口。一方面是朱光庭继续弹劾,且措辞更加严厉;另一方面是太皇太后不为所动,坚持自己的判断。于是,关于朱光庭将为言事不当付出免职代价的消息不胫而走。作为举荐过朱光庭，且又是御史台掌门人的傅尧俞，此时再也坐不住了，他必须介入挽救朱光庭，因为朱光庭的去留，不仅关涉傅尧俞荐人是否有失的责任问题，而且关涉到台谏的声誉、特权与地位问题。正因如此，他才表现得不惜一切代价地逐步推动局势朝着更加激烈对峙的方向发展。此时的傅尧俞，似乎已经丧失了应有的理智与判断力，占据其头脑的念头只有一个，就是不管用什么手段，都不能让台谏输。只有台谏不输，朱光庭才能保得住。所以他随后的举动，总是设法把声势造大，把矛盾激化，党与同忾，誓要改变太皇太后的"主张"，必欲治苏轼之罪。

虽然在元祐二年上半年还有过苏轼与傅尧俞、孙觉联名荐举苏门学士之一布衣陈师道之举[1]，但此事为苏轼领衔，傅尧俞、孙觉只是具名，恐怕更多地是公事，与彼此的私人交情没有太大关联。因为在傅尧俞即将去世的元祐六年五月，苏轼的《杭州召还乞郡状》提及傅尧俞一帮台谏对他的围攻时，仍然将其视为一种朋比营私、恶意相向的罗织诬告行为。他指出：

> 始论衙前差雇利害，与孙永、傅尧俞、韩维争议，因亦与司马光异论。光初不以此怒臣，而台谏诸人，逆探光意，遂与臣为仇。臣又素疾程颐之奸，未尝假以色词，故颐之党人，无不侧目。……窃伏思念，自禁近三年，台谏言臣者数四，只因发策草麻，罗织语言，以为谤讪，本无疑似，自加证执。其间暧昧谮诉，陛下察其无实而不降出者，又不知其几何矣。[2]

虽然所言主要指向洛党干将朱光庭，但其回顾三年间遭遇多次台谏的无端攻讦，显然傅尧俞在其中扮演了重要角色，发挥了组织策划的关键作用。王文诰云：

> 元祐元年，傅尧俞与朱光庭、王岩叟合力攻公，诬以谤讪。

---

1 〔宋〕苏轼：《荐布衣陈师道状》，《苏轼文集》卷二十七，第795页。
2 〔宋〕苏轼：《杭州召还乞郡状》，《苏轼文集》卷三十二，第913页。

自是开端，构成党祸，宋社以屋。《东都事略》断谓君子不仁，《宋史》谓小人忌恶挤排，尧俞其一也。[1]

此时的苏轼，不仅不再把傅尧俞视为"爱我"的"君子"朋友，反倒已经视其为不分是非界限，与热衷于诬告罗织者沆瀣一气的缺德小人了。《续资治通鉴长编》记傅尧俞元祐六年十一月卒于中书侍郎任上，李焘自注："旧《传》云，尧俞在位二年，专以朋奸为安身计。"[2] 看来傅尧俞晚节有亏，并非只是苏轼一家之言。

---

[1] 〔宋〕苏轼：《傅尧俞济源草堂》王文诰"题解"，《苏轼诗集》卷六，第271页。
[2] 〔宋〕李焘：《续资治通鉴长编》卷四百六十八，第11172页。

第七章　苏轼与蒋之奇交游峰谷相间的变化轨迹

学界对于苏轼与蒋之奇交往的详细情况研究尚少，有的人受诸如陆游《老学庵笔记》语焉不详的记录的误导，以为他们是货真价实的"元祐四友"，甚至据此认为二人从早年同榜进士有"鸡黍之约"时起就一直关系很好，友情深厚。但仔细考察可以看到，真实情况并非如此。受"濮议"之争及熙宁变法等重大政治事件影响，苏轼在很长时间里并未与蒋之奇交往，直到元祐后期，两人同朝为官，彼此关系才迅速升温。但随着绍圣以后局势变化，他们的交往又断绝了。总体看，这种交往的走向，呈现出极不稳定的峰谷相间的发展轨迹。

蒋之奇（1031—1104），字颖叔，常州宜兴（今江苏宜兴）人，出生于世代官宦之家。其远祖蒋诩，西汉平帝时为兖州刺史，以廉直闻于世。王莽居摄及代汉，蒋诩称病不为新朝之官，归乡里，卒于家。班固赞其"好遁不污"，[1]以气节为世人所称道。东汉蒋默为诩之孙，被光武帝封为云阳乡侯。其由杜陵（今陕西西安）南迁江南的原因，《江南通志》有如下记载："蒋默，字秀芳，杜陵人。兖州刺史诩孙。父横从光武征赤眉有功，封侯。坐谮死。九子皆南徙，七寓广陵，二栖阳羡。后帝悟其诬，就其居封之。

---

1 〔汉〕班固：《汉书》卷七十二《王贡龚鲍传赞》，北京：中华书局，1983年，第3096—3097页。

默居滆湖东,封云阳亭侯。"[1]由于父亲遭人谗毁而死,诸子皆避祸迁徙。北宋蒋堂、蒋之奇一支,为蒋默之后,世居宜兴滆湖之滨。蒋堂为蒋之奇伯父,以吏部侍郎致仕,特赠吏部尚书。

蒋之奇于仁宗嘉祐二年与苏轼兄弟同年考取进士,这一年的主考官为欧阳修,故他们都可以算是欧阳修的门生。在朝廷为新晋进士举行的琼林宴上,蒋之奇与苏轼同桌。他们彼此有过交谈,据说蒋之奇为苏轼介绍了家乡宜兴的风土民情,苏轼深为之吸引,两人有过"鸡黍之约"。若干年以后,蒋之奇在赠苏轼的诗中,特意提及这一段往事,苏轼在次韵诗中云:"琼林花开闻前语,罨画溪山指后期。"作者自注:"蒋诗记及第时琼林苑宴坐中所言,且约同卜居阳羡。"[2]看来当时两人对彼此印象甚佳,故不仅正式结识,而且还预约他年一起在宜兴比邻而居。但后来的政局发展,使两人的仕途命运朝着不同的道路前行,特别是某些标志性政治大事件的发生及他们不同的应对策略,对彼此的关系带来重大影响,相互交往也因此而充满曲折,呈现出了耐人寻味的演变轨迹。

第一节 "濮议"之争对两人关系的影响

宋仁宗一直没有子嗣,朝野上下皆高度关注谁来继承其皇位的敏感问题。在其驾崩的前一年(嘉祐七年,1062),才选定兄子宗实为皇子,改名曙。次年(嘉祐八年)四月,仁宗薨,赵曙继位,是为英宗。治平二年四月,"诏议崇奉濮安懿王典礼"。[3]对于赵曙的生父应该如何"崇奉",朝内士大夫争论极为激烈。韩琦、欧阳修等政府官员为一方,主张以英宗生父为皇考,其后、妃为后。他们持论的理由,除了引经据典证明其合理性之外,更主要的一点是基于"人情"考虑,认为生身之亲的人伦关系高于其

---

[1] 〔清〕赵弘恩等监修,黄之隽等编撰:《江南通志》卷一百七十二《人物志》,《四库全书·史部·地理类·都会郡县之属》,第511册,第896页。
[2] 〔宋〕苏轼:《次韵蒋颖叔》,《苏轼诗集》卷二十四,第1266页。
[3] 〔元〕脱脱等撰:《宋史》卷十三《英宗本纪》,第257页。

他社会伦理关系。司马光、王珪、吕诲等台谏官员为另一方，主张英宗应以生身父亲濮安懿王为皇伯，因为英宗既然已经在仁宗生前就被收为子，在仁宗死后又继承其皇位，那么理所当然就只能以仁宗为父，而其生父为仁宗之兄，故宜以皇伯称之。如果以濮安懿王为考，势必造成一人二父，以及小宗僭越大宗的后果，这在传统礼教"义理"上是不可行的。双方各持一议，互不相下。尽管皇太后、皇帝本人居中或干预或调停，但争议长达一年有余，始终无法取得一致意见，成为轰动一时的政治大事件，史称"濮议"之争。

这件事本不应该对苏轼与蒋之奇之间的关系产生任何影响。但因为苏轼与蒋之奇都曾游于欧阳修之门，故与欧阳修关联紧密的"濮议"之争，就不可避免地波及他们之间的关系。据相关史料记载，由于蒋之奇对该事件前后不一致的态度，事实上在此后相当长一段时间里，苏、蒋两人的关系都受到了负面影响。

关于蒋之奇对"濮议"的态度变化，《宋史·蒋之奇传》云："初，之奇为欧阳修所厚，制科既黜，乃诣修，盛言濮议之善，以得御史。复惧不为众所容，因修妻弟薛良孺得罪怨修，诬修及妇吴氏事，遂劾修。神宗批付中书，问状无实，贬监道州酒税，仍榜朝堂。"[1]表明蒋之奇最初是赞同欧阳修的"濮议"主张的，故欧阳修引以为同调，推荐其当上了御史。至于蒋之奇后来为什么反水而诬告欧阳修，本传里并未交代清楚。《东都事略·欧阳修传》云："先是，蒋之奇盛称濮议之是，修由是荐之，得为御史。既而反攻修及其帷薄事，事连其子妇。修杜门求辨其事。诏诘问之奇语所从来，之奇言得之彭思永。思永言出于风闻，暧昧无实，尝戒之奇勿言。神宗为其词穷，逐去。修亦力求退。"[2]这里虽然交代了蒋之奇诬告欧阳修消息的来源，但他何以突然之间要背叛曾有恩于己，且此时依然身居参知政事要职的欧阳修，仍然不得其解。而《续资治通鉴长编》于"英宗治

---

1 〔元〕脱脱等撰：《宋史》卷三百四十三《蒋之奇传》，第10915页。
2 〔宋〕王称：《东都事略》卷七十二，《四库全书·史部·别史类》，第382册，第467页。

平四年（1067）三月"条下叙其事原委颇详：

> 朝论以濮王追崇事疾修者众，欲击去之，其道无由。有薛良孺者，修妻之从弟也。坐举官被劾，会赦免，而修乃言不可以臣故徼幸，乞特不原。良孺竟坐免官，怨修切齿。修长子发，娶盐铁副使吴充女，良孺因谤修帷薄，事连吴氏。……（彭）思永闻之，间以语其僚属之奇。之奇始缘濮议合修意，修特荐为御史。方患众论指目为奸邪，求所以自解。及得此，遂独上殿劾修，乞肆诸市朝。上疑其不然，之奇引思永为证，伏地叩首，坚请必行。之奇初不与同列谋。之后数日，乃以奏稿示思永。思永助之奇，言修罪当贬窜。且曰："以阴讼治大臣诚难，然修首议濮园事犯众怒。"上乃以之奇、思永所奏付枢密院。修上章自列曰："之奇诬罔臣者，乃是禽兽不为之丑行，天地不容之大恶。臣苟有之，是犯天下大恶；无之，是负天下至冤。犯大恶而不诛，负至冤而不雪，则上累圣政，其体不细。乞选公正之臣，为臣辨理，先次诘问之奇所言是臣闺门内事，自何所得，因何彰败？据其所指，便可推寻，尽理根穷，必见虚实。"[1]

这段史料让我们弄清了以下原委：一是诬告欧阳修与其儿媳吴氏有染的信息来源，乃出自其妻弟薛良孺。而他之所以要造谣中伤欧阳修，则是因为自己举官失察，被人弹劾，当被免官，而欧阳修因与其有亲戚关系，请求皇帝在大赦中不让薛良孺享受赦罪待遇，故其官职被免。薛对欧阳修充满怨恨，所以用"帷薄事"来败坏欧阳修的名声。二是这段"绯闻"被时任御史中丞彭思永知道了，有意无意间把它告诉了担任御史之职的蒋之奇。蒋之奇由于原先赞同过欧阳修"濮议"的主张，而今在御史群里显得地位特别尴尬，大家视其为"奸邪"。他为了摆脱这种于己不利的局面，转而用"风闻言事"的御史特权弹劾欧阳修，并且引彭思永为助，强烈要求

---

[1] 〔宋〕李焘：《续资治通鉴长编》卷二百九，第5078—5079页。

严办欧阳修不伦之罪，不仅贬窜之，而且要将其劣迹"肆诸市朝"，把他的名声彻底搞臭。三是欧阳修上奏疏自辩，并且要求专派大臣负责调查核实，弄清事情真相，还其清白。

查验的结果是，彭思永、蒋之奇所言无实，都被贬官，逐出朝廷。并且英宗下令将调查情况及处理结果榜之于朝堂，算是为欧阳修洗雪了冤情。

英宗在"濮议"之争的全过程中，意见偏向于政府是比较明显的。加之皇太后的态度也转向于认可濮安懿王可以称皇考，故英宗下诏，赞同政府的建议，对其生父濮安懿王称考而不名，在其陵园建庙以祀，封其一子为濮安懿王，负责看护陵园。随着治平四年三月神宗即位，将台谏官员吕诲、吕大防、赵鼎、赵瞻、傅尧俞、吕公著等贬到地方，"濮议"之争才因此得以停止。

看来，蒋之奇在整个事情的发展过程中，扮演了一个不太光彩的角色。开初他为谋取官职，赞同了欧阳修的"濮议"主张，后来因为觉得在御史群体里处境尴尬，乃转而用"风闻"得来的涉及欧阳修的不伦之事，独自在朝堂上弹劾欧阳修，并且特别要求对其加以严惩，还要彻底败坏其声誉。今天能够见到的正史资料，均对蒋之奇在此事上的前后不同态度持非议立场，认为是其人品瑕疵。这在士林中留下的不良印象，将持续相当长一段时间。

而在"濮议"激烈争论的整个过程中，尤其是欧阳修受到众多台谏官员围攻的时候，同样是欧阳修门人，而且还被其重点培养的苏轼，却始终没有发声。这是一个比较耐人寻味的现象。从此事发生的时间看，"濮议"之争主要在英宗治平二、三年间，而苏轼于治平二年正月从凤翔府签判任满还朝，被任命为直史馆之职，直到次年四月其父苏洵病逝，他与弟弟苏辙扶柩回乡居丧。中间的一年多时间，苏轼在京师任职，不可能对朝论汹汹的"濮议"之争不清楚，也不可能没看到欧阳修被众台谏官员交攻的情况。即使英宗诏令明确了发表正式意见的范围为言官及待制以上，但这似乎不能构成苏轼没有以其他方式表达个人看法的充分理由。

考察苏轼后来所作的相关文章中体现出的对"濮议"之争的是非倾

向，可以看出在当时，他心中是有主张的，只是因为与欧阳修的特殊关系，故没有发表任何意见。

苏轼在作于元祐元年的《司马温公行状》里，特别叙及司马光反对韩琦、欧阳修等政府官员主张以濮安懿王为皇考的观点："（光）又上疏英宗曰：'汉宣帝为昭帝后，终不追尊卫太子、史皇孙，光武起布衣，得天下，自以为元帝后，亦不追尊巨鹿都尉、南顿君，惟哀、安、桓、灵，皆自旁亲入继大统，追尊其父祖，天下非之，愿以为戒。'"[1]虽然苏轼对此并无直接评价之言，但其专记此事，本身就显示了作者的一种态度。而其作于元祐六年的《范景仁墓志铭》对此事记之更详："中书奏请追尊濮安懿王，下两制议，以为宜称皇伯，高官大国，极其尊荣，非执政意，更下尚书省集议。已而台谏争言其言不可，乃下诏罢议，令礼官检详典礼以闻。公时判太常寺，率礼官上言：'汉宣帝于昭帝为孙，光武于平帝为祖，则其父容可以称皇考，然议者犹非之，谓其以小宗而合大宗之统也。今陛下既考仁宗，又考濮安懿王，则其失非特汉宣、光武之比矣。凡称帝若皇若皇考，立寝庙，论昭穆，皆非是。'于是具列《仪礼》及汉儒论议、魏明帝诏为五篇奏之。以翰林侍读学士出知陈州。"[2]其中所言范镇作为太常寺的副职官员，率领本寺礼官上奏之事，依照《续资治通鉴长编》所记，发生于治平三年（1066）五月，在照录了苏轼上述一段话后，且有云："执政得奏，怒，召镇责曰：'诏书云当令检详，奈何遽列上耶？'镇曰：'有司得诏书不敢稽留，即以闻，乃其职也，奈何更以为罪乎？'"[3]可见当时政府官员对范镇不仅支持台谏官员的意见，而且还为之补充了史料依据，直接上奏皇帝的做法，非常不满，其后被出知陈州，或与此有关。苏轼在范镇上奏时，已经不在京城，但此前的争议局势，他应该是高度关注，也非常清楚的。故在撰写的范镇墓志铭里，他特别突出其被责罚到地方任职的结果，其同情之意正好印证了他对范镇观点及做法的赞同态度。

---

1 〔宋〕苏轼：《司马温公行状》，《苏轼文集》卷十六，第480页。
2 〔宋〕苏轼：《范景仁墓志铭》，《苏轼文集》卷十四，第438页。
3 〔宋〕李焘：《续资治通鉴长编》卷二百五，第4972—4973页。

根据以上的考察可以看出，同为欧阳修门人的苏轼、蒋之奇，他们在政府与台谏官员的"濮议"之争势若水火时采取了不同的策略：蒋之奇采取了先是赞同欧阳修，而后却迎合御史群体背叛师门的前后不一的处置办法；苏轼虽然对韩琦、欧阳修等政府官员的主张心不然之，但因为与欧阳修的密切甚至特殊关系，自始至终保持了沉默态度，没有直接在两股政治势力中选边站队，也没有出于私谊而公开为欧阳修辩护，更没有像蒋之奇那样与众多台谏官员一起非议欧阳修。这体现了入仕不久的苏轼，初步学会了在宦海中行事的必要智慧。

"濮议"之争逐渐平息了，而苏轼与蒋之奇的关系却因此而受到了一定影响。他们之间在整个神宗时代，都几乎毫无联系。直到元丰七年，苏轼结束黄州贬谪生涯，量移汝州途中，二人才在真州碰面，建立起彼此间一段较为密切的关系。从治平四年蒋之奇被贬算起，到此时已经长达十七年，却没有任何二人交往的信息保留下来，只能说明彼此的关系是冷淡乃至疏远的，完全没有琼林宴上相见甚欢的感觉了。当然，在熙宁时期，他们之间的关系还受政治立场的影响，而苏轼对蒋之奇背叛师门行为所留下的负面印象，久久挥之不去，也是其避免与之交往的一个不容忽视的原因。

第二节 两人在熙宁、元丰年间的仕途浮沉及交往转机

苏轼为父亲苏洵守制期满回到朝廷，已经是熙宁二年正月。其时，朝廷正在酝酿另一场重大政治事件，即历史上著名的熙宁变法。以熙宁二年二月王安石被任命为参知政事，并设置制置三司条例司专门负责议行新法为标志，这场对北宋政治和中国古代历史影响都甚大的变法运动，在神宗皇帝的强力支持下，迅速展开。单从时间节点上看，苏轼正好与这场政治大事件撞个满怀。从熙宁二年差判官告院，不久改任开封府推官，直到熙宁四年冬离开京城赴杭州任通判，其间的两年多时间，他都在京师任职。从一开始，他就不赞成王安石以营利为首要目的的变法政策，连续上疏朝廷，表达其反对王安石变法的政治主张，其中最重要的，自然是其作于熙

宁二年十二月的《上皇帝书》七千余言长文，系统阐述其政治变革理念，同时尖锐批评王安石设置制置三司条例司、推行青苗法等变法举措。自然，他因强烈反对变法而引起变法主推手王安石的不满，其后被出判杭州，便是由此带来的仕途挫折的政治后果。此后，苏轼数年转徙地方任职，先后知密、徐、湖等州。因台谏官员何正臣、舒亶、李定等弹劾苏轼在诗歌、奏表中讽刺新法弊病，谓其有讥讽执政之罪，苏轼于元丰二年七月下旬被朝廷捕快从知州任上带走，投入御史台监狱，经过羁押、审讯，入狱一百余天后，最终被贬为黄州团练副使，不得签书公事。他在黄州度过了四年多的戴罪编管生活，直到元丰七年量移汝州，途经真州时与蒋之奇见面，才结束了彼此十七年不通声问、不相往来的局面。

而蒋之奇于治平四年被贬监道州盐税，因上疏陈其哀情，皇帝怜之，数月后移监宣州盐税。《续资治通鉴长编·神宗三年》有如下记载："（九月丁丑）主客员外郎、监宣州盐税（笔者按：《宋史·蒋之奇传》为监酒税）蒋之奇，权福建路转运判官。之奇初责道州，以表哀谢，上览表，知其有母而怜之，诏移近地，遂改宣州，居道州才五月也。于是，擢付漕事，盖使行新法云。"[1]在新法施行之初，朝廷就把蒋之奇任命为权福建路转运判官，使之贯彻落实新法，这无疑说明蒋之奇是拥护新法的，朝廷相信他是实行新法的合适人选。他还在熙宁五年正月，专门致书王安石，说百姓皆请早行助役法。《续资治通鉴长编·神宗五年》载："（闰七月戊申朔）权淮南转运判官、金部员外郎蒋之奇，权发遣转运副使。之奇尝与王安石言：'百姓列状乞早行助役新法曰：上推不赀之惠，下受罔极之恩。'安石具以白。上曰：'百姓如此，或称人情不安者，妄也。'"[2]在王安石最需要下级官员反映百姓支持新法态度的关键时刻，蒋之奇对其说出百姓具状请求尽早实行免役法的"舆情"，至有"上推不赀之惠，下受罔极之恩"之言，新法俨然成为为民众着想的齐天皇恩！神宗得到王安石所转达的这一重要信

---

1 〔宋〕李焘：《续资治通鉴长编》卷二百十八，第5306页。
2 〔宋〕李焘：《续资治通鉴长编》卷二百三十六，第5725页。

息,便相信了,并且指斥那些反对派所说的"人情不安"等,均系妄言!蒋之奇因为这一番表现,得到神宗和王安石的器重,故不仅此次被升了官,而且此后多年,他一直在漕运任职,曾任多路转运副使、转运使,官职不断得到升迁,甚至因为工作成效特别显著,被神宗亲自嘉奖。史载神宗于元丰六年七月嘉奖蒋之奇云:"赐江淮等路发运副使蒋之奇紫章服。运司岁漕谷六百二十万石[1]。之奇领漕事,以五月至京师,于是入觐,上劳问备至,面赐之。且曰:'朕不复除官,漕事一以委卿。'之奇辞谢,因条画利病三十余事,多见纳用。"[2] 其被神宗倚重如此,可见蒋之奇在积极支持新法中所做出的贡献极为显著。故《宋史·蒋之奇传》云:"之奇为部使者十二任,六典会府,以治办称。"[3] 从熙宁到元丰的十余年间,蒋之奇一直仕途亨通,政绩突出,不仅受到主要当权者的关照,还被皇帝高度信任和褒奖。其经历跟苏轼比起来,不啻霄壤。

苏轼与蒋之奇二人在熙宁、元丰年间的仕途命运截然不同,乃是基于他们对新法完全相反的政治态度。在新法推行之初,很多士大夫奏疏或者当面与王安石等人激烈争论,力陈新法不可行之理,千方百计阻止其推进。苏轼就是其中的重要一员,甚至一度几乎成为反对新法的代言人。比如对于蒋之奇向王安石报称百姓列状乞求早行助役法一事,苏轼在《上皇帝书》中说:"自古役人,必用乡户,犹食之必用五谷,衣之必用桑麻,济川之必用舟楫,行地之必用牛马,虽其间或有以他物充代,然终非天下所可常行。今者徒闻江浙之间数郡雇役,而欲措之天下,是犹见燕晋之枣栗,岷蜀之蹲鸱,而欲以废五谷,岂不难哉?"又说:"自唐杨炎废租庸调以为两税,取大历十四年应干赋敛之数,以定两税之额,则是租调与庸,两税既兼之矣。今两税如故,奈何复欲取庸?圣人立法,必虑后世,岂可于常税之外,生出科名哉?万一不幸,后世有多欲之君,辅之以聚敛之臣,庸钱不除,

---

[1] 《宋史·蒋之奇传》谓"比常岁溢六百二十万石"。〔元〕脱脱等撰:《宋史》卷三百四十三《蒋之奇传》,第10916页。
[2] 〔宋〕李焘:《续资治通鉴长编》卷三百三十六,第8102页。
[3] 〔元〕脱脱等撰:《宋史》卷三百四十三《蒋之奇传》,第10917页。

差役仍旧，使天下怨讟，推所从来，则必有任其咎者矣。"[1] 此时苏轼反对推行免役法的理由是很充分的，其政治立场也是很鲜明的。蒋之奇则在王安石急切需要支持新法的声音之际，特意对其讲出了百姓请求早行助役法的话，是否属实今天当然已经无法证实，但从相关文献记载看，农民对涉及其切身利益的新法举措，在开初的较长一段时间，是抱有抵触情绪的，这是当时"人情"的真实反映。由此看来，我们难以完全排除蒋之奇故技重施，看准时机，主动投执政者所好的政治动机。驱使其这样做的最大诱惑，自然与有利于他以后的仕途发展相关。

假如这种举动被苏轼知晓一二，其对这位昔日同年的印象必然会再次大打折扣。撇开其"识时务"的动机不说，单凭其在熙宁、元丰年间贯彻新法的干劲，以及由此得到的日益重用与升迁，苏轼不欲与之交往的心迹，应是可以理解的。更何况，自元丰二年遭遇"乌台诗案"以后，苏轼被贬谪编管，他一再向亲故表示过，自己当时的处境，不便与故旧联系，害怕牵连到他们。对于像蒋之奇这样官运亨通、志得意满的昔日相识，他自然是无心主动与之交往了。

蒋之奇对于苏轼遭遇的轰动朝野的诗祸，肯定是知道的。并且元丰年间，他先后任江、淮、荆、浙发运副使、发运使，该司治所即设在真州，这里离宜兴、常州均不远。在苏轼量移汝州途经真州前，蒋之奇并未主动与身在黄州贬谪地的苏轼联系过。也许在他心里，苏轼当年与自己想在宜兴比邻而居的约定，已经没有多少兑现的可能了。

但是，两人交往的转机，却在看似不可能的关头突然出现了。苏轼在元丰七年三月得到诏命，特授检校尚书水部员外郎、汝州团练副使，本州安置，不得签书公事。他在告别了黄州的友人、乡邻之后，便踏上了前往汝州的行程。在金陵与王安石相见，两位昔日的政敌，现在握手交欢。其间，友人真州知州袁陟（字世弼）遣专使来迎，他便于是年八月，在友人王益柔（字胜之）的陪同下，前往真州会晤袁陟。在今存的《苏轼文集》

---

[1]〔宋〕苏轼：《上神宗皇帝书》，《苏轼文集》卷二十五，第733—734页。

中，保留有其在金陵写给袁陟的书信四封，其一云："某罪废流落，不复自比数缙绅间。公盛德雅望，乃肯屈赐书问，愧感不可言也。……某更三五日离此，瞻望不远，踊跃于怀。"[1]由此可见，苏轼前往真州，是因为袁陟早派专使去金陵接他，他有感于其盛情，故与友人一同前往，与之相见。而真州之行的意外收获，却是与多年未曾联系过的同年蒋之奇建立了交往关系。从蒋之奇先赠苏轼诗，苏轼次韵作答的情形看，应该是蒋之奇知道了苏轼来到真州的消息，故主动用赠诗的方式与之联系。蒋诗已佚，苏轼次韵诗则存于《苏轼诗集》中：

> 月明惊鹊未安枝，一棹飘然影自随。江上秋风无限浪，枕中春梦不多时。琼林花草闻前语，罨画溪山指后期。岂敢便为鸡黍约，玉堂金殿要论思。[2]

对于此诗之作，王文诰《苏文忠公诗编注集成总案》说："蒋之奇时为江淮发运使，当过于此也。公旧有卜居宜兴之约，而此诗云'岂敢便为鸡黍约'，是作诗在求田问宅未定时也。"[3]王文诰此诗"题解"云："江淮发运使置司真州，时蒋之奇正在真也。公自金陵访求田宅过此，初无意于真州。及遇袁陟，始有寄家之事。而蒋之奇又为谋宜兴田事，因有此作。其乞常之根，实肇端此诗也。"[4]两说本身不尽一致，并且关于蒋之奇为苏轼谋田宜兴之事，也存在疑问。苏轼之至真州，乃是因袁陟派专使到金陵奉迎，并非专为求田问宅而去；诗的五六句所言，不过因为蒋之奇在赠诗里提及当年卜邻宜兴之约，故顺便作此回应；而观诗末二句，则知苏轼并不认为在宜兴买田很现实，因为蒋此时仕途正得志，或当有玉堂金殿之重任，岂敢与之讨论"鸡黍之约"这类卜居归老之事呢？

至于说"蒋之奇又为谋宜兴田事"，王文诰在《苏文忠公诗编注集成

---

1 〔宋〕苏轼：《与袁真州四首》其一，《苏轼文集》卷五十七，第1712页。
2 〔宋〕苏轼：《次韵蒋颖叔》，《苏轼诗集》卷二十四，第1265—1266页。
3 〔清〕王文诰：《苏文忠公诗编注集成总案》卷二十四，第451页。
4 〔宋〕苏轼：《次韵蒋颖叔》题解，《苏轼诗集》卷二十四，第1265页。

总案》卷二十四列"遣蒋亲求田宜兴"条目,引苏轼与王巩一封书信所云"宜兴田在深山中,去市七十里,但便于亲情蒋君勾当耳"后,认为:"公初登进士第,与蒋之奇联宴席,有卜居宜兴之约;其后亲至宜兴,诗有'地偏''俗俭'之句,此权舆之自也。然公求田于荆楚者屡矣,此日复由金陵问田以至仪征,岂能遽及是乎?此盖时与之奇遇于真州,而此蒋君者,即其宜兴族类,使之就近为公营干,故其原诗尚及宴坐卜居之事,而见于公和诗之自注。是归宜兴,毕竟成于之奇,其踪迹犹可考也。"[1] 依照王文诰之意,苏轼在与王巩信中提到的"亲情蒋君",乃是蒋之奇在宜兴的族类,是受蒋之奇之托,而为苏轼"营干"买田事务的。至于此君为何人,他并未指明。今检《苏轼佚文汇编》卷二,有《与蒋公裕一首》,全文如下:

> 轼启。近别,想体中佳胜。田事想烦经画。今遣侄孙贲钱赴州纳。有所买牛车等钱,本欲擘画百缗足,今只有省陌,请收检支用。如少,不过来年正二月,续得面纳也。余惟万万自爱,不宣。轼顿首公裕蒋君良亲足下。十月十二日。[2]

显然,这位蒋君,正是在宜兴为苏轼经纪买田具体事务的蒋公裕,或者以为系蒋之奇族侄,而苏轼在信中称对方为"蒋君良亲",说明他们之间还有着某种亲戚关系。至于他们是何种亲戚关系,难以认定,或者因为苏轼的外甥女嫁给了家住宜兴的同榜进士单锡[3],而单家与蒋家存在什么亲戚关系,所以跟苏轼也就沾亲了。

由此看来,说苏轼在真州偶遇蒋之奇,对方主动提及宜兴卜居之旧事,促使苏轼动了在此买田寄家的念头,并且付诸行动,这是可以成立的。但具体的擘画经办者,并非蒋之奇,而是苏轼在宜兴的"良亲"蒋公裕。操劳成事的功劳,均应归于此人。

在真州的面晤,使苏轼与蒋之奇二人恢复了中断多年的联系,也成为

---

1 〔清〕王文诰:《苏文忠公诗编注集成总案》卷二十四,第451页。
2 〔宋〕苏轼:《苏轼文集·苏轼佚文汇编》卷二,第2439页。
3 〔宋〕苏轼:《祭单君贶文》,《苏轼文集》卷六十三,第1939页。

他们之间交往的重要转折点。而随着之后不久的朝局巨变，他们又过了好几年，才有了在京城同朝为官的机会，遂有条件把双方的交往迅速推进到一个新的高度。

第三节　元祐年间两人的仕途进退及交往

所谓朝局巨变，指元丰八年三月，神宗驾崩，其子赵煦继位，是为哲宗，改国号为元祐。因其年幼，尚不能独立处理国政，由其祖母太皇太后高氏垂帘听政。高氏掌权，启用大量被新法派排挤的士大夫，司马光被任命为宰相。这位当年极力反对新法的资深政治家，上台伊始，就大刀阔斧地废除新法，将苏轼等一干官员召入京城，委以重任。苏轼在数月之间，获得三次擢迁，元祐元年三月，升任中书舍人，九月已身居翰林学士、知制诰的要职。自此至元祐四年三月被任命知杭州军州事，其间有整三年时间在京履职，处于朝廷权力的核心圈。

而蒋之奇在元祐初年，其仕途却充满波折。元祐元年三月，监察御史孙升弹劾吉州（今江西吉安）知州魏纶执行盐法过于苛严，全州百姓受害最苦，恰遇其丁忧，当去职；而江淮等路发运使蒋之奇却上奏说，魏纶尽心职事，当候其服阕期满，仍知吉州。孙升要求治蒋之奇等人之罪。结果，蒋之奇被展磨勘二年，罚铜十斤。[1]同年五月，御史韩川、孙升弹劾蒋之奇，罢免了其发运副使之职。《续资治通鉴长编》载："权江、淮、荆、浙等路制置盐矾兼发运副使、朝议大夫、直龙图阁蒋之奇为天章阁待制，知潭州。"[2]八月，朝廷以吕大忠为江淮等路发运使，诏命蒋之奇为集贤殿修撰、知广州。颇有几分讽刺意味的是，其知广州的诏敕，正是苏轼所拟：

> 敕具官蒋之奇。按治岭海，统制南极，声教所暨，笋闻风采。自唐以来，不轻付予。朕既择其人，复宠以秘殿之职，使民

---

1 〔宋〕李焘：《续资治通鉴长编》卷三百七十二，第9017—9018页。
2 〔宋〕李焘：《续资治通鉴长编》卷三百七十八，第9190页。

夷纵观，知其辄自禁严，以见朝廷重远之意。其于服从畏信，岂不有助也哉？可。[1]

与苏轼形成鲜明对照的是，蒋之奇在数月之间同样三易其职，只不过是遭御史弹劾，被处罚、降职。显然，这一系列的降职调任，与其在熙、丰时期力行新法，跟新法派当权者走得太近相关，故被理所当然地视为新法派势力而遭打压。元祐三年二月，他因妥善处置岑深聚众作乱之事有功[2]，加宝文阁待制。[3]元祐四年，转任河北路都转运使。[4]直到元祐六年九月，他才回到京城任职。《续资治通鉴长编·哲宗·元祐六年》载："（九月癸卯）宝文阁待制、河北路都转运使蒋之奇为刑部侍郎。"[5]不久，又出知瀛州（今河北河间）、河中府（今山西永济），而于元祐七年（1092）六月，以户部侍郎召还。[6]

苏轼于元祐六年二月被从杭州召回，任翰林学士承旨，但因侍御史杨畏等台谏官员攻击苏轼兄弟不已，他坚请外任。八月，被任命为颍州知州。七年二月，改知扬州军州事。八月，又被以兵部尚书召回。前后相隔两个月，他与蒋之奇才真正同朝为官，为彼此交往提供了有利条件。可元祐八年（1093）八月，苏轼又被任命为河北西路安抚使兼马步军都总管知定州军州事，去定州任职。而此时离哲宗亲政改元已经不远（次年四月，改元绍圣）。他此次离京，再无被召还的可能，新上台的章惇等"绍述"政治势力清算打击苏轼不遗余力，将其远贬岭海长达数年之久。直至徽宗即位，允许其从儋州北还，任便居住。他刚回到常州，就于建中靖国元年发病去世了。也就是说，苏轼与蒋之奇同在京城共事的时间，只有短暂的一年两个月。

---

1 〔宋〕苏轼：《蒋之奇集贤殿修撰知广州》，《苏轼文集》卷三十九，第1114页。
2 〔元〕脱脱等撰：《宋史》卷三百四十三《蒋之奇传》，第10916页。
3 〔宋〕李焘：《续资治通鉴长编》卷四八一，第9941页。
4 〔宋〕李焘：《续资治通鉴长编》卷四百二十九，第10375页。
5 〔宋〕李焘：《续资治通鉴长编》卷四百六十六，第11134页。
6 〔宋〕李焘：《续资治通鉴长编》卷四百七十四，第11311页。

从苏轼元祐时期写赠蒋之奇的诗歌作品看，主要集中在元祐七、八年间这一时段。其在元祐元年，曾作有《和蒋发运》一诗，当是蒋先有来诗及书信，苏轼和韵作答。其诗云：

夜语翻千偈，书来又一言。此身真佛祖，何处不羲轩？船稳江吹坐，楼空月入樽。遥知思我处，醉墨在颓垣。[1]

王文诰注五、六句云："江淮发运使，置司真州，有东园池台之胜，欧阳修为记。……据此诗，则元丰七年公寄居真州之时，与蒋之奇燕集此园，其情显然。"[2]诗前六句记当时相见及宴饮情况，末二句实写自己对蒋之奇的思念，而这种思念以对方"思我"出之，达意更显婉曲有致。此诗乃苏轼作于京师，是他已经被召还朝之时，而蒋之奇自真州致书与诗，表明其有继续交往的心意，苏轼和其诗，同样写出对蒋之奇的思念。可见真州面晤，已让苏轼抛弃了长期对蒋之奇的冷淡甚至消极看法，转向一种欲与之保持交往的积极姿态。

但从迄今可考的苏轼作品看，此后数年，他们之间没有往来诗文留存，直到元祐七年，苏轼自杭州回到京师，才有经常见面的机会，彼此诗歌酬赠也随之频繁起来。此年十一月，皇帝荐享于祖庙景灵宫，权户部尚书钱勰（字穆父）、户部侍郎蒋之奇从驾。二人均有诗赠时任卤簿使的苏轼，轼作《次韵蒋颖叔、钱穆父从驾景灵宫二首》，分别酬答二人。第一首答蒋之奇云：

归来病鹤记城闉，旧踏松枝雨露新。半百不羞垂领发，软红犹恋属车尘。雨收九陌丰登后，日丽三元下降辰。粗识君王为民意，不才何以助精禋。[3]

---

1 〔宋〕苏轼：《和蒋发运》，《苏轼诗集》卷二十七，第1432页。
2 〔宋〕苏轼：《和蒋发运》王文诰注语，《苏轼诗集》卷二十七，第1432页。
3 〔宋〕苏轼：《次韵蒋颖叔、钱穆父从驾景灵宫二首》其一，《苏轼诗集》卷三十六，第1921页。

"归来病鹤""半百不羞"云云，盖有良多仕途崎岖感慨寄寓其间。其对蒋之奇发出此等感慨，或许已视对方为知己。

接连两三日，苏轼有《次韵奉和钱穆父、蒋颖叔、王仲至诗四首》《和蒋颖叔二首》诸作，观诗题，皆是蒋之奇有赠诗，而苏轼和答。似乎蒋之奇感觉到苏轼对他已以知己视之，故彼此诗歌往来多了起来。不仅二人"隔空"酬唱，而且蒋之奇还有造访苏轼一类的活动。颇负盛名的，也许要算苏轼与王诜之间为"仇池石"借与不借引发的一段文人趣事了。苏轼知扬州时，姻亲程之元（字德儒）从岭南带回两块奇石送他。苏轼对其形状、色泽极为赏爱，特作《双石并叙》记其事。叙云："至扬州，获二石。其一绿色，冈峦迤逦，有穴达于背；其一正白可鉴，渍以盆水，置几案间。忽忆在颖州日，梦人请往一官府，榜曰'仇池'。觉而诵杜子美诗曰：'万古仇池穴，潜通小有天。'乃戏作小诗，为僚友一笑。"[1]苏轼的好友兼收藏家、驸马都尉王诜，得知其有此奇石，寄诗苏轼欲借观，一睹为快。苏轼凭借自己对王诜的了解，非常担心对方借了不想还，那这心爱之物就有去无回了。但王诜又是他多年的患难之交，对方致诗提出借观，他又难以拒绝。正在犹豫不决之际，包括蒋之奇在内的几位好友，争相发表各自意见，为其出主意。苏轼为此写有《王晋卿示诗，欲夺海石。钱穆父、王仲至、蒋颖叔皆次韵。穆、至二公以为不可许，独颖叔不然。今日颖叔见访，亲睹此石之妙，遂悔前语。轼以谓晋卿，岂可终闭不予者，若能以韩幹二散马易之者，盖可许也。复次前韵》一首长题诗记其事。钱勰、王钦臣（字仲至）主张不借，正合苏轼之意；而蒋之奇开始是赞成借的，及其到苏轼府上亲睹此石，当即改变了原来的观点，觉得太可爱了，还是不借为妙。至此，三人的建议都统一到不借上面了。剩下的是苏轼该如何体面回绝，这难不倒绝顶聪明的苏轼。他想出了一个让王诜打消借石念头的妙招：这就是让对方用所珍爱的藏品"韩幹马"做交换，他知道王诜舍不得，自然就不好强求苏轼了。果然，此招巧妙地堵住了王诜之口，苏轼保石的目的达

---

[1]〔宋〕苏轼：《双石并叙》，《苏轼诗集》卷三十五，第1880页。

到了。而在如何处置苏轼与王诜各自珍爱的宝物问题上，钱勰与蒋之奇又提出不同的建议：一个主张想办法既保住"仇池石"，又弄到"韩幹马"，兼得二物；一个主张毁掉二物，彻底断绝人之贪执之念。苏轼于是又作一诗：《轼欲以石易画，晋卿难之。穆父欲兼取二物，颖叔欲焚画碎石，乃复次前韵，并解二诗之意》，诗末有云："三峨吾乡里，万马君部曲。云卧行归休，破贼见神速。"苏轼自注："晋卿将种，常有此志。"[1]因为此时蒋之奇已得到知熙州（今甘肃临洮）的诏令，故苏轼在此以王诜有杀敌破贼之志作结，使这场发生在文人雅士间的文玩借观游戏的主题得到升华。故赵次公评价曰："'三峨吾乡里'，言真山；'万马君部曲'，言真马。我有真山，则将卧云；王有真马，则用破贼。如此假山不必爱，画马不必取也。"[2]

元祐八年正月，蒋之奇将赴熙州知州任，苏轼与钱勰、王钦臣几位友人为之饯行，并作诗一首：

> 西方犹宿师，论将不及我。苟无深入计，缓带我亦可。承明正须君，文字粲藻火。自荐虽云数，留行终不果。正坐喜论兵，临老付边锁。新诗出谈笑，僚友困掀簸。我欲歌《杕杜》，杨柳方婀娜。边风事首虏，所得盖幺麽。愿为鲁连书，一射聊城笴。阴功在不杀，结草酬魏颗。[3]

此诗清代学者如查慎行、汪师韩、纪昀、赵克宜等，均认为其中含有愤激、讥刺之意。汪师韩评云："积其愤激，发以诙谐。起四句如谑如庄，其中有雷叹颓息。"[4]诸家所言诗中的所谓愤激、讥刺之意，盖是有感于神宗熙宁至元丰年间用兵西夏而致永乐城大败的惨痛教训。史称："自熙宁以

---

1 〔宋〕苏轼：《轼欲以石易画，晋卿难之，穆父欲兼取二物，颖叔欲焚画碎石，乃复次前韵，并解二诗之意》，《苏轼诗集》卷三十六，第1948页。
2 〔宋〕苏轼：《轼欲以石易画，晋卿难之，穆父欲兼取二物，颖叔欲焚画碎石，乃复次前韵，并解二诗之意》王文诰注引，《苏轼诗集》卷三十六，第1948页。
3 〔宋〕苏轼：《送蒋颖叔帅熙河并引》，《苏轼诗集》卷三十六，第1957—1958页。
4 〔清〕汪师韩：《苏诗选评笺释》卷五，张志烈、马德富、周裕锴主编：《苏轼全集校注·苏轼诗集校注》卷三六《送蒋颖叔帅熙河·集评》，第4168页。

来，用兵得夏葭芦、吴保、义合、米脂、浮图、塞门六堡，而灵州永乐之役，官军、熟羌、义保死者六十万人，钱谷银绢不可胜计。事闻，帝临朝痛悼，为之不食。自灵武之败，秦晋困棘，天下企望息兵。"[1] 苏轼诗中所言"边风事首虏，所得盖幺麽。愿为鲁连书，一射聊城笴"，是希望蒋之奇不要以破虏贪功为念，而应该学习鲁仲连的攻心之术，边衅不起，边民庶几可以安居。《宋史·蒋之奇传》云："出知熙州。夏人论和，请画封境。之奇揣其非诚心，务守备，谨斥候，常若敌至。终之奇去，夏人不敢犯塞。"[2] 其采取的策略，与苏轼的主张是基本一致的。

元祐八年六月，友人钱勰作赠蒋之奇诗二首，苏轼和之，作《次韵钱穆父马上寄蒋颖叔二首》云：

玉关不用一丸泥，自有长城乌鼠西。剩与故人寻土物，腊糟红麹寄驼蹄。（其一）

多买黄封作洗泥，使君来自陇山西。高才得免人人羡，争欲寻踪觅旧蹄。（其二）[3]

前首称赞蒋之奇镇守熙州（今甘肃临洮），使西北边陲稳固如长城。次首预祝蒋之奇立功凯旋归来，人人羡慕之。两月后，苏轼也离朝去定州任职，十月到达任所。半年以后，哲宗亲政，改元绍圣，重用新法派，以绍述神宗之治为旗号，当权者大肆排挤元祐大臣，苏轼被降职和贬谪，流落在惠州、儋州约七年，北返中原时，已经是徽宗建中靖国元年上半年。他上疏请求在常州居住，得到准许。抵达常州不久，便病发不治，于七月下旬去世。上述两首绝句，是苏轼赠予蒋之奇的最后作品。随着元祐后期两人先后离开京师，加之朝局起变，他们之间的交往便戛然终止了。

---
1 〔明〕冯琦原编，〔明〕陈邦瞻增辑：《宋史纪事本末》卷九，《四库全书·史部·纪事本末类》，第353册，第250—251页。
2 〔元〕脱脱等撰：《宋史·蒋之奇传》，《宋史》卷三百四十三，第10196页。
3 〔宋〕苏轼：《次韵钱穆父马上寄蒋颖叔二首》，《苏轼诗集》卷三十六，第1972页。

第四节　两人交往关系峰谷相间的政治原因

从苏轼与蒋之奇交往的全过程看，二人虽然为同榜进士，都曾游于欧阳修门下，相识时间很早，且当时还有卜邻而居的"鸡黍之约"，但后来很长时间，这种关系并未得到很好维持。神宗、哲宗在位期间，他们的交往或者处于停滞，或者若即若离。从二人交往的文字看，与苏轼结交的很多朋友相比，论其数量与质量，都是比较一般化的。有的史料上记载说，苏轼与蒋之奇、钱勰、王钦臣被时人称为"元祐四友"，从本文的深入考察来看，显得有些勉强。在元祐时期，苏轼与蒋之奇交往比较密切，且彼此关系甚为亲近者，只在元祐七年下半年到元祐八年上半年的大约一年时间里，其他时段交往极少。并且，他们二人间的关系走向，呈现出高度不稳定的波动状态。虽然一开始起点甚高，相识就有卜邻而居的良好愿望，但随后的很长时间，并没有持续不断的密切交往来加深彼此的友情，增强彼此的思想、情感认同，两人的交往关系便不可避免地进入低谷期；元祐后期随着两人先后还朝担任政府重要职务，相见容易，文字往还及彼此走动也迅速增多，他们的情谊随之加深，遂使彼此交往关系达到一个高峰；可是好景不长，绍圣以后，两人的仕途命运再次出现与熙宁、元丰期间类似的情形，他们的交往也没有再持续进行下去的动力了。

造成这种交往关系峰谷迭现的原因，主要有以下方面。首先，二人政治立场不一致，导致他们在北宋的党派政治斗争中，仕途进退被时局变动所左右。处于得志与失意状态的两人，没有加强交往、密切联系的政治气候和共同语言。这时候，他们的交往关系必然进入低谷或者停滞期。其次，蒋之奇在英宗时期"濮议"之争中的立场变化，及其在熙宁变法初期主动迎合执政者以求仕进的一些表现，让十分看重人品的苏轼对蒋之奇的为人存有负面印象。这是苏轼在神宗时期的十七年间不愿主动与之交往的重要因素，他虽然口中不说什么，但心里是有看法的。最后，苏轼在仕途逆境之中，尽量避免与人主动交往，其理由是担心给别人带来麻烦，尤其对于那些仕途上志得意满之人，更是退避三舍。相反，如果对方仕途失意，苏轼倒愿意表达其同情怜悯之情，这或许是蒋之奇在元祐时期不甚得志，而苏轼乐于与之真诚交往的潜在心理因素。因为在苏轼心里，他并不记恨于人，即使是元丰初曾经亲自参与罗织"乌台诗案"罪名的台谏官员，他都没有把仇恨装在心里，仍然正常与之交往。苏轼曾言，"眼前见天底下无一个不好人"，这既是他心地善良的真实自白，也是其与那些伤害过他的人的相处之道。

第八章　苏轼与杨绘的交谊及其情感密码

苏轼与杨绘同为蜀人。他们在熙宁变法的政治背景下由相识到相知，经历二十年风雨考验，成为彼此高度信赖的亲密朋友。杨绘比苏轼年长且入仕更早，但在反对王安石推行以利为先的变法运动中，却率先表明政治立场；苏轼因用诗文形式批评新法弊端而遭遇罗织罪名被贬数年，杨绘也因被台谏诬告而被贬十年；他们两人曾先后两次任职杭州，因同为李常的朋友而在湖州参加六客之会。这些有形无形的因缘，印证了两人情真意切的深厚交谊。

杨绘，字元素，汉州绵竹（今四川绵竹市）人，生于宋仁宗天圣五年（1027），比苏轼大十岁，卒于宋哲宗元祐三年，比苏轼早十三年。他们都是在仁宗朝考取进士步入仕途，在神宗朝因反对王安石变法而遭排挤贬谪，而在哲宗元祐时期重新受到重用。由此而言，他们算是同辈人。若论名气与影响，杨绘自然无法与苏轼相提并论，但杨绘入仕比苏轼早很多。当苏轼还在努力考取功名时，杨绘已经有了在朝廷和地方丰富的任职经历，并且于仁宗嘉祐年间，曾在苏轼的家乡眉州做过知州。《明一统志》云："杨绘知眉州，吏事强敏，主于爱利及民，表里洞达，一出于诚。"[1] 这说明他是

---

1 〔明〕李贤等撰：《明一统志》卷七十一，《四库全书·史部·地理类·总志之属》，第473册，第513页。

一个勤政而干练，且施政为民的循吏。

杨绘一生，历仕仁宗、英宗、神宗、哲宗四朝，为朝官以直言极谏著称，在神宗朝仕途波动最大，特别是其反对王安石变法，屡次上书陈述其害，而被执政所忌，在官场不甚得志。也恰恰是在这一时期，他与苏轼开始了交往，两人间的情谊随着彼此不断了解而加深，成为志同道合的亲密朋友。杨绘死于元祐初年，没有遭遇哲宗绍圣亲政以后对元祐旧臣的清算打击，故其人生挫折较苏轼轻了一些。对其生平事迹知之最详的姻亲范祖禹在其死后作《天章阁待制杨公墓志铭》，记述的杨绘平生事迹为后来正史及各种史料文献所取，故研究者要了解杨绘的仕途终始及其为人等方面情况，当以此文为最具权威性和可信度。范氏言："公幼聪警隽拔，读书五行俱下，老不复忘。专治经术，工古文，尤长于《易》《春秋》。"[1]表明杨绘与宋代如苏轼这样较为典型的文人略有不同，他专攻经术，以治《易》《春秋》擅长，著有《群经索蕴》三十卷。范氏又谓其"议论必本经术"，体现出杨绘以经学为根脉的基本思想特色。同时，《墓志铭》称："（绘）工古文"，"为文章，操纸笔立书"。这既可以说明其为文思敏捷类型的古文作者，也可以理解为他不太重视或不很讲究文学表达技巧。与苏轼诗文词兼擅有所不同，杨绘似乎不太擅长为诗，今人傅璇琮等人所编的《全宋诗》仅收录其诗歌十首，不仅内容比较单一，而且水平也很一般。而词则是杨绘颇为用心的一种文学体裁，他在苏轼倅杭期间，与之多用词的酬唱形式进行文字往来。《东坡乐府》中收录了多首苏轼赠杨绘的词作，苏轼即使在后来谪居黄州时，知道杨绘在编纂《本事曲子集》，还将所搜集到的几则资料相赠，并且希望其进一步搜集完善之[2]，充分肯定其价值。杨绘后来将这些与文人作词相关的"本事"汇集成书，名为《时贤本事曲子集》印行于世，南宋时期犹存完本。除此以外，据范祖禹记载，杨绘还有《无为编》三十卷、《西垣集》三卷、《谏疏》七卷、《台章》七卷、《翰林词稿》七卷。

---

1 〔宋〕范祖禹：《范太史集·天章阁待制杨公墓志铭》，《四库全书·集部·别集类》，第1100册，第434页。
2 〔宋〕苏轼：《与杨元素十七首》其七，《苏轼文集》卷五十五，第1652页。

其身后或已有人将它们加以汇集并重新编排，在南宋王称所著的《东都事略·杨绘传》中，已记为"有集八十卷"[1]，显然应是把上述多种著述汇编在一起而以"集"总名之，故卷数有明显增加。而晁公武《郡斋读书志》、马端临《文献通考》则记录杨绘有《无为集》四十卷，不知道是传世的另一版本，还是因部分文章逐渐散亡导致卷帙减少。

第一节　苏轼与杨绘交往的几个重要节点

首先，苏轼与杨绘的交往始于何时？这个问题最先在马里扬关于苏轼"眉山记忆"与其词风嬗变相关问题考察的论文里被涉及，作者提出，"（杨绘）请知眉州之时，或正与苏轼有一段往来，而二人的订交亦始于此"，并且将订交的具体时间确定在英宗治平二年。其主要依据是，这一年春天，苏轼自凤翔"至京师"，马里扬认为两人首度相见，便在此时。[2] 但范祖禹的杨绘《墓志铭》有云："仁宗知其才，欲擢置侍从，执政以公年少抑之。改判三司户部勾院。以母老求领郡，得知眉州。奏课第一，徙知兴元府。未期年，狱空者二百八十余日。英宗书公姓名于寝殿，未及用。"[3] 则杨绘请知眉州的时间，在仁宗时而非英宗治平年间。杨绘因在眉州的政绩考课优秀，任期届满就被擢知兴元府（治所在今陕西汉中），皆为仁宗朝之事，故《陕西通志》依据《宋史》本传，明载北宋知兴元府的官员名单，杨绘名下注："仁宗时。"[4] 柯贞金根据李之亮《宋代京朝官通考》考订杨绘嘉祐四年、五年在京判三司户部勾院，治平二年、三年判吏部流内铨，主管官告院，认为其知眉州当在仁宗嘉祐四年至六年（1059—1061）。又推测"嘉祐

---

1 〔宋〕王称：《东都事略》卷九十二《杨绘传》，《四库全书·史部·别史类》，第382册，第495页。
2 　马里扬："眉山记忆"与苏轼的词风嬗变，《文学遗产》2012年第1期，第70—71页。
3 〔宋〕范祖禹：《范太史集·天章阁待制杨公墓志铭》，《四库全书·集部·别集类》，第1100册，第434页。
4 〔清〕沈青崖等纂：《陕西通志》卷二十一，《四库全书·史部·地理类·都会郡县之属》，第552册，第161页。

四年至嘉祐六年十二月期间，两人同时在京，有相见机会"。[1] 显然，这些表述是含混的。从两人的生平经历看，苏轼这几年主要在京城准备制科考试，杨绘在眉州任知州，他们各在一方。其意盖指两人在三年间可能有同时在京见面的机会，不能完全排除彼此相见的可能性。

从迄今能够见到的苏轼作品乃至其他宋人留下的文献资料中，都找不到两人在眉州或者京城相见的确凿证据。尽管马里扬于苏轼在杭州写赠杨绘的诸词中，努力寻找他们曾在眉州相见的蛛丝马迹，但因为其所认定的治平二年杨绘知眉州这个时间与范祖禹《墓志铭》等可靠文献的记载并不吻合，故所谓苏轼在家丁母忧而与知州杨绘相见甚至交往的前提就难以成立了。柯贞金又根据杨绘在神宗熙宁元年四月知谏院而后因丁母忧回绵竹，苏轼此年七月前在眉山老家丁父忧，由此推测两人在四川的行踪有交集。[2] 但揆以人情及宋代伦理规范，各自均因丁忧而在家，恐怕是不会彼此走动或者有文字往来的。

今天能够见到苏轼本人的文字记载中最早与杨绘相关者，当为其元祐三年所作《熙宁手诏记》追记的一段往事。其言曰："熙宁元年三月，故翰林学士杨绘以知制诰知谏院，上疏论曾公亮事，先帝直其言，然未欲遽行也，故除公兼侍读。公力辞不已，乃以手诏赐今龙图阁学士滕公元发，使以手诏赐公。公卒不受命，而诏遂藏于家。是岁四月，复除公知谏院，会公以母忧去官。其后二十年，公没于杭州，丧过京师，其子久中以手诏相示，且请记之。"[3] 关于知谏院杨绘上疏论宰相曾公亮用人唯亲之事，在当时是耸动朝野的一个重大政治事件。范祖禹在杨绘《墓志铭》中记其事情经过云："宰相有乘时旱歉，多买民田，及用所厚善者为修实录检讨官，又乞其子判鼓院，公累疏论列，上为罢检讨、鼓院。又重进退大臣，乃罢公谏职，除兼侍读。公力请外任。御史中丞滕元发以

---

1 柯贞金:《杨绘仕杭前与苏轼的交游考述》,《广州大学学报（社会科学版）》2015年第7期，第93—94页。
2 柯贞金:《杨绘仕杭前与苏轼的交游考述》,《广州大学学报（社会科学版）》2015年第7期，第94页。
3 〔宋〕苏轼:《熙宁手诏记》,《苏轼文集》卷十二，第403页。

为言。上手诏赐元发曰：'绘坚求外补，及乞明加黜责，盖绘未深究朕意。绘迹疏远，立朝寡识，不畏强御，知无不为。朕一见便知其忠直可信，故翌日即擢置言职，知之亦甚笃矣。今日之除，盖难与宰相两立于轻重之间，姑少避之。卿可示朕手札，谕以此意，令早承命。'公谓谏官不得其言则去，经筵非姑息之地。卒辞不受。"[1]《资治通鉴后编》亦载其事："（绘言）曾公亮不当用其子孝宽判鼓院。帝谓滕甫曰：'鼓院传达而已，何与于事？'甫曰：'人有诉宰相者，使其子传达，可乎？且天下见宰相子在是，岂敢复诉事！'帝为寝其命。"[2]这段神宗与滕甫的对话，盖取自苏轼元祐六年所作《故龙图阁学士滕公墓志铭》："谏官杨绘言宰相不当以其子判鼓院。上曰：'绘不习朝廷事。鼓院传达而已，何与于事？'公曰：'人有诉宰相者，使其子传达之，可乎？且天下见宰相子在是，岂敢复诉事？'上悟，乃罢之。"[3]

苏轼在两篇文章中具载此事的经过细节，表明其对此事非常关注，并且深以杨绘的言行为然。事情过了二十年，杨绘去世，其子扶灵柩过京师，专门找苏轼为神宗手诏作记，其中应有重要原因，绝不仅仅因为彼此的同乡关系。这个原因有可能就是苏轼于熙宁二年还朝以后，朝局出现了重大变化，神宗重用王安石推行熙宁变法，已经引起朝野剧烈震动和社会舆情沸腾。苏轼丁忧居家两年多回到汴京，因对新法的改革目标及逐步推行的各项法令不满，于熙宁二年十二月向神宗上长篇奏疏，尖锐批评新法，因而受到王安石嫉恨，处于将被排挤的仕途危局之中。杨绘自熙宁元年四月丁母忧期满还朝，于熙宁三年十二月被擢翰林学士、御史中丞[4]，且对免役法极力反对。《宋史》载："免役法行，绘陈十害。安石使曾布疏其说。诏

....
1 〔宋〕范祖禹：《范太史集·天章阁待制杨公墓志铭》，《四库全书·集部·别集类》，第1100册，第435页。
2 〔清〕徐乾学：《资治通鉴后编》卷七十五，《四库全书·史部·编年类》，第343册，第420页。
3 〔宋〕苏轼：《故龙图阁学士滕公墓志铭》，《苏轼文集》卷十五，第461页。
4 〔元〕脱脱等：《宋史》卷三百二十二《杨绘传》，第10449页。〔宋〕李焘《续资治通鉴长编》卷二百十八载杨绘擢翰林学士在熙宁三年十二月，同书卷二百二十熙宁四年二月称杨绘为御史中丞，其任翰林学士、御史中丞或应在同时。见该书第5295、5346页。

绘分析，固执前议。"[1]杨绘这种坚决反对新法的态度，无疑会令苏轼引以为政治立场相近的同调。这使两位同在京城任职的同乡有了彼此走近、开展交往的充足理由与条件。因此，笔者认为苏轼与杨绘初次相见，可能在熙宁三年末或者熙宁四年苏轼离开汴京去杭州赴任之前（十一月苏轼到杭州通判任）。

其次，苏轼与杨绘在杭州的交往。自熙宁四年十一月抵杭就职，到七年九月接到知密州的新任命，苏轼在杭州做通判的时间共计两年十个月。其间，熙宁七年七月，杨绘以新任杭州知州的身份来到杭州接替陈襄，苏轼成为杨绘的助手，一起共事仅一两个月时间。在短暂共事及彼此分离之际，苏轼作有赠杨绘诗一首，即《八月十七日，天竺山涌桂花，分赠元素》，诗言分赠杨绘桂花共享芬芳之意。[2]词计有十首之多，包括《菩萨蛮·杭妓往苏迓新守杨元素寄苏守王规甫》《诉衷情·送述古，迓元素》《南乡子·和杨元素，时移守密州》《浣溪沙·自杭移密守，席上别杨元素，时重阳前一日》《浣溪沙》（白雪清词出坐间）、《泛金船·流杯亭和杨元素》《定风波·送元素》《南乡子·梅花词和杨元素》《醉落魄·席上呈杨元素》《菩萨蛮·润州和元素》。观这些词作有数端值得注意：一是他们彼此交流感情的方式，主要选择了词这种体裁，应是苏轼知道杨绘擅长此道，故专门采用之。并且其中有三首是杨绘原作，苏轼和韵，表明杨绘用词来表达思想感情是积极主动的。二是对于作词，杨绘不仅善于用旧词调填词，而且能够自撰腔，即创制新词调，说明其对作词不仅兴趣浓厚，而且不满足于填写旧词调。《泛金船》就是杨绘的自撰腔，该词傅斡《注坡词》本有"和元素自撰腔，命名亦作《泛金船》"语，证之张先《劝金船·流杯堂唱和翰林主人元素自撰腔》，可知苏、张二人均依杨绘自撰腔而和其原韵。三是二人均有两次仕杭的经历。除开熙宁七年这次共事，杨绘于哲宗元祐二年十一月以天章

---

[1] 〔元〕脱脱等：《宋史》卷三百二十二《杨绘传》，第10449页。
[2] 〔宋〕苏轼：《八月十七日，天竺山涌桂花，分赠元素》，《苏轼诗集》卷十二，第578页。

阁待制身份由徐州徙知杭州，直至次年（1088）六月卒于任上，在杭任职时间半年多一点，杭州成为其仕途及人生的最后一站。苏轼则在杨绘去世后的第二年即元祐四年三月，被任命为知杭州军州事，再次踏上这片维系着其与杨绘深厚交谊的土地，直至元祐六年三月离任还京，在杭任职刚好两年。苏轼当年曾感叹，"可恨相逢能几日，不知重会是何年"，真是一语成谶，其再次仕杭时，杨绘任知州的事迹犹可风闻，但对方已经作古，他们的交谊被阴阳无情阻隔了。

再次，苏轼与杨绘在湖州的六客之会。熙宁七年九月，苏轼离杭将赴密州履新，杨绘离任将还京任职，他们正好一路北行。两人不仅可以多在一起待几日，而且都想前往湖州与该州知州也是共同的老朋友李常相聚，故他们同舟相伴。与二人一路同行者，还有张先、陈舜俞，都是彼此非常熟悉的好朋友。到达湖州以后，李常在州衙碧澜堂接待了期待已久的苏轼等好友，打算一同前往吴江游玩。此时在湖州赋闲居家的刘述，知道了苏轼等朋友到达湖州的消息及下一步游览计划后，欣然参与进来。六人同舟前往吴江，夜游垂虹亭并进行诗酒唱和。其中年龄最长的词人张先，想起早年父亲张维曾参与过时任湖州知州马太卿举办的宴请六老的聚会，遂作《六客词》以记此次友人雅聚。该词即今天能够见到的张先《定风波令》：

  西阁名臣奉诏行，南床吏部锦衣荣。中有瀛仙宾与主，相遇，平津选首更神清。　　溪上玉楼同宴喜，欢醉，绕堤红叶惜秋英。尽道贤人聚吴分，试问？也应中（一作旁）有老人星。[1]

这次湖州吴江的六位友人聚会，遂被命名为"六客会"。宋人吴聿《观林诗话》云："东坡在湖州，甲寅年与杨元素、张子野、陈令举，由苕、雪泛舟至吴兴。东坡家尚出琵琶，并沈冲宅犀玉，共三面胡琴，又州妓一姓周，一姓邵，呼为二南。子野赋《六客辞》。后子野、令举、孝叔化去，

---

1 〔宋〕张先：《安陆集》，《四库全书·集部·词曲类》，第1487册，第88页。

惟东坡与元素、公择在尔。元素因作诗寄坡云：'仙舟游漾霅溪风，三奏琵琶一舰红。闻望喜传新政异，梦魂犹忆旧欢同。二南籍里知谁在，六客堂中已半空。细问人间为宰相，争如愿住水晶宫。'"[1] 其所记当是元丰二年苏轼任湖州知州之时事。甲寅年，即熙宁七年，苏轼与杨绘结伴舟行途经湖州，与李常等六人同游吴江。时过五年，张先、陈舜俞、刘述业已作古，故杨绘赠苏轼诗中念及此感伤叹息不已。这种文人雅集形式，更延续到元祐时期苏轼在京城与诸多文人雅士的诗酒活动，其文化意味与影响甚为深远。

元祐六年三月，苏轼由知杭州军州事被朝廷以翰林学士承旨召还，再过湖州，与曹辅、刘季孙、苏坚、张弼等友人会聚于此。时任知州张询作为当然的东道主，操办与友人们的聚会活动。这次也正好六人，因其又在湖州进行，自然而然地被命名为"后六客会"。苏轼专门为聚会作了一首《定风波》，词序特别回忆当年的六客之会云："余昔与张子野、刘孝叔、李公择、陈令举、杨元素会于吴兴，时子野作《六客词》，其卒章云：'见说贤人聚吴分，试问，也应旁有老人星。'凡十五年，再过吴兴，而五人者皆已亡矣。"故词的上阕有句云："十五年间真梦里，何事？长庚配月独凄凉。"[2] 杨绘这位值得敬重且与苏轼建立了深厚交情的友人，也于三年前在杭州知州任上故去了。念及十五年前聚会的老友皆已亡故，苏轼不免心境凄凉，顿生世事如梦之感。

最后，苏轼谪居黄州与杨绘的文字往还。"乌台诗案"于神宗元丰二年底结案，苏轼得到责授黄州团练副使，本州安置，不得签书公事的谪罚。自元丰三年初到达黄州，到元丰七年四月离开此地，苏轼在这里度过了四年有余颇为孤寂的谪居生活。因怕连累别人，苏轼主动断绝了与很多熟人的通信联系。也有不少过去结识的亲故，害怕与苏轼有牵连而不再与之通音信，彼此日益疏远了。只有那些不计利害得失的真心朋友，才敢于冒着

---

1 〔宋〕吴聿：《观林诗话》，《四库全书·集部·诗文评类》，第1480册，第12页。
2 〔宋〕苏轼：《定风波》，《东坡乐府》卷上，第33页。

各种风险,采用不同方式关心、鼓励、帮助苏轼,为处于人生逆境中的他送去温暖和友爱,这是令其最为感动,且终生铭记在心的。这中间,杨绘就算一位不计个人得失而与苏轼保持着较为密切文字往还的友人。

在谪居黄州期间,苏轼与杨绘的书信往来共有九封,集中在元丰五、六年之间。这段时间杨绘任荆南节度副使,苏轼在黄州,虽同在今湖北境内,但因古代交通不便,彼此联系只能通过信使或者专差传递,仍有诸多不便。从这些通信中,可以看出他们之间的深厚友情及对彼此的高度信任。其中包括杨绘对苏轼生病的关心慰问,帮助苏轼物色田产,派遣专人看望苏轼并传达书信等;也包括苏轼对杨绘仕途前景的关心,对其多次致书问候病情的谢意,以及对杨绘热情为之经办买田事宜的感激等。出于对杨绘的高度信任,苏轼在书信中坦诚地谈及自己的心境、人生打算及生计问题等,这些话题非知心朋友一般不会轻易触及,可以看出他们之间无话不谈、毫无心理戒备的亲密关系。

除了书信往来,还有诗歌互赠,今存《苏轼诗集》中有元丰五年所作《次韵答元素·并引》一诗。从题目可知,是杨绘先有赠苏轼诗,然后苏轼次韵作答。苏轼次韵诗小引云:"余旧有赠元素词云:'天涯同是伤流落。'元素以为今日之先兆,且悲当时六客之亡。"[1]所引词句,即苏轼熙宁七年在润州与杨绘诀别时所作《醉落魄》词中语,所谓"先兆",盖既指苏轼被谪黄州,又指杨绘被谪荆南节度副使。王文诰《苏轼诗辑注》引冯应榴《苏诗合注》云:"《续通鉴长编》:熙宁十年五月,诏提举在京诸司库务翰林学士礼部郎中杨绘,责授荆南节度副使不签书公事,坐受所监临王永年供馈物也。则先生作诗,正元素在荆南时矣。"[2]根据范祖禹所撰杨绘《墓志铭》,言其谪居荆南七年[3],则其比苏轼谪居黄州的时间更长。他们两人先后遭流落天涯之贬,可谓命运相似,故容易产生同病相怜的情感共鸣。

----
1 〔宋〕苏轼:《次韵答元素并引》,《苏轼诗集》卷二十一,第1114—1115页。
2 〔宋〕苏轼:《次韵答元素并引》王文诰注,《苏轼诗集》卷二十一,第1114页。
3 〔宋〕范祖禹:《范太史集·天章阁待制杨公墓志铭》,《四库全书·集部·别集类》,第1100册,第436页。

第二节　二人因政治倾向相近而越走越近

细读范祖禹《天章阁待制杨公墓志铭》对杨绘生平仕宦轨迹的评述可以清楚看出，神宗即位之初，对杨绘相当赏识和器重，使他的职位快速得到升迁："神宗即位一月，召修起居注，进知制诰，知谏院，赐服金紫。"[1] 神宗即位才一个月，就把杨绘从地方召还，委以修起居注的重任，不久又擢升知制诰、知谏院，特赐金紫服。如此看重杨绘，神宗有其知人用人的独立判断，这就是他在滕甫面前所讲的："绘迹疏远，立朝寡识，不畏强御，知无不为。朕一见便知其忠直可信，故翌日即擢置言职，知之亦甚笃矣。"[2] 我们知道，神宗是一位想有一番大作为的皇帝，其对人的了解和任用，有一套独特的理念与方法，只要看中的，就大用快用，且高度信任之。他对杨绘的赏识，主要在于其忠直可信，敢做敢为。杨绘也很感激神宗的知遇之恩，故在每一个职位上，都竭虑尽忠，以图报答。这样的君臣互信关系，一直保持到熙宁四年，当时杨绘被任命为御史中丞。在这个职位上，杨绘多次上疏批评新法，质疑王安石的政治野心及对人主的忠诚度。《宋史纪事本末·王安石变法》载："（熙宁四年）秋七月丁酉，御史中丞杨绘言：'提举常平张靓等科配助役钱，一户多者至三百千，乞少裁损，以安民心。'不听。时贤士多引去以避王安石。杨绘又上疏言：'老成人不可不惜，当今旧臣多引疾求去：范镇年六十有三，吕诲年五十有八，欧阳修年六十有五而致仕，富弼年六十有八而引疾，司马光、王陶皆五十而求散地，陛下可不思其故乎？'安石闻而深恶之。"[3] 在王安石看来，杨绘的矛头是冲着自己的，所谓老成人均离开朝廷，是对新法不满的行动，杨绘让神宗思考其中原因，似乎言下有动摇神宗对自己的信任之意。其实，杨绘的本意并不反

---

1 〔宋〕范祖禹：《范太史集·天章阁待制杨公墓志铭》，《四库全书·集部·别集类》，第1100册，第434页。
2 〔宋〕范祖禹：《范太史集·天章阁待制杨公墓志铭》，《四库全书·集部·别集类》，第1100册，第435页。
3 〔明〕冯琦原编，〔明〕陈邦瞻增辑：《宋史纪事本末》卷八，《四库全书·史部·纪事本末类》，第353册，第224页。

对王安石重用新锐之人，只是希望注意新旧兼顾，各取所长。故他特别强调："为国任臣之道，惟其用之当而已，故无老少旧新之分也。然而，老而旧者，常过于重谨而难以与变法；少而新者，常喜于进取而易以与作事。臣以为二者之说，宜参取之，乃得其当。若取之偏，则少而新者，可与图其始之利而不肯虑其终之害；老而旧者，能防其终之弊而不肯谋其始之变。若能用易于作事者，俾图其始之利而裁之；听难于变法者，俾虑其终之害而防之，则事得其宜矣。"[1]王安石对于杨绘之言表示深恶痛绝，盖是担心神宗把甚信任的大臣之言听进去了，将会断送自己力推的变法，当然还有其政治前程。王安石"深恶"杨绘的情感反应在相当程度上会影响神宗的态度，其"不听"杨绘批评助役法之言，也初露端倪，自然为后来贬谪杨绘埋下伏笔。

《宋史纪事本末·王安石变法》复云："杨绘又言助役之难行者有五。……于是安石大怒。使知谏院张璪取绘、（刘）挚所论助役'十害''五难行'之事，作'十难'以诘之。璪辞不为，曾布请为之。既作'十难'，且劾杨绘、刘挚欺诞怀向背。诏下其疏于绘、挚，使各言状。绘录前后四奏以自辩。"[2]所谓杨绘言助役五难行之文，具载于明人杨士奇《历代名臣奏议》卷二五七："绘上言曰：'助役之利一而难行有五。……民惟种田而责其输钱，钱非田之所出，一也。近边州军就募者非土著，奸细难防，二也。逐处田税多少不同，三也。耆长雇人则盗贼难止，四也。衙前雇人则失陷官物，五也。乞先议防此五害，然后著为定制。仍先戒农寺无欲速就以祈恩赏，提举司无得多取于民以自为功，如此则谁复妄议。'"[3]话虽是说助役法有五个难行的原因，但其核心在于指陈助役法"害"民之处，认为如助役等新法设计本身可能无害，但职能部门和某些无良官吏在具体操作过程中，变

---

1 〔明〕杨士奇编：《历代名臣奏议》卷二五七，《四库全书·史部·诏令奏议类·奏议之属》，第440册，第335—336页。
2 〔明〕冯琦原编，〔明〕陈邦瞻增辑：《宋史纪事本末》卷八，《四库全书·史部·纪事本末类》，第353册，第224—225页。
3 〔明〕杨士奇编：《历代名臣奏议》卷二五七，《四库全书·史部·诏令奏议类·奏议之属》，第440册，第335—336页。

形走样，层层加码，以邀功请赏，使农民深受其害。王安石这一次"大怒"的情绪反应，显然更为强烈，几乎到了不能隐忍自制的程度。

　　杨绘还在这一年专门上密奏，希望神宗"不漏其言"。之所以要求如此保密，是因为所言乃政治性质极为严重的话题。杨绘揭露王安石所作文章"有异志"，提醒神宗注意防范其专权、滥权，对皇帝本人造成不利。其言云："王安石《杂说》曰：鲁之郊也，可乎？曰：有伊尹之志，则放其君可也；有汤之仁，则绌其君可也；有周公之功，则用郊不亦可乎！王安石《杂说》曰：周公用天子礼乐，可乎？周公之功，人臣所不能为。天子礼乐，人臣所不得用。有人臣所不能为之功，而报之以人臣所不得用之礼乐，此之谓称。王安石《杂说》曰：有伊尹之志，而放君可也；有周公之功，而伐兄可也；有周之后妃之贤，而求贤审官可也。夫以后妃之贤而佐王以有天下，其功岂小补哉！与夫妇人女子从夫子者，可同日语乎！臣窃谓孟子劝齐王无毁明堂者，盖当时天下无定主，故敢尔；若言之于一统之世，则孟子岂不为罪人？今王安石于君尊臣卑，重熙累盛之朝，而显然再三丁宁于伊尹放君、周公用天子礼乐之事，臣愿陛下详其文而防其志。"[1]这篇文章与前番批评助役法的言论不知孰先孰后，如果在前，则杨绘当时尚处于神宗对其高度信任阶段，这种上纲上线的危言悚论，可能神宗会以为是善意提醒，未必尽信其说，但至少觉得其忠诚可嘉。倘若是在后，那么效果就会适得其反。因为杨绘尖锐批评助役法，神宗就没有听信并采纳，现在进一步拿王安石的文章说事，神宗可能会更倾向于认为其用意在于离间君臣关系，从而对杨绘更加不信任，甚至心生厌恶了。范祖禹《墓志铭》故云："时方行免役法，公上言：司农寺升畿县户等而多取缗钱，两浙提点刑狱王庭老，提举常平张靓多率役钱至七十万。以是连忤执政，罢学士、中丞二职，以翰林侍读学士知郑州，未行改亳州。"[2]自此到熙宁七年再被召

---

[1] 〔宋〕杨绘：《上书论王安石之文有异志》，〔宋〕赵汝愚编：《宋名臣奏议》卷八十三，《四库全书·史部·诏令奏议类·奏议之属》，第432册，第37页。
[2] 〔宋〕范祖禹：《范太史集·天章阁待制杨公墓志铭》，《四库全书·集部·别集类》，第1100册，第435页。

还,杨绘出任地方长官三年,因被执政排挤而离开了京城权力中心。

苏轼虽然出道比杨绘晚得多,但其反对新法的言论,却较杨绘为早。熙宁二年十二月,时任开封府推官的苏轼因得到神宗特别召见,希望他积极为朝廷建言,鼓励与赏识之意溢于言表。于是,苏轼接连上奏《谏买浙灯状》《议学校贡举状》《上皇帝书》等,尤其是《上皇帝书》,洋洋洒洒七千余言,围绕"结人心,厚风俗,存纲纪"的几大议题,全面表达对新法的批评意见,从成立制定新法的机构三司条例司,到具体实施的青苗法、均输法、免役法等,逐一加以批判,措辞极为尖锐。苏轼在奏疏之末云:"向者与议学校贡举,首违大臣本意,已期窜逐,敢意自全。而陛下独然其言,曲赐召对,从容久之,至谓臣曰:'方今政令得失安在,虽朕过失,指陈可也。'臣即对曰:'陛下生知之性,天纵文武,不患不明,不患不勤,不患不断,但患求治太速,进人太锐,听言太广。'又俾具述所以然之状。陛下颔之曰:'卿所献三言,朕当熟思之。'臣之狂愚,非独今日,陛下容之久矣。"[1]如果说其议学校贡举改革已违执政之意,则此篇奏章,自然更招惹王安石以之为宿敌。故明人茅坤评此文云:"公感神宗之允所议贡举及停止买灯二事,以故敢为危言,痛陈时政。然所以结知主上者在此,而所以深执政之嫉怨者亦在此。"[2]据宋人陈均《九朝编年备要》卷十八所载,熙宁四年九月,侍御史知杂事谢景温得到王安石授意,以苏轼居母丧服除返京途中私贩事弹劾之:"先是,诏江淮发运湖北运司体量,直史馆苏轼居丧服除往复贾贩,及令李师中供析照验,见轼妄冒差借兵卒事实以闻。因侍御史知杂事谢景温劾轼故也。景温与王安石联姻,安石实使之。穷治卒无所得。轼不敢自明。久,补外。上令与知州差遣,中书不可;拟令通判颍州。上批出,改通判杭州。"[3]这显然是苏轼屡次上书指陈时政和痛批新法所产生的连锁政治反应。王宗稷《东坡先生年谱·熙宁四年》载:"王荆公欲变科

---

1 〔宋〕苏轼:《上神宗皇帝书》,《苏轼文集》卷二十五,第741—742页。
2 张志烈、马德富、周裕锴主编:《苏轼全集校注·苏轼文集校注》卷二十五《上神宗皇帝书·集评》,第2940页。
3 〔宋〕陈均:《九朝编年备要》卷十八,《四库全书·史部·编年类》,第328册,第477—478页。

举，上疑焉，使两制三馆议之。先生献三言，荆公之党不悦，命摄开封府推官。有奏罢买浙灯疏，御史知杂事诬奏先生过失，未尝一言以自辩，乞外任避之。"[1] 王安石等新法派有意排挤苏轼，让其远离政治中心，以免对变法造成不利的舆论影响，盖是从政治利害得失出发，与王安石自身人品高下并无多大关系。

　　苏轼在杭州任通判近三年，直到熙宁七年杨绘来接替陈襄知杭州。两位在政治上坚定反对新法的西蜀同乡，都因惹怒王安石被排挤到地方。他们二人在此相会，并且有缘一起共事，可以想象彼此相似的命运之叹及互为知音之感是何等强烈。正因此故，他们在短暂共事后又将各自履新、天各一方之际，一路同行意犹未尽，分别时才显得如此依依难舍，频繁互赠词作以诉衷曲，其情景颇有几分动人与感伤的色彩。

　　苏轼与杨绘交往的时间，倘若按照熙宁元、二年间二人相识，直到杨绘卒于杭州知州任上的元祐三年，总计有二十年之久。而如果考察他们的文字往还，则始于熙宁七年，止于元祐二年，时间跨度为十四个年头，不仅绝大部分时间处于神宗一朝，而且两人均因反对熙宁变法和对王安石执政的尖锐批评，遭遇人生的重大仕途挫折。这种政治立场的一致性，以及彼此相似的仕途失意，创造了他们在交往上越走越近的背景与条件。从两人杭州短暂共事的相见恨晚，到各自处在贬谪之地时对对方的嘘寒问暖，乃至最后时来运转时的互通款曲，的确都有政治因素在无形之间发挥着重要的推动作用。

第三节　二人文字往还流露出的情感信息

　　苏轼与杨绘二人间互赠诗歌很少，这可能跟杨绘不太擅长作诗有一定关系。在苏轼现存诗集中仅见两首，分别为熙宁七年所作的《八月十七日，天竺山诵桂花，分赠元素》，及元丰五年所作的《次韵答元素并引》。元丰

---

[1] 〔宋〕王宗稷：《东坡先生年谱》，王水照编：《宋人所撰三苏年谱汇刊》，第325页。

五年苏轼正谪居黄州。不知杨绘赠其诗的内容如何，但从苏轼的次韵诗中，可以明显感到两人同伤流落的思想情绪：

> 不愁春尽絮随风，但喜丹砂入颊红。流落天涯先有谶，摩挲金狄会当同。蘧蘧未必都非梦，了了方知不落空。莫把存亡悲六客，已将地狱等天宫。[1]

从诗的字里行间，可以看出苏轼浸润道佛思想以排解苦闷的痕迹，而"流落天涯先有谶，摩挲金狄会当同"二句，正好道出两人同是天涯沦落人的惺惺相惜之感；至于诗末两句，既劝勉杨绘，又为自己的心灵寻找安顿处。盖当年六客之会，只能保留于美好记忆之中，眼下的处境跟当时相比，不啻霄壤之别；"地狱""天宫"云者，用旷达语抒苦闷之情，境遇相似者读之，定当别有一番滋味在心头。

苏轼元丰七年结束黄州之贬，诏命量移汝州安置。他告别黄州友邻，前往汝州之前，曾致信由荆南节度副使知兴国军的杨绘，表达无缘前往相见作别之意。《与杨元素十七首》其十一云："某本欲秋间往见，而汝州之行，度不可免。见治装舟行，自洛阳出陆百八十里至汝。虽缭绕遭回，然久困，资用殆尽，决不能陆行耳。无缘诣别，惟望顺时为国自重。"[2]后来苏轼途经庐山，上山游览奇胜，并见东林总禅师。游完庐山，遂前往兴国军治所（今湖北阳新县）与杨绘相见。苏辙《丐者赵生传》云："是时予兄子瞻谪居黄州，求书而往，一见喜子瞻之乐易，留半岁不去。及子瞻北归，从之兴国。知军杨绘见而留之。"[3]苏轼专程前往兴国军看望杨绘，稍作停留，可惜此次相见，苏轼没有诗作留下来，更多具体情况已经无从知晓了。但《苏轼诗集》中保存有《自兴国往筠，宿石田驿南二十五里野人舍》诗[4]，可知苏轼确有去兴国会见杨绘之行。孔凡礼《苏轼年谱》则云："四月

---

1 〔宋〕苏轼：《次韵答元素并引》，《苏轼诗集》卷二十一，第1114—1115页。
2 〔宋〕苏轼：《与杨元素十七首》其十一，《苏轼文集》卷五十五，第1654页。
3 〔宋〕苏辙：《丐者赵生传》，《栾城集》卷三十五，第532页。
4 〔宋〕苏轼：《自兴国往筠，宿石田驿南二十五里野人舍》，《苏轼诗集》卷二十三，第1219—1220页。

一日,将自黄移汝,赋《满庭芳》(归去来兮,吾归何处)留别雪堂邻里,兴国军守杨绘(元素)令李仲翔(仲览)来黄,要苏轼道兴国,遂书此词以赠。"[1]然观苏轼该词词序,有所谓"会李仲览自江东来别,遂书以赠之"语[2],看不出李是受杨绘所遣,专程前来邀约苏轼路过兴国的。全词意思,也只字未提杨绘邀约之事,不知孔氏所言何据。此次相见虽然时间甚短,但表明苏轼对杨绘被重新启用,心里很为之高兴,专程前去看望,体现出朋友之间的真情实意。

随着元丰八年三月神宗去世,年幼的哲宗继位,太皇太后高氏临朝称制,朝局再次发生巨变,原先被新法派排挤的士大夫很快被召回朝廷,委以重任。苏轼在当年十月被从知登州任上以礼部郎中召还,尚未到任,改授起居舍人,于元祐元年正月到任。三月,迁中书舍人,又迁翰林学士、知制诰。这一番职务快速升迁,表明苏轼已经受到太皇太后的重用。在此之际,苏轼并没有忘记尚未被召入京任用的老友杨绘。元祐元年春,苏轼奉诏还朝,知杨绘尚在知兴国军任所,特致信安慰之云:

奉别忽将二载,未尝定居。到阙以来,人事衮衮,不皇上问,愧仰深矣。比日切想起居佳胜。近闻小人辄黜左右,此何品类也,乃敢如此。信知困中,无种不有。想以道眼观之,何啻蚊虻,一笑可也。知故旧皆已还朝,坐念老兄独在江湖,未免慨叹也。[3]

其中既有关心勉励之意,更有为之尚未召用鸣不平的殷切友情。

从熙宁七年杨绘知杭州与苏轼为同事至随后两人一路北行至润州分手这段时间,杨绘有数词写赠苏轼,苏轼更有多达十首词作赠予杨绘。这些词所透露的信息,反映出二人的感情甚为深厚,表明他们彼此了解之深,倾慕之久。如:《浣溪沙·自杭移密守,席上别杨元素,时重阳前一日》有"感时怀旧独凄然"之句;《浣溪沙》(白雪清词出坐间)云:"爱君才器两

---

1 孔凡礼:《苏轼年谱》卷二十三,第611页。
2 〔宋〕苏轼:《满庭芳》,《东坡乐府》卷上,第3页。
3 〔宋〕苏轼:《与杨元素十七首》其十三,《苏轼文集》卷五十五,第1654—1655页。

俱全……可恨相逢能几日，不知重会是何年"；《南乡子·和杨元素，时移守密州》云："何日功成名遂了，还乡，醉笑陪公三万场"；《泛金船·流杯亭和杨元素》云："尊前莫怪歌声咽，又还是轻别"。而《菩萨蛮·润州和元素》《醉落魄·席上呈杨元素》两词，皆在润州即将分手告别时作，其中倾诉的离别之情也最为显著：

玉笙不受朱唇暖，离声凄咽胸填满。遗恨几千秋，心留人不留。　他年京国酒，堕泪攀枯柳。莫唱"短因缘"，长安远似天。[1]

分携如昨，人生到此萍漂泊。偶然相聚还离索。多病多愁，须信从来错。　樽前一笑休辞却，天涯同是伤沦落。故山犹负平生约。西望峨眉，长羡归飞鹤。[2]

他们二人刚遇到在一起共事的机会，却不料各自接到新的任命，杨绘还京，苏轼知密州，才相逢，又告别，故言辞间充满依依不舍和深切伤感之情。"樽前一笑休辞却，天涯同是伤沦落"二句，表面看是借酒浇愁，其实内核中流露的是二人相似的人生失意。他们因政治立场相近而遭遇执政排挤打压，游走于四方，犹如无定的飘萍，甚至自叹不如归飞之鸿，找不到人生的归宿。

苏轼在谪居黄州颇为孤寂苦闷的时光里，杨绘对其很关心，并且热心提供各种帮助，为之买田一事，就是苏轼极为感激的。他在黄州写给杨绘的九封书信中，有三封都与买田之事有关。其四云：

承令弟见访，岸下无泊处，又苦风雨，匆匆解去，至今不足。示谕田事，方忧见罪，乃蒙留念如此，感幸不可言。某都不知彼中事，但公意所可，无不便者。军屯之东三百石者便，为下状，甚佳。李教授之兄又云：官务相近有一庄，大佳。……今日

1　〔宋〕苏轼：《菩萨蛮·润州和元素》，《东坡乐府》卷下，第43—44页。
2　〔宋〕苏轼：《醉落魄·席上呈杨元素》，《东坡乐府》卷下，第78—79页。

章质夫之子过此,已托于舟中载二百千省上纳。到,乞与留下。果蒙公见念,令有归老之资,异日公为苍生复起,当却为公葺治田园,以报今日之赐也。[1]

其九有云:

> 承示谕,定襄胡家田,公与唐彦议之,必无遗策。小子坐享成熟,知幸!知幸!……胡田先佃后买,所谓抱桥澡浴,把缆放船也。呵呵。凡事既不免干渎左右,乞一面裁之,不须问某也。尚有二百千省,若须使,乞示谕,求便附去。[2]

杨绘与苏轼打算在荆南合买田庄,派其弟亲往黄州与苏轼面议相关事宜。苏轼很满意,便很快托章楶之子携带一半买田款交付杨绘。杨绘也不止一次写信给苏轼,介绍具体情况,共商大计。对于杨绘提及胡家田可以先佃后买,苏轼认为条件很优惠,故用了"抱桥澡浴,把缆放船"的比喻来形容其可靠与划算。更表示剩下的一半田款,随时需要随时给付。苏轼觉得事情由杨绘操办,自己坐享其成,除了感激,别无他语;且很高兴两人作为亲密朋友,今后可以长久住在一起,安享晚年。即便杨绘被重新起用,自己也很乐意为其管理田庄,等待其告老归来。从这些书信中透露的信息,可以看出二人情投意合,相知甚深。但不知何故,买田之事最终没有成功。

当苏轼结束贬谪生涯,于元丰八年被起知登州时,杨绘得知消息,马上写了一封长信,对苏轼被起用表达祝贺之意,特派专人送达。苏轼在回信中说:"专人至,辱长笺为贶,礼意两过。契故不浅,乃尔见疏。悚息,悚息!"[3]苏轼觉得杨绘礼意太重,只有友情深厚的朋友才会如此,所以特别感激。

---

[1] 〔宋〕苏轼:《与杨元素十七首》其四,《苏轼文集》卷五十五,第1651页。
[2] 〔宋〕苏轼:《与杨元素十七首》其九,《苏轼文集》卷五十五,第1653页。
[3] 〔宋〕苏轼:《与杨元素十七首》其十,《苏轼文集》卷五十五,第1653页。

苏轼比杨绘还朝早些,且得到超常升迁,在自己春风得意之时,他心中始终惦记着患难之交杨绘,在其先后知徐州、杭州的两三年间,苏轼作有数封书信致杨绘。太皇太后用杨绘知徐州,苏轼最先得到消息,因为其除授诰命,就出自他本人之手。《杨绘知徐州》敕云:

> 敕杨绘。士有拙于谋身而巧于治民,疏于防患而密于虑国,其自为计则过矣,而朕何疾焉。先帝龙兴,首擢用尔。置之台谏,以直谅闻。言虽无功,效于今日。简易轻信,失之匪人。坐废十年,陶然自得。《诗》人所谓"岂弟君子"者,绘庶几焉。彭城大邦,吾股肱郡。政成民悦,朕不汝忘。可。[1]

杨绘以朝散大夫知兴国军的身份改知徐州,虽然军、州级别无异,但正如诏敕所言,徐州乃股肱大郡,得此郡实有被重用之意。因为自己曾经做过徐州知州,故苏轼写了两封信给杨绘,既表达对其被重用的祝贺之意,又很热心地向其介绍徐州的情况以及重要历史遗迹。诏敕虽然是代皇帝草拟,但从其措辞,也可以看出苏轼对杨绘政绩、人品的称道及对其长时间遭遇废弃的惋惜等情感倾向。

元祐二年初,苏轼面临被台谏围攻的不利局面,为了摆脱政治纷争,他上奏数章,坚请外任。在尚未得到确信之际,他写信给杨绘,言及自身的处境,由此可以窥见朝廷党派斗争的复杂险恶,其言云:

> 某近数章请郡,未允。数日来,杜门待命,期于必得耳。公必闻其略,盖为台谏所不容也。昔之君子,惟荆是师。今之君子,惟温是随。所随不同,其为随一也。老弟与温相知至深,始终无间,然多不随耳。致此烦言,盖始于此。然进退得丧,齐之久矣,皆不足道。老兄相知之深,恐愿闻之,不须为人言也。[2]

---

1 〔宋〕苏轼:《杨绘知徐州》,《苏轼文集》卷三十八,第1077页。
2 〔宋〕苏轼:《与杨元素十七首》其十七,《苏轼文集》卷五十五,第1655—1656页。

这是迄今能够见到的苏轼与杨绘最后的往还文字，在杨绘去世前的一年多，其时他仍在徐州知州任上。信中谈到当时的士大夫"惟温是随"，这些人构成的一大政治派系史称"洛党"，其中多身居台谏者。他们利用台谏官可以"风闻言事"的职务特权，将当年制造"乌台诗案"文字狱的故技又拿来重演，诬称苏轼为馆职考试所出的策题中，含有谤讪先朝之意。据苏轼所说，围攻者不止三人，"交章累上，不啻数十"[1]。苏轼坦言，自己与司马光相知至深，且身受其提携之恩，但在免役法的废存上，与其意见不同，彼此反复争论，互不妥协。苏轼在《辩试馆职策问札子二首》其二中，对此言之甚详。[2]这是他开罪于洛党台谏官员的根本原因所在，也是他坚请外任以避其锋芒的直接原因。苏轼因为与杨绘相知很深，故将自己眼下处境及与洛党不睦的原委悉以告之，体现了对杨绘的绝对信任，也是把杨绘作为可以倾诉内心政治苦闷的恰当对象。因为在当时朋党纷争加剧的背景下，若非信得过的知己，是不会轻议朝政是非和一些不尽为外人所知的敏感问题的。

---

1 〔宋〕苏轼：《辩试馆职策问札子二首》其二，《苏轼文集》卷二十七，第790页。
2 〔宋〕苏轼：《辩试馆职策问札子二首》其二，《苏轼文集》卷二十七，第791—792页。

第九章　苏轼与钱勰交谊的政治、文化底色

苏轼与钱勰同在仁宗朝入仕，都经历了神宗朝的变法斗争和哲宗朝的政局反覆，是真正意义上的同时代人。然而，因二人对待熙宁变法的不同态度，各自的仕途进退大不一样，故二人虽在熙宁初同朝共事，但并未结识。他们之间的密集交往，始于神宗死后的元丰末及元祐初，而在元祐四年至八年间逐渐达到高潮，并因彼此对诗歌酬唱的热爱和对文化人生活的沉醉，不断推升交往的频度与质量，从而建立起虽少政治成分却文学与文化色彩浓郁的互信甚笃之诗友情谊。

苏轼一生交往的士林人士甚多，而绝大多数都是因为彼此政治立场、思想观念比较一致或者接近的关系，这使他们在交往过程中拥有较为广泛的共同语言，容易形成彼此间的思想共鸣。特别是在熙宁变法及后来日益尖锐的党派斗争中，很多士大夫由于反对王安石的变法政策，遭遇仕途失意乃至严重挫折，才能得不到充分施展。这些人因为相同的不幸遭遇而结交，通过诉说类似的不幸人生境遇或者对执政者的不满，彼此的关系越来越近，最终成为带有鲜明时代政治色彩和深厚情感基调的莫逆之交。

苏轼与钱勰的交往似乎与此稍有不同。虽然二人一经正式结交就交往频密，且建立起了牢固的关系，彼此感情也很深厚，但在他们的交往内容中，政治色彩比较淡薄。其实在批评和明确反对熙宁变法的立场上，他们

的态度并不完全相同，各自的处境也略有差异。那么，这两人的交往情况又是怎样的？彼此不断加深的交谊又是依靠什么建立起来的？我们有必要带着这些问题进行一番探讨。

第一节　关于钱勰及其对新法的态度

钱勰，字穆父，生于宋仁宗景祐元年（1034），比苏轼大两岁，卒于宋哲宗绍圣四年（1097），比苏轼早去世四年。二人参加科举考试及入仕都在仁宗时代，一起经历了神宗时代的重大变法运动及因对新法态度不同而形成的两派政治势力的激烈斗争，一起度过哲宗幼冲、太皇太后垂帘听政的废除新法运动，以及哲宗亲政以后绍述熙宁政治的朝局巨变。由此看，他们可算是同时代人。

关于钱勰的籍贯，《宋史》中钱勰传因附见于《钱惟演传》，仅言惟演为"吴越王俶之子"[1]，未明钱勰为何处人。《东都事略》将其与钱昆、钱易、钱彦远、钱明逸等同传[2]，也未言其籍贯所在。后世以为其既然是吴越王钱俶后裔，自当为钱塘（今浙江杭州）人。故曾枣庄等主编的《全宋文》[3]、张志烈等主编的《苏轼全集校注》[4]，均以钱勰为钱塘人。而南宋李纲《宋故追复龙图阁直学士赠少师钱公墓志铭》则云："公讳勰，字穆父，吴越武肃王五世孙。自从曾祖忠懿王俶归朝廷，今为开封人。"[5]由此则知钱勰的曾祖钱俶入朝以后，世代皆居于开封，以钱勰为开封人，盖得其实。

对于钱勰参加科举考试的情况，史料记载多有出入。李纲所撰钱勰《墓志铭》言之最详："谏院公捐馆舍，公以遗表恩，推与其姊之夫张升卿。

---

1 〔元〕脱脱等：《宋史》卷三百十七《钱勰传》，第10340页。
2 〔宋〕王称：《东都事略》卷四十八，《四库全书·史部·别史类》，第382册，第306—307页。
3 曾枣庄等主编：《全宋文》卷一七九二，上海：上海辞书出版社，2006年，第82册，第276页。
4 张志烈、马德富、周裕锴主编：《苏轼全集校注·苏轼诗集校注》卷二六《次韵钱穆父》"题注"，第5册，第2953页。
5 〔宋〕李纲：《宋故追复龙图阁直学士赠少师钱公墓志铭》，《梁溪集》卷一百六十七，《四库全书·集部·别集类》，第1126册，第749页。

而刻意力学,以期自立。从叔父修懿公明逸质问疑义,修懿公爱之。奏授将作监主簿。皇祐三年,调监陈州粮料院。后历庐、睦、寿、苏等州酒官。虽在摧酤喧冗间,手未尝释卷。嘉祐八年,诏以六科举士。翰林沈学士文通荐公应贤良方正能直言极谏科,会神(笔者按:当作'仁')宗升遐罢举。治平三年,文通又以公应诏。熙宁二年,始召试,以第二人过阁。及廷对制策,极论新法,忤执政意,与孔文仲俱被黜还任。自是遂罢制科。"[1]

所谓谏院公,即钱勰之父钱彦远(曾知谏院),其去世前留下遗表,希望儿子以荫入仕。但钱勰推与姐夫张升卿,自己想效法祖辈、父辈,走科举入仕的道路,年少即勤苦治学,期以自立。叔父钱明逸为其奏请官职,释褐为将作监主簿。从皇祐三年至嘉祐八年的十二年间,钱勰先后在庐、睦、寿、苏四州做酒官,虽吏事冗杂,但未尝一日忘记举业,手不释卷地孜孜求学。嘉祐八年,仁宗下了六科举士的诏书,学士沈文通向朝廷举荐了钱勰,但因这年四月,仁宗驾崩,科举停办,钱勰的第一次应举,就因皇帝去世的特殊原因而告终了。英宗治平三年(1066),沈文通再次推举钱勰,但似乎这一年并未举行科举考试。《宋史·英宗本纪·治平三年》载:"(冬十月丁亥)诏礼部三岁一贡举。"[2]《宋史·选举志一》:"英宗即位,议者以间岁贡士法不便,乃诏礼部三岁一贡举。"[3]李焘《续资治通鉴长编·英宗治平三年》:"(十月丁亥)诏曰:'先帝以士久不贡则怠于学,而豪杰者不时举,故以间岁之令,冀以得人。而自更法以来,其弊浸长。何者?里选之牒仍故,而郡国之取减半;计偕之籍屡上,而道途之劳良苦,朕甚闵焉。其令礼部三岁一贡举,天下解额于未行间岁之法已前率四分取三分。'礼部奏名进士以三百人为额;明经诸科不得过进士之数。"[4]英宗尚未等到三年以后再举行贡举,就于治平四年一月驾崩了。神宗继位后,于熙宁三年(《墓志铭》谓二年不确)举行全国科举考试,钱勰参加了,有志在必得之意。

---

[1]〔宋〕李纲:《宋故追复龙图阁直学士赠少师钱公墓志铭》,《梁溪集》卷一百六十七,《四库全书·集部·别集类》,第1126册,第750页。
[2]〔元〕脱脱等撰:《宋史》卷十三《英宗本纪》,第259页。
[3]〔元〕脱脱等撰:《宋史》卷一百五十五《选举志一》,第3616页。
[4]〔宋〕李焘:《续资治通鉴长编》卷二百八,第5063—5064页。

但因为孔文仲的制策文字涉及批评熙宁变法的内容,引起王安石不满,中间出现了巨大波折。按照李纲的说法,钱勰已通过礼部考试,到了廷试的环节,因其"廷对制策,极论新法,忤执政意,与孔文仲俱被黜还任"。明言钱勰因在制策中激烈抨击新法,触忤执政,故与孔文仲一起被黜落。

对于此次科举取士,李焘《续资治通鉴长编》载于熙宁三年,且说法与李纲有所不同:

> 是岁举制科者五人,文仲所对策,指陈时病,语最切直。初考,宋敏求、蒲宗孟置第三等,上覆考。王珪、陈睦置第四等,详定韩维从初考。陶语亦稍直,绘记诵赅博,钱勰文稍工,皆入第四等。侯溥称灾异皆天数,又用王安石《洪范说》云……众皆恶其阿谀而绌之。维又奏勰文平缓,亦绌之。安石见文仲策,大恶之,密启于上,御批绌文仲。知通进银台司齐恢、孙固,屡封还御批,维及陈荐、孙永皆求对,力言文仲不当绌,维章凡五上。略曰:"陛下无谓文仲一贱士耳,绌之何伤?臣恐贤俊由此解体,忠良结舌,阿谀苟合之人将窥隙而进,为祸不细,愿改赐处分。"卒不听。[1]

在此年参加直言极谏科的五人中,初考官所定的三等只有孔文仲一人,吕陶、钱勰、张绘三人在第四等,侯溥因为策文阿谀王安石遭到众考官的反感而被黜落。后来的覆考、详定程序,分歧主要发生在孔文仲、钱勰身上。孔文仲引起考官们争议的直接原因,是其策文批评新法语最切直,赞同者置之高等,即使王安石、宋神宗君臣明确做出黜落的决定之后,考官们还要据理力争,奏论不已,其中尤以韩维表现最为突出。同样是韩维,他在详定钱勰的策文等次时,最初是认可初考结论的。值得注意的是,随后韩维又单独上奏,提出钱勰的策文很平缓,不宜入选,应予黜落。通过比较可以发现,在韩维看来,钱勰的策文与孔文仲的策文对比鲜明,其策

---

[1] 〔宋〕李焘:《续资治通鉴长编》卷二百十五,第5246页。

文最缺乏的就是孔文仲那样批判现实的激情与胆量。按照"直言极谏"这一科目的内涵要求,这显然是不太够标准的,尽管初考官已经判为第四等,他也曾表示过认同,但最终还是不客气地向皇帝表明了给予黜落的改判意见。李焘编撰《续资治通鉴长编》,主要依据官方史料及当时的士大夫奏议、笔记等,其可信度应该更高。比如关于熙宁三年这次围绕孔文仲的取舍争议,就特别在注文中引录了林希《野史》的下述记载:"孔文仲对制策,悉及时事,切直无所回避,其语惊人。初考官宋敏求、蒲宗孟署三等上;覆考官王珪、陈睦畏避,止署四等;详定官王存、韩维定从初考。故事,推恩当得京官签判,有怒其斥己者,自吕陶等皆推恩,惟文仲特黜,下流内铨遣还本任,中外大惊。"[1]林希,字子中,与苏轼有较多交往,见于苏轼诗文。绍圣元年(1094),宰相章惇屡次上章奏请任用林希为学士,而哲宗最终选择了钱勰。《宋史·王钦臣传》:"开封尹钱勰入对。哲宗言:比阅书诏,殊不满人意,谁可为学士者?勰以钦臣对。哲宗曰:章惇不喜。乃以勰为学士,钦臣领开封。"[2]章惇不喜用王钦臣,是因为他心里已有了合适的人选,就是林希。作为与苏轼、钱勰同时代人,林希在所著《野史》中记录的情况应可采信。这段记载虽然没有明确记载发生在钱勰身上的取舍争议,但至少说明围绕当年参加制科考试五人的取舍,曾引发了朝野震动的巨大争议。

从钱勰入仕以后的仕履看,其对新法并未表达过鲜明的反对态度,故其在熙宁年间的仕途经历,一直处于正常迁擢状态,且多在京师任职,不像苏轼等人因一再批评、讥讽新法而遭遇仕途挫折,被排挤出京,甚至被处以重大贬谪。《施注苏诗·次韵钱穆父》题解云:"神宗召对(钱勰),将任以清要,介甫知其必不附己,命权盐铁判官。"[3]至于为何王安石知其不附己,"施注"没有具体说明。李纲在《墓志铭》里对此道明了缘由:"有旨令东上阁门引见上殿。既对,敷奏称旨,许以清要。宰相王安石遣其弟安

---

1 〔宋〕李焘:《续资治通鉴长编》卷二百十五,第5247页。
2 〔元〕脱脱等撰:《宋史》卷二百九十四《王钦臣传》,第9817页。
3 〔宋〕施元之:《施注苏诗》卷二十四,《四库全书·集部·别集类》,第1110册,第444页。

礼谓之曰：'能一冠豸乎？'公谢曰：'家贫母老，不能远行。'安石知不附己，犹除三司盐铁判官。"[1]《宋史》钱勰本传云："明日召对，将任以清要官。安石使弟安礼来见，许用为御史。勰谢曰：'家贫母老，不能为万里行。'安石知不附己，命权盐铁判官。"[2] 显然，《宋史》的说法来源于《墓志铭》。看来，神宗召见钱勰，对于其奏对是满意的。今天可以想象，当神宗大力支持王安石推行新法时，召见臣僚必然会涉及有关变法方面的问题，且观察其对变法的立场态度。钱勰回答神宗的相关问题，都令其满意。我们便有理由认为，他当着神宗的面，表明了支持变法的政治立场，不然就不会被许以清要之官。王安石委托其弟王安礼造访钱勰，既是为了落实神宗的意旨，也是要进一步探明其政治立场，故征求其出任御使之职的意见，结果被钱勰以家贫母老的理由委婉谢绝了。即便如此，王安石依然给了他一个"权盐铁判官"的重要职位。因为在以求利丰财为宗旨的变法改革背景下，权盐铁判官直接关系到国家盐铁专卖体制的落实及由此带来的丰厚国库收入。这表明王安石相当信任钱勰，并且相信其能够贯彻变法意图和方针政策。从此次皇帝召对、执政任命的职位可以看出，钱勰并不明确反对新法，其在制科考试的策文中，不太可能因激烈批评新法而忤执政之意。不然，钱勰就不会在变法紧要关头，被任用为掌管盐铁事务的官员。

从留存至今的古代文献中，也难以找到钱勰反对新法的佐证材料。今人所编《全宋文》，收集了各种历史文献中所保留的钱勰文章，其中带有一定政论色彩的，均作于熙宁四年八月，分别是《乞择经术耆艾之士以备顾问奏》《乞参举才德之士奏》，两篇奏章都是关于用人方面的。钱勰在前篇文章中主张多选用经术通明、有守不畏、魁磊耆艾之士，兼取赅贯史学、通知古今，可以谋王体、断国论者。[3] 其中虽然主张经术与学问之士兼用不废，但更加强调重用经术耆艾之士以备顾问，为皇帝出谋划策，参定国

1　〔宋〕李纲：《宋故追复龙图阁直学士赠少师钱公墓志铭》，《梁溪集》卷一百六十七，《四库全书·集部·别集类》，第1126册，第750页。
2　〔元〕脱脱等撰：《宋史》卷三百一十七《钱勰传》，第10349页。
3　〔宋〕钱勰：《乞择经术耆艾之士以备顾问奏》，曾枣庄等主编：《全宋文》卷一七九二，第82册，第280页。

是。人们应该知道，王安石正是打着宗经重道、恢复尧舜之治的旗号推行熙宁变法的，而其变法的核心与实质乃是富国强兵，与传统所讲的尧舜之仁政相去甚远。钱勰在后文中指出："人才不悉同，而所用有宜适。用不尽其才，则虽才且无益；多才而不涉道，则为患大于不才。惟道德规矩之士，而其才足以经济世务者，此自陛下所宜长育成就，以待非常之用者也。"[1]钱勰观念中的理想人才，是道德之士而同时善于经济世务，这样的人才典范，唯王安石庶几近之。《宋史·王安石传》论："朱熹尝论安石'以文章节行高一世，而尤以道德经济为己任。被遇神宗，致位宰相。世方仰其有为，庶几复见二帝三王之盛。而安石乃汲汲以财利兵革为先务，引用凶邪，排摈忠直，躁迫强戾，使天下之人，嚣然丧其乐生之心。……'此天下之公言也。"[2]虽然朱熹对王安石贬抑难免过甚，但王安石的确称得上德行高尚又以经济天下为己任的人，而其推行的"以财利兵革为先务"的系列变法，却因难以得到老百姓的普遍接受与支持，终归失败。虽然钱勰并不一定是比照王安石来阐述其人才观念的，但至少可以看出，他对王安石所力推的新法，是不反感的。

第二节 苏轼与钱勰的交往始末

钱勰在熙宁年间的任职情况，李纲在其《墓志铭》中有如下叙述："提点四园苑，提举帐司，点检南郊一行事务，又诏措置帐法，数因事赐对，滋被眷知。"[3]这表明不仅钱勰所担任的职务多与财税有关，而且还因为其履职出色数次赐对，越来越受到神宗眷顾。元丰三年，他被任命为陕西都转运使，"专主馈运兼制置解盐"[4]，直到元丰六年出使高丽罢任，共任职

1　〔宋〕钱勰：《乞参举才德之士奏》，曾枣庄等主编：《全宋文》卷一七九二，第82册，第281页。
2　〔元〕脱脱等撰：《宋史》卷三百二十七《王安石传》，第10553页。
3　〔宋〕李纲：《宋故追复龙图阁直学士赠少师钱公墓志铭》，《梁溪集》卷一百六十七，《四库全书·集部·别集类》，第1126册，第750页。
4　〔宋〕李纲：《宋故追复龙图阁直学士赠少师钱公墓志铭》，《梁溪集》卷一百六十七，《四库全书·集部·别集类》，第1126册，第750页。

三年。钱勰在熙宁、元丰年间多担任与理财相关的京官职务，且颇受神宗器重，与众多明确反对新法的士大夫之仕途命运显著不同。可能正是因为钱勰在神宗时期的这种际遇，苏轼与他虽然在熙宁初年就有过同处朝廷任职的交集，却直到熙宁末元丰初，才有可考的文字往来。

据何江南考证，苏轼《与钱穆父二十八首》其二十，作于熙宁十年（1077）或元丰元年，因为苏轼在信中提到："某近蒙回教，令记新斋，恐必不堪用，然亦当试抒思也。曾干告丰令郭绥、支使孟易一京削。恐新年求者必多，略乞记录。"[1]何氏依据苏轼在徐州任职的时间在熙宁十年四月至元丰二年三月，推断此苏轼为僚属郭绥、孟易求钱勰荐为京官信，当作于其知徐州时。[2]李纲所作钱勰《墓志铭》记其仕履，熙宁二年至元丰三年这段时间，只说其变更了多个职位，包括"除京西路提点刑狱，秩满徙河北，又徙京东，代还，复除盐铁判官"。有可能元丰初年，钱勰在盐铁判官任上。如此，苏轼得到钱勰来信，请其为作"新斋记"，他答应了下来，借此机会，向对方询问请求其向朝廷荐举郭绥、孟易一事有无结果。这是迄今所能见到的二人交往的最早文字材料。而直到元丰末神宗去世之后，他们的交往才逐渐多了起来，既有诗歌酬唱，又有书信往还。

钱勰出使高丽还朝后，官拜中书舍人。苏轼《次韵钱穆父》一诗，作于元丰八年十二月钱勰任中书舍人时。此时哲宗已即帝位，因其幼冲，太皇太后高氏垂帘听政，朝局正在发生剧烈改变。苏轼此时已由登州知州召还，先任礼部郎中，不久迁起居舍人，故钱勰赠诗有"史观婆娑马与班，十年流落共间关。鸾凤喜见翔西省，猿鹤何劳怨北山"之句[3]，委婉道出彼此间因为仕途境遇不同，无缘开启亲密交往的遗憾。"十年流落"，正是苏轼熙宁四年被出为杭州通判以来十余年曲折经历的真实写照。苏轼次韵钱勰诗则云："故人飞上金銮殿，迁客来从饭颗山。"[4]一方面祝贺钱勰履新中

---

1 〔宋〕苏轼：《与钱穆父二十八首》其二十，《苏轼文集》卷五十一，第1507页。
2 张志烈、马德富、周裕锴主编：《苏轼全集校注·苏轼文集校注》卷五十一《与钱穆父二十八首》其二十"题注"，第5653页。
3 〔宋〕苏轼：《次韵钱穆父》王文诰题解引"施注"，《苏轼诗集》卷二十六，第1404页。
4 〔宋〕苏轼：《次韵钱穆父》，《苏轼诗集》卷二十六，第1405页。

书舍人之职，另一方面又追忆了自己十多年遭遇排挤与贬谪的仕途失意。值得玩味的是，苏轼诗中借用李白《戏赠杜甫》诗典以为比况。李白眼中的"太瘦生"杜甫，乃苦吟作诗所致。杜甫当年穷愁潦倒的形象，苏轼以为正与自己过往的那段人生经历相似；而钱勰乃先达，苏轼以李白誉之，隐含着其处境比自己幸运之意。整首诗，均从诗文交往关系方面着墨，而回避彼此的政治立场异同，这是苏轼用意巧妙之处。

钱勰的仕途转折，出现在元祐三年。此时，他知开封府已有两年时间，以处事果断的能吏形象蜚声朝野。可是，在这一年其以狱空奏闻朝廷，被台谏官员指为非实，事情以他被出知越州（今浙江绍兴）告终。李纲在其《墓志铭》中的叙述是："三年春，以狱空迁秩，公辞，不得已乃受。而言者复论狱空非实，公不自明，力丐补外。乃以本职知越州，兼两浙东路兵马钤辖。"[1]李焘《续资治通鉴长编·元祐三年》颇详其原委：

> （九月）庚戌，龙图阁待制、权知开封府钱勰知越州。朝散大夫、仓部郎中范子谅知蕲州。朝奉大夫、新提点河北西路刑狱林邵知光州。仍各罚铜二十斤。内勰展三年磨勘，坐奏狱空不实也。右正言刘安世言："臣伏见御史台劾开封官吏将大辟罪人寄厢，妄奏狱空，致朝廷误推恩赏，……进官赐服几二十人，下至胥吏，亦沾恩赐。……继而台臣抗章，弹其谬妄。陛下付之执政，按见实迹。纵不容论以全罪，犹当夺其误赏之官，少为天下诬罔之戒。而乃一切仍旧，复得名藩，使勰善去。……伏望陛下特徇公议，追勰误赏之官，黜置小郡；其余官吏，亦令改正。使天下知公朝之名器不可以幸得，非惟塞小人奔兢之路，亦助成陛下无私之政。臣所以详论之者，盖欲救正国家之大体，非特区区为一钱勰而发也。"[2]

---

[1]〔宋〕李纲：《宋故追复龙图阁直学士赠少师钱公墓志铭》，《梁溪集》卷一百六十七，《四库全书·集部·别集类》，第1126册，第752页。
[2]〔宋〕李焘：《续资治通鉴长编》卷四百十四，第10057—10058页。

钱勰被出知越州，乃因其将大辟之重囚，从监狱移寄他处，并以狱空作为政绩奏闻朝廷。开封府的大小官员因此得到推恩封赏，钱勰本人被转一官，且赐服。但事情由台谏揭露后，中书省经核实，认定狱空之奏与事实不符。言官刘安世不满意朝廷对钱勰处罚过轻，故累章奏论，最终仍然没有推翻处理结果。虽然如此，此事对钱勰的打击还是比较严重的，除了其由开封知府被"出"之外，更重要和影响久远的，则是其采取作弊手段，诓骗朝廷希求赏赐的行为本身，成为其一生中挥之不去的一个为官乃至为人的污点。

从苏轼与钱勰的诗文往还看，钱勰出知越州期间，他们的酬唱频次明显增加。在得知钱勰将出知越州时，苏轼于元祐三年九月作《送钱穆父出守越州绝句二首》以壮其行：

> 簿书常苦百忧集，樽酒今应一笑开。京兆从教思广汉，会稽聊喜得方回。

> 若耶溪水云门寺，贺监荷花空自开。我恨今犹在泥滓，劝君莫棹酒船回。[1]

字里行间充满劝慰之意，既对钱勰知开封府的成绩给予肯定，又庆幸其终于从簿书之苦中解脱出来，可以在远离京城的地方樽酒欢娱，劝其不要急于回到京城来。

清人汪师韩云："史称钱勰知开封府，临事益精。……其出守越州，因坐奏狱空不实，亦由与王安石辈不相能，故前作以赵广汉、郤愔为比，次作点窜李（白）诗语，无穷清新。"[2] 说此时钱勰犹因"与王安石辈不相能"而被出，与实际不符。自太皇太后高氏垂帘听政以后，新法派势力已经完全失势，而受器重者，乃是司马光、吕大防、刘挚、吕公著、范纯仁等新

---

[1]〔宋〕苏轼：《送钱穆父出守越州绝句二首》，《苏轼诗集》卷三十，第1589—1590页。
[2] 张志烈、马德富、周裕锴主编：《苏轼全集校注·苏轼诗集校注》卷三十《送钱穆父出守越州绝句二首·集评》，第3327页。

法反对派人物。《宋史·司马光传》:"哲宗幼冲,太皇太后临政,遣使问所当先。光曰:'开言路。'……起光知陈州,过阙,留为门下侍郎。"[1]苏轼《司马温公神道碑》云:"元丰之末,臣自登州入朝,过八州以至京师,民知其与公善也,所在数千人,聚而号呼于马首曰:'寄谢司马丞相,慎毋去朝廷,厚自爱以活百姓。'"[2]可知苏轼还朝以前,司马光已被重用。从司马光入朝开始,就有意贬斥新法派人物,他们连在朝的机会都没有,怎么可能在钱勰去留问题上再发挥作用?

元祐四年三月,苏轼经多次上奏请求,被以龙图阁学士充两浙西路兵马黔辖知杭州,七月初到任,与钱勰成为同在两浙任职且彼此地界接壤的地方官,这为他们之间加强交往提供了十分便利的条件。苏轼初至杭州,作《次韵钱越州》诗赠钱勰,有"年来齿颊生荆棘,习气因君又一言"之句[3]。《施注苏诗》中该诗题注云:"穆父与公以气类厚善……后又和云:'欲息波澜须引去,吾侪岂独在多言。'意皆有在也。"[4]所引另一首赠钱勰诗句,乃是《次韵钱越州见寄》中的末联。苏轼诗前两句谓年来慎于作诗,但因钱勰之故,旧习难改,因次其韵而为诗。后两句所称之"波澜",乃指被言官弹奏之事。《施注苏诗》特别点出苏轼因言官弹劾其所制策题有"谤讪"之意,为避台谏锋芒,屡章求去的党争背景。[5]而钱勰同样因言官奏论,不得已被出,两人的遭遇颇为相似,故施氏谓二人"以气类厚善",酬赠甚勤。见于《苏轼诗集》者,除上面提及的两首外,还有《次韵钱穆父紫薇花二首》《闻钱道士与越守穆父饮酒送二壶》诸诗,可为印证。李纲在钱勰《墓志铭》中特别指出:"苏翰林轼时帅钱塘,唱和往来无虚日,当时以比元、白。"[6]说

---

[1] 〔元〕脱脱等撰:《宋史》卷三百三十六《司马光传》,第10767页。
[2] 〔宋〕苏轼:《司马温公神道碑》,《苏轼文集》卷十七,第512页。
[3] 〔宋〕苏轼:《次韵钱越州》,《苏轼诗集》卷三十一,第1644—1645页。
[4] 〔宋〕施元之:《次韵钱越州》题解,《施注苏诗》卷二十八,《四库全书·集部·别集类》,第1110册,第495页。
[5] 〔宋〕施元之:《次韵钱越州》题解,《施注苏诗》卷二十八,《四库全书·集部·别集类》,第1110册,第495页。
[6] 〔宋〕李纲:《宋故追复龙图阁直学士赠少师钱公墓志铭》,《梁溪集》卷一百六十七,《四库全书·集部·别集类》,第1126册,第752页。

二人"唱和往来无虚日",也许有夸张的成分,但既然士林比之以唐代诗人元稹、白居易,则彼此酬赠之勤是比较引人注目的。元祐五年(1090)十月,钱勰改知瀛州(《续资治通鉴长编》卷四百四十九),这表明他们同在两浙任职的时间重合部分计有一年三个月,能够达到唐代元稹与白居易那样的友情深度,施元之的评价并不为过。苏轼于元祐六年八月移知颍州,钱勰得知消息,赠诗致意。苏轼作《次韵答钱穆父,穆父以仆得汝阴,用杭越酬唱韵作诗见寄》答之,末联云,"清诗已入新歌舞,要使邦人识雅言"[1],对钱勰之诗做出高度评价,许为"清诗""雅言",称其别具品格,非俗流所能到。《与钱穆父二十八首》其七亦云:"辱示雄篇,古人所谓味无穷而炙逾出者,不肖何敢庶几乎?"[2]其言虽有自谦意,但对钱勰诗歌艺术水平颇为称许,当出自苏轼真心。

元祐六年九月,钱勰由知瀛州改任江淮荆浙等路发运使[3],赴任途经颍州,约十月前后得与苏轼相见。[4]分别时苏轼作《临江仙》词送之,其中有"一别都门三改火,天涯踏尽红尘""惆怅孤帆连夜发,送行淡月微云"等句[5],可见宦海流转中故人相见之惊喜与离别之惆怅情状。

除诗歌频繁酬唱之外,两人的书信往来也较为频繁。在保存于《苏轼文集》中写给钱勰的二十八封书信里,约有十一二封作于杭州,占到总数的将近一半。这些书信的内容相当广泛,既有关于彼此诗歌酬赠往来体现私人情谊方面的,也有涉及公务活动关系民生疾苦方面的,几乎无话不谈。苏轼到任杭州不久,钱勰致信问候,随即提点两浙路刑狱杨杰(字次公)自越州来杭州造访苏轼,在与之交谈中了解到钱勰的生活起居之后,苏轼回信云:

---

1 〔宋〕苏轼:《次韵答钱穆父,穆父以仆得汝阴,用杭越酬唱韵作诗见寄》,《苏轼诗集》卷三十四,第1804页。
2 〔宋〕苏轼:《与钱穆父二十八首》其七,《苏轼文集》卷五十一,第1504页。
3 〔宋〕李焘:《续资治通鉴长编》卷四百六十六,第11135页。
4 薛瑞生:《东坡词编年笺注》卷三《临江仙·送钱穆父·考证》,西安:三秦出版社,1998年,第605页。
5 〔宋〕苏轼:《临江仙·送钱穆父》,《东坡乐府》卷上,第29页。

前日辱书及次公到，颇闻动止之详，慰浣无量。微疾想由不忌口所致，果尔，幸深戒之。某亦病寒嗽，逾月不除。衰老有疾难愈，岂复如昔时耶？承和揉菊词，次公处幸见之。未由会合，千万顺候自重。[1]

钱勰所和苏轼《揉菊词》，今天已经无法见到了。从这封书信看，苏轼对钱勰生病颇为关心，并推心置腹地劝诫对方注意忌口，毕竟岁月不饶人，衰老有疾难愈成为常态，不能再像年轻时那样无所顾忌。最后表达希望相会之意，言辞相当恳切。

元祐五年，钱勰以好茶相赠，苏轼回信表达了谢意："惠茶既丰且精，除寄与子由外，不敢妄以饮客，如来教也。然细思之，子由既作台官，亦不合与吃，薛能所谓'赖有诗情'尔。呵呵。公久外，召还当在旦夕，扫榻奉候矣。"[2] 对于钱勰所送好茶，苏轼非常珍惜，除一部分分享给弟弟苏辙之外，绝不用来招待一般客人。谈到给苏辙分享钱勰所送的好茶，苏轼引用唐代诗人薛能《谢刘相寄天柱茶》"赖有诗情合得尝"的诗句，来说明此举乃是珍视朋友私谊，而与所任公职无关。用语幽默，增添雅趣的同时，更可见彼此间的亲近关系。

苏轼在与钱勰的第五封通信中，提及弟弟苏辙的女婿王适英年早逝的不幸消息："某近得家报，王郎子立暴卒于奉符，为之数日悲恸，在告亦缘此也。此君受知于公，想亦为之凄惋。子由远使归来，闻之，烦恼可知。"[3] 苏轼在王适死后，为之作墓志铭云："始予为徐州，子立为州学生，知其贤而有文，喜怒不见，得丧若一，曰：'是有类子由者。'故以其子妻之。与其弟遹子敏，皆从余于吴兴。学道日进，东南之士称之。余得罪于吴兴，亲戚故人皆惊散，独两王子不去，……余与子由有六男子，皆以童子从子立游，学文有师法，人人自重，不敢嬉宕，子立实使然。"[4] 王适不仅是苏轼

---

1 〔宋〕苏轼：《与钱穆父二十八首》其二，《苏轼文集》卷五十一，第1502—1503页。
2 〔宋〕苏轼：《与钱穆父二十八首》其三，《苏轼文集》卷五十一，第1503页。
3 〔宋〕苏轼：《与钱穆父二十八首》其五，《苏轼文集》卷五十一，第1503页。
4 〔宋〕苏轼：《王子立墓志铭》，《苏轼文集》卷十五，第466—467页。

在徐州所接纳的学生，同时又为钱勰所赏识；此人在苏轼兄弟落难时，不仅没有像很多人那样弃之而去，反而始终追随左右，还作为苏轼兄弟六个儿子的师友，竭诚教授他们立身为文之道。正因为这些特殊背景，苏轼在王适三十五岁去世时，及时将不幸消息告诉了钱勰，想必他会为其不幸早逝而伤感。

除开诗词酬唱及叙述私谊之外，民生公务，也在其通信中屡次涉及。如浙西遭遇严重水灾，苏轼作为地方最高军政长官，曾数次上疏朝廷，要求及时赈济，情辞激切，爱民之心跃然纸上。他在元祐五年写给钱勰的信中，与其详细讨论救灾济民的对策：

> 惟浙西数郡，水潦既甚，而七月二十一、二、三三日大雨暴风，几至扫尽，灾伤既不减去岁，而常平之备已空。此忧在仆与中玉。事有当面议不可以尺书尽者，屡以此意招之，绝不蒙留意云。冬初方过，浙西虽子功旦夕到，然此大事，得聚议乃济。数舍之劳，譬如来一看潮，亦自佳事，试告公以此意劝之，勿云仆言也。如何？如何？吾侪作事，十分周备，仅可免过，小有不至，议者应不见置也。米方稍平，更一月必贵。日夜望中玉来，放脚手籴得十余万石，相次漕司争籴军粮及上供，必大翔涌。其他合行遣事，未易一一遽言。愿公因会度，可言即言之，幸甚！幸甚！此事，某已两削矣。[1]

文中提到的中玉，即王瑜，时任两浙路提点刑狱。苏轼在信中，恳请钱勰力劝王瑜到杭州视察灾情，与自己当面商议赈济灾民之策。其中最为紧要者，乃是趁米价尚未暴涨之时，抓紧购置，以填补常平仓之严重亏空，作为下一步救济灾民的储备粮；如果动作迟缓，漕运司大量采购军粮及上供皇粮，必然引起米价腾涌，那时再买就耗费巨大了。为了动员不愿到杭州来的王瑜，苏轼甚至想出让钱勰劝其去杭州观潮的主意，真可谓煞费苦

---

[1] 〔宋〕苏轼：《与钱穆父二十八首》其十一，《苏轼文集》卷五十一，第1505页。

心！还说自己做事格外小心周备，以免贻人口实。从这种推心置腹的交流，不仅可以看出苏轼的爱民心切，而且显示出其与钱勰相知之深，互信之笃。

苏轼与钱勰诗文往还频繁的另一个时期，出现在他们几乎同时还朝共事的阶段。

元祐七年八月，苏轼被朝廷以兵部尚书召还，而据《续资治通鉴长编·哲宗元祐七年》载，"（六月戊辰）龙图阁待制知青州钱勰权户部尚书"[1]，可见两人相隔两个月先后都回到朝廷担任要职。自此，他们开启了一个颇为频密的诗文交往过程。

《次韵蒋颖叔、钱穆父从驾景灵宫二首》作于元祐七年十一月，第二首酬赠钱勰，开头二句云，"与君并直记初元，白首还同入禁门"[2]，追忆二人自元祐元年同在紫薇阁当值的往事，中间先后在两浙为官，而今都成了白发人，又得同入禁门，还朝共事，可谓缘分不浅。这种缘分，正是他们加强交往和增进友谊的绝好时机。

此年十二月除夕之前，苏轼致书钱勰，对其丧偶表示劝慰，并且希望对方及早从悲戚之中走出来，以乐观的态度面对未来的生活：

> 多日不接奉，思企不可言。辱教字，承起居佳胜。浴会不得暇赴，盖除夜有婚会，两日纷纷也。嘉篇幸蒙录示，"愁人泪眼"之句，读之悯然。公达者，何用久尔戚戚。嘉节，且一笑为乐，区区之祝也。[3]

何江南根据李纲所撰钱勰《墓志铭》考证，认为其妻吕氏（吕居简之女）先钱勰五年卒，钱勰卒于绍圣四年，其妻当卒于元祐七年某月。[4]苏轼在信中说，久不得钱勰书信与诗作，格外思念。而近来对方既致书信，又

---

1 〔宋〕李焘：《续资治通鉴长编》卷四百七十四，第11306页。
2 〔宋〕苏轼：《次韵蒋颖叔、钱穆父从驾景灵宫二首》其二，《苏轼诗集》卷三十六，第1922页。
3 〔宋〕苏轼：《与钱穆父二十八首》其二十一，《苏轼文集》卷五十一，第1507页。
4 张志烈、马德富、周裕锴主编：《苏轼全集校注·苏轼文集校注》卷五十一《与钱穆父二十八首》其二十一"题注"，第5654页。

抄录佳作,颇为欣慰。但钱勰作品中流露出的忧愁情绪,却让苏轼深感不安,故回信开导劝慰之:在春节临近之际,要快乐起来,用达者的心态面对生离死别,这是作为老朋友的衷心企望。此信虽不长,但字里行间透露出两人相知相惜的情怀,颇为真挚感人。

还朝数月间,苏轼与钱勰各自忙于公务,难有私下见面畅叙的机会,令苏轼发出了"与公咫尺胡越"的感叹。[1]元祐七年十月,朝廷令他们的共同好友蒋之奇(字颖叔)为熙州知州。在其即将启程赴任之际,苏轼致信回复钱勰,赞成其主张几个朋友共同出钱为蒋饯行的想法,希望抓紧张罗。[2]次年正月,苏轼与钱勰、王钦臣共同为蒋之奇饯行,且作有《送蒋颖叔帅熙河并引》,其叙云:"颖叔出使临洮,轼与穆父、仲至同饯之,各赋诗一篇,以'今我来思'为韵,致遣归之意。"[3]依据苏轼《次韵钱穆父会饮》"主人独贤劳,金谷方流驰"句,可知此次聚会是在钱勰家里举办的,故苏轼特别作此次韵诗,慨叹人生,缅怀友谊。诗云:

> 弹冠恨不早,挂冠常苦迟。盛服每假寐,角䚢时伏思。东门未祖道,西山空拄颐。逝将江海去,安此麋鹿姿。要当谋三径,何暇择一枝。与君几合散,得酒忘醇醨。君谈似落屑,我饮如弈棋。居官不任事,造物真见私。主人独贤劳,金谷方流驰。行人亦结束,杕杜乃归期。公卿虽少安,河流正东驰。我得会稽去,方回良不痴。[4]

此诗前十句述说自己的仕途经历及由此引发的人生感触;中间八句陈述与钱勰的分合经历;"行人亦结束"二句,带出蒋之奇外任事;结尾四句回到自己身上,谓政见与执政多有不同,将继蒋之后,到钱勰曾经做过知州的越州任职。苏轼在诗中发出如此感慨身世的叹息,且以离开朝廷

---

[1] 〔宋〕苏轼:《与钱穆父二十八首》其二十二,《苏轼文集》卷五十一,第1508页。
[2] 〔宋〕苏轼:《与钱穆父二十八首》其二十七,《苏轼文集》卷五十一,第1509页。
[3] 〔宋〕苏轼:《送蒋颖叔帅熙河并引》,《苏轼诗集》卷三十六,第1957页。
[4] 〔宋〕苏轼:《次韵钱穆父会饮》,《苏轼诗集》卷三十六,第1928—1929页。

为幸事，这与他当时正遭受台谏官员围攻、在朝中处境艰难直接相关。他自被从杭州召还之时起，就多次上奏请求外任，对回京任职深感不安，其《杭州召还乞郡状》一篇长文，言之尤其详尽而恳切。他说："所以不避烦渎，自陈入仕以来进退本末，欲陛下知臣危言危行，独立不回，以犯众怒者，所从来远矣。又欲陛下知臣平生冒涉患难危险如此，今余年无几，不免有远祸全身之意，再三辞逊，实非矫饰。……臣若贪得患失，随世俯仰，改其常度，则陛下亦安所用。臣若守其初心，始终不变，则群小侧目，必无安理。虽蒙二圣深知，亦恐终不胜众。所以反覆计虑，莫若求去。"[1]由此知其在诗中慨叹仕途进退及向往归隐，乃是向可信赖的朋友倾诉心声与苦闷。

元祐八年八月，苏轼罢吏部尚书，出知定州，请求朝辞而未获准，他已预感到朝局正在酝酿着重大变化。九月出京赴任，钱勰前往送行，并赠诗及书信。苏轼作次韵诗云："联镳接武两长身，鹓鹭行中笑语亲。九子羡君门户壮，八州怜我往来频。"[2]钱勰生有九子，士林戏称为"九子母夫"，故苏轼用"九子羡君门户壮"戏之，而与下句"八州怜我往来频"相对举，颇有人生无定之无奈感慨。苏轼除和其诗外，又修书回复钱勰云："昨日远勤，从者草草就别，慨怅不已。使至，又辱手诲，仍以高篇宠行，读之增恨怆也。……所欲言，非可以笔墨，既想已目击，自余惟若时自爱而已。"[3]钱勰远送苏轼，两人联镳并辔而行，笑语亲切，情景动人。既别之后，顿生恨怆，因为有许多话难以尽言，也不好形诸笔墨间，只能靠彼此意会了。苏轼想说而不好说的话，应该与此时朝局将变有关，谓钱勰已有所见，只有道一声自爱珍重而已，言外含有前途未卜的一丝隐忧。

这一诗一书，成为苏轼与钱勰交往的收官之作，他们之间延续了约十五年的情谊，便以这种送别的方式宣告结束了。哲宗亲政以后，他们天各一方，再无诗文往还的痕迹。

....
1 〔宋〕苏轼：《杭州召还乞郡状》，《苏轼文集》卷三十二，第914页。
2 〔宋〕苏轼：《和钱穆父送别并求顿递酒》，《苏轼诗集》卷三十七，第1994页。
3 〔宋〕苏轼：《与钱穆父二十八首》其二十八，《苏轼文集》卷五十一，第1509页。

第三节　二人交谊深厚的原因

从以上梳理的两人交往过程看，彼此诗文往还最密集的时段，主要集中在元祐四年以后的数年里。此前纵然有过书信往来，不仅数量仅见，而且也是为某件请托的具体事项而发。苏轼是否为钱勰撰写了"新斋记"，钱勰是否用力举荐了苏轼所请托的两位僚吏，已无从查考。而到苏轼知杭州时，钱勰在邻郡越州任职，他们的交往突然间变得频密起来，彼此的友情也日渐深厚。这种交往势头又因两人几乎同时还朝为官得以继续保持。虽然苏轼曾有"咫尺胡越"的感叹，但他们彼此的思慕、信赖仍在不断深化着，作诗酬唱的频度有增无减。在两人同处京城的半年时间内，苏轼作有《次韵蒋颖叔、钱穆父从驾景灵宫二首》《次韵钱穆父会饮》《次韵穆父尚书侍祠郊丘瞻望天光，退而相庆，引满醉吟》《次韵奉和钱穆父、蒋颖叔、王仲至诗四首，见和西湖月下听琴》等十余首诗，超出其在杭州时所赠钱勰诗的总和。而自苏轼离京知定州，钱勰以诗、信相赠以后，他们的交往便戛然而止了。这一发展轨迹显得有些诡异，其背后的原因是什么？是哪些主要因素促成了二人在较短时间内友情迅速提升，之后又突然中断的呢？

南宋人施元之试图对二人结成深厚友情的原因给出一种解释，他认为最重要的是彼此"以气类厚善"。[1]"气类"，即气质类似。在笔者看来，二人的诗人气质、文化人气质的确颇为相似，这不仅决定了他们交往的主要方式、基本内容，更是彼此互相欣赏、倾慕，进而不断加深了解与友情的主要催化剂。

与苏轼在反对王安石变法时期结交的多数友人不同，钱勰因为其祖上当年归附赵宋王朝的特殊历史背景和身份，不会在政治上有什么过激言论，尤其是对于神宗力推的熙宁变法，无论其内心怎么想，表现出来的，主要是顺从的姿态。即使有所进言，也都尽量态度温和，谈论一些并不敏感的

---

[1]〔宋〕施元之：《施注苏诗》卷二十八，《四库全书·集部·别集类》，第1110册，第495页。

话题,诸如用好人才、发挥宿儒的顾问作用等,不会引起皇帝和执政者的反感或者迁怒。这样,钱勰在熙宁变法异常激烈的政治斗争中,仕途不仅未受影响,反而因为在财税工作方面的突出才能受到神宗的器重,多次被单独召见。李纲说其因制科对策跟孔文仲一样激烈抨击新法而遭考官黜落,没有可信的事实依据。

哲宗亲政,改元绍圣,一反元祐之政,重用当年的变法拥护者,而元祐旧臣被无情清算,苏轼因此遭遇了新一轮重大贬谪,行迹远至岭海之外。而钱勰在绍圣中,仍然颇受哲宗倚重,甚至有皇帝任命其为执政的许诺(李纲《墓志铭》)。但因曾撰章惇谪辞,指斥其为人无节行,而此时章惇为相掌权,钱勰心生畏惧。《宋史》本传云:"哲宗莅政,翰林缺学士,章惇三荐林希,帝以命勰,仍兼侍读。以尝行惇谪词,惧而求去。帝曰:岂非'鞅鞅非少主之臣,硜硜无大臣之节'者乎?朕固知之,毋庸避也。"[1]哲宗不太当回事,但章惇却深嫉恨之,鼓动御史台官员攻之不已,最终钱勰被出知池州,在任两年,卒于官舍。当苏轼经历七年海外贬谪生活回到常州时,钱勰已经去世四年。在哲宗绍圣数年中,苏轼与钱勰完全断绝了诗文往还,两人曾经相当深厚的情谊突然中止,极大可能仍然是政治因素在发挥作用,就跟熙宁年间的情形一样。

元祐时期,当年反对新法的士大夫受到重用,废弃了王安石的所有新法,苏轼也迎来了其一生中仕途最辉煌的阶段。再看钱勰,据李纲所撰钱勰《墓志铭》:"哲宗即位,差权摄开封府,正官还自顿递乃罢。元祐元年,移给事中,继除龙图阁待制,权知开封府。"[2]直到元祐三年,其因奏狱空不实被出知越州、瀛州。四年后的元祐七年,被召还朝,出任户部尚书、知开封府等要职。其仕途虽有一段到地方任知州的波折,但主要原因在于其邀功心切而被台谏弹劾,还朝后职位又得到进一步升迁,仍然被重用。

---

[1] 〔元〕脱脱等撰:《宋史·钱勰传》,《宋史》卷三百十七,第10350页。
[2] 〔宋〕李纲:《宋故追复龙图阁直学士赠少师钱公墓志铭》,《梁溪集》卷一百六十七,《四库全书·集部·别集类》,第1126册,第751页。

当两人同在两浙任职时，因为州境相邻，互通音信方便，故他们用诗歌酬唱的方式，开启了彼此交往的一个新阶段。李纲《墓志铭》叙述钱勰知越州的一段轶事云："公既怀绂故乡，过家上冢，挥金亲旧，日引宾朋，饮酒赋诗，讼庭萧然，至终日无一事。苏翰林轼时帅钱塘，唱和往来无虚日，当时以比元白。"[1]有过知开封府的历练，知越州对于钱勰来说很轻松，没事时就招引一帮宾朋饮酒赋诗，这是其最喜欢，也是最擅长的事情。恰好邻州有大诗人苏轼在，故酬赠诗文，互通款曲，成为两人志同道合的一桩乐事。

两人先后还朝任职以后，虽然职位不同，但都属于政府六部，办公地点相距不远，为彼此诗文往还带来更方便的条件。他们的居所似乎也比较近，以致彼此可以去对方家聚会、畅谈，苏轼就曾写一便笺给钱勰说："知盛会早散，能过家庖煮菜夜话否？"[2]看来短笺写于邀请钱勰来家夜话的当日，苏轼知道钱勰参加的"盛会"散了，便邀请其晚上到家里吃饭夜话，畅叙完了再回家。有时，在处理公务中，彼此也可以来一番即兴唱和。李纲《墓志铭》记载："苏轼时为礼部尚书，每俟公治事时，送诗求和。公不废决遣，即次韵答之，辞意赡丽。轼大惊，以简谢曰：'电扫庭讼，响答诗筒，亦数年来故事也。'其为当世所重如此。"[3]此简见于苏轼《与钱穆父二十八首》其二十五，其文云："伏暑，伏想起居康胜。老妇病稍加，某亦自伤暑，殊无聊，遂且谒告免词事也。一诗谩呈。电扫庭讼，响答诗筒，亦数年来故事也。呵呵。"[4]伏暑天气，酷热无聊，加之告病居家，无所事事，苏轼便作诗一首赠给时为开封知府的钱勰，并且跟对方开玩笑说：一边快速处理庭讼，一边即兴作诗，这是两人数年来屡试不爽的"故事"，希望钱勰尽快应酬作答。这个有趣的案例，能够充分体现两人交往的方式及

----

[1] 〔宋〕李纲：《宋故追复龙图阁直学士赠少师钱公墓志铭》，《梁溪集》卷一百六十七，《四库全书·集部·别集类》，第1126册，第752页。

[2] 〔宋〕苏轼：《与钱穆父二十八首》其二十六，《苏轼文集》卷五十一，第1509页。

[3] 〔宋〕李纲：《宋故追复龙图阁直学士赠少师钱公墓志铭》，《梁溪集》卷一百六十七，《四库全书·集部·别集类》，第1126册，第752页。

[4] 〔宋〕苏轼：《与钱穆父二十八首》其二十五，《苏轼文集》卷五十一，第1508—1509页。

其所领略到的无穷乐趣。无论在生病时，生活无聊中，还是公务繁剧状态，他们都把作诗当成最能获得精神愉悦及彼此情感交流的有效方式，乐此不疲。钱勰的诗才被苏轼所看重，这倒并非李纲过誉，钱勰的确称得上与苏轼频繁酬唱切磋的对手。苏轼写给钱勰的诗作多为次韵，可知在彼此唱和过程中，主动方多为钱勰，且苏轼在多封写给钱勰的书信中，对其赠诗予以高度评价。

苏轼与钱勰的交谊，算得上是以诗会友的典型。值得注意的是，在苏轼与钱勰的众多唱和诗中，很少关涉政治话题，也几乎不谈论时局。这既可以理解为两人之间达成的一种默契，也可以视为苏轼对钱勰身世的充分理解。因此，虽然他们不能算政治上的盟友，没有共同的政治立场作根基，但这并不妨碍两人因对诗歌的共同热爱与偏好成为交情深厚的挚友。

深化他们这种交往情谊的另一重要原因，则是二人的文化人本色。举世公认，宋代文化高度发达繁荣，文人士大夫引领着社会文化风尚。苏轼作为宋代文化人的典型代表，无论是文学艺术创作，还是生活情趣的倡导，都对当时和后世起着范式作用。比如元祐时期苏轼在京城参与的"西园雅集"，在湖州的"六客会"，都对当时士林及后世文人集会产生了很大影响。发生于元祐七年十二月苏轼与王诜（字晋卿）的"借石"之争，钱勰参与了全过程，并发表意见，由此可见这群文化人的"争吵"情趣，也可窥见宋代文化人的生活习尚之一斑。

元祐七年三月，苏轼到知扬州任。他得到姻亲程之元（字德儒）从岭南带回的两块奇石，苏轼极为赏爱，作《双石并叙》，以记其事。[1]二石之"奇"，主要在于苏轼所赋予的丰富文化内涵。由二石的形状色泽，他想到知颍州时曾梦见去到一官府，榜有"仇池"二字。醒来后，想起杜甫流寓秦州时曾作咏仇池诗句，苏轼因名其色绿者为仇池石。苏轼的好友兼收藏家王诜，得知其有此奇石，寄诗欲借观之。苏轼揣度，王诜可能是以借为名，实欲夺之。但毕竟王诜是自己的好友，不借不好，借了又担心失其所

---

1 〔宋〕苏轼：《双石并叙》，《苏轼诗集》卷三十五，第1880页。

爱,故作《仆所藏仇池石,希代之宝也。王晋卿以小诗借观,意在于夺。仆不敢不借,然以此诗先之》,在对奇石进行一番描绘渲染后,苏轼写道:

　　风流贵公子,窜谪武当谷。见山应已厌,何事夺所欲?欲留嗟赵弱,宁许负秦曲。传观慎勿许,间道归应速。[1]

　　清人汪师韩评曰:"末用归璧事,低回往复,如见其依依不舍,恋恋有情。"[2]能把诗写得如此动人,可知此石确为苏轼心爱之物。在借与不借拿不定主意时,钱勰、王钦臣、蒋之奇纷纷发表各自的意见,钱、王主张不借,而蒋认为该借。为此,四人各自作诗,阐述自己的理由。王钦臣之所以主张不借,是因为他出使时曾路过仇池山,觉得此石所呈现的色泽图景,与真山毕肖。胡仔《苕溪渔隐丛话·前集》载:"东坡云:'余在颍州,梦至一官居,人物与俗无异,而山川清远,有足乐者。顾视堂上,榜曰仇池。觉而念之:仇池,武都氏故地,杨难当所保,余何为居之?……他日,工部侍郎王钦臣仲至谓余曰:吾尝奉使过仇池,有九十九泉,万山环之,草木鲜丛,可以避世,如桃源也。'"[3]苏轼听朋友如此形容,自然更加珍惜了。而开初主张出借的蒋之奇,当其见到仇池石之后,表示后悔前言,改变了立场。既然都主张不借,该如何体面回绝?苏轼终于想出一招,让王诜用最珍爱的唐代画马名家韩幹所画"散马图"作交换,以此逼退对方,故作《王晋卿示诗,欲夺海石。钱穆父、王仲至、蒋颖叔皆次韵。穆、至二公以为不可许,独颖叔不然。今日颖叔见访,亲睹此石之妙,遂悔前语。轼以谓晋卿,岂可终闭不予者,若能以韩幹二散马易之者,盖可许也。复次前韵》长题诗回复王诜。此招一出见效,王诜果然不愿意。事情本来有了苏轼想要的结果,可以到此结束。但钱勰、王钦臣、蒋之奇三人意犹未尽,

---

[1] 〔宋〕苏轼:《仆所藏仇池石,希代之宝也。王晋卿以小诗借观,意在于夺。仆不敢不借,然以此诗先之》,《苏轼诗集》卷三十六,第1941—1942页。
[2] 张志烈、马德富、周裕锴主编:《苏轼全集校注·苏轼诗集校注》卷三六该诗《集评》引,第6册,第4127页。
[3] 〔宋〕胡仔:《苕溪渔隐丛集·前集》卷二十六,北京:人民文学出版社,1984年,第187页。

还想把这段文坛趣话往前推进：钱勰主张既不借石，又欲得画，只赚不亏；蒋之奇主张焚画碎石，以断人之贪念。为此苏轼又作《轼欲以石易画，晋卿难之，穆父欲兼取二物，颖叔欲焚画碎石。乃复次前韵，并解二诗之意》，诗中所谓"欲观转物妙，故以求马卜"[1]，道出了这桩"借石求马"逸事的文化人之间以诗斗智的妙趣所在，读之令人解颐。

---

1 〔宋〕苏轼：《轼欲以石易画，晋卿难之，穆父欲兼取二物，颖叔欲焚画碎石。乃复次前韵，并解二诗之意》，《苏轼诗集》卷三十六，第1948页。

第十章　苏轼与周邠基于共同爱好的交谊

苏轼与周邠在杭州共事的三年，恰逢宋神宗专信王安石力推系列新法的敏感时期。他们二人因为同岁，且能有缘共事，彼此皆格外珍惜。在此期间，他们通过诗歌酬赠和畅游湖山等方式，寻求政治思想认同，不断加深私人情谊，并在此基础上建立互信，成为朝暮相从、相互欣赏的知音。这段不寻常的经历，还对二人此后的仕途进退与命运走向，产生了重要而复杂的影响。

第一节　周邠其人

周邠，字开祖，杭州人。在宋代的正史如南宋王称《东都事略》及元代脱脱等撰的《宋史》中，其事迹无考。《宋史》中唯一提到周邠姓名的，是在《舒亶传》里。元丰二年舒亶弹劾苏轼时，指责其与士大夫结为朋党："'（苏轼与）王诜辈公为朋比，如盛侨、周邠固不足论，若司马光、张方平、范镇、陈襄、刘挚，皆略能诵说先王之言，而所怀如此，可置而不诛乎？'帝觉其言为过，但贬轼、诜，而光等罚金。"[1]清人徐乾学《资治通鉴后编》记载神宗元丰二年"乌台诗案"之狱的处置情况，在记述舒亶弹劾苏轼的言辞时，也提到苏轼与盛侨、周邠等朋比为党，苏轼、苏辙、王诜

---

[1] 〔元〕脱脱等撰：《宋史·舒亶传》，《宋史》卷三百二十九，第10603页。

等被贬谪，自张方平、司马光至周邠、颜复等二十二人，均被罚铜。[1]周邠能够在宋史中留名，乃是因为其与苏轼的交往关系：苏轼于熙宁四年十二月到杭州任通判，时周邠为钱塘县令，由于工作原因，他们就开始有了正式接触，并很快成为诗友和至交，故苏轼《次韵周邠寄〈雁荡山图〉二首》其二有"西湖三载与君同"之语。[2]在杭州约三年的时间里，苏轼总共写有赠答周邠的诗作十六题十八首，应该算是其在杭州期间与友人诗歌往来最频繁、数量最多的一位。苏轼后来离开杭州，先后在密州、徐州、湖州任知州，与周邠的诗文联系一直没有间断。从这些彼此往还的文字中，可以看出他们之间的友情相当深厚，他们互相关心，互相鼓励，几乎到了无话不谈的程度。正因如此，在赠答周邠的多首诗作中，苏轼有意无意间流露出对新法流弊的关注及其仕宦不太如意的相关内容，特别是其到达湖州知州任上所作的《次韵周开祖长官见寄》一诗，还被纳入"乌台诗案"的审理范围。苏轼接受审问时，承认其中带有讥讽时政的含义。周邠被牵连受罚，乃是因为与苏轼的密切交往及其赠答诗文。

周邠的生卒年代，自来不明。但苏轼《次韵周开祖长官见寄》诗明言："旧游到处皆苍藓，同甲惟君尚黑头。忆昔湖山共寻胜，相逢杯酒两忘忧。"[3]《次韵周邠》亦云："羡君同甲心方壮，笑我无聊鬓已皤。"[4]表明他们既为同年，又兼同事，这被彼此视为一种缘分，故相互交往颇多，感情甚笃，且分别后还长期保持着联系。苏轼在"乌台诗案"中接受审讯时也特别提到："熙宁六年，因往诸县提点，到临安县，有知县大理寺丞苏舜举，来本县界外太平寺相接。轼与本人（周邠，下同）为同年，自来相知。本人见轼，复言舜举数日前入州，却被训狐押出。"[5]根据苏轼这些诗文所提供的信息，我们可以清楚地知道，周邠与苏轼乃同年，故其生年当确定为仁

---

1 〔清〕徐乾学：《资治通鉴后编》卷八十四，《四库全书·史部·编年类》，第343册，第546页。
2 〔宋〕苏轼：《次韵周邠寄〈雁荡山图〉二首》其二，《苏轼诗集》卷十四，第699页。
3 〔宋〕苏轼：《次韵周开祖长官见寄》，《苏轼诗集》卷十九，第982页。
4 〔宋〕苏轼：《次韵周邠》，《苏轼诗集》卷二十六，第1402页。
5 〔宋〕朋九万：《乌台诗案·寄周邠诸诗》，四川大学中文系唐宋文学研究室编：《苏轼资料汇编》上编，第二册，第591页。

宗景祐三年（1036）。至于周邠的卒年，依据现有资料已无法确考。傅璇琮等编纂的《全宋诗》所作周邠小传，谓其徽宗政和元年（1111）尚为释怀显《钱塘胜迹记》作序[1]，说明此时仍然健在。依此推算，周邠应该卒于七十五岁以后。

  周邠的仕宦情况，今天尚不能梳理出一份互相连贯的完整履历表。所能知道的，是其仕途的一些大致情况。他在仁宗嘉祐八年考中进士，这年四月，仁宗去世，英宗继位，周邠释褐进入仕途，应该在治平年间。当苏轼于熙宁四年到杭州任通判时，周邠时任钱塘县令，他此前是否担任过其他朝廷或者地方职务，无史料可考。他在钱塘县令职位上的任期，于熙宁七年届满。苏轼在这一年的四月作有《杭州牡丹开时，仆犹在常、润，周令作诗见寄，次其韵，复次一首送赴阙》诗，今《苏轼诗集》保存了两首同韵诗，孔凡礼谓此诗乃苏轼四月离开润州，至丹阳与周邠分别时所作。[2]第一首是次原韵答之。第二首乃送其赴阙，其中有"天静伤鸿犹戢翼，月明惊鹊未安枝。君看六月河无水，万斛龙骧到自迟"之语[3]，赵克宜将前二句评为"凄惋之音"[4]，表明苏轼诗中带有为周邠仕途久滞下僚表示同情惋惜之意；同时，又对其热情勉励，希望不必太在意一时进退得失，有"龙骧"之才必将大器晚成。周邠此行因为是进京磨勘待任，故苏轼诗中用此劝慰勉励之。如此看来，周邠在任钱塘县令以前，应该做过地方下层官吏，迁擢甚慢，故苏轼以其才能尚未得到有效发挥为言。

  周邠此次赴京调任，所得新职为乐清县（今浙江乐清市）令。苏轼《与周开祖四首》其三有"承脱湖北之行而得乐清，正如舍鱼而取熊掌，甚可贺也"之句[5]，似乎周邠先有湖北某职之任，随即改命乐清令，苏轼比喻

1　傅璇琮等主编：《全宋诗》卷七二六，第8404页。
2　孔凡礼：《苏轼年谱》卷十三，第275页。
3　〔宋〕苏轼：《杭州牡丹开时，仆犹在常、润，周令作诗见寄，次其韵，复次一首送赴阙》其二，《苏轼诗集》卷十一，第557页。
4　〔清〕赵克宜：《角山楼苏诗评注汇钞》，张志烈、马德富、周裕锴主编：《苏轼全集校注·苏轼诗集校注》卷十一该诗《集评》，第1122页。
5　〔宋〕苏轼：《与周开祖四首》其三，《苏轼文集》卷五十六，第1669页。

此次改任为舍鱼而得熊掌,是可贺的好差遣。关于苏轼此信的写作时间,诸家看法不一。孔凡礼以为作于熙宁七年于丹阳送别周邠之后赴密州途中[1],王文龙以为作于元丰二年四月[2],潘猛补以为作于熙宁八年秋冬之交[3]。据潘文引明代万历《乐清县志》及《温州府志》所列宋知县任职年表,周邠被列在熙宁八年[4],则潘说似可信。盖周邠熙宁七年秋冬之际赴京调任,其得命赴任当在熙宁八年。况且苏轼在信中明言"久别思渴,不言可知"[5],不类熙宁七年刚分别时语,至少是时隔数月乃至更长时间,方有此感。

周邠在乐清县令任上,三年届满,因为接替者未能按时到任实现交接,致其迟至元丰二年十二月仍然滞留在乐清。苏轼"乌台诗案"所牵连遭受处分的一干人等,周邠名列二十二位罚铜者名单中,被称为"乐清县令"[6],表明此时周邠的身份仍然是乐清县令。元丰四年四月起,周邠任溧水县令[7]。

哲宗于元丰八年三月继位,是年十一月,周邠在管城县令任上,与监察御史刘挚并上书请改管城县为郑州。哲宗从其请,成功改名。[8]有研究者以为其于元祐元年正月知管城县,不确。[9]如果按照宋代三年一磨勘的规定,其溧水县令的任期应该元丰七年届满,那么其改任管城县令的时间,应该在元丰七年的上半年。此后他做过寿州通判,时间长短不详。哲宗绍圣年间,周邠先后知泰州、饶州。元符二年(1099),"周邠诉雪本身罪犯状内称:'前日非辜冤抑,幸得申诉于今日大公之朝,傥蒙昭雪,则臣之元降一

---

1 孔凡礼:《苏轼年谱》卷十三,第301页。
2 张志烈、马德富、周裕锴主编:《苏轼全集校注·苏轼文集校注》卷五六《与周开祖四首》其三注[一],第1122页。
3 潘猛补:《周邠生平及任职乐清考略》,《温州大学学报(社会科学版)》2016年第5期。
4 潘猛补:《周邠生平及任职乐清考略》,《温州大学学报(社会科学版)》2016年第5期。
5 〔宋〕苏轼:《与周开祖四首》其三,《苏轼文集》卷五十六,第1669页。
6 〔宋〕李焘:《续资治通鉴长编》卷三百一,第7333页。
7 〔宋〕周应合撰:《景定建康志》卷二十七,《四库全书·史部·地理类·都会郡县之属》,第489册,第287页。
8 〔宋〕李焘:《续资治通鉴长编》卷三百六十一,第8638页。
9 潘猛补:《周邠生平及任职乐清考略》引述方健《北宋士人交游录》之说,《温州大学学报(社会科学版)》2016年第5期,第74页。

官，庶有望于还复'等语言，罢知吉州，送吏部与合入差遣。"[1]据李焘《续资治通鉴长编》所载，此时呈送诉状者周邠的官职是吉州知州，状中所言被降一官，并非元丰二年受苏轼"乌台诗案"牵连之事，因为当年的处罚只是罚铜，并未降职。且依据右正言邹浩奏疏所言，此次受理申诉的时间起点为元丰八年，申诉事由明确为"更改法度、言涉附会讥讪文书"这一范围[2]。照此推断，周邠在哲宗即位以后，或许因为更改法度，或者言涉附会讥讪的罪名，曾被降职处罚。他申诉的目的，就是为自己昭雪，并且要求纠正被降职的处理结果。但其申诉不仅没有成功，而且被认定诉讼理由不成立，被罢免了吉州知州的官职，由吏部另行差遣。周邠何以被降职，是否如当时朝廷所判定的诉理不当，其中有没有党派纷争的因素在背后发挥作用，今天已经无法考知详情了。

清人厉鹗《宋诗纪事》谓周邠官至朝请大夫、轻车都尉[3]。查《宋史·职官志》，朝请大夫为文散官从五品[4]，轻车都尉为武勋官之一[5]。而宋代的官员任职，以差遣为实任，文散官只是寄禄的品级，"凡除职事官，以寄禄官品高下为准"[6]。可知周邠所任朝请大夫，并非职事官，只是寄禄官品级。可能是其任知州时，按照朝请大夫的品级定其俸禄。还有一种可能，这是其致仕时或之后加赠的官衔，体现朝廷对老臣的优待政策，这在宋朝是比较普遍的做法。故知州应该是周邠一生仕宦所历的最高实职岗位。

第二节 苏轼与周邠在杭州的交往

苏轼于熙宁七年四月送周邠赴阙磨勘调任，自己也于这年九月离开杭州前往密州任知州，他们先后告别曾经一起共事、留下许多美好记忆的杭

---

1 〔宋〕李焘：《续资治通鉴长编》卷五百十三引邹浩奏疏语，第12198页。
2 〔宋〕李焘：《续资治通鉴长编》卷五百十三引邹浩奏疏语，第12196页。
3 〔清〕厉鹗：《宋诗纪事》卷二十三，上海：上海古籍出版社，1983年，第570页。
4 〔元〕脱脱等撰：《宋史》卷一百二十二《职官志》九，第4050页。
5 〔元〕脱脱等撰：《宋史》卷一百二十二《职官志》九，第4061页。
6 〔元〕脱脱等撰：《宋史》卷一百二十二《职官志》九，第4060页。

州。他于熙宁九年在密州收到周邠寄来的《雁荡山图》和诗作，赓即次原韵赠诗二首，其二首联即云："西湖三载与君同，马入尘埃鹤入笼。"[1]其中包含的感情是很复杂的。一方面，作者对与周邠在杭州同事三年充满深情，见其所寄《雁荡山图》，勾起了许多往事记忆。诗句中的"同"，既指他们为同事，也指任职的时间略同，整整三年都在一起共事。另一方面，用"马入尘埃鹤入笼"来形容他们在杭州的任职经历，表明苏轼自己对被排挤到杭州任通判之职是有些失望和牢骚情绪的，似乎对方的感受也与之类似。次联"东海独来看出日，石桥先去踏长虹"言彼此分别之事，苏轼自己来到东海边上的密州，周邠去了与天台山邻近的乐清，可谓南北暌违，天各一方。颈联"遥知别后添华发，时向樽前说病翁"作设想语，谓周邠别后添了华发，经常樽酒忆及与自己的那些往事。尾联"所恨蜀山君未见，他年携手醉郫筒"从己方立言，谓遗憾周邠未曾到过西蜀，对自己的家乡不熟悉，寄望于他年携手蜀中，一起开怀畅饮，共叙友情。《唐宋诗醇》评此诗云："盖因其所见，而致其未见之思。结更以'蜀山君未见'为恨，匪自矜以傲人，盖其交谊反复缠绵，盎然言表。"[2]苏轼在密州不止一次在写给周邠的信中，表达思念之情，如前述作于熙宁八年的那封信，其中有言："久别思渴，不言可知。"[3]似乎这种深切的思念，是不言而喻的，想来对方的感受也一样。熙宁九年苏轼收到周邠寄赠的《雁荡山图》，不仅写了次韵诗，还专门写了回信，其中说："往日相从湖山之景，何缘复有。"[4]不单是杭州湖山之景引人入胜，更重要的是有良朋相从，这样的缘分再也没有了。

苏轼与周邠在杭州共事的三年，不仅对二人之间的密切关系和在此基础上建立起来的浓厚感情很重要，而且影响到他们后来的仕途进退与政治前途，可谓树欲静而风不止。何以苏轼对与周邠在杭州相从三年有如此深厚的感情？这一路他们二人是如何走过来的？要求得答案，必须深入考察

---

1 〔宋〕苏轼：《次韵周邠寄〈雁荡山图〉二首》其二，《苏轼诗集》卷十四，第699页。
2 〔清〕爱新觉罗·弘历敕撰：《唐宋诗醇》卷三四，张志烈、马德富、周裕锴主编：《苏轼全集校注·苏轼诗集校注》卷十四该诗《集评》，第1435页。
3 〔宋〕苏轼：《与周开祖四首》其三，《苏轼文集》卷五十六，第1669页。
4 〔宋〕苏轼：《与周开祖四首》其二，《苏轼文集》卷五十六，第1669页。

分析他们在这段时间里的交往详情。

首先,苏轼与周邠"相从"最多的,无疑是一起游览杭州周边的湖山、寺庙等名胜古迹,并互相赠答唱和。这方面的诗作,在苏轼这一时期赠答周邠的作品总数中,占到大多数。不妨以熙宁六年为例,考察一下他们一起游览杭州山水的情况。在苏轼现存赠答周邠的诗词作品中,最早者为他熙宁六年寒食日与周邠、徐畴两县令一起游西湖时作的《寒食未明至湖上,太守未来,两县令先在》诗(收入词集名《瑞鹧鸪》),其中"鼓吹未容迎五马,水云先已飐双凫"之句[1],正谓太守陈襄未至,而周邠、徐畴先在也。天不亮苏轼就去游湖,而周邠他们已经先等在那里,表明大家的游兴都甚浓厚。《五月十日,与吕仲甫、周邠、僧惠勤、惠思、清顺、可久、惟肃、义诠同泛湖游北山》《会客有美堂,周邠长官与数僧同泛湖往北山,湖中闻堂上歌笑声,以诗见寄,因和二首,时周有服》,此两题三诗,记述的应该是熙宁六年五月中间隔很近的两次游览北山的活动。头一次是苏轼、周邠与几位僧人一起前往的;第二次则是苏轼在有美堂会客,没有参加周邠与几位僧人游览北山的活动,周邠主动寄诗,苏轼次韵作答。苏轼为第一次同游北山所作的五言诗,写了寻僧的过程,及游山所见景物,最后归结于对此次游玩的感触:"世人骛朝市,独向溪山廉。此乐得有命,轻传神所殔。"[2]抒发了诗人与世人不同的游山玩水之快乐情怀,说能够享受这种乐趣的人,乃是命中注定,故不宜轻易宣传,不然会遭遇神谴。这里苏轼想要特意表达的,是跟志同道合的朋友一起,到清幽僻静的环境里享受自然恩赐,陶冶情操,是一件无比快乐之事,只可与知者道,不宜与俗人言。其实,苏轼透过字里行间,还含蓄地流露出另一层意思,即当时的"世人",都热衷于奔竞朝市名利之场,只有自己和周邠这样的被政治排挤的人,才有机会游览溪山,独得幽趣。诗用"独"字、"命"字,均含有复杂情感。苏轼因会客未能参与第二次的北山之游,周邠主动赠诗,此诗保

---

[1] 〔宋〕苏轼:《寒食未明至湖上,太守未来,两县令先在》,《苏轼诗集》卷九,第442—443页。
[2] 〔宋〕苏轼:《五月十日,与吕仲甫、周邠、僧惠勤、惠思、清顺、可久、惟肃、义诠同泛湖游北山》,《苏轼诗集》卷九,第453页。

存在《咸淳临安志》中,后被《宋诗纪事》辑录,即《湖中闻有美堂上歌笑声寄苏公》:

> 堂上歌声想遏云,主人休整碧纱裙。妆惨粉落胭脂晕,饮剧杯深琥珀纹。簪屦定知高楚客,笑谈应好却秦军。莫辞上马玉山倒,已是迟留到夜分。[1]

宋人王十朋《东坡诗集注·会客有美堂周邠长官与数僧同泛湖往北山湖中闻堂上歌笑声以诗见寄因和二首时周有服》诗"题解"引尧卿说,诗题作《簪屦》[2],盖取周邠诗第五句头二字为题,似当以《咸淳临安志》所用之题为是。苏轼得周邠赠诗,作次韵诗二首,其一云:

> 霭霭君诗似岭云,从来不许醉红裙。不知野屐穿山翠,惟见轻桡破浪纹。颇忆呼卢袁彦道,难邀骂座灌将军。晚风落日元无主,不惜清凉与子分。[3]

作者在第六句下自注:"皆取其有服也。"此诗前四句赞周邠诗,且想象其泛湖北山之游;后四句写自己在有美堂会客景况,五、六二句用晋袁耽和汉灌夫典故,皆取二人"有服"之意,表明苏轼当时曾邀请周邠参与有美堂会客,而对方因有服在身推辞了。从周邠诗题看,苏轼这次会客,不仅有美酒,而且有歌伎唱曲跳舞助兴,气氛相当欢庆热烈,的确不太适合有服在身的周邠参加。关于周邠有服一说,围绕其所服者为谁,历来学者看法颇有分歧。清人查慎行《苏诗补注·周夫人挽词》解"周夫人"云:"疑是周开祖之母。本卷《次韵答开祖》诗有'蒸豚未害为纯孝,狸首何妨助故人'之句,可作此题注脚。"[4]认为周邠乃是为其母服丧,故苏轼《次韵

---

1 〔宋〕周邠:《湖中闻有美堂上歌笑声寄苏公》,〔清〕厉鹗:《宋诗纪事》卷二十三,第571页。
2 〔宋〕王十朋:《东坡诗集注》卷十二,《四库全书·集部·别集类》,第1109册,第207页。
3 〔宋〕苏轼:《会客有美堂,周邠长官与数僧同泛湖往北山,湖中闻堂上歌笑声,以诗见寄,因和二首,时周有服》,《苏轼诗集》卷九,第453—454页。
4 〔清〕查慎行:《苏诗补注》卷四七,《四库全书·集部·别集类》,第1111册,第907页。

周邠》诗有称赞其孝顺之句。潘猛补以周邠未按规定回家居丧为由,认为其服乃是为妻[1]。观苏轼《次韵答开祖》诗"蒸豚未害为纯孝,狸首何妨助故人"二句所用之典,看似符合为母服丧的用意,然诗的三四句有云:"好唤游湖为路便,难邀入社为诗频。"[2]看来此时的周邠是不需要居家服丧的,不然苏轼也不会经常邀请其一道游湖玩乐了。古代服丧制度,按照亲疏关系不同而有多种形式,包括丧服的形制、服丧的期限,以及服丧的形式等。夫为妻服,最长为一年,且不必辞职居家。照此看来,周邠当时所服,乃是丧妻,并非如查慎行所说为其母服丧。须知,苏轼对于子女为父母服丧守制是非常看重的,他为此特别表彰过朱寿昌,而严厉批判过李定。如果周邠是丧母,其不遵守居家服丧的规定,恐怕苏轼是不会容忍的,何况还主动邀请其出游!

同年七月,苏轼独游净慈寺,周邠赠诗,邀其共游灵隐寺,苏轼次韵答之。王十朋《东坡诗集注·病中独游净慈谒本长老周长官以诗见寄仍邀游灵隐因次韵答之》"题注"引尧卿语云:"周邠长官云:'窃闻子瞻学士,昨日飘然单乘,独出南屏,旋至北山,穷幽览胜,真得物外自适之趣。邠尝从欧阳公,诗云:使君厌骑从,车马留山前。行歌招野叟,共步青林间。然明公今日之乐,正得于此。因成诗一章上寄,云:放归驺骑独寻山,直入青萝翠霭间。谢客藜杖方自适,阮公蜡屐许谁攀?何愁白发能添老,须信黄金不买闲。应向林泉真得趣,徜徉终日未经还。'"[3]从周邠的诗序中,可以看出其对苏轼信步独游山寺林泉无穷乐趣的理解,因为他曾从苏轼的座主欧阳修游玩,其在诗中就极力抒发这种独自寻幽览胜的快乐心情。周邠赠诗的后四句,盖是向苏轼表达一同游林泉之意。故苏轼次韵作答,末二句云"欲问云公觅心地,要知何处是无还"[4],表示乐意一同游灵隐,造访本禅师,探讨感兴趣的佛教问题。

1　潘猛补:《周邠生平及任职乐清考略》,《温州大学学报(社会科学版)》2016年第5期,第75—76页。
2　〔宋〕苏轼:《次韵答开祖》,《苏轼诗集》卷四十七,第2611页。
3　〔宋〕王十朋:《东坡诗集注》卷十二,《四库全书·集部·别集类》,第1109册,第208页。
4　〔宋〕苏轼:《病中独游净慈,谒本长老,周长官以诗见寄,仍邀游灵隐,因次韵答之》,《苏轼诗集》卷十,第474—475页。

八月，苏轼提点境内诸县，行至临安。一两天后，周邠、李行中二人也来到临安。他们结伴同游径山，苏轼作有《与周长官、李秀才游径山，二君先以诗见寄，次其韵二首》，其中第一首答周邠：

> 少年饮红裙，酒尽推不去。呼来径山下，试与洗尘雾。痴马惜障泥，临流不肯渡。独有汝南君，从我无朝暮。肯将红尘脚，暂著白云屦。嗟我与世人，何异笑百步。功名一破甑，弃置何用顾。更凭陶靖节，往问征夫路。[1]

其中"独有汝南君，从我无朝暮。肯将红尘脚，暂著白云屦"诸句，可以看出苏轼与周邠关系密切之程度，朝暮相从，如影随形。故苏轼来到临安县，一两天后周邠便赶去一同游径山，并且以诗寄之，一定是向其表达稍后前往，与之结伴寻游的意愿。苏轼自然很高兴，热情欢迎其到来。因为他们是真正喜欢山水之乐的知心朋友，兴趣爱好高度一致，登高赋诗，彼此唱和，才能尽其雅兴。此次游玩结束后，周邠、李行中离开了，苏轼继续其未完的诸县提点工作。不久周邠便又有诗相赠，苏轼复次韵作答，遂成《径山道中次韵答周长官兼赠苏寺丞》之作。诗中"缅怀周与李，能作洛生咏。明朝三子至，诗律严号令"[2]等句，表明苏轼又将与周邠、李行中、苏舜举三人相聚，或许还有结伴游览的计划，故诗中特别提及作诗唱酬之事。

九月九日，苏轼游西湖，想寻周邠、李行中二人一起游玩，未果；而同一日，周邠也在湖上寻苏轼，没有见到，便以诗赠之。苏轼得诗，于次日次韵作答。诗云："诗人杳未来，霜艳冷难宅。君行逐鸥鹭，出处浩莫测。"[3]看来这是一次彼此没有事先相约的出游，苏轼一时兴起，便去游湖，

---

1 〔宋〕苏轼：《与周长官、李秀才游径山，二君先以诗见寄，次其韵二首》其一，《苏轼诗集》卷十，第488页。
2 〔宋〕苏轼：《径山道中次韵答周长官兼赠苏寺丞》，《苏轼诗集》卷十，第499页。
3 〔宋〕苏轼：《九日，湖上寻周、李二君，不见，君亦见寻于湖上，以诗见寄，明日乃次其韵》，《苏轼诗集》卷十，第509页。

以为可以在湖上碰上周邠和李行中,却没有寻见;殊不知随即周邠就有赠诗寄达,表达了在湖上相寻未遇的遗憾。他们彼此虽然没有在湖上碰面,但这次相寻的过程却是饶有趣味的:好像都是即兴出游,都猜想对方必定在湖上,必定能够遇到;然而事不凑巧,偏偏都没有寻到对方;事后才知道,的确当天他们都出游了,并且都以为能够在湖上相遇。这种预感和期望,正缘于他们喜好出游,以及对对方这种爱好的深切了解与心领神会。

其次,苏轼与周邠的交往日益紧密和感情不断深入,乃是以彼此相近的政治立场和相似的人生境遇为基础的。宋神宗继承皇位以后,迅速启动旨在富国强兵的变法进程,在即位的一年多时间里,密集进行重大人事布局调整,为其实施变法做准备。这从王安石的擢用过程可以清晰看出。神宗于治平四年正月即皇帝位,九月,任命王安石为翰林学士;熙宁元年四月,诏王安石越次入对,向朝野发出明确重用信号;二年二月,以王安石为参知政事,创置三司条例司,神宗命陈升之、王安石同领其事,宣告新法正式启动。[1]《宋史·王安石传》记载了王安石越次入对的谈话内容:"帝问为治所先,对曰:'择术为先。'帝曰:'唐太宗何如?'曰:'陛下当法尧舜,何以太宗为哉!尧舜之道,至简而不烦,至要而不迂,至易而不难。但末世学者不能通知,以为高不可及尔。'帝曰:'卿可谓责难于君,……可悉意辅朕,庶同济此道。'"[2]王安石利用这次与神宗的单独对话,说服了其专信自己,选择变法之术,辅佐其实现所谓尧舜之治。在拜王安石为参知政事之际,神宗对王安石说:"人皆不能知卿,以为卿但知经术,不晓世务。"王安石回答说:"经术正所以经世务,但后世所谓儒者,大抵皆庸人,故世俗皆以为经术不可施于世务尔。"神宗问:"然则卿所施设以何先?"王安石答:"变风俗,立法度,最方今之所急也。"神宗以为然。于是设置制置三司条例司,"安石令其党吕惠卿任其事。而农田水利、青苗、均输、保甲、免役、市易、保马、方田诸役相继并兴,号为新法,遣提举官四十

---

[1]〔元〕脱脱等撰:《宋史》卷十四《神宗本纪一》,第264—270页。
[2]〔元〕脱脱等撰:《宋史》卷三百二十七《王安石传》,第10543页。

余辈，颁行天下。"[1]

苏轼于熙宁二年十二月上书神宗，围绕结人心、厚风俗、存纲纪三大议题，全面阐述其治国理政观念，同时尖锐批判新法以利为先，重用逐利小人，损害农民利益，是丧失人心的失国之举。[2]这篇奏章，显然是冲着王安石来的。王安石也十分清楚地看到了这一点，故利用此时神宗对他的专信，在神宗面前说了苏轼不少的坏话，改变了神宗对苏轼的基本态度。据李焘《续资治通鉴长编》载，熙宁三年五月，欧阳修上书批评青苗法，且请制止散放青苗钱。王安石很恼怒，对神宗说："陛下用修，修既不尽烛理有能惑其视听者，陛下宜务去此辈。"上问谁与修亲厚？对曰："修好有文华人。"安石盖指苏轼辈，而上已默谕。第二日，王安石又对神宗说："陛下欲用修，修所见多乖理，恐误陛下所欲为。"上患无人可用。安石曰："宁用寻常人不为梗者。"上曰："亦须用肯作事者。"安石曰："肯作事固佳，若所欲作与理背，即误陛下所欲为。"[3]这番话，不仅意在劝神宗不能再用像欧阳修这样的反对青苗法之人，就连其所亲善者如苏轼等，都应该"务去此辈"。至于把这些人去除以后该重用什么样的人，王安石主张宁肯用那些能力很一般，但"不为梗"新法之人，也不要用肯做事而与新法派政治立场不一致的人。在使用苏轼的问题上，王安石因为苏轼反对新法，屡次在职务安排上作梗。《续资治通鉴长编》载："（熙宁三年八月）诏江淮发运、湖北运司，体量殿中丞、直史馆苏轼居丧服除往复贾贩，及令天章阁待制李师中供析照验见轼妄冒差借兵卒事实以闻。侍御史知杂事谢景温劾奏故也。景温与王安石连姻，安石实使之。穷治卒无所得。轼不敢自明，久之，乞补外。上批出与知州差遣，中书不可。拟令通判颍州，上又批出，改通判杭州。"[4]关于苏轼差遣何职的背景，司马光在神宗面前特别提及王安石阻碍苏轼任命的情况。他请求到许州任知州，目的是避开王安石，担心

---

1 〔元〕脱脱等撰：《宋史》卷三百二十七《王安石传》，第10544页。
2 〔宋〕苏轼：《上神宗皇帝书》，《苏轼文集》卷二十五，第729—742页。
3 〔宋〕李焘：《续资治通鉴长编》卷二百十一，第5134—5135页。
4 〔宋〕李焘：《续资治通鉴长编》卷二百十四，第5200页。

其对自己不利,他对神宗说:"'今忤安石者如苏轼辈,皆毁其素履,中以危法。'……上又曰:'苏轼非佳士,卿误知之。鲜于侁在远,轼以奏稿传之。韩琦赠银三百两而不受,乃贩盐及苏木瓷器。'光曰:'凡责人当察其情。轼贩鬻之利,岂能及所赠之银乎?安石素恶轼,陛下岂不知?以姻家谢景温为鹰犬,使攻之。'"[1]司马光在神宗面前直言王安石素来厌恶苏轼,且指使姻亲谢景温借故攻之,神宗对此并未否认,表明这绝非司马光没有根据的说辞,而是上至皇帝,下至百官,人所共知的事实。

正是在这样的特殊政治背景下,苏轼被差遣去杭州做通判,他心里当然是极为不快的,且清楚是因反对王安石所主推的新法,遭到其排挤打击的结果。苏轼在元丰二年遭遇"乌台诗案"审讯时,招供与周邠诸诗所含讥讽时政之意,其中说:"轼熙宁五年六月,任通判杭州日,遂旋寄所作《山村》诗,其讥讽意,已在王诜项内声说。"[2]关于这首诗,苏轼谈及与王诜往来诗赋中所含讥讽名称:"《山村》诗第三首云:'烟雨蒙蒙鸡犬声,有生何处不安身。但令黄犊无人佩,布谷何劳也劝耕。'轼意是时贩私盐者多带刀杖,故取前汉龚遂令人卖剑买牛,卖刀买犊,曰:'何为带牛佩犊?'意言但将盐法宽平,令人不带刀剑而买牛犊,则自力耕,不劳劝督也。以讥讽朝廷盐法太峻不便也。又第二首云:'老翁七十自腰镰,惭愧春山笋蕨甜。岂是闻韶解忘味,迩来三月食无盐。'意山中之人,饥贫无食,虽老亦自采笋蕨充饥。时盐法峻急,僻远之人无盐食,动经数月。若古之圣人,则能闻韶忘味,山中小民,岂能食淡而乐乎!以讥盐法太急也。第四首云:'杖藜裹饭去匆匆,过眼青钱转手空。赢得儿童语音好,一年强半在城中。'意言百姓虽得青苗钱,立便于城中浮费使却。又言乡村之人,一度两度夏秋税,又数度请纳和预买钱,今此更添青苗助役钱,因此庄家子弟多在城中,不着次第,但学得城中语音而已。以讥讽朝廷新法青苗、助役不便。"[3]

---

1 〔宋〕李焘:《续资治通鉴长编》卷二百一十四,第5201—5202页。
2 〔宋〕朋九万:《乌台诗案·寄周邠诸诗》,四川大学中文系唐宋文学研究室编:《苏轼资料汇编》上编,第二册,第591页。
3 〔宋〕朋九万:《乌台诗案·与王诜往来诗赋》,四川大学中文系唐宋文学研究室编:《苏轼资料汇编》上编,第二册,第585—586页。

《山村》诗共五首，即《苏轼诗集》卷九之《山村五绝》，乃是苏轼熙宁六年二月督役富阳、新城二县过程中，于新城所作。苏轼自己承认含有讥讽之意的就有三首，所讥讽的重点在两大方面：一是盐法，因为国家实行专营垄断，故老百姓买盐变得困难，甚至出现了僻远乡野几个月吃不上盐的情况；二是青苗法，政府一年两次散放青苗钱，本意是让农民用钱买种，保证正常生产，而实施过程中变了味。不仅效果打了折扣，而且层层加码，如强行抑配、巧立收税名目、提高贷款利息等，令农民难以承受，苦不堪言。值得注意的是，苏轼把这几首揭露青苗法执行中出现严重流弊的诗作，还有《和陈述古十月开牡丹四绝》及《游径山》一诗，专门抄写寄给了周邠。次韵知州陈襄的四首绝句，苏轼承认每首均有讥讽之意："此诗皆讥讽当时执政大臣，以比化工，但欲出新意擘划，令小民不得暂闲也。"[1]《游径山》诗有"近来颇觉世路隘，每到宽处差安便"句，苏轼承认意在"讥讽朝廷之用人，多是刻薄褊隘之人，不少容人过失"。[2] 苏轼的这一举动，已经超出了二人彼此酬赠作品交流思想情感的范围。从南宋人朋九万《乌台诗案》所记载的苏轼供词看，这种做法并不多见，仅与王诜、王巩及周邠等少数几人间存在这种情况，而他们都算得上苏轼最为信任，且彼此交情深厚之人。只有交情达到相当深厚的程度，他才会把与对方无直接关系，而又相信对方认同作品中思想情感倾向的那些创作，抄写赠予，以期求得感情共鸣。这当然是苏轼借以分享思想、发泄情绪的一种较为特殊的文学交流方式。

至于与周邠互相酬赠的作品，从中也可以明显看出他们对新法持相同态度且遭遇类似的仕途窘境。如前文分析过的《五月十日，与吕仲甫、周邠、僧惠勤、惠思、清顺、可久、惟肃、义诠同泛湖游北山》诗所谓"世人骛朝市，独向溪山廉。此乐得有命，轻传神所歼"云者，其中包含了诗

---

1 〔宋〕朋九万：《乌台诗案·和陈述古十月开牡丹四绝》，四川大学中文系唐宋文学研究室编：《苏轼资料汇编》上编，第二册，第600页。
2 〔宋〕朋九万：《乌台诗案·与子由诗》，四川大学中文系唐宋文学研究室编：《苏轼资料汇编》上编，第二册，第592—593页。

人当时仕途不得志的牢骚,无奈只得以独有溪山为乐,这似乎是命中注定。此时周邠久滞于县令之职,升迁无望,其心情与苏轼正好相同。两人跟几位世外僧人寻幽取乐,此中的惺惺相惜之意,可以不言而喻。《与周长官、李秀才游径山,二君先以诗见寄,次其韵二首》赠周邠之诗有云:"嗟我与世人,何异笑百步。"[1] 其中谓我与那些趋朝市的"世人"比起来,不过五十步笑百步,留恋于世俗功名利禄,落得个进不能殉道报国有所作为,退不能像陶渊明那样挂冠归隐的尴尬处境,颇为窘迫和无奈。这番话既是自白,也是倾诉与周邠相同的感受。《杭州牡丹开时,仆犹在常、润,周令作诗见寄,次其韵,复次一首送赴阙》诗,其中之"天静伤鸿犹戢翼,月明惊鹊未安枝"之语[2],清人赵克宜之所以评为"凄惋之音",是因为其中饱含着苏轼对周邠仕途偃蹇的深切同情。"伤鸿犹戢翼""惊鹊未安枝",形象地刻画出鸿鹄折翼、惊鹊难安的为官处境,与其说是为周邠伤感,毋宁是诗人的心声告白。

至于对王安石所用推行新法之人,苏轼在杭州期间曾有多首诗作加以批评或者讥讽,认为他们唯上、唯利,根本不关心百姓痛痒,是一群能力平庸的势利小人。熙宁六年,苏轼到辖内各县提点诸事,自然绕不开新法的落实情况及其效果等问题。临安县令苏舜举到境界迎接苏轼,周邠也在。相见之际,周邠讲了苏舜举数日前入州被押送出城的一件异常之事。据朋九万《乌台诗案·与周邠诸诗》记载:"轼问其故。舜举言:我擘划得户供通家役钱规例一年,甚简。前日将去呈本州诸官,皆不以为然;呈转运副使王庭老等,不喜。差急足押出城来。轼取其规例看详,委是简便。因问训狐事。舜举言:自来闻人说一小话云:'燕以日出为旦,日入为夕;蝙蝠以日入为旦,日出为夕。争之不决,诉之凤凰。凤凰是百鸟之王,至路次逢一禽,谓燕曰:不须往诉,凤凰在假。或云:凤凰渴睡。今不记其详。

---
1 〔宋〕苏轼:《与周长官、李秀才游径山,二君先以诗见寄,次其韵二首》其一,《苏轼诗集》卷十,第488页。
2 〔宋〕苏轼:《杭州牡丹开时,仆犹在常、润,周令作诗见寄,次其韵,复次一首送赴阙》,《苏轼诗集》卷十一,第557页。

都是训狐权摄。'舜举意,以话戏笑王庭老等不知是非。隔得一两日,周邠、李行中二人亦来临安,与轼同游径山,苏舜举亦来山中相见。周邠作诗一首与轼,即无讥讽。次韵和答兼赠舜举,云:'铺糟醉方熟,酒面唤不醒。奈何笑燕蝠,屡欲争晨暝?'其意以讥王庭老等,如训狐不分别是非也。"[1]而查慎行《苏诗补注》所引《乌台诗案》文字,数处与此不同:"我擘划得户供通家役钱规例一年",作"我擘划得人户供通家业役钞《规例》一本";"前日将去呈本州诸官,皆不以为然",作"前日去呈本州诸官,皆以为然"。[2]结合前后文义,《苏诗补注》所引文字与《乌台诗案》原文互有短长,《规例》一年",不可解,显系字误,当为"《规例》一本",观后文"取《规例》看详"可知。"皆以为然",似当以"皆不以为然"义胜,《咸淳临安志》所引,正与此同[3]。苏轼赠答周邠、苏舜举的诗带有讥讽之意是无疑的,他不仅讥刺王庭老之流不分是非,而且不满意其对苏舜举的粗暴行为。试想,一个地方县令,专程将一本所起草的役钱《规例》呈送给本州长官及转运副使,不管其质量如何,内容有无可商,都是很难得的,他们居然用捕快(急足)将其押解出城,以示惩罚和羞辱!王庭老如此粗暴地对待苏舜举,只能有一种解释,那就是其所制定的役钱《规例》,与新法的要求完全背道而驰。从新法派对此事的处理方式,到苏轼、周邠、苏舜举三人的一致态度,可以看出当时围绕新法推行所进行的尖锐斗争,仍然十分激烈。

第三节 二人后续交往及其影响

周邠先苏轼离开杭州,到乐清任县令,属于平调而没有获得升迁;苏轼稍后离开杭州,到密州去做知州,级别上升了但地理位置不好,苏轼并

---

1 〔宋〕朋九万:《乌台诗案·寄周邠诸诗》,四川大学中文系唐宋文学研究室编:《苏轼资料汇编》上编,第二册,第591—592页。
2 〔清〕查慎行:《苏诗补注》卷十,《四库全书·集部·别集类》,第1111册,第221—222页。
3 〔宋〕潜说友撰:《咸淳临安志》卷九十一,《四库全书·史部·地理类·都会郡县之属》,第490册,第959页。

不为此感到高兴。两人此后再没有共事乃至碰面的机会，他们之间的交往却保持到了元丰年间。从苏轼留存的诗文看，分别以后彼此的想念之情，不仅没有淡薄，反而愈加浓郁了。

苏轼在自杭州北行赴任途中，知州杨绘，友人张先、陈舜俞一同乘舟前往湖州，去与时任湖州知州李常相会。在湖州，他们受到李常的热情款待，并且相约前往吴江游览，闲居湖州的老友刘述得知消息，欣然加入。他们六人在城东的观澜堂聚会，夜间又去垂虹亭观赏夜景，一路上几人诗酒唱和，玩得非常高兴，张先率先想到，将此次聚会命名为"六客会"，并作《定风波令》词一首[1]，以为纪念，苏轼称之为《六客词》。[2]他们尽兴而别，各自上路。苏轼在随后的路途中，专门写信给周邠，详细介绍了此次聚会的情况，特别强调："燕集甚盛，深以开祖不在为恨。别后，每到佳山水处，未尝不怀想谈笑。"[3]由此可见其对周邠的牵挂及思念之深。

熙宁九年十一月，苏轼将由密州赴河中府就任，得到周邠从乐清寄来的《雁荡山图》及赠诗。他写了一封回信，同时作次韵诗二首，其一云："指点先凭采药翁，丹青化出大槐宫。眼明小阁浮烟翠，齿冷新诗嚼雪风。二华行看雄陕右，九仙今已压京东。此生的有寻山分，已觉温台落手中。"[4]活现出苏轼一边观赏《雁荡山图》，一边吟诵周邠之诗的兴奋快乐形象。密州的九仙山他已经游过，即将赴任河中府，太华、少华二山将成为其游览的好去处，而观赏《雁荡山图》，温州、台州的雁荡山、天台山已然谙熟于胸了。这一份寻山的爱好，只有知之甚深的周邠，才能充分理解。

元丰二年正月，苏轼被命知湖州，四月下旬到任。周邠知道苏轼到湖州就任新职，特别赠诗表示祝贺。苏轼作于六月十三日的《次韵周开祖长官见寄》一诗，即是对其所作赠诗的酬答。施元之注云："墨迹藏吴兴向氏。前题云：'次韵奉和乐清开祖长官见寄。'后题云：'元丰二年六月十三

----

1 〔宋〕张先：《安陆集》，《四库全书·集部·词曲类》，第1487册，第88页。
2 〔宋〕苏轼：《定风波》，《东坡乐府》卷上，第33页。
3 〔宋〕苏轼：《与周开祖四首》其一，《苏轼文集》卷五十六，第1668页。
4 〔宋〕苏轼：《次韵周邠寄〈雁荡山图〉二首》其一，《苏轼诗集》卷十四，第699页。

日吴兴郡斋作。'"[1]可知苏轼刚到湖州不久,就有此作。诗云:

> 俯仰东西阅数州,老于歧路岂伶优?初闻父老推谢令,旋见儿童迎细侯。政拙年年祈水旱,民劳处处避嘲讴。河吞巨野那容塞,盗入蒙山不易搜。仕道固应惭孔孟,扶颠未可责由求。渐谋田舍犹怀禄,未脱风涛且傍洲。悃悃可怜真丧狗,时时相触是虚舟。朅来震泽都如梦,只有苕溪可倚楼。斋酿酸甜如蜜水,乐工零落似风鸥。远思颜柳并诸谢,近忆张陈与老刘。风定轩窗飞豹脚,雨余栏槛上蜗牛。旧游到处皆苍藓,同甲惟君尚黑头。忆昔湖山共寻胜,相逢杯酒两忘忧。醉看梅雪清香过,夜棹风船骇汗流。百首共成山上集,三人同作月中游。海南未起垂天翼,涧底仍依径寸樛。已许春风归过我,预忧诗笔老难酬。此生岁月行飘忽,晚节功名亦谬悠。犀首正缘无事饮,冯驩应为有鱼留。从今更踏青州麹,薄酒知君笑督邮。[2]

这是苏轼与周邠酬唱诗中最长的一首七言诗,其中既有两人交情的回顾,也有对周邠仕途不顺的不平和自身内心矛盾的抒发,更有对新法施行以来天怒人怨的讥刺表达。单从艺术上看,纪昀并不太认可[3],但此诗内涵丰富,情感真挚,不宜只以艺术高下定其优劣。诗中"海南未起垂天翼,涧底仍依径寸樛"二句,查慎行就特别指出,意在"惜其(周邠)未大用于时也"[4],对周邠长期未得迁擢深表同情与惋惜。观"已许春风归过我,预忧诗笔老难酬"二句,则周邠在赠诗中已表达过来年春天前去看望苏轼,故对其开玩笑说,现在就开始为到时穷于应付诗笔犯愁了。苏轼在多首诗文中称赞周邠的诗歌写作才能,如《与周开祖四首》其二中说:"新

---

1 〔宋〕施元之:《施注苏诗》卷十七《次韵周开祖长官见寄》题注,《四库全书·集部·别集类》,第1110册,第345页。
2 〔宋〕苏轼:《次韵周开祖长官见寄》,《苏轼诗集》卷十九,第981—983页。
3 张志烈、马德富、周裕锴主编:《苏轼全集校注·苏轼诗集校注》卷十九《次韵周开祖长官见寄·集评》,第2057页。
4 〔清〕查慎行:《苏诗补注》卷十九,《四库全书·集部·别集类》,第1111册,第386页。

诗清绝，辄和两首取笑。"对于周邠这首赠诗，苏轼在回信中称赞："长篇奇妙……今辄和一首，少谢不敏，且资一笑。"[1]苏轼措辞一再表示谦让，说明其对周邠的诗歌水平，是相当认可的。诗中"政拙"等句，意含讥讽，苏轼在御史台监狱接受审问时招供出来。查慎行《苏诗补注》援引朋九万《乌台诗案》云："元丰二年六月十三日，轼知湖州，有周邠作诗寄轼。轼答云：'政拙年年祈水旱，民劳处处避嘲讴。河吞巨野那容塞，盗入蒙山未易搜。'自言迁徙数州，未蒙朝廷擢用，老于道路；并所至遇水旱盗贼，夫役数起，民蒙其害，以讥讽朝廷政事阙失，并新法不便之所致也。'仕道'二句云云，以言己仕而道不行，则非仕道也。故有惭于孔孟。孔子责由、求云：'危而不持，颠而不扶，则将焉用彼相矣。'颠谓颠仆也。意以讥讽朝廷大臣，不能扶正其颠仆。轼在台于九月十四日准问目，有无未尽事，轼供出上件诗因依。"[2]

值得注意的是，苏轼在杭州任通判期间写赠周邠的诸多诗篇，基本不含直接讥讽新法的内容，唯独这一首次韵诗，比较明显地表达出讥讽新法及时政的命意，并且公开抱怨当政者不擢用自己。故其在被审问过程中，原本没有牵涉此诗，后来再审，才招供此件"未尽事"。但这并不表明他与周邠在杭州共事时，二人反对新法的立场有所不同。苏轼在被捕进入御史台监狱时，写有一篇《供状》，其中谈到其诗文对新法的讥讽用意时说："登科后未入馆，多年未甚进擢，兼朝廷用人，多是少年，所见与轼不同，以此撰作诗赋文字讥讽，意图众人传看，以轼所言为当。轼与张方平……周邠……相识。其人等与轼意相同，即是与朝廷新法时事不合，及多是朝廷不甚进用之人，轼所以将讥讽文字，寄与如后。"[3]苏轼自己开列的相识且与新法不合者共计二十四人，包括周邠在内。这些人都因为反对或者不与新法派合作，或者在仕途上都"不甚进用"，比如周邠，或者被明显排挤打

---

1 〔宋〕苏轼：《与周开祖四首》其四，《苏轼文集》卷五十六，第1669—1670页。
2 〔清〕查慎行：《苏诗补注》卷十九，《四库全书·集部·别集类》，第1111册，第386页。
3 〔宋〕朋九万：《乌台诗案》，四川大学中文系唐宋文学研究室编：《苏轼资料汇编》上编，第二册，第583—584页。

压,比如苏轼自己。由于政治立场相同,仕途命运相似,苏轼引他们为同调,故在彼此诗文往还之中,不时对新法进行批评,对时政持讥讽态度。希望通过这种方式,表明自己反对新法的政治态度,并且得到立场相似者的认同。周邠既接受过苏轼讥刺新法的《山村五首》等诗,又在自己赠诗中含有批判新法及执政的内容,故在"乌台诗案"审结后,被列入"系收受苏轼有讥讽文字不申缴入司"的二十九人名单中[1],最终遭到罚铜的处罚。

  杭州三年共事,相同的政治立场,以及彼此共同的爱好,比如喜欢游览湖山,爱好文学艺术等,铸就了苏轼与周邠之间的深厚交情,及彼此的充分欣赏。这种缘分与情谊,既成为他们分别之后维持亲密关系的纽带,又对他们此后的仕途命运和人生道路产生了直接影响。相比之下,周邠受苏轼遭遇文字之灾的牵连更大些。其在哲宗元符年间遭遇降官的责罚,虽然并非元丰二年被罚的再清算,但很难说丝毫没有这一政治事件的消极影响。须知哲宗亲政以后,对神宗力推的新法一直念兹在兹,而对当年反对新法的一大批士大夫,始终心存芥蒂,如鲠在喉。

---

[1] 〔宋〕朋九万:《乌台诗案》,四川大学中文系唐宋文学研究室编:《苏轼资料汇编》上编,第二册,第608页。

第十一章　苏轼与蔡承禧的黄州交谊

苏轼与昔日同年蔡承禧的交往，开始于其贬谪黄州的人生逆境中。蔡承禧到任淮南计度转运副使不久，即按部黄州，造访苏轼于临皋亭，主动为之排忧解难，并制"新词"相赠。苏轼为对方的义气和真诚而感动，在短短两年左右的时间里，频繁与之诗文往还。今存苏词《好事近》（烟外倚危楼）或以为是元丰三年送别李常之作，或以为是元祐七年送别刘景文以后表露心迹之作，笔者考察苏轼写给蔡承禧的书信，及该词用典所表达的人生态度，认为可能是元丰五年十月送别蔡承禧的次韵之作。

蔡承禧（1035—1084），字景繁，抚州临川（今江西抚州市临川区）人。他与苏轼的最早交集，应该发生于仁宗嘉祐二年，因为他们都参加了这一年由欧阳修主持的礼部进士考试，并且同时及第。比较奇特的是，蔡承禧的父亲蔡元导多年考进士未中，此年竟与蔡承禧同榜考中，说起来苏轼与蔡氏父子为"同年"，都可以算作欧阳修的门生。

而从迄今可考的文献资料看，在苏轼于宋神宗元丰二年遭遇乌台诗案贬谪黄州以前，其与蔡氏父子完全没有任何交往痕迹。直到蔡承禧于元丰五年被任命为淮南计度转运副使以后，因为苏轼的谪居地黄州在蔡承禧的管辖区之内，他们之间才建立起了比较密切的交往关系。蔡承禧卒于元丰七年，计算起来，二人的交往时间不过两年多一点，在苏轼结交的诸多友人中，可谓相当短暂，但彼此的交往方式与内容却颇为丰富。尤其是在苏轼处于人生困境之中，亲故几乎都与之断绝了联系，而蔡承禧却主动与之建立起基于同榜进士的朋友关系，极尽关心、关照之能事，苏轼对此的感受是非比寻常的。站在今人的角度去审视他们的交情，自然也有着比较特别的意义。

第一节　蔡承禧的主要生平事迹

今天能够看到的关于蔡承禧生平事迹的史料，主要来自曾担任过北宋哲宗朝宰相职务的苏颂，此人与蔡氏父子和苏轼父子均有着较为密切的关系。关于其与苏轼父子的关系，苏颂在《己未九月，予赴鞫御史，闻子瞻先已被系。予昼居三院东阁，而子瞻在知杂南庑，才隔一垣，不得通音息。因作诗四篇，以为异日相遇一噱之资耳》其三说："源流同是子卿孙，公自多才我寡闻。谬见推称丈人行，应缘旧熟秘书君。"[1]秘书君，指苏轼父亲苏洵。苏颂自言之所以被苏轼"谬见推称丈人行"，乃是缘于早年与苏洵相识相知。他在《挽词·苏明允宗丈二首》其二则云："尝论平陵系，吾宗代有人。源流知所自，道义更相亲。"[2]其与苏洵结识亲近，不仅因为出自苏氏同宗，还因为彼此皆看重道义。苏轼与苏颂于元丰二年先后在御史台被鞫，两人囚室相邻，却彼此不能通音信。这一段遭难的特殊经历，进一步加深了他们之间的理解与感情。

而苏颂与蔡氏父子的关系，他在所撰的《承议郎集贤校理蔡公墓志铭》中有如下一段叙述："初，天禧中，我先人与职方公（蔡承禧祖父蔡宗晏）先后为宜州军事推官，实相交承，情好尤厚。故浚冲兄弟（蔡承禧父亲蔡元导、叔父蔡元翰）以文章见知，留处门馆，使某同笔砚，习六科。景祐五年，二君俱以茂材异等召试秘阁，时如格者众，遂不得预廷策。其

1　〔宋〕苏颂：《苏魏公文集》卷十，《四库全书·集部·别集类》，第1092册，第195页。
2　〔宋〕苏颂：《苏魏公文集》卷十四，《四库全书·集部·别集类》，第1092册，第224页。

后屡试不捷，休文卒死布衣。浚冲与景繁父子，同中嘉祐二年进士第。"[1] 苏颂的父亲与蔡承禧的祖父因为先后为宜州军事推官，工作上有过交接，并以此结识，交情甚厚。后来蔡元导、蔡元翰兄弟曾一度留在苏家私塾里，与苏颂一起学习研修，看来时间不算短。由于这种特殊关系，在蔡承禧去世后，其子蔡居厚特意请求苏颂为其父撰写墓志铭，他便义不容辞地接受了这一笔墨任务。后来史志对蔡氏父子生平事迹的记叙，大略皆取材于此。

从《墓志铭》看，蔡承禧自嘉祐二年考取进士以后，直到熙宁七年被神宗召见，中间的十六七年间一直沉滞于下僚，仕途不甚得志。他曾经做过太平州（治所在今安徽当涂）司理、河南府（治所在今河南洛阳）军巡判官、大理寺丞、知虔州雩都县（今江西赣州于都县）。按照宋代官制三年一磨勘的考核规定，显然没有实现三年任满即调任或者迁擢新职的目标。至于其在雩都知县任上的作为，苏颂做了较为翔实的介绍："其治雩都县，事无细大，皆自详处。胥吏畏缩，无所措手。溪水暴溢，几没城郭，为之具枋箄，以济生聚，而溺者获出水；遇艰食，又出常平粟以赈绝乏，而饥者不流。监司劾奏其擅发仓廪，诏释不治。当时论者以为景繁为小官，已能任大责，使之遭时得位，顾其设施岂易量耶！"[2] 在叙述中带有对蔡承禧为官一方的高度赞许。如果所言不虚，表明蔡承禧是一个勤政为民、敢于担当的地方官。也许是有人以其"擅发仓廪"之罪名而向朝廷奏本，才让神宗对蔡承禧敢于担当作为的出色吏能留下了较好印象，后来召对便殿，当肇源于此。此事对于蔡承禧而言，可谓因祸得福，给他带来了人生仕途发展的一大转机。

"熙宁七年，召对便殿，访以时事。极陈用人立法之弊。"[3] 神宗召见蔡承禧时，重点询问了其对时事的看法，尤其是熙宁变法的利弊得失方面。蔡承禧也不回避，"极陈用人立法之弊"，言辞似乎比较尖锐激烈。其结果是不仅没有惹恼神宗，反而给皇帝留下了不畏权威、敢于直言的深刻印象。

---

1 〔宋〕苏颂：《苏魏公文集》卷五十七，《四库全书·集部·别集类》，第1092册，第615—616页。
2 〔宋〕苏颂：《苏魏公文集》卷五十七，《四库全书·集部·别集类》，第1092册，第616页。
3 〔宋〕苏颂：《苏魏公文集》卷五十七，《四库全书·集部·别集类》，第1092册，第616页。

从蔡承禧与神宗的对话看,他对熙宁变法的一些政策是持批评态度的,并且对神宗、王安石君臣的用人之道也发表了不同意见。也许由此可以解释,为什么在王安石推行变法之初,蔡承禧没有被纳入到新法派的视野之内。自熙宁二年变法进程启动到熙宁七年被特许召对的五年间,蔡承禧一直默默无闻,没有片言只语被史官记录下来,乃是缘于其远离政治中心,无法引起当政者的注意,找不到发表自己对时政看法的恰当机会。

据李焘《续资治通鉴长编》记载,熙宁八年四月,蔡承禧被拔擢为太子中允、权监察御史里行[1],开启了其在京城任职的仕途历程,并且由于近在皇帝身边,有大量机会向最高当权者建言献策。在担任台谏官员期间,蔡承禧积极履职尽责,奏报了不少弹劾当权官员的折子,尤其是反复弹劾新法重要政策推手吕惠卿及其弟弟吕和卿,引起朝野瞩目,连神宗皇帝也很重视其诉求,并嘉奖其刚直表现。苏颂对蔡承禧的这一段经历,做了如下重点叙述与评价:"及为御史,论大臣之任事怙权者拔用亲党,遍布要路,非国家之福。章言廷诤,前后十数。神宗悟,为之罢免其党辈者数人。又论用兵交趾,不可与争旦夕利,所遣北军难以深入,及不宜用中人主兵柄,唐季之事可用鉴也。凡此,皆近臣之所难言者,人皆为之危,而上独称其忠荩,面赐绯衣银鱼。谓曰:'聊以旌卿谠直耳!'"[2]所谓"大臣之任事怙权者",正是指此时得势擅权并拉帮结派倾轧王安石的吕惠卿。随着熙宁后期新法实施过程中弊端日益显著,以及变法派内部尖锐复杂的矛盾斗争加剧,神宗也不再如变法之初那样坚信王安石、吕惠卿等人所推法令的无可置疑性,对于批评新法弊病的中肯意见,不仅没有反感愤怒,反而注意倾听,给予褒奖鼓励,显示出其注意权衡变法利弊得失的态度转变。

在蔡承禧连章弹劾吕惠卿之际,有人议论他乃是受王安石指使,以达到扳倒王安石的政治对手之目的。蔡承禧于熙宁十年正月对此专门上奏,做出回应:"风闻或以为臣希王安石之旨而弹击惠卿。且臣熙宁八年四月蒙

---

1 〔宋〕李焘:《续资治通鉴长编》卷二百六十二,第6375页。
2 〔宋〕苏颂:《苏魏公文集》卷五十七,《四库全书·集部·别集类》,第1092册,第616页。

恩充御史，五月、六月以后，即论其兄弟，臣固不知惠卿兄弟何时失于安石邪？计陛下必尝知之。然臣之与安石议论不同者，故自不一，若沈起、李定、沈季长、徐禧之类，皆陛下知臣之不与安石同也。假使臣悦于躁进，如惠卿之心，臣亦不至于希王安石之旨。"[1]他强调，自己弹劾吕惠卿，从被任命为权监察御史里行就开始了，那时并不知道吕惠卿是否与王安石存在矛盾，这一点神宗本人应该非常清楚；而如果自己是出于迎合当权者以利于仕进的目的，那么此时正当迎合吕惠卿，而不是紧追不舍地弹劾他！

从李焘《续资治通鉴长编》的记载看，蔡承禧弹劾吕惠卿主要集中在熙宁八年上任后的数月之间。十月，吕惠卿被罢参知政事一职[2]。其被罢职，的确与蔡承禧有理有据的多次弹劾有直接关系。《续资治通鉴长编·神宗熙宁十年十月》："（庚寅）先是，御史蔡承禧奏：'臣累言，参知政事吕惠卿奸邪不法，威福赏刑，天下共愤。顷在延和，面陈其事，以为不可置之左右。'……是日手诏：给事中、参知政事吕惠卿，朕不次拔擢，俾预政机。而乃不能以公灭私，为国司直，阿蔽所与，屈挠典刑。言者交攻，深骇朕听。可守本官知陈州。"[3]同年，蔡承禧"加集贤校理、提点开封府县镇公事"，随后，"入为开封府推官，改判官，管勾使院公事，兼提举三司帐句磨勘司。累迁太常博士"。[4]据《续资治通鉴长编》卷三百二十二"（正月丙午）承议郎集贤校理蔡承禧权发遣淮南路转运副使"条注，蔡承禧元丰二年二月由提点开封府县镇公事改任开封府推官；三年六月迁开封府判官；四年三月六日，兼帐司、勾院、磨勘司。[5]在开封府任职期间，蔡承禧不改其敢言敢为的一贯作风，对顶头上司、中贵人之类的权贵，照样不假以辞色："开封府治中贵人狱，得其闺门阴事，连逮甚众。尹与中人有恩旧，迁延不讯。景繁即合同僚辩争累日，至论列上前。尹辞诎，坐贬官。它日，上又谓曰：'向览卿台章，甚合理道，凡有闻见，不可以不在其位而遂嗋嘿

---

1 〔宋〕李焘：《续资治通鉴长编》卷二百八十，第6875页。
2 〔宋〕李焘：《续资治通鉴长编》卷二百六十九，第6591页。
3 〔宋〕李焘：《续资治通鉴长编》卷二百六十九，第6584—6591页。
4 〔宋〕苏颂：《苏魏公文集》卷五十七，《四库全书·集部·别集类》，第1092册，第616页。
5 〔宋〕李焘：《续资治通鉴长编》卷三百二十二，第7768页。

也.'景繁自以起疏远,遭知己之主,苟有可裨益时政,虽逆鳞遭物,终无所避就。既而复上数十事,多指摘时病。"[1]神宗鼓励他,不要以为不在言职,就对时政缺失闭口不言。蔡承禧也因为皇帝的这种知遇之恩,尽管无言责,但依然对时政得失知无不言,言无不尽。

然而,弹劾权贵,指摘时弊,毕竟是不招人喜欢的,他最终为此付出了沉重的代价。正当朝野均以为他会被重新任用到台谏重要位置上的时候,他却于元丰五年被出为淮南计度转运副使,离开京城的权力中心,结束了其在京城的七年任职生涯。苏颂在《墓志铭》中说:"其为使者,务举大体,严而不苛。吏有建征利之言者,一切不用。"[2]两年以后,于元丰七年十二月卒于泗州行司,时年五十岁。如果不是离开朝廷的职务变迁,他也许不至于如此英年早逝。苏颂总结其一生行事,"大概志在爱君拊民,一闻忠义之语,必力行而极言之,未尝顾以利害"[3],应该算是比较客观公正的盖棺之论。

第二节 苏轼在黄州与蔡承禧的交往及情谊

淮南计度转运副使,是蔡承禧人生中最后一个职位。在即将走到生命尽头的时候,他有缘在辖区内与曾经的"同年"苏轼建立一段亲密的交往关系,似乎是命运使然。蔡承禧到淮南计度转运副使任,应在元丰五年春季正、二月间,而其与苏轼通音问,约在是年夏。王文诰《苏文忠公诗编注集成总案》据苏轼《与蔡景繁十四首》其一、其三所言,认为蔡承禧主动致书在夏间,而行部至黄州乃冬十月发生之事。[4]可知其到任不久,便主动与苏轼取得了联系,使苏轼深受感动。故其在写给蔡承禧的第一封信里说:

---

1 〔宋〕苏颂:《苏魏公文集》卷五十七,《四库全书·集部·别集类》,第1092册,第616页。
2 〔宋〕苏颂:《苏魏公文集》卷五十七,《四库全书·集部·别集类》,第1092册,第616—617页。
3 〔宋〕苏颂:《苏魏公文集》卷五十七,《四库全书·集部·别集类》,第1092册,第617页。
4 〔清〕王文诰:《苏文忠公诗编注集成总案》卷二十一,第406页。

> 自闻车马出使，私幸得托迹部中，欲少布区区，又念以重罪废斥，不敢复自比数于士友间，但愧缩而已。岂意仁人矜闵（引者按：同"悯"），尚赐记录，手书存问，不替畴昔，感悚不可言也。[1]

所谓车马出使，指蔡承禧由京官出任淮南计度转运副使之职。苏轼当时就知道此事，但自觉戴罪之身，不敢比数于士友之间，虽欲主动采取行动，最终还是回避退缩了。这应该是苏轼此时真实心态的表露。好在蔡承禧在苏轼处于人生逆境中时，没有嫌弃这位曾经的"同年"，这位大名鼎鼎的新法反对者，而今安置于黄州的"罪人"。他不仅率先致书存问，而且在随后行部至黄州时，专门造访苏轼所居之临皋亭。说起苏轼由僧舍定慧院迁居到临皋亭居住，还多亏时任鄂州知州朱寿昌的帮忙。苏轼当时写给朱寿昌的信中说："已迁居江上临皋亭，甚清旷。风晨月夕，杖履野步，酌江水饮之，皆公恩庇之余波，想味风义，以慰孤寂。"[2]临皋亭即回车院，乃朝廷三司官员按临黄州所居之驿馆，苏轼只能算是寄居于此。所以他不得不自建雪堂，以备缓急之用。

蔡承禧来到临皋亭，了解到苏轼的处境，及多口之家寄居官驿的现状，热心为其排忧解难，让黄州下属部门在临皋亭驿馆旁添建了三间房，作为苏轼一家居住之用。王文诰对蔡承禧此举做如是解读："回车院为三司按临所居，使至则侨寓不便。景繁使有司添屋三间于其旁，疑使至则分屋而居，此即南堂也。"[3]

对于与自己这位昔日"同年"的首次相会，苏轼专门给蔡承禧写信，表达了感激之情：

> 某谪居幽陋，每辱存问，漂落之余，恃以少安。今者又遂一见，慰幸多矣！冲涉薄寒，起居何如？区区之素，即获面既。[4]

---
1 〔宋〕苏轼：《与蔡景繁十四首》其一，《苏轼文集》卷五十五，第1661页。
2 〔宋〕苏轼：《与朱康叔二十首》其五，《苏轼文集》卷五十九，第1786页。
3 〔清〕王文诰：《苏文忠公诗编注集成总案》卷二十一，第406—407页。
4 〔宋〕苏轼：《与蔡景繁十四首》其三，《苏轼文集》卷五十五，第1662页。

南堂建成使用，应该是元丰六年的事了。苏轼在这年五月作《南堂》诗五首，并画扇、写信，向蔡承禧表达感谢之情。孔凡礼《苏轼年谱》载："（元丰六年五月）本月，画扇寄赠蔡承禧。《南堂五首》寄承禧；南堂之成，得承禧之力。"[1]《南堂》其四云："更有南堂堪著客，不忧门外故人车。"其五云："客来梦觉知何处，挂起西窗浪接天。"[2]苏轼在诗中庆幸现在有此南堂数间，故人来访终于有了接待安顿的处所。故其《与蔡景繁十四首》其九云："临皋南畔，竟添却屋三间，极虚敞便夏，蒙赐不浅。"其十一又云："近葺小屋，强名南堂，暑月少舒，蒙德殊厚。小诗五绝，乞不示人。"而其十则言专门为蔡承禧画扇之情状："向须画扇，比已绝笔。昨日忽饮数酌，醉甚，正如公传舍中见饮时状也。不觉书画十扇皆遍，……适会人便寄去，为一笑耳。"[3]

在元丰六年里，苏轼曾两次致信蔡承禧，建议其前往海州（今江苏连云港）游览。苏轼熙宁七年自杭州通判擢知密州，在赴任途经海州时，曾同家人一起游览了海州石室。孔凡礼《苏轼年谱》载："（熙宁七年十一月）十五日，至海州……携家游朐山临海石室。"并引苏轼《和陶杂诗》其十一"我昔登朐山，出日观沧凉。欲济东海县，恨无石桥梁"，以为佐证。[4]表明苏轼本来打算去东海县（今江苏连云港市南）游览，苦于无桥无舟，未能如愿。冬十月，苏轼因蔡承禧赠予人参，回信表示感谢，并特别提议其往东海县游览。《与蔡景繁十四首》其六云："凡百如常，至后杜门壁观，虽妻子无几见，况他人乎？然云兰小袖者，近辄生一子，想闻之，一拊掌也。惠及人参，感感。海上奇观，恨不与公同游。东海县一帆可到，闻益奇伟，曩恨不一往也。公尝往否？大篇或可追赋，果寄示，幸甚！幸甚！"[5]蔡承禧所任淮南计度转运副使，治所在楚州（今江苏淮安），与东海县相距不远。唐李吉甫《元和郡县志·河南道·海州》载："朐山县，本汉朐县也，

---

1 孔凡礼：《苏轼年谱》卷二十二，第569页。
2 〔宋〕苏轼：《南堂》，《苏轼诗集》卷二十二，第1167页。
3 〔宋〕苏轼：《与蔡景繁十四首》其十，《苏轼文集》卷五十五，第1663—1664页。
4 孔凡礼：《苏轼年谱》卷十三，第301页。
5 〔宋〕苏轼：《与蔡景繁十四首》，《苏轼文集》卷五十五，第1662页。

属东海郡。后周武帝建德六年，改朐山县为朐山郡，取界内朐山为名也。隋开皇三年废郡，县属海州。……硕濩湖，在县南一百四十二里；龙且故城，在县南六十里。"[1]东海县近邻海，苏轼以未曾看到海上奇观为恨。

蔡承禧果然接受了苏轼的建议，不久便去了海州，游览了境内的一些名胜，在游览海州石室之后，写了一首诗赠予苏轼。苏轼读后便赓和之，即今天所见的《和蔡景繁〈海州石室〉》。蔡之原作已佚，不得详见其内容，但据苏轼所言，是极富文采的。他在写给蔡承禧的信中说：

> 特承寄惠奇篇，伏读惊竦，李白自言"名章俊语，络绎间起"，正如此耳！谨已和一首，并藏箧中，为不肖光宠，异日当奉呈也。坐废已来，不惟人嫌，私亦自鄙。不谓公顾待如此，当何以为报。……春间行部若果至此，当有少要事面闻。[2]

用苏轼所敬仰的李白自誉之言称赞蔡作，虽然难免有一定客套虚美的成分，但观苏轼和诗"长篇小字远相寄，一唱三叹神凄楚。江风海雨入牙颊，似听石室胡琴语"之言，其艺术质量应该还是比较高的。苏轼在《祭蔡景繁文》中说，"诗尤所长，锵然玉振"[3]，表明蔡承禧擅长作诗，且风格刚健。苏轼的和诗如下：

> 芙蓉仙人旧游处，苍藤翠壁初无路。戏将桃核裹黄泥，石间散掷如风雨。坐令空山出锦绣，倚天照海花无数。花间石室可容车，流苏宝盖窥灵宇。何年霹雳起神物，玉棺飞出王乔墓。当时醉卧动千日，至今石缝余糟醑。仙人一去五十年，花老室空谁作主。手植数松今偃盖，苍鬣白甲低琼户。我来取酒酹先生，后车仍载胡琴女。一声冰铁散岩谷，海为澜翻松为舞。尔来心赏复何人，持节中郎醉无伍。独临断岸呼日出，红波碧巘相吞吐。径寻

---

1 〔唐〕李吉甫：《元和郡县志》卷十三，《四库全书·史部·地理类·总志之属》，第468册，第284页。
2 〔宋〕苏轼：《与蔡景繁十四首》其八，《苏轼文集》卷五十五，第1663页。
3 〔宋〕苏轼：《祭蔡景繁文》，《苏轼文集》卷六十三，第1947页。

我语觅余声，拄杖彭铿叩铜鼓。长篇小字远相寄，一唱三叹神凄楚。江风海雨入牙颊，似听石室胡琴语。我今老病不出门，海山岩洞知何许。门外桃花自开落，床头酒瓮生尘土。前年开阁放柳枝，今年洗心归佛祖。梦中旧事时一笑，坐觉俯仰成今古。愿君不用刻此诗，东海桑田真旦暮。[1]

诗从石曼卿任海州通判时用黄泥包裹桃核，抛掷于山岭之上，随后桃树长成，桃花满山掩映石室的历史往事切入，简要追忆自己当年携家游览石室，酒祭前贤的情景。自"尔来心赏复何人"以下，揣想蔡承禧的游览胜况，及将所作游览诗寄赠自己之事。"我今老病不出门"以下十句，转写自身处境，虽多以旷达语出之，然而字里行间难掩其寂寞孤独心境。从苏轼以此意作结看，应该是蔡承禧的诗中，含有安慰同情苏轼遭遇的内容，故苏轼和诗以此回应。诗末"愿君不用刻此诗，东海桑田真旦暮"二句，看起来是要表达石刻不会永存之意，其实反映了苏轼此时对仕途前景几乎绝望的内心世界。清人纪昀评此诗云："情往兴来，处处有宛转关生之妙，东坡得意之笔。"[2]应该说，正是诗中处处关合身世，把自己身处逆境之中对蔡承禧的真情实意写得深切沉着，才使得全诗情韵深厚，兴致宛然。

此年中，蔡承禧幼女患疾亡故，写信告知苏轼此消息。苏轼回信表示同情，并用佛道观念劝慰之："惊闻爱女遽弃左右，切惟悲悼之切，痛割难堪，奈何！奈何！情爱著人如黐胶油腻。急手解雪，尚为沾染，若又反覆寻绎，便缠绕人矣。区区，愿公深照，一付维摩、庄周令处置为佳也。……无由面谈，为耿耿耳。何时当复迎谒？"[3]苏轼在致蔡承禧的信中，一再表达希望其再次来黄州相聚叙谈的殷切期望，从一个侧面反映了两人之间的亲密情谊。

---

1 〔宋〕苏轼：《和蔡景繁〈海州石室〉》，《苏轼诗集》卷二十二，第1178—1180页。
2 〔清〕纪昀：《纪评苏诗》卷二十二，张志烈、马德富、周裕锴主编：《苏轼全集校注·苏轼诗集校注》卷二十二《和蔡景繁海州石室·集评》，第2480页。
3 〔宋〕苏轼：《与蔡景繁十四首》其十二，《苏轼文集》卷五十五，第1664页。

元丰七年三月，苏轼得诏命由黄州量移汝州。作《谢量移汝州表》云："只影自怜，命寄江湖之上；惊魂未定，梦游缧绁之中。憔悴非人，章狂失志。妻孥之所窃笑，亲友至于绝交。疾病连年，人皆相传为已死；饥寒并日，臣亦自厌其余生。"[1]言辞凄苦，盖为实录。亲故不乏与之绝交者，而像蔡承禧这样在其困顿处境中，反而与之亲近者，却也大有人在，这让苏轼备感温暖。十一月冬至日，苏轼到山阳（今江苏淮安），欲与蔡承禧相见，不巧对方出巡未归。苏轼为作"西阁"诗一首，《名西阁》题跋一篇，且留信一封而去。《蔡景繁官舍小阁》诗云：

> 使君不独东南美，典型尚记先君子。戏嘲王叟短辕车，肯为徐郎书纸尾。三年弭节江湖上，千首放怀风月里。手开西阁坐虚明，目净东溪照清泚。素琴浊酒容一榻，落霞孤鹜供千里。大舫何时系门柳，小诗屡欲书窗纸。文昌新构满鹓鸾，都邑正喧收杞梓。相逢一醉岂有命，南来寂寞君归矣。[2]

末二句言本欲在此相逢一醉，但使君未归，似乎是命运作弄，好在自己请求在常州居住已获恩准，明春或将南行过此，届时必当同醉，以慰寂寞。故《名西阁》题跋云：

> 元丰七年冬至，过山阳，登西阁，时景繁出巡未归。轼方乞归常州，得请，春中方当复过此。故有阁欲名，思之未有佳者。蔡廓，谟之子也。晋宋间第一流，辄以似公家，不知可否？[3]

据诗中所言"手开西阁"语，似乎蔡承禧所建小阁，在官舍之西，故已暂名为"西阁"，苏轼登之，亦以西阁称之。或许蔡承禧希望苏轼为之另取佳名，而苏轼一时想不到合适的好名字，他想到晋宋间的蔡谟、蔡廓父

---

1 〔宋〕苏轼：《谢量移汝州表》，《苏轼文集》卷二十三，第656页。
2 〔宋〕苏轼：《蔡景繁官舍小阁》，《苏轼诗集》卷二十四，第1288—1289页。
3 〔宋〕苏轼：《名西阁》，《苏轼文集》卷七十一，第2279页。

子（而点校者孔凡礼已指出，廓为谟曾孙）与蔡元导、蔡承禧父子颇为类似，都有名当世。但阁名何所取义，他并没有做出进一步的交代。

十二月初，苏轼北行抵泗州（今安徽泗县），在这里停留了一段时间。孔凡礼以为其在泗州与蔡承禧相见，但没有出示依据。[1]在苏轼尚未离开泗州时，蔡承禧就在泗州行司生病去世了。他前往凭吊，并为之撰写《祭蔡景繁文》表达哀思，对其为人、为官、为文做出全面评价：

> 呜呼哀哉！子之为人，清厉孤峻。经以仁义，纬以忠信。才兼百夫，敛以静顺。子之事君，悃款倾尽。挺然不倚，视退如进。持其本心，不负尧舜。子之从政，果艺清慎。缓民急吏，不肃而震。纷纭满前，理解迎刃。子之为文，秀整明润。工于造语，耻就余饤。诗尤所长，锵然玉振。寿以配德，天亦何吝。有如子贤，五十而陨。我迁于黄，众所远摈。惟子之故，不我籍轹。孰云此来，乃拊其椁。万生扰扰，寄此一瞬。富贵无能，俯仰埃烬。子有贤子，汗血之骏。幼亦顽然，颖发龆龀。天哀子穷，以是馈胗。我困于旅，愧莫子赈。歌此奠诗，以和虞殡。呜呼哀哉！[2]

文中特别提到自己被贬黄州，很多人都远离而去，而蔡承禧却不避风险，主动亲近，千方百计为之排忧解难，使自己不再遭到别人的践踏凌辱。对此苏轼是极为感念的，故拊椁而恸。令苏轼感到内疚的，是自己处于逆旅之中，没有什么可以作为对其家人的赈济之物，唯有作此祭文，以表寸心。关于蔡承禧为人仁义忠信，不以荣辱进退易其交，苏颂在其《墓志铭》里引述了御史何正臣的评价："景繁至诚所发，本于仁义忠信。"苏颂则称许其交友之道，即"善与人交，不为炎凉改观"[3]。这种秉性，在其与苏轼交往的过程中体现得淋漓尽致。

---

1 孔凡礼：《苏轼年谱》卷二十三，第660页。
2 〔宋〕苏轼：《祭蔡景繁文》，《苏轼文集》卷六十三，第1947页。
3 〔宋〕苏颂：《苏魏公文集》卷五十七，《四库全书·集部·别集类》，第1092册，第617页。

第三节　苏轼《好事近》可能是次韵蔡承禧"新词"之作

苏轼在《与蔡景繁十四首》其四里说：

> 颁示新词，此古人长短句诗也。得之惊喜，试勉继之，晚即面呈。[1]

这封信写于元丰五年十月，蔡承禧按临黄州见苏轼于临皋亭之后。依照信中所言，蔡承禧为此次两人相见，写有"新词"一首赠苏轼。苏轼读后十分惊喜，评价其有古人长短句诗的力道与风骨，并明确说要次韵"继之"，面呈对方。两人初次相见，对方主动以新词相赠，作为被造访和受赠者，苏轼没有理由言而无信，不作次韵之词以表诚意。况且黄州时期的苏轼，词的创作已进入成熟和高峰期，写作一首次韵之词给已有恩的友人，乃是轻而易举之事。故清人王文诰辑注的《苏轼诗集·蔡景繁官舍小阁》题解引王注尧卿曰："乃出（景繁）为淮南转运副使，置司楚州，东坡谪黄，实在部内，独拳拳慰藉，行部访之，制词示坡。坡以简谢云……和篇皆失其传，与景繁诸帖，集亦不载，后传其孙择言。"[2]所言苏轼和蔡承禧诗词的两篇作品均已失传，并不全对，后简所称"寄示奇篇"，历来皆以为指的是蔡承禧游海州石室后作诗寄赠苏轼之作，原作虽失传，但苏轼的《和蔡景繁〈海州石室〉》一诗却完整地保存下来了；苏轼写给蔡承禧的书信，在"施注苏诗"，或"王注苏诗"里没有，乃是因为体例限制，并非有意不载。至于被苏轼盛称的蔡氏"新词"，是否如其所说已经失传，本文将进行考索辨析。

遍检现存的《东坡乐府》，以及后人搜集的苏轼佚词，并没有发现一首标明系次韵蔡承禧（景繁）的；近现代众多为苏词作注、编年的著作，也没有提到苏轼有次韵蔡承禧的词作。但笔者以为，苏轼的《好事近》一

---

[1] 〔宋〕苏轼：《与蔡景繁十四首》其四，《苏轼文集》卷五十五，第1662页。
[2] 〔宋〕苏轼：《苏轼诗集·蔡景繁官舍小阁》王文诰"题解"，《苏轼诗集》卷二十四，第1288页。

词，可能为其送别蔡承禧而次其韵所赠"新词"。全词如下：

> 烟外倚危楼，初见远灯明灭。却跨玉虹归去，看洞天星月。当时张范风流在，况一尊浮雪。莫问世间何事，与剑头微哄。

此词宋傅幹《注坡词》、元叶曾《东坡乐府》均不载，明人毛晋《东坡词》收录，未编年。为此词编年者，最早当推薛瑞生《东坡词编年笺证》，其对此词"考证"云：

> 《纪年录》《年谱》《总案》均失载，朱、龙二氏不编年。词为送别之作无疑。观其用"张范风流"典，所送之人必为久别之后又来访东坡者。客既"跨玉虹归去"，则送别之地必临水矣。考东坡仕迹，凡东京与徐、湖、颍、杭、扬、惠、黄等州皆临水，然唯庚申十月李常来黄访苏与词境相仿佛。公与李友情甚笃，过从甚密。公于熙宁十年丁巳正月自密移徐过济南访李，元丰元年戊午三月，李罢齐州任曾赴徐访公。此后苏李二人久不值，两年后至元丰三年庚申十月，公贬居黄州，李在淮南西路提点刑狱任驻舒州，按部来黄州，与公相聚数日，同游武昌寒溪西山寺而去。《文集》卷五二《答秦太虚七首》其四云："公择近过此，相聚数日，说太虚不离口。"此即秦观谒公后，李未尝与公相见，故函中必及之也。……公贬黄五载，来访者颇多，如徐君猷、孟亨之、王齐愈、齐万兄弟、马处厚、寒序辰、杨元素、参寥等十数人。然或为过客，或为常客，友情甚笃而远道来访者唯李常、杨元素、参寥三人而已。三人之中，唯李常庚申十月来访与"张范风流"典合，故暂编于此。[1]

薛瑞生此番考证的最大贡献在于为此词编年提供了基本思路：根据词

---

[1] 薛瑞生：《东坡词编年笺证》卷二，西安：三秦出版社，1998年，第260—261页。

中用典来考察苏轼该词为送别之作，所送的对象乃是与之交往密切者；又依据词中内容，确定苏轼写词时的地点临水，故推断其当作于元丰三年十月送别李常时。但说在苏轼贬黄五年间前往看望的数十人中，"友情甚笃而远道来访者唯李常、杨元素、参寥三人而已"，并不十分合理，蔡承禧不仅应该被列入数十人的名单之中，而且也可以算作与之交情甚笃者。与所列三人比起来，蔡承禧之难能可贵处，还在于在苏轼贬居黄州，处于亲故多断绝的人生境地时才开始与之交往，并且竭诚为之排忧解难，这一点恰恰是苏轼最为看重和珍惜的。观薛氏"暂编于此"的措辞，似乎对考证结论的确切性仍有保留。

2010年由河北人民出版社出版的《苏轼全集校注》，其《苏轼词集校注》由第一主编张志烈先生完成。关于此词的写作时间、地点及送别对象，其见解与薛说全然不同，现抄录如下：

> 此词云"当时张范风流在"，知作词地点在汝南境内。宋颍州汝阴郡在汉汝南郡地内，故必当作于颍州。苏轼在颍凡半年（元祐六年闰八月二十二日到元祐七年二月末），其间可以与张范交谊相比况者，则唯刘景文来访一事，此词之作当与之有关。……苏轼诗《次前韵送刘景文》中有自注云："郡中，日与欧阳叔弼、赵景贶、陈履常相从，而景文复至，不数日，柳戒之亦见过。宾客之盛，顷所未有。然不数日，叔弼、景文、戒之皆去矣。"苏轼到颍不久，收到刘景文诗信《寄苏内翰》表示要来看他，十分高兴。刘景文因赴隰州（今山西省隰县），从杭州经高邮赴任，迂道来访，留十日始去。苏轼《喜刘景文至》诗写相见之情云："天明小儿更传呼，髯刘已到城南隅。尺书真是髯手迹，起坐熨眼知有无？今人不作古人事，今世有此古丈夫。我闻其来喜欲舞，病自能起不用扶。"激动之情，宛如范张交谊。而"今世有此古丈夫"，即以范式如期到汝南过访张劭之事，比喻刘景文之如期到颍相访。在《次前韵送刘景文》中又云："白云在天

不可呼，明月岂肯留庭隅。怪君西行八百里，清坐十日一事无。"用笔飞腾，意趣更与本词相类。因知此词乃送别刘景文之后内心波澜的涌现。[1]

张志烈先生从词中用山阳范式如期到汝南与友人张劭相会的典故，确定苏轼该词必然作于汝南境内，而颖州在北宋属于汉之汝南郡，时苏轼在知颖州任上。刘景文乃苏轼元祐中知杭州时的幕僚兼友人，景文有元祐七年赴隰州（今山西隰县）知州任时间道访苏轼于颖州的轨迹，故以为该词当是苏轼送别刘景文以后的心境表现。照此说，则该词并非为送别刘景文而作，而是送别友人之后表露其心境之作。

以上两说虽然结论不同，但有一点是共同的，就是非常重视词中所用"张范风流"一典，据此来推断苏轼所会者何人，在什么地方完成了这次会见。"张范风流"之典当然可以成为推断苏轼会友的依据，但不应作为唯一的依据。其实，词末所用的"剑吷"一典，同样应该予以注意，并且更应引起重视，才能看出苏轼此时会见友人的处境与心境。把这一点讨论清楚，再来考察其所送之对象，或许更加合乎情理。

对于"剑头微吷"句，注家皆引《庄子外篇·则阳》的典故出处来解读苏词含义，但得出的结论却差异颇大。

薛瑞生引司马彪注"剑吷"云："吷，剑环头小孔，吹之吷过，如风过也。"再引苏轼《送参寥师》："上人学苦空，百念已灰冷。剑头惟一吷，焦谷无新颖。胡为逐吾辈，文字争蔚炳。"把这些作为理解此典用意的参考。[2]

邹同庆、王宗堂《苏轼词编年校注》在引用了司马彪的说法以后，解释词意云："以上两句意谓：吹起竹管，就会有嘟嘟大的响声，吹剑环头小孔，只会发出极细微声音。后以'剑吷'喻无足轻重的语言。"[3]

张志烈《苏轼词集校注》注"剑头微吷"引唐成玄英疏："嗃，大声；

---

1 张志烈、马德富、周裕锴主编：《苏轼全集校注·苏轼词集校注》卷二，第652页。
2 薛瑞生：《东坡词编年笺证》卷二，第260—261页。
3 邹同庆、王宗堂：《苏轼词编年校注·苏轼未编年词三十九首及残句十一则》，北京：中华书局，2002年，第873页。

映,小声也。夫吹竹管,声犹高大;吹剑环,声则微小。"而解"莫问"二句意云:"承上言有如此惬意的朋友和文酒之会,不用去过问世间的事情,那都微不足道了。旷达语中,仍藏愤激。"[1]

三家注解中,薛瑞生虽然没有直接对苏轼词的末二句进行解释,但引用其于元丰元年在徐州时赠僧参寥诗中亦用"剑映"一典供参照,间接体现了注者的解释意向。盖谓"剑映"之典所要表达的,乃是诗人对俗世间名利得失的淡漠,参寥的超然出世态度,受到苏轼的肯定。

笔者在此需要进一步强调的是,三家均只拘限于典故中惠子关于"吹管""微映"之论的阐释,而忽略了其在何种语境之下来进行此番比喻和引申。考察《庄子外篇·则阳》,惠子与梁惠王的对话乃是因齐威王与梁惠王先有约誓立盟,而齐威王背弃了盟约,梁惠王大怒而欲使人行刺齐威王。梁惠王的这种想法,梁之大臣犀首、季子、华子各有主张,梁王不知道该怎么做。惠子知道后,为之引荐了梁之贤人戴晋人。其与梁王、惠子之间有如下对话。戴晋人曰:"有所谓蜗者,君知之乎?"曰:"然。""有国于蜗之左角者曰触氏,有国于蜗之右角者曰蛮氏,时相与争地而战,伏尸数万,逐北旬有五日而后反。"君曰:"噫,其虚言与?"曰:"臣请为君实之。君以意在四方上下有穷乎?"君曰:"无穷。"曰:"知游心于无穷,而反在通达之国,若存若亡乎?"君曰:"然。"曰:"通达之中有魏,于魏中有梁,于梁中有王,王与蛮氏,有辩乎?"君曰:"无辩。"[2] 对此,唐人成玄英疏云:"自悟己之所争与蜗角无别也。"[3] 梁王听戴晋人这番寓言劝诫,若有所悟。惠子趁机对梁王说:"夫吹管也,犹有嗃也;吹剑首者,映而已矣。尧舜,人之所誉也,道尧舜于戴晋人之前,譬犹一映也。"成玄英在疏解其意时云:"唐尧,俗中所誉,若于晋人之前盛谈斯道者,亦何异乎吹剑首声,曾无足可闻也。"[4] 显然,惠子也是赞同戴晋人以寓言形式所表达的主

---

[1] 张志烈、马德富、周裕锴主编:《苏轼全集校注·苏轼词集校注》卷二,第653页。
[2] 〔清〕郭庆藩:《庄子集释》卷二十五,第888—893页。
[3] 〔清〕郭庆藩:《庄子集释》卷二十五,第893页。
[4] 〔清〕郭庆藩:《庄子集释》卷二十五,第894页。

张的，即不必为了蜗角名利而煞费苦心地与人计较得失。

明白了关于蜗角名利的寓言，才能更好地理解苏轼在词的末尾二句所要表达的意思：世间之得失利弊，与吹竹管和剑头微哄一样，不值得过分计较之，意在揭示其不为蜗角虚名而患得患失的旷达人生态度。

这种体悟洞察人生进退荣辱的心态，在苏轼作于元丰五年秋的《满庭芳》[1]词里，有同样的表露：

> 蜗角虚名，蝇头微利，算来着甚干忙。事皆前定，谁弱又谁强。且趁闲身未老，须放我、些子疏狂。百年里，浑教是醉，三万六千场。　思量、能几许，忧愁风雨，一半相妨。又何须抵死，说短论长。幸对清风皓月，苔茵展、云幕高张。江南好，千钟美酒，一曲《满庭芳》。[2]

明人李攀龙《新刻题评名贤词话草堂诗余》卷四评此词曰："细嚼此词而绎其义，自然胸次广大，识见高明，居易俟命，而不役于蜗名蝇利间矣。"[3] 苏轼被人罗织罪名贬谪黄州，这对于其入仕以来的人生理想几乎构成毁灭性打击，他不得不用佛道思想来排解苦闷，参悟人生，重新确立人生道路与生活价值观。没有遭遇人生的残酷打击与生活挫折，就不会有苏轼对世俗功名的颠覆性醒悟。

特别值得注意的是，这首与前述《好事近》命意用典十分相近的词作，应该在写作时间上比较接近。故两词表现了相似的心境与情怀。蔡承禧恰在此年十月按部黄州，造访苏轼于临皋亭。两人把酒叙谈，相处甚欢，蔡承禧不嫌弃苏轼的"罪臣"身份，主动来访，并且对其生活处境很关心，想方设法为之改善居住条件。苏轼对蔡承禧的这种交友之道，及其为自己排忧解难的仁义行动，极为感戴。在依依惜别之时，作次韵词一首赠之以表达心意，当是合乎情理之事。

1　张志烈、马德富、周裕锴主编：《苏轼全集校注·苏轼词集校注》卷一，第413页。
2　〔宋〕苏轼：《满庭芳》，《东坡乐府》卷上，第3—4页。
3　邹同庆、王宗堂：《苏轼词编年校注·苏轼编年词二九二首》，第461页。

《好事近》词的上片四句，言迎送之事。首二句，谓作者独倚江边危楼，等待友人在灯火明灭的夜色下乘舟到来。云"初见"者，则知他们是首次见面，故词人很重视，也很期待。后二句写送别，友人乘舟顺江而去，宛如驾驭飞虹一般，夜色下星月点缀，恍如登洞天福地之仙境。下片转入议论抒怀。用"张范风流"典故，重在赞美对方的义气与真诚，不愧当今之古丈夫。笔者以为不必过分拘泥于典故中的地域因素，或者是否两年如期践约，毕竟古人用典方式灵活多样，只要取义有当，都算贴切。末二句，用"莫问"领起，意带双关，既是作者仕途遭遇重大挫折之后的大彻大悟，又是对朋友的交心之言，意谓不必太看重世间进退得失，不然心为形役，会活得很累。这层意思，苏轼在写给蔡承禧的信中，不止一次以挂念对方的口吻表达过。如言："冬至后，便杜门谢客，斋居小室，气味深美。坐念公行役之劳，以增永叹。"[1] 又云："近来颇佳健。一病半年，无所不有，今又一时失去，无分毫在者。足明忧喜浮幻，举非真实，因此颇知卫生之经，平日妄念杂好，扫地尽矣。公比来诸况何如？划刷之来，不少劳乎？"[2] 说蔡承禧为了履行搜罗财赋的职责，非常操劳辛苦，或者以为苏轼以调侃之语出之，正好说明二人间的关系已经达到相当亲密随意的程度。苏轼对自己当下处境的感悟是，现在无官一身轻，乐得清闲，当把一切都看透，忧喜自然不扰其心。这成为其此时此境"卫生"的经验之谈。由此来看，该词的结尾两句，才是全词的立意重心所在，既符合作者此时此境的心情，也是对交心好友的肺腑之言。

---

[1] 〔宋〕苏轼：《与蔡景繁十四首》其八，《苏轼文集》卷五十五，第1663页。
[2] 〔宋〕苏轼：《与蔡景繁十四首》其十三，《苏轼文集》卷五十五，第1665页。

第十二章　苏轼与王诜的交谊及"西园雅集"之争议

　　苏轼与王诜的交往，以诗文书画为主要载体。自熙宁初苏轼将大量讥讽批评新法和执政的诗赋写寄王诜，到元祐末彼此在众多题画诗中倾诉身世遭际的相似情怀，他们的交往始终跟时事政治相伴而行，他们之间的情谊也因共同的文学艺术爱好而不断加深巩固。这种掺杂着政治与文艺因素的复杂交往关系，既体现了宋代文化生态的一般性特征，也具有苏轼与王诜两人兴趣爱好深相契合的独有特性。

　　王诜（1048—1104？），字晋卿，太原人，后定居开封，是北宋开国功臣王全斌的第四代孙。《宋史·王全斌传》论王全斌"轻财重士，不求声誉，宽厚容众，军旅乐为之用。黜居山郡十余年，怡然自得，识者称之"。全斌曾孙凯，子缄，缄子诜，"能诗善画，尚蜀国长公主，官至留后"。[1]故后世目王诜出身贵族。他身上表现出来的某些性格特征，似乎可以从其远祖那里找到一些遗传的印迹。宋《宣和画谱》记载王诜的事迹较为翔实："驸马都尉王诜，字晋卿，本太原人，今为开封人。幼喜读书，长能属文，诸子百家无不贯穿，视青紫可拾芥以取。尝袖其所为文谒见翰林学士郑獬，獬叹曰：'子所为文，落笔有奇语，异日必有成耳。'既长，声誉日益藉甚。

---

[1]〔元〕脱脱等撰：《宋史·王全斌传》，《宋史》卷二百五十五，第8924—8926页。

所从游者，皆一时之老师宿儒。于是神考选尚秦国大长公主。诜博雅该洽，以至栾〔弈〕棋图画，无不造妙。写烟江远壑、柳溪渔浦、晴岚绝涧、寒林幽谷、桃溪苇村，皆词人墨卿难状之景，而诜落笔思致，遂将到古人超轶处。又精于书，其真、行、草、隶，得钟鼎篆籀用笔意。即其第乃为堂曰宝绘，藏古今法书名画，常以古人所画山水，置于几案屋壁间，以为胜玩，曰：要如宗炳澄怀卧游耳。如诜者，非胸中自有丘壑，其能至此哉！喜作诗，尝以诗进呈神考，一见而为之称赏。……今御府所藏三十有五。"[1]这算是最早对王诜生平事迹与文学艺术才能进行比较完整记录与评价的权威资料了。其后南宋邓椿《画继》对王诜的为人事迹有所补充："王诜，字晋卿，尚英宗女蜀国公主，为利州防御使。虽在戚里，而其被服礼仪、学问诗书，常与寒士角，平居攘去膏粱，黜远声色，而从事于书画，作宝绘堂于私第之东，以蓄其所有，而东坡为之记。……其所画山水，学李成皴法，以金绿为之，绝似今观音宝陀山状，小景亦墨作平远，皆李成法也。故东坡谓晋卿得破墨三昧。"[2]从邓椿的介绍中，不难看出苏轼与王诜的关系相当密切，苏轼对王诜绘画才能给予高度肯定与赞美。事实上，苏轼与王诜不仅是同龄人，而且交往甚早，持续的时间甚长，彼此的人生命运因政治因素而紧紧地联系在一起，又因共同的兴趣爱好而关系异常亲密。他们的交往，既有北宋一般士人的共通性，也有与他人不尽相同的特殊性。

第一节 二人熙宁年间的交往及其与"乌台诗案"的关系

苏轼与王诜的正式交往在熙宁二年，这历来没有争议，因为苏轼自己已经说得非常清楚。朋九万《乌台诗案·与王诜往来诗赋》中苏轼自供："记熙宁二年，轼在京受差遣，王诜作驸马。后轼去王诜宅，与王诜写作

----
1 〔宋〕无名氏：《宣和画谱》卷十二，《画史（外十一种）》，上海：上海古籍出版社，1991年，第140—141页。
2 〔宋〕邓椿：《画继》卷二，《画史（外十一种）》，第510页。

诗赋并《莲华经》等。"¹故自宋人王宗稷以来的编制苏轼年谱者，均据此确定是年为二人交往之始。²其为王诜写《莲华经》事，有苏轼所作《跋王晋卿所藏莲华经》可资印证："凡世之所贵，必贵其难。真书难于飘扬，草书难于严重，大字难于结密而无间，小字难于宽绰而有余。今君所藏，抑又可珍，卷之盈握，沙界已周，读未终篇，目力可废，乃知蜗牛之角可以战蛮触，棘刺之端可以刻沐猴。嗟叹之余，聊题其末。"³孔凡礼《苏轼年谱》等认定此文乃其为王诜写《莲华经》同时所作。⁴至于苏轼为王诜所写诗赋，是自己创作的作品还是前人所传的经典，没有明确交代，已经无从稽考。据苏轼向乌台诗案办案人员供述，王诜"本人累经送酒食、茶果等与轼。当年内，王诜又送弓一张、箭十只、包指十个与轼。"⁵王诜送苏轼这些东西，既像是对其写作诗赋及《莲华经》的谢礼，又像是他们交往多了，以朋友关系赠送物品。

依据苏轼的回忆，自熙宁二年至十年，他与王诜交往相当频繁，交往的内容主要是诗文赠答，或者是讨论书画创作、观赏名作等文人雅事，当然，也有一些请托事务，毕竟王诜身为驸马，具有常人不具备的"通天"的便利条件。

在诗文赠答方面，一个非常特殊的现象是苏轼将大量表达对新法不满情绪的作品写录给王诜，这表明王诜是其可以交心信赖的朋友，是他政治上的牢骚情绪的倾听者。熙宁四年，苏轼被任命为杭州通判。这个任命有很深的政治背景，正史及多数宋人笔记均认为是王安石为了排挤政敌苏轼所为，并且神宗的本意是给他一个知州职位，但王安石坚持只给了通判。所以，苏轼履职杭州，是带着一定的不满情绪的。从任职杭州开始，他就

---

1 〔宋〕朋九万：《乌台诗案》，四川大学中文系唐宋文学研究室编：《苏轼资料汇编》上编，第二册，第584页。
2 〔宋〕王宗稷：《东坡先生年谱》，王水照编：《宋人所撰三苏年谱汇刊》，第323—324页。
3 〔宋〕苏轼：《跋王晋卿所藏莲华经》，《苏轼文集》卷六十九，第2195页。
4 孔凡礼：《苏轼年谱》卷八，第169页。
5 〔宋〕朋九万：《乌台诗案》，四川大学中文系唐宋文学研究室编：《苏轼资料汇编》上编，第二册，第584页。

持续不断地写作对新法不满和批评时政的诗文,这类诗文并不是直接写给王诜,而是苏轼写给别人的,但他都写录一份寄给王诜。这些诗赋包括《腊日游孤山,访惠勤、惠思二僧》《戏子由》《山村五绝》《汤村开运盐河雨中督役》《薄薄酒》《水调歌头》《后杞菊赋》《超然台记》等。作品所蕴含的讥讽新法之意,苏轼都一一招供成案。[1]其时间长达八九年,一直坚持这么做,实在是值得注意的文字交往现象。苏轼本人没有给出这样做的原因,后世的人也没有对此特别加以留意。但我们从一些间接的信息,仍可以窥见苏轼当时的心态,由此也能推测其这样做的内在动因。他在后来所作的《海月辩公真赞》中提及当年到杭州做通判的心境:"时东南多事,吏治少暇,而余方年壮气盛,不安厥官。"[2]由于仕途遇挫,年少气盛的苏轼不满于通判职位的琐碎忙碌,加之对王安石等人力推的新法本来就不认同,所以他接二连三地在诗文中对新法提出批评,并且充满牢骚情绪。这种情绪,归根到底是政治分歧与仕途受挫交叉混杂而成的产物。他把表达这种思想情感的作品录寄王诜,究竟是纯粹出于对政治盟友的信赖,还是希望通过王诜能够"通天"的渠道传递给最高统治者神宗一些信息,今天难于断言,或许两方面的因素都有。但唯独有一个后果可能苏轼当时没有预料到,元丰二年苏轼在御史台监狱招供时,开始漏掉了《汤村开运盐河雨中督役》一诗也含有讥讽时政的用意,王诜主动将材料申送到办案人员那里,苏轼"方据实招"。[3]究竟是王诜顶不住强大的政治压力不得已而为之,还是怀有别的什么动机,今天就不好妄加揣测了。

至于一些请托事务,苏轼也一一做了供述。比如熙宁六年春,"轼为嫁甥女,问王诜借钱二百贯;其年秋,又借到钱一百贯。自后未曾归还"。[4]

---

1 〔宋〕朋九万:《乌台诗案》,四川大学中文系唐宋文学研究室编:《苏轼资料汇编》上编,第二册,第584—587页。
2 〔宋〕苏轼:《海月辩公真赞》,《苏轼文集》卷二十二,第638页。
3 〔宋〕朋九万:《乌台诗案》,四川大学中文系唐宋文学研究室编:《苏轼资料汇编》上编,第二册,第587页。
4 〔宋〕朋九万:《乌台诗案》,四川大学中文系唐宋文学研究室编:《苏轼资料汇编》上编,第二册,第586页。

熙宁八年，苏轼为不止一个和尚通过王诜向朝廷求师号、紫衣："成都僧惟简托轼在京城求师号，轼遂将本家元收画一轴送与王诜，称是川僧画觅师号，王诜允许。当年有秘丞柳询家贫干轼，轼为无钱，得犀一株送与王诜，称是柳秘丞犀，欲卖三十贯。王诜云'不须得犀'。遂送钱三十贯与柳询。轼于王诜处得师号一道。当年内有相国寺僧思大师，告轼于王诜处，与小师觅紫衣一道，仍将到吴生画佛入涅槃一轴，董羽水障一，徐熙画海棠、木芍药、梅花、雀竹各一轴，赵昌画折枝花一轴，朱繇、武宗元画鬼神二轴，说与王诜知。后将佛入涅槃及桃花、雀竹等与王诜，朱繇、武宗元画鬼神，轼自收留，于诜处换得紫衣二道与思大师。"[1] 熙宁十年，"轼又荐会传神僧为王诜写真，乞得紫衣一道"。[2] "九月间，轼托王巩到京见王诜时，觅祠部一两道与相知僧。十月内，王巩书来，云王诜已许诺，未取。"[3] 这些请托，有的是为自己，有的则是为朋友。总体而言，王诜送与苏轼的东西多于苏轼给予王诜的，其中一个重要的原因，是王诜作为贵公子和驸马，家计比较富有，何况他又是一个乐于散财好施的人，显出其为人轻财仗义的一面。

熙宁十年三月一日，王诜派人送简帖给苏轼，相约次日出京城游四照亭。王诜带了家妓六七人，为他们斟酒。席间有名倩奴者向苏轼求曲子，为作《洞仙歌》（一说即《殢人娇》词）、《喜长春》（或谓即《满庭芳》词）二首予之。此后第二天，王诜送给苏轼韩幹画马六轴，请求苏轼为之跋尾。苏轼作《书韩幹〈牧马图〉》，其中有"王良挟策飞上天，何必俯首服短辕"之句[4]，此诗被列入含有讥讽的作品之中。他招供称："不合作诗云……意以麒麟自比，讥讽执政大臣无能尽我之才，如王良之能驭者，何必折节求进

---

1 〔宋〕朋九万：《乌台诗案》，四川大学中文系唐宋文学研究室编：《苏轼资料汇编》上编，第二册，第584页。
2 〔宋〕朋九万：《乌台诗案》，四川大学中文系唐宋文学研究室编：《苏轼资料汇编》上编，第二册，第587页。
3 〔宋〕朋九万：《乌台诗案》，四川大学中文系唐宋文学研究室编：《苏轼资料汇编》上编，第二册，第587页。
4 〔宋〕苏轼：《书韩幹〈牧马图〉》，《苏轼诗集》卷十五，第723页。

用也。"[1]可见至此苏轼对执政仍然心怀怨怒，认为他们让自己长时间沉沦地方，没有受到重用，不能发挥其过人才能。

熙宁十年七月，苏轼为王诜所建的宝绘堂作记，其中所谓"君子可以寓意于物，而不可以留意于物。寓意于物，虽微物足以为乐，虽尤物不足以为病。留意于物，虽微物足以为病，虽尤物不足以为乐"[2]的观点，道出了人与物关系的深刻哲理，得到后世士大夫的普遍认同。他在文章中列举了历史上不少名人不能正确处理人与物的关系、受所偏爱的书画之累的例证，提醒包括王诜在内的人引以为戒："凡物之可喜，足以悦人而不足以移人者，莫若书与画。然至其留意而不释，则其祸有不可胜言者。钟繇至以此呕血发冢，宋孝武、王僧虔至以此相忌，桓玄之走舸、王涯之复壁，皆以儿戏害其国，凶其身。此留意之祸也。"[3]自钟繇至王涯，有的贵为帝王，有的位极人臣，但皆因对书画的占有欲太强，不择手段地将其据为己有，最终因"儿戏"家破人亡，书画为别人所有。因为王诜颇为痴迷书画，将众多书画收藏置于宝绘堂中，故苏轼为之作记，特别以此作规诫，也算是尽到了朋友的一番善意苦心。而宋人李冶对此评论道："王诜晋卿建宝绘堂，以前后所得法书名画尽贮其中。东坡为作记云：'桓玄之走舸、王涯之复壁，皆留意之祸也。'东坡又尝谓其弟子由之达，自幼而然，每获书画，漠然不甚经意。若坡所论，真所谓寓物而不留物者也。然《乌台诗案》所载款状，与晋卿往还者，多以书画为累，是岂真能忘情者哉？"[4]看来苏轼奉劝朋友不要留意于书画之物，而其自身并不能完全忘情于此。在诗案中他自供与王诜的实物往来以书画居多，这既是两人爱好相似的最好说明，也成为牵累王诜受到处罚的重要物证。

---

1 〔宋〕朋九万：《乌台诗案》，四川大学中文系唐宋文学研究室编：《苏轼资料汇编》上编，第二册，第587页。
2 〔宋〕苏轼：《宝绘堂记》，《苏轼文集》卷十一，第356页。
3 〔宋〕苏轼：《宝绘堂记》，《苏轼文集》卷十一，第356页。
4 〔宋〕李冶：《敬斋古今黈》卷八，张志烈、马德富、周裕锴主编：《苏轼全集校注·苏轼文集校注》卷十一《宝绘堂记·集评》，第1126页。

但是，需要强调的是，王诜因"乌台诗案"而受罚，主要并不是因为其与苏轼的书画往还多，而是其接受了苏轼所写录的大量讥讽新法和执政者的诗文，他因此被认定为苏轼政治上的同盟者、支持者或者同情者。《乌台诗案·御史台根勘结按状》云："（苏轼）作诗赋及诸般文字寄送王诜等，致有镂板印行。各系讥讽朝廷及谤讪中外臣僚。准敕：作匿名文字嘲讪朝政，及中外臣僚，徒二年，情重者奏裁。"[1]其定罪根本未提两人书画往还之事。苏轼在元祐元年所作的《和王晋卿并引》中说："驸马都尉王诜晋卿，功臣全斌之后也。元丰二年，予得罪贬黄冈，而晋卿亦坐累远谪，不相闻者七年。"诗中有云："先生饮东坡，独舞无所属。当时挹明月，对影三人足。醉眠草棘间，虫虺莫予毒。醒来送归雁，一寄千里目。怅然怀公子，旅食久不玉。欲书加餐字，远托西飞鹄。谓言相濡沫，未足救沟渎。"[2]本以为彼此的交往，可以相互帮衬，相濡以沫，却让对方受到贬谪的牵累，不能相救于沟渎，表达了对朋友的愧歉之意。同年又在《题王晋卿诗后》言："晋卿为仆所累。仆既谪齐安，晋卿亦贬武当。饥寒穷困，本书生常分，仆处不戚戚固宜，独怪晋卿以贵公子罹此忧患，而不失其正，诗词益工，超然有世外之乐，此孔子所谓'可与久处约长处乐'者。"[3]在苏轼看来，王诜并没有因受到牵累而记恨于他，也没有就此气馁消沉，而是坦然面对，泰然处之，表现出贵公子难得的忧喜不惧的品格，是可以与之长久交往的可靠朋友。

顺带说明，《宝绘堂记》本来毫无对新法及执政的讥讽之意，但还是被纳入了"乌台诗案"的审问范围，载于《乌台诗案·与王诜作宝绘堂记》条。苏轼供词记为熙宁五年写作此文[4]，但其《宝绘堂记》写明的时间是熙宁十年七月二十二日，应该系其在牢中记忆有误。

---

1 〔宋〕朋九万：《乌台诗案》，四川大学中文系唐宋文学研究室编：《苏轼资料汇编》上编，第二册，第609页。
2 〔宋〕苏轼：《和王晋卿并引》，《苏轼诗集》卷二十七，第1423页。
3 〔宋〕苏轼：《题王晋卿诗后》，《苏轼文集》卷六十八，第2137页。
4 〔宋〕朋九万：《乌台诗案》，四川大学中文系唐宋文学研究室编：《苏轼资料汇编》上编，第二册，第588页。

第二节　二人元祐时期的交谊

元丰二年苏轼与王诜两人遭贬，天各一方，中断联系长达七年之久。北宋历史进入元祐朝，幼冲的哲宗在皇帝位，但垂帘处理朝政的却是其祖母太皇太后高氏。朝局因此巨变，之前得势的新法派全部被赶出朝廷，原来被执政者排挤失势的反对派人士重新得到起用，苏轼兄弟均被召回朝廷，且获得快速提拔，居于重要职位。王诜也顺利结束贬谪生涯，回到京城，恢复了其驸马都尉的头衔，且获得了登州刺史的官职。

元祐元年七月，苏轼与王诜在皇宫殿门外相见。两人对贬谪余生得以重聚京城颇为感慨，王诜作诗赠苏轼，苏轼和答，此即保存于《苏轼诗集》卷二十七的《和王晋卿并引》。苏轼在诗中说："岂知垂老眼，却对金莲烛。公子亦生还，仍分刺史竹。"[1]面对命运的巨变，难免感慨万端，恍如梦幻。自此，他们又恢复了较为频繁的诗文、书画往来。元祐二年，王诜患耳疾，有诗赠苏轼，苏轼戏作《次韵王都尉偶得耳疾》酬答宽慰之[2]。这一年，还有一次在历史上甚为著名的"西园雅集"活动。王文诰《苏文忠公诗编注集成总案·元祐二年》"集于王诜西园"条，依据此次雅集活动参与者之一米芾的《西园雅集图记》，认定雅集的时间为是年。[3]孔凡礼《苏轼年谱》则系于元祐三年，以为雅集参与者之一秦观被召入京是此年事，谓："此图乃绘本年事。"[4]关于此次聚会，历来聚讼纷纭，将在后文专门加以讨论。

元祐三年，苏轼先后作有《和王晋卿题李伯时画马》《书王定国所藏〈烟江叠嶂图〉》《王晋卿所藏著色山二首》诸诗。看来自头年"西园雅集"活动之后，他们两人的交往更加集中在了书画鉴赏及题赠方面。《书王定国所藏〈烟江叠嶂图〉》作于是年十二月。评论者多以为该诗类似画记的写法，然能够"含不尽于言外，息群动于无声"（明谭元春《东坡诗选》卷五

1　〔宋〕苏轼：《和王晋卿并引》，《苏轼诗集》卷二十七，第1423页。
2　〔宋〕苏轼：《次韵王都尉偶得耳疾》，《苏轼诗集》卷二十九，第1550—1551页。
3　〔清〕王文诰：《苏文忠公诗编注集成总案》卷二十九，第537—538页。
4　孔凡礼：《苏轼年谱》卷二十七，第852—853页。

该诗评语），则不宜简单作题画诗看，其中蕴含诗人的身世遭际及两人深厚情谊。诗云：

> 江上愁心千叠山，浮空积翠如云烟。山耶云耶远莫知，烟空云散山依然。但见两崖苍苍暗绝谷，中有百道飞来泉。萦林络石隐复见，下赴谷口为奔川。川平山开林麓断，小桥野店依山前。行人稍度乔木外，渔舟一叶江吞天。使君何从得此本，点缀毫末分清妍。不知人间何处有此境，径欲往买二顷田。君不见武昌樊口幽绝处，东坡先生留五年。春风摇江天漠漠，暮云卷雨山娟娟。丹枫翻鸦伴水宿，长松落雪惊醉眠。桃花流水在人世，武陵岂必皆神仙。江山清空我尘土，虽有去路寻无缘。还君此画三叹息，山中故人应有招我归来篇。[1]

曾国藩评此诗云："前十二句状画中胜境。'使君'四句点明题目。'君不见'十二句，言樊口胜境亦不减于图中之景，但人自欠闲耳。"[2]其实，王诜所画的《烟江叠嶂图》，并非纯粹描绘自然美景，而是深深烙下了画家贬谪岁月的情感印迹。苏轼对此最为敏感，且特别能够心领神会，故开篇即言："江上愁心千叠山，浮空积翠如云烟。"从画家对整个画面的布局安排可以看出，居于左侧的层叠山形所占空间不到全画的三分之一，与超过画面三分之二的浩渺烟江形成鲜明对比效果。王诜采用打破传统山水画画面布局平衡的方式，着意营造整幅画烟波缥缈、空漠虚幻的意境，是画家对贬谪经历所造成的失意落寞心境的艺术表现。这一点被苏轼敏锐地捕捉到，故用"江上愁心""如云烟"开宗明义，为全诗画面摹写及思想情感表达确定基调。因此，无论是画中的山崖绝谷、飞泉奔川，还是小桥野店、行人渔舟，都成为画家特殊心境的寄寓和再现，而不是纯乎自然的山水景观写照。至于后幅所写苏轼在黄州的五年居留生活，虽然有春风摇江、暮

1　〔宋〕苏轼：《书王定国所藏〈烟江叠嶂图〉》，《苏轼诗集》卷二十七，第1608页。
2　张志烈、马德富、周裕锴主编：《苏轼全集校注·苏轼诗集校注》卷三十《书王定国所〈藏烟江叠嶂图〉·集评》，第3383页。

云卷雨、丹枫翻鸦、长松落雪等一年四季的美景，但是正如诗人所说，"江山清空我尘土，虽有去路寻无缘"，一个被贬谪在偏僻荒远之地的尘俗之人，跟这些自然美景并不十分契合投缘。即使是远足揽胜，也是出于对谪居囚处的暂时忘却，心灵的伤痛与自然的美景恰恰形成强烈反差，增添其挣脱不了囚笼的内心烦恼。这种心境与情怀，是有着相似挫折经历的人才能产生情感共鸣的。所以，苏轼题诗之后，王诜有感而发，作了和诗进行回应，其中有"帝子相从玉斗边，洞箫忽断散非烟。平生未省山水窟，一朝身到心茫然。长安日远那复见，掘地宁知能及泉。几年漂泊汉江上，东流不舍悲长川"等语[1]，其初到漂泊之地的陌生环境时所产生的空虚与悲凉之感，就是其用艺术手法着意刻画的苍茫烟江意境。

苏轼读了王诜的和诗以后，复次其韵，诗题是《王晋卿作〈烟江叠嶂图〉，仆赋诗十四韵，晋卿和之，语特奇丽。因复次韵，不独纪其诗画之美，亦为道其出处契阔之故，而终之以不忘在莒之戒，亦朋友忠爱之义也》，诗云：

> 山中举头望日边，长安不见空云烟。归来长安望山上，时移事改应潸然。管弦去尽宾客散，惟有马埒编金泉。渥洼故自千里足，要饱风雪轻山川。屈居华屋啖枣脯，十年俯仰龙旂前。却因瘦病出奇骨，盐车之厄宁非天。风流文采磨不尽，水墨自与诗争妍。画山何必山中人，田歌自古非知田。郑虔三绝君有二，笔势挽回三百年。欲将岩谷乱窈窕，眉峰修嫮夸连娟。人间何有春一梦，此身将老蚕三眠。山中幽绝不可久，要作平地家居仙。能令水石长在眼，非君好我当谁缘。愿君终不忘在莒，乐时更赋《囚山篇》。[2]

---

1 〔宋〕苏轼：《书王定国所藏〈烟江叠嶂图〉》王文诰"题解"引《式古堂书画考》所载王诜"和诗"，《苏轼诗集》卷三十，第1607页。
2 〔宋〕苏轼：《王晋卿作〈烟江叠嶂图〉，仆赋诗十四韵，晋卿和之，语特奇丽。因复次韵，不独纪其诗画之美，亦为道其出处契阔之故，而终之以不忘在莒之戒，亦朋友忠爱之义也》，《苏轼诗集》卷三十，第1609—1610页。

王诜得到苏轼的次韵诗后，作《再次韵》答之，其中有"山深路僻空吊影，梦惊松竹风萧然。杖藜芒屦谢尘境，已甘老去栖林泉。……造物潜移真幻影，感时未用惊桑田。醉来却画山中景，水墨想像追当年。玉堂故人相与厚，意使嫘母齐联娟。岂知忧患耗心力，读书懒去但欲眠。"[1] 从苏轼所谓"归来长安望山上，时移事改应潜然"，"画山何必山中人，田歌自古非知田"，及王诜"造物潜移真幻影，感时未用惊桑田。醉来却画山中景，水墨想像追当年"的身世契阔感喟中，更能清楚王诜并非纯粹画景，苏轼也不是就画论画。

据查慎行《苏诗补注》、孔凡礼《苏轼年谱》，是年苏轼为王诜作有《题王维画》一诗，而被王文诰《苏轼诗辑注》列入"补编"部分。该诗借评价王维画，对王诜的身世经历及绘画才能给予高度肯定：

> 摩诘本词客，亦自名画师。平生出入辋川上，鸟飞鱼泳嫌人知。山光盎盎著眉睫，水声活活流肝脾。行吟坐咏皆自见，飘然不作世俗辞。高情不尽落缣素，连山绝涧开重帷。百年流落存一二，锦囊玉轴酬不赀。谁令食肉贵公子，不觉祖父驱熊罴。细毡净几读文史，落笔璀璨传新诗。青山长江岂君事，一挥水墨光淋漓。手中五尺小横卷，天末万里分毫厘。谪官南出止均、颍，此心通达无不之。归来缠裹任纨绮，天马性在终难羁。人言摩诘是初世，欲从顾老痴不痴？桓公、崔公不可与，但可与我宽衰迟。[2]

王文诰引冯应榴《苏诗合注》云："王晋卿以将门之后，能诗善画，又曾谪官均、颍，与诗中语意适符，此诗必为晋卿作也。"[3] 从全诗之意看，冯说有理。王维一生亦官亦隐的生活方式，对其山水田园诗的内容与风格

---

1 〔宋〕苏轼：《王晋卿作〈烟江叠嶂图〉，仆赋诗十四韵，晋卿和之，语特奇丽。因复次韵，不独纪其诗画之美，亦为道其出处契阔之故，而终之以不忘在莒之戒，亦朋友忠爱之义也》王文诰"题解"引王诜"次韵诗"，《苏轼诗集》卷三十，第1609页。
2 〔宋〕苏轼：《题王维画》，《苏轼诗集》卷四十八，第2598页。
3 〔宋〕苏轼：《题王维画》，《苏轼诗集》卷四十八，第2598页。

形成具有重要影响。而王诜身为贵公子驸马，本可以荣华富贵，诗画自娱，无忧无虑以终其身，享受上天的眷顾。殊不知一场政治变故，让其生活轨迹发生根本改变，迫使他不得不远离富贵温柔之乡，而投身于大自然的怀抱，磨砺其意志，陶冶其情操，能够领略王维破墨山水的真谛，师法自然，物我为一，真所谓"四时为我供画本，巧自增损媸与妍"（王诜语），成功发挥其诗画兼擅的鲜明特色，造就其不囿于前人的品格。这是此诗所着力表彰的，也是苏轼最欣赏，且可以聊作慰藉的。

元祐四年（1089）三月，苏轼被任命知杭州军州事，即将离开其在京城任职的重要岗位。在离京之前，作有《和王晋卿送梅花次韵》《次韵王晋卿惠花栽，栽所寓张退傅第中》《次韵王晋卿上元侍宴端门》《书王定国所藏王晋卿画〈著色山〉二首》诸诗，可见他们之间的交往甚为频密。《书王定国所藏王晋卿画〈著色山〉二首》其二云：

> 君归岭北初逢雪，我亦江南五见春。寄语风流王武子，三人俱是识山人。[1]

"识山人"三字，不是泛泛地说他们三人都识山、懂山，而是意有所指，即他们曾一起遭贬，因此而具有在贬谪中与山水打交道的类似经历。故王文诰《苏轼诗辑注》该诗题解引"施注"曰："东坡以诗谪黄州，凡五年，王定国巩亦坐累谪监宾州酒税。王晋卿诜为英宗主婿，主薨，诜徙均州。"[2] 王诜在元丰二年已被贬官，只是因为其妻蜀国公主病笃时向神宗提出恢复其官职的请求，神宗为了满足长公主的最后心愿，将王诜复了职；元丰三年公主去世后，王诜又被贬去了均州。

元祐六年初，苏轼被从杭州召回朝廷任吏部尚书，后改任翰林学士承旨。由于洛党众人攻讦苏轼兄弟，让他不能安身于朝，他便坚请到地方任职，七月即到颍州去任知州了。其在京的数月间，与王诜的诗文书画交往

---

[1] 〔宋〕苏轼：《书王定国所藏王晋卿画〈著色山〉二首》其二，《苏轼诗集》卷三十一，第1639页。
[2] 〔宋〕苏轼：《书王定国所藏王晋卿画〈著色山〉二首》王文诰"题解"引，《苏轼诗集》卷三十一，第1638页。

依然频繁,作有《书破琴诗后并叙》《次韵子由书王晋卿画山水一首,而晋卿和二首》《次韵子由书王晋卿画山水二首》《又书王晋卿画四首》《题王晋卿画后》《王晋卿得破墨三昧,又尝闻祖师第一义,故画邢和璞、房次律论前生图,以寄其高趣。东坡居士既作〈破琴〉诗以记异梦矣,复说偈云》等,共计十一首。《次韵子由书王晋卿画山水一首,而晋卿和二首》其二云:

> 此境眼前聊妄想,几人林下是真休。我今心似一潭月,君已身如万斛舟。看画题诗双鹤鬓,归田送老一羊裘。明年兼与士龙去,万顷苍波没两鸥。[1]

《王晋卿得破墨三昧,又尝闻祖师第一义,故画邢和璞、房次律论前生图,以寄其高趣。东坡居士既作〈破琴〉诗以记异梦矣,复说偈云》:

> 前梦后梦真是一,彼幻此幻非有二。正好长松水石间,更忆前生后生事。[2]

上述其他各诗均与此两诗相似,并不重在题写画意,而在于抒发诗人急流勇退、寻找心灵皈依的思想情怀。故王文诰在《次韵子由书王晋卿画山水二首》的"题解"中指出:"二诗句句寓意,以题画论,即与画理不合,设想之所不到也。"[3] 苏轼在为王诜画题诗时反复倾诉自己此时此境的心情意愿,不愧是交心之友,好像又再现了熙宁时期的那种赠诗寓意的情景。

元祐七年八月,苏轼被从扬州知州任上召回任兵部尚书,再次回到京城。其间与王诜的交往,主要围绕王诜想借观苏轼收藏的仇池石,而苏轼意有不舍,但又不好正言回绝,于是打起了一场半真半假又颇具情趣的"笔墨官司"。《仆所藏仇池石,希代之宝也,王晋卿以小诗借观,意在于

---

[1] 〔宋〕苏轼:《次韵子由书王晋卿画山水一首,而晋卿和二首》其二,《苏轼诗集》卷三十三,第1771—1772页。

[2] 〔宋〕苏轼:《王晋卿得破墨三昧,又尝闻祖师第一义,故画邢和璞、房次律论前生图,以寄其高趣。东坡居士既作〈破琴〉诗以记异梦矣,复说偈云》,《苏轼诗集》卷四十八,第2625页。

[3] 〔宋〕苏轼:《次韵子由书王晋卿画山水二首》王文诰"题解",《苏轼诗集》卷三十三,第1772页。

夺,仆不敢不借,然以此诗先之》,看了这个诗题,就会明白苏轼的意图:他担心王诜借了不还,据为己有(苏轼在《宝绘堂记》里对此专门进行过规劝)。但碍于朋友情面,又不好不借,所以诗中有言在先:"风流贵公子,窜谪武当谷。见山应已厌,何事夺所欲?欲留嗟赵弱,宁许负秦曲。传观慎毋许,间道归应速。"[1] 看其措辞,当然有戏语的意味,但诗中再三叮嘱,仅限王诜一人借观,不能转借他人,观赏完了要尽快归还!王诜借人书画,爱之而不还的例子,见于同道友人米芾的记录中:

> 苏轼子瞻作墨竹,从地一直起至顶,余问:"何不逐节分?"曰:"竹生时何尝逐节生?"运思清拔,出于文同与可,自谓与文拈一瓣香。以墨深为面,淡为背,自与可始也。作成,林竹甚精。子瞻作枯木,枝干虬屈无端;石皴硬,亦怪怪奇奇无端,如其胸中盘郁也。吾自湖南从事,过黄州,初见公,酒酣曰:"君贴此纸壁上——观音纸也。"即起作两枝竹,一枯树,一怪石见与。后晋卿借去不还。[2]

看来苏轼对王诜见到喜爱之物借去不还的习性比较了解,所以先以戏谑语气,把自己希望对方尽早归还仇池石的态度表达明白,并非全出戏言。《王晋卿示诗,欲夺海石,钱穆父、王仲至、蒋颖叔皆次韵。穆、至二公以为不可许,独颖叔不然,今日颖叔见访,亲睹此石之妙,遂悔前语。仆以为晋卿岂可终闭不予者,若能以韩幹二散马易之者,盖可许也。复次前韵》《轼欲以石易画,晋卿难之,穆父欲兼取二物,颖叔欲焚画碎石,乃复次前韵,并解二诗之意》两篇,均继续这场几人斗智斗勇的笔墨游戏。苏轼不想心爱的海石被王诜夺取,于是想了一个以石易画的主意,来打消王诜的借观愿望,而另外两位朋友,有的想石、画兼取,有的想焚画碎石,各自迥异的欲望和心态,为这场诗歌酬赠游戏增添了更加丰富的趣味。

---

[1] 〔宋〕苏轼:《仆所藏仇池石,希代之宝也,王晋卿以小诗借观,意在于夺,仆不敢不借,然以此诗先之》,《苏轼诗集》卷三十六,第1941—1942页。
[2] 〔宋〕米芾:《画史(外十一种)》,第12页。

保存于《苏轼诗集》中与王诜的最晚酬赠诗是《次韵王晋卿奉诏押高丽宴射》,故《仆所藏仇池石,希代之宝也,王晋卿以小诗借观,意在于夺,仆不敢不借,然以此诗先之》题下"施注"云:"东坡自维扬召还,与晋卿复相倡酬,遂获麟于《押高丽燕〔宴〕射》一诗,出守中山,以及南迁。"[1]苏轼出守登州的时间为元祐八年八月,其《次韵王晋卿奉诏押高丽宴射》诗可能作于元祐七年下半年至八年上半年之间。至此,其与王诜充满风雨坎坷的交往历程画上了句号。

第三节　二人共同的文学艺术爱好及关于"西园雅集"之争议

从《宣和画谱》等记载王诜生平事迹的材料看,他自幼就有比较好的文学艺术修养,善为文,喜作诗,能填词,书画尤为擅长,留下的名作甚多,在当时及后世具有广泛影响。特别是水墨山水画,构思、布局、用墨、技法等,都能别开生面,独具一格。苏轼称赞其"得破墨三昧",表明其方法和风格,并非靠模仿依傍别人,而是能够领悟与创新,表现出自己的独特个性和鲜明艺术特征。

在两人漫长的交往历程中,虽然书画往还最多,但彼此交流的方式,不仅有在书画领域的专业对话,还有大量的诗歌交流。比如苏轼为王诜创作的《烟江叠嶂图》题诗,王诜随即进行和答;苏轼复次王诜诗韵,王诜又作再次韵诗。两轮酬唱,各自都能道出不同内容与情怀,显出其诗歌驾驭能力很强,并不怎么逊色于苏轼这样的一流大诗人。我们从苏轼所写与王诜相关的诗歌作品中不难发现,相当一部分是苏轼次韵王诜赠诗,表明作为画家,王诜并不仅仅是被动地应答诗友的赠诗,反而有不少次是主动发起者。这也说明王诜的诗歌创作能力甚强,面对苏轼这样才思敏捷的大诗人,他也具备足够的交流互动能力。

---

1 〔宋〕苏轼:《仆所藏仇池石,希代之宝也,王晋卿以小诗借观,意在于夺,仆不敢不借,然以此诗先之》王文诰"题解"引,《苏轼诗集》卷三十六,第1940页。

前文试图就熙宁年间苏轼写录那么多不满新法及执政者的诗歌作品给王诜的动因做出推断,着重分析了王诜在政治上可能是苏轼的同盟者、支持者及同情者,但这或许还不是全部原因之所在。因为当时政治上与苏轼同声相应的文人士大夫数量并不少,何以苏轼对他们没有采用与王诜类似的诗文交流方式?另一个可能的原因也许是,两人有进行诗歌创作艺术切磋的用意。在整个熙宁时代,苏轼与王诜都没有保留彼此进行诗歌唱和的作品,究竟是本来未进行这种交流还是有了交流而未能保留,其真正原因今天已难以断言,但也不排除王诜此时可能还不很擅长诗歌写作,苏轼写录部分作品给王诜,让其观赏琢磨,以增强其对诗歌艺术创作技巧的了解并提高其这方面能力的可能性。从王诜建好宝绘堂,特意邀请苏轼为之作记的情形看,王诜对苏轼的文学才能是高度认可的,所以希望多读一些其所创作的文学作品,某种意义上讲,这也是情理中事。

宋代文人推崇并流行的交往方式,是在私家园林或者野外名胜地举行各种聚会,在一起饮酒赋诗、从事书画创作或品鉴,把这视为士林之雅事盛事,能够彰显文人的雅趣乐趣。久而久之,在他们之间逐渐形成理念相近、意趣相投的文学艺术群体,彼此提携鼓励,形成一道宋代文坛的壮丽景观。此种方式虽然不始于宋代,但宋代的文人聚会及文艺团体的兴旺盛行,无论规模还是频率,都非前代可比。这种风气之日益浓郁,跟宋代重文轻武的立国方针、士大夫优厚的俸禄及得到保证的休沐制度、文人创作群体及流派的发展壮大等,都有一定关系。《宋史·艺文志一》分析宋代文学兴盛的原因时指出:"君臣上下,未尝顷刻不以文学为务,大而朝廷,微而草野,其所制作、讲说、纪述、赋咏,动成卷帙,累而数之,有非前代之所及也。"[1]现代学者也注意到宋代文人团体兴盛对文学艺术繁荣的促进作用:"唐代知识分子间那种座主与门生的密切关系,到了宋代,已显然被文学集团、文人群体所替代,北宋的欧、苏、梅,苏门四学士,黄庭坚及江西诸子,南宋的四灵、江湖诗人词人群,乃至许多诗社、词社,都是在文

---

1 〔元〕脱脱等撰:《宋史》卷二百二《艺文志一》,第5033页。

学共同兴趣的基础上,同声相应,同气相求,结成或十分紧密,或相对松散的群体,对文艺创作进行认真的交流、切磋和探讨……从而促进了文艺创作的繁荣。"[1]

苏轼作为元丰、元祐时代的士人代表和文坛盟主,自然在其中扮演着重要角色,并发挥着巨大作用。与王诜交往直接相关的,即历来争议不断的所谓"西园雅集"一桩公案。笔者曾在《苏轼与米芾交往述评》[2]及《苏轼与李公麟交往考评》[3]两文中,分别对部分问题进行了考察分析,但由于王诜是此次"雅集"的召集人,他家花园也是"雅集"的举办地,故仍有必要对相关争议问题进行再梳理、再辨析。

关于"西园雅集"的争议,涉及的问题甚多,主要有以下几点:

首先,哪些人参加了雅集活动?过去的资料所记载的参与人数、人员颇不一致,在衣若芬《一桩历史的公案——"西园雅集"》一文所列的对照表中,人数有十六、十四、十二人之别;人员差异,则在米芾《西园雅集图记》、李公麟《西园雅集图》标名、杨士奇《西园雅集图记》、陈思允题《西园雅集图》、杨士奇《西园雅集图记》引述宋代画家刘松年临李公麟画五种记录中各有不同。[4]令人诧异的是,据传同样参加了雅集活动的米芾和李公麟,两人所画所记的参加人数相同,而人员则有差别。除去两者一致的人员外,李公麟《西园雅集图》有王巩、元冲之、公素,而米芾《西园雅集图记》却是李之仪、晁补之、郑靖老;而在杨士奇的《西园雅集图记》里,王巩又换成了陈师道,但他所引述的刘松年临摹李公麟画,却没有陈师道、张耒、晁补之、李之仪四人,参加人数变成了十二人。面对这种情况,要选择一个可信度相对较高的说法,笔者以为应该首先相信此画作者李公麟所标注的人员,因为他对雅集参与人员既画其形,又标其名,应该是最准确无误的。只可惜李公麟《西园雅集图》真迹早已不传,自北宋、

---

1 孙望、常国武主编:《宋代文学史·总论》,北京:人民文学出版社,1996年,第6页。
2 杨胜宽:《苏轼与米芾交往述评》,《乐山师范学院学报》2002年第5期。
3 杨胜宽:《苏轼与李公麟交往考评》,《江苏科技大学学报(社科版)》2019年第1期。
4 衣若芬:《赤壁漫游与西园雅集——苏轼研究论集》,北京:线装书局,2001年,第55—56页。

南宋郑天民、叶梦得、刘克庄等人以还，所见的都是存世的临摹本，而临摹本作者，有的会在原作上擅自进行增减处理，造成不同版本《西园雅集图》所记的混乱。因此，传为李公麟所作的《西园雅集图》标示的人名，是否与真迹完全一致，在未见到真迹之前，依然无法断言。

其次，雅集活动进行了一次还是两次？关于雅集活动，历来有一次和两次的不同说法。明确雅集活动举办过两次的，以元代袁桷、陆友仁为代表。袁桷《题李龙眠雅集图》云：

> 龙眠旧作《雅集图》在元丰间，于时米元章、刘巨济诸贤皆预，盖宴于王晋卿都尉家所作也。嗣后诗祸兴，京师侯邸皆闭门谢客，都尉竟以忧死，不复有雅集矣。……此图盖作于元祐之初，龙眠在京，后预贡举。考斯时之集，则孰为之主欤？曰此安定郡王赵德麟之集也。德麟力慕王晋卿、侯鲭之盛，见于题咏。[1]

按照袁桷的说法，元丰年间的雅集，李公麟画了一幅《雅集图》，参与人员只提到米芾、刘泾二人，其他还有哪些人，并未逐一罗列。元祐初的雅集，李公麟又作了一幅《雅集图》，文中提到苏轼及苏门人士张耒、秦观、黄庭坚等，还言及"文潜嗜饮，樽罍满几者，其实也；少游凝然有思，其《小秦王》之意乎？鲁直每遇家妓辄书裙带，今乃题卷，犹故态也。东坡公精神凌厉，见于笔墨，而待门下三客，盖未尝以此易彼……"[2] 所描述的乃是画中形象，但其他人则未一一指明。而关于举办的地点，他推测是在赵令畤（德麟）家，理由主要有两条：一是"乌台诗案"后，当初参与雅集的人多遭遇贬谪，天各一方，京师侯邸皆闭门谢客了，驸马都尉王诜竟以忧死，所以不复有在他家花园举办雅集的条件和可能了。二是元祐初的雅集，既然王诜已死，那么聚会只能换地方了，换在了什么地方呢？他

---

1 〔元〕袁桷：《题李龙眠雅集图》，《清容居士集》卷四十七，《四库全书·集部·别集类》，第1203册，第620—621页。
2 〔元〕袁桷：《题李龙眠雅集图》，《清容居士集》卷四十七，《四库全书·集部·别集类》，第1203册，第621页。

认为最具备条件的应该是安定郡王赵令畤家，他向慕王诜的好客之风，所以当仁不让地当起了活动的召集人。

然而，袁桷的记载是严重失实的。王诜的确因受"乌台诗案"牵连被罚、被贬，但元祐初与苏轼兄弟等新法反对派一道，都被召回了京城，不仅恢复了其驸马都尉的头衔，而且还被任命为登州刺史；他并没有忧死于元祐之前，而是活到了徽宗崇宁三年（1104）以后[1]，至少比苏轼晚死三年以上。如此一来，所谓王诜忧死，元祐初的雅集地点只能变换到赵令畤家的推测就失去了合理性前提。事实上，从上述王诜与苏轼交往情形可以看出，他们之间在元祐年间的诗文书画交往仍然相当频繁，在王诜家花园举办雅集的时机、条件均不会有任何问题。

稍晚于袁桷的陆友仁《研北杂志》卷上记载此事的观点与袁桷完全一致："李伯时《雅集图》有两本，一在元丰间，宴于王晋卿都尉之第所；一盖作于元祐初安定郡王赵德麟之邸，刘潜夫书其后云……"[2]第二次用一"盖"字，表明其不能十分确定，只是推测或者设想而已。他似乎比袁桷更加心中无数，对于哪些人参加了这两次雅集活动，只字未提。

认为雅集只有一次的，以南宋刘克庄为代表。他在《郑德言书画·西园雅集图》中言："本朝戚畹惟李端愿、王晋卿二驸马好文喜士，有刘真长、王子敬之风……二驸马既贤，而坐客皆天下士……未几而乌台鞫诗案矣，宾主俱谪，而啭春莺辈亦流落于他人矣。"[3]按照刘克庄的说法，在王诜家举办过一次雅集活动，时间是在"乌台诗案"发生之前的熙宁至元丰二年间，参加者皆当时名士，但未详其人。"乌台诗案"导致苏轼、王诜等人皆遭贬谪，王诜的家妓六七人均流落于他方，雅集之事便再未举办了。事实上，随着元祐朝局更迭，原先参与雅集的这些人，都悉数回到了京城。王诜照样发扬其"好文喜士"的风格，与苏轼等人的交往依然频繁，在其家再次举办雅集，不仅有条件，而且也有可能。

---

1 张荣国：《王诜生卒年新考》，《中国国家博物馆刊》2014年第9期。
2 〔元〕陆友仁：《研北杂志》卷上，《丛书集成新编》，台北：新文丰出版公司，1985年，第38页。
3 〔宋〕刘克庄：《后村先生大全集》卷一〇四，四部丛刊本初编，台北：商务印书馆，1965年，第14页。

据此，李公麟所画的两本《西园雅集图》，对应的是两次"西园雅集"活动，一次在熙宁十年，一次在元祐二年或者三年[1]。两次活动都应是在王诜家的花园举办，参加者也许不尽相同，但苏轼、李公麟、王诜及苏门人士大多参与，则是历来一致的看法。

再次，米芾作没作《西园雅集图记》？对米芾作《西园雅集图记》持否定观点的是就职于新加坡南洋理工大学的学者衣若芬。她在《一桩历史的公案——"西园雅集"》一文中，专门考证了《西园雅集图记》在历代文献记载中的情况，其基本结论是怀疑米芾曾作此文："所谓的米芾《西园雅集图记》可能是后人依据黄溍《述古堂记》中记载的《述古图记》，在曾鹤龄之后逐渐成形的作品。"[2]其所持的理由主要有：一是因该文不见于米芾《宝晋英光集》正编，仅见于《补遗》部分，认为非南宋岳珂编纂米芾诗文集所见，该文正式见于文献记载，始于明代，有可能系后人伪托。二是该文的称谓用语与米芾通用的不相吻合，她重点列举了对苏轼的称谓，认为在米芾诗文中，通常称其为"东坡"或"东坡居士"，而该文尊称为"东坡先生"；又谓该文自称"米元章"，不符合古人的一般称谓习惯，应该自称"米芾""米芾元章""芾"。三是北宋宣和年间画家郑天民作有《述古图记》，元代黄溍为友人缪贞作《述古堂记》，其中记载了《述古图记》，后人在上述两文基础上进行"精细"加工，就成了托名米芾的《西园雅集图记》。

虽然衣若芬对米芾是否作过《西园雅集图记》进行了颇为细致的考证，但所持的证据和得出的结论其实不太令人信服。首先，因《西园雅集图记》始见于明人的文献记载中就怀疑其真实性，这显然不够科学。因为岳珂编纂米芾诗文集的时候，只是搜集了作者《山林集》（一百卷）中的十

---

1 〔清〕王文诰《苏文忠公诗编注集成总案》卷二十八"元祐二年·集于王诜西园"条以为西园雅集只有一次，发生时间在元祐二年；而孔凡礼《苏轼年谱》以为西园雅集进行过两次，一次在熙宁十年，一次在元祐三年，分别见于该书卷十六"与孙洙（巨源）会于王诜（晋卿）园中"条、卷二十七"是岁，李公麟（伯时）作《西园雅集图》，绘苏轼等有姓名者十七人雅集西园之状，米芾为之记"条。分别见《苏文忠公诗编注集成总案》第537—538页，《苏轼年谱》第355、852—853页。
2 衣若芬：《赤壁漫游与西园雅集——苏轼研究论集》，第64页。

分之一，大量作品没有搜集到。历代文人不断加以辑佚补缺，有些文献会较晚面世，这种情形是非常普遍和正常的。其次，说米芾对苏轼的称谓与其常用的不一致，因此怀疑文章非米芾所为，这也难有说服力。因为米芾为人极为自负，世人目为"米癫"，《四库全书总目·宝晋英光集》提要云："元丰至金陵，识王介甫，过苏州识苏子瞻，比日不执弟子礼云云，其自负殊甚，殆犹颠态。"[1]其对苏轼怎么称呼，恐怕难有规律可循，比如现存《宝晋英光集·杂著》中，就有直接称"苏轼"的，也有自称"米元章"的[2]，总不能据此就说《杂著》也非米芾所作吧？至于认为《西园雅集图记》乃明代曾鹤龄之后的某位文人参照郑天民《述古图记》、黄溍《述古堂记》而作，则更加让读者困惑。虽然衣若芬将米芾《西园雅集图记》、郑天民《述古图记》、曾鹤龄所说《古图记》用列表对照的方式进行了分辨，但怎么能以文字的大同小异证明不是后来的人沿袭了米芾，却坚持认定米芾文章本不存在？这些表明这桩公案的确仍有很多疑点。比如依照衣若芬的观点，黄溍《述古堂记》在郑天民的《述古图记》、曾鹤龄所称的《古图记》之间具有非常关键的承前启后的作用，但她并没有将其与《述古图记》进行文字对照，也没有解释清楚两者之间究竟是什么关系，只说"可能是后人依据黄溍《述古堂记》中记载的《述古图记》，在曾鹤龄之后逐渐成形"，这是不足以解决米芾《西园雅集图记》是否乃后人伪托这一重大学术问题的。

笔者之见，在没有更加有力的证据证明《西园雅集图记》非米芾所作之前，我们还是不要轻易得出否定性结论。

---

1 〔清〕永瑢等：《四库全书总目》卷一百五十四，第1331页。
2 〔宋〕米芾：《宝晋英光集》卷八，《四库全书·集部·别集类》，第1116册，第137—139页。

第十三章　苏轼与李公麟的诗画交谊

苏轼与李公麟的交往亲密长久，前后共计二十多年。他们因为共同的文学艺术爱好而结识，并不断加深彼此间感情。苏门弟子之一黄庭坚认为苏轼是李公麟真正的知音，看到了两人关系的非比寻常。学界迄今对他们的交往起始时间、交往过程及洋溢其间的深厚情谊，没有认真关注过，也缺乏全面的了解，本章即重在对这些问题进行系统梳理和深入评析。

李公麟（1049—1106），字伯时，舒州桐城（今安徽桐城）人。因舒城境内有龙眠山，公麟取以为号，故自号龙眠居士。他是北宋著名画家和书法家，而尤以绘画著称于世。据宋代《宣和画谱》记载，李公麟有一百零七幅作品藏于皇家御府，是宋代画家中御府收藏画作数量最多者之一，可见其水平与影响。李公麟的绘画才能，来自从小在家庭成长中所受到的长期影响。《宣和画谱》云："文臣李公麟，字伯时，舒城（笔者按：北宋舒城属庐州，而龙眠山在舒州桐城境内，故当以《宋史》本传所言舒州为是。）人也。熙宁中登进士第。父虚一，尝举贤良方正科，任大理寺丞，赠左朝议大夫。喜藏法书名画。公麟少阅视即悟古人用笔意。作真、行书，有晋、宋楷法风格，绘事尤绝，为世所宝。博学精识，用意至到，凡目所睹，即领其要。"[1]

---

[1] 〔宋〕无名氏：《宣和画谱》卷七，《画史（外十一种）》，第108页。

除书法、绘画外，李公麟也擅长诗文，张耒《柯山集》中收录了李公麟和张耒、晁补之等人在元祐二年充当礼部考试参详官时（据邵祖寿《张文潜先生年谱》）互相唱和的诗歌作品十多首，其艺术水平并不比张耒等人逊色多少。[1]李公麟与苏轼有相当密切的交往，作为两人交往的纽带，且不断加深两人交往感情的书画，当是其中最重要的媒介。李公麟多方面的文学艺术才能，自然也是苏轼喜欢与之交往的不可忽视的因素。元祐三年，苏轼主持礼部考试，聘请了十多位属官，李公麟即为其中之一，可见其对李公麟文学素养的认可。关于二人交往的具体情况，迄今学界还不甚注意，此章即专门对相关问题进行考察梳理。

第一节　二人交往起始时间考索

在苏轼留存至今的诗文中，与李公麟交往有关的文字，大约均在元丰末至元祐初。如《跋李伯时〈孝经图〉》一文，孔凡礼《苏轼年谱》系于元丰八年："（二月）李公麟（伯时）作《孝经图》。苏轼后有跋"条引南宋周密《云烟过眼录》卷上："王子庆所藏，'李伯时《孝经图》并书，自题云：凤阁舍人杨公雅言《孝经》乃六艺根本，百行世训所重，谓龙眠山人李公麟曰：能图其事以示人，为有补。元丰八年二月，因摭其一二随笔之。'"[2]《苏轼全集校注·苏轼文集校注》的校注者之一江裕斌认为，苏轼此文于元祐初作于开封，以所引明郁逢庆《续书画题跋记》卷四所记为证，文意与周密《云烟过眼录》大体相似，只是个别词句不同而已。另引陆完跋语云："龙眠居士图《孝经》，虽曰随章摭其一二，然至〔自〕天子以至庶人，威仪动作之节，与夫郊庙之规模，闾里之风俗，器物之制度，畜产之性情，亦略备矣。东坡谓其神与万物交，其智与百工通者，览之可想。"[3]李公麟

---

[1] 〔宋〕张耒：《同文唱和诗》，《张耒集》卷六十二，北京：中华书局，1990年，第904—964页。
[2] 孔凡礼：《苏轼年谱》卷二十四，第670页。
[3] 张志烈、马德富、周裕锴主编：《苏轼全集校注·苏轼文集校注》卷七十《跋李伯时孝经图》注〔一〕，第7930—7931页。

的《孝经图》自言作于元丰八年三月（不知何故孔凡礼《苏轼年谱》却将其系于二月），孔凡礼谓苏轼"后有跋"。"后"所指的准确时间究竟是元丰八年，还是元祐元年，亦未敢断言。江裕斌谓苏轼跋文作于元祐初，是元年、二年，也不能确定。苏轼《跋李伯时孝经图》谓："观此图者，易直子谅之心，油然生矣。笔迹之妙，不减顾、陆。至第十八章，人子之所不忍者，独寄其仿佛。非有道君子不能为，殆非顾、陆之所及。"[1]是苏轼观赏了李公麟的《孝经图》后，以题跋的形式发表对作者此图内容和艺术技巧的高度赞美。其何时得观此图，文中没有明言，的确难以知道其具体写作时间，但定于元丰末至元祐初，应该不会有什么问题。

而苏轼诗歌中反映与李公麟交往的作品，最早者为《次韵子由书李伯时所藏韩幹马》，写作的时间在元祐二年五月。苏辙《韩幹三马》诗有云："画师韩幹岂知道？画马不独画马皮。画出三马腹中事，似欲讥世人莫知。伯时一见笑不语，告我韩幹非画师。"[2]苏轼次韵诗有云："丹青弄笔聊尔耳，意在万里谁知之。幹惟画肉不画骨，而况失实空留皮。烦君巧说腹中事，妙语欲遣黄泉知。君不见韩生自言无所学，厩马万匹皆吾师。"[3]清人纪昀评此诗曰："只就伯时生情，韩幹只于笔端萦绕，运意运笔，俱极奇变。"[4]苏辙诗侧重称赞韩幹画马技艺超绝，能够遗形取神，画出三匹马各自的"腹中事"，具有嘲讽世人莫知其神骏之能的寓意；而李公麟最能领会韩幹的运笔用意，"一见笑不语"，是对苏辙观点的认同。苏轼次韵诗，则侧重于对李公麟临摹韩幹马能够自出新意的称许，认为韩幹画马画肉不画骨，有其皮毛而缺其精神，倒是李公麟真正把三马不同的"心事"表达出来了，故韩幹黄泉有知，当钦佩李公麟师法万物的绘画理念，在其画作中，这种理念得到了完美的阐释。纪昀谓苏轼此诗"只就伯时生情"，当指此而言。现代学人衣若芬评论苏轼此诗时指出"通篇重在李公麟的画艺和李弄笔丹青

---

1 〔宋〕苏轼：《跋李伯时孝经图》，《苏轼文集》卷七十，第2217页。
2 〔宋〕苏辙：《韩幹三马》，《栾城集》卷十五，第363—364页。
3 〔宋〕苏轼：《次韵子由书李伯时所藏韩幹马》，《苏轼诗集》卷二十八，第1504—1505页。
4 张志烈、马德富、周裕锴主编：《苏轼全集校注·苏轼诗集校注》卷二十八《次韵子由书李伯时所藏韩幹马·集评》，第3132页。

聊以自娱,借画言志的深义,韩幹仿佛只是作为映衬李公麟的点缀",进而对李公麟的绘画观念和方法评价道:"李的艺术地位是建立在画技的高妙和推陈出新,'感通神灵'的特殊力量已不似韩幹时具有提升画誉的价值。李虽临摹韩幹'三马图'……但是宋人着重的是他的创化工夫,而非仅止于做个韩幹的继承人。"[1]说明苏轼与李公麟在绘画观念上有着高度的契合,这是他们彼此作为书画行家相知相交的重要艺术思想基础。

从上述诗文看,显然苏轼与李公麟的交往时间应该早于元丰末或者元祐初,因为苏轼诗文所反映的内容表明,他对李公麟已经非常了解,并且对其绘画才能一直高度称赞。那么,他们二人开始交往的具体时间,应该前推至何时比较符合实际呢?

一个必须提到的著名历史事件,是发生在京城汴京的一次重要文人集会活动——"西园雅集"。关于这件事,苏轼之后历代文坛一直津津乐道,留下了不少彼此充满矛盾的文字记载。关于集会发生的时间,存在多种说法,现依照各说的时间先后,分列如下:

一是熙宁十年。主此说者为今人孔凡礼。其《苏轼年谱·熙宁十年》"三月二日,应王诜约,饮于四照亭,赋《洞仙歌》《喜长春》"条引《(乌台)诗案·与王诜往来诗赋》:"熙宁十年,……三月初一日,王诜送到简帖,来日约出城外四照亭中相见。次日,轼与王诜相见,令姨媵六七人出斟酒下食,数内有倩奴,问轼求曲子,轼遂作《洞仙歌》一首、《喜长春》一首与之。"[2]同月下旬 "与孙洙(巨源)会于王诜(晋卿)园中"条引《后村先生大全集》卷一○四《西园雅集图跋》:"本朝戚畹惟李端愿、王晋卿二驸马好文喜士。……此图布置园林水石人物姬女,小者仅如针芥,然比之龙眠墨本,居然有富贵态度,画固不可以设色哉。二驸马既贤,而坐客皆天下士。世传孙巨源《三通鼓》、眉山公《金钗坠》之词,想见一时风流蕴藉,为世道太平极盛之候。未几而乌台鞫诗案矣,宾主俱谪。"孔凡礼

---

1 衣若芬:《赤壁漫游与西园雅集——苏轼研究论集》,第105—108页。
2 孔凡礼:《苏轼年谱》卷十八,第353页。

认为刘克庄所叙，乃此时事。[1] 依照刘克庄的说法，《西园雅集图》有设色本和墨本两种，其所题跋的是设色本，而李公麟所绘的墨本，他是见过的，故有一番比较性评价。不论刘氏的评论是否允当，但从其题跋文字可知，熙宁十年，苏轼与李公麟等十多位文人雅士，在王诜家西园举行过一次聚会，应是有一定根据之言。

二是元丰初"乌台诗案"发生前（约1078—1079）。南宋刘克庄《郑德言书画·西园雅集图》、元代袁桷《题李龙眠雅集图》主此说。袁桷云："龙眠旧作《雅集图》在元丰间，于时米元章、刘巨济诸贤皆预，盖宴于王晋卿都尉家所作也。嗣后诗祸兴，京师侯邸皆闭门谢客，都尉竟以忧死，不复有雅集矣。……此图盖作于元祐之初，龙眠在京，后预贡举。考斯时之集，则谁为之主欤？曰此安定郡王赵德麟之集也。德麟力慕王晋卿、侯鲭之盛，见于题咏。"[2] 所谓"诗祸兴"，即指发生于元丰二年的"乌台诗案"。如果此说有依据，则李公麟至迟在元丰初年就与苏轼有交往，并且参加了此次重要的文人聚会。"乌台诗案"审理的结果是，不仅苏轼本人被贬谪黄州，而且牵连了包括王诜在内的好多与苏轼有诗文往来或私人关系的文人。朋九万《乌台诗案·与王诜往来诗赋》一条，记载苏轼供述的两人交往过程甚详。其中时间最早的是熙宁二年："轼在京受差遣，王诜作驸马。后轼去王诜宅，与王诜写作诗赋并《莲华经》等。本人累经送酒食、茶果等与轼。当年内，王诜又送弓一张、箭十只、包指十个与轼。"自熙宁二年至十年（1069—1077），二人频繁有诗文往还。[3]

三是元祐二年。主此说者为王文诰。其《苏文忠公诗编注集成总案·元祐二年》"（六月）集于王诜西园"条引米芾《西园雅集图记》云："李伯时效唐小李将军为著色，……自有林下风味，无一点尘埃气，不为凡笔也。其乌帽黄道服捉笔而书者，为东坡先生……幅巾野褐据横卷画渊明

---

[1] 孔凡礼：《苏轼年谱》卷十八，第355页。
[2] 〔元〕袁桷：《题李龙眠雅集图》，《清容居士集》卷四十七，《四库全书·集部·别集类》，第1203册，第620—621页。
[3] 〔宋〕朋九万：《乌台诗案》，四川大学中文系唐宋文学研究室编：《苏轼资料汇编》上编，第二册，第584—587页。

《归去来》者为李伯时。"还加按语称:"此集在二三两年之间,而刘泾将赴莫州倅,故置二年为当也。自袁彦方以下四条,皆以未能确考,附载此案之末。"[1]照王文诰自己的话说,他并无确凿证据认定西园雅集的时间是在元祐二年。

综合比较以上诸说,笔者认为孔凡礼的说法较为可信。首先,按照苏轼在"乌台诗案"中的自供,其与王诜的交往早在熙宁二年就开始了,此后直至诗案发生,苏轼与王诜等喜好诗文书画的文士一直保持着频繁交往。在王诜家花园、在四照亭等郊外景观场所,大家聚集过不止一次两次,其间诗文书画皆称擅长的李公麟,不应该缺席这样的雅集活动。其次,苏门人士之一的米芾既是熙宁末那次著名集会的参与者,也是《西园雅集图记》的写作者,其中清楚记录了李公麟所绘包括他本人和苏轼等十六人在内的着色《西园雅集图》,其可信度应该是比较高的。至于有研究者因米芾此文不见其文集《宝晋英光集》正录,而仅载于《补遗》等,而质疑其真实性与可靠性问题[2],笔者曾在《苏轼与米芾交往述评》一文中进行了辨析[3],前已述,此处不再赘言。再次,苏轼作于熙宁十年的《韩幹马十四匹》诗,可以作为苏轼与李公麟此时确有交往的有力证据。王文诰《苏轼诗辑注》该诗题解引"查注"云:"楼钥《攻媿集·题赵尊道渥洼图序》云:赵尊道以《龙眠渥洼图》示余,余曰:误矣。本韩幹马,东坡曾为赋诗,此龙眠所临。为书坡诗于后,而次其韵。"[4]楼钥所辨析的是,赵尊道认为《渥洼图》系李公麟创作,而他认为不是李公麟原创,是其临摹韩幹所画之马。苏轼诗云:"韩生画马真是马,苏子作诗如见画。世无伯乐亦无韩,此诗此画谁当看。"[5]李公麟有感于苏轼在诗末的慨叹,故有临摹韩幹马之举,或许《渥洼图》之名为李公麟所取,故赵尊道误以为是李公麟本人的原创之作。由此可以看出,那时苏轼与李公麟已在交往,才会有苏轼题诗、李公麟

---

1 〔清〕王文诰:《苏文忠公诗编注集成总案》卷二十八,第537—538页。
2 衣若芬:《赤壁漫游与西园雅集——苏轼研究论集》,第49—85页。
3 杨胜宽:《苏轼与米芾交往述评》,《乐山师范学院学报》2002年第5期。
4 〔宋〕苏轼:《韩幹马十四匹》王文诰"题解"引,《苏轼诗集》卷十五,第767页。
5 〔宋〕苏轼:《韩幹马十四匹》,《苏轼诗集》卷十五,第768页。

临画的关联性举动。此外,在与王诜出游及在其家宴席上,苏轼于此年作有《鹊人娇·小王都尉席上赠侍人》《满庭芳》两词。宋人傅藻《东坡纪年录·熙宁十年丁巳》载:"三月一日与王诜会四照亭,有倩奴者求曲,遂作《洞仙歌》《喜长春》与之。明日,晋卿送韩幹画马,跋以诗。"[1]王文诰《苏文忠公诗编注集成总案·熙宁十年丁巳》载:"三月二日寒食,与王诜作城北之游,饮于四照亭上,作《鹊人娇》词。"[2]王文诰认为,傅藻所谓《洞仙歌》,即《鹊人娇》词。又清人张宗橚《词林纪事》云:"橚按:《西园雅集图跋》,此阕当在王都尉晋卿席上,为啭春莺作也。"[3]孔凡礼《苏轼年谱》以为此词作于三月末:"与孙洙(字巨源)会于王诜(晋卿)园中,苏轼尝赋《满庭芳》。"[4]

因此,苏轼与李公麟正式开始交往的时间,有比较可靠的文献为证的,至少可以追溯到熙宁十年。并且参考苏轼与王诜至迟在熙宁二年就有密切交往的情形,其与李公麟之间的交往可能还会早于熙宁十年,也许可以追溯到熙宁前期某年,只是由于暂未找到确凿的文献资料作为依据,难以清楚认定。

第二节　二人以诗画为媒的交往

即使以熙宁十年作为苏轼与李公麟交往的起点,他们的诗文往还及其他形式的交往活动也断断续续保持了二十几年之久。梳理他们交往的整个历程,可以发现一些显著的特点,比如双方的诗文往还或者集会活动主要集中在绘画方面,他们因为共同的书画爱好而情谊日益加深等。

元丰二年,"乌台诗案"发生,苏轼被逮捕入狱,在御史台监狱被关押审问长达百余天。苏轼出狱已经是当年年底。案件审理结果是苏轼被授

1　王水照编:《宋人所撰三苏年谱汇刊》,第415页。
2　〔清〕王文诰:《苏文忠公诗编注集成总案》卷十五,第276页。
3　〔清〕张宗橚:《词林纪事》卷五,成都:成都古籍书店,1982年,第142页。
4　孔凡礼:《苏轼年谱》卷十六,第355页。

黄州团练副使，不得签书公事，须尽快启程前往谪居地。苏轼于次年二月初抵达黄州贬所，开始了整整四年多几乎与京城故旧断绝往来的孤独贬谪生活。其中的原因：一方面是受制于当时黄州偏僻的地理位置，交通不便、信息不通；另一方面则是苏轼为了不给朋友增添麻烦，主动切断或者尽量减少与亲朋故旧的联系，因为当时的政治形势迫使他必须事事小心，不敢造次。有些写给朋友的信，后面都要加上再三叮嘱之语，希望看后烧掉，不要保留或扩散。

处于这种情形下，在整个黄州谪居期内，苏轼与李公麟没有任何文字往还。上述元丰八年苏轼为李公麟《孝经图》作题跋时，他已经结束黄州贬谪生活，先是量移汝州安置，随即起知登州，赴任数日即以礼部郎中被征召入京，是年十二月已经到京履职。其为李公麟《孝经图》作题跋，孔凡礼说"苏轼后有跋"，既可以表示在图后作题跋的意思，也可以表示后来作题跋的意思。根据上述苏轼当时的行踪轨迹，其在旅途奔波中见到此图并作题跋文字的可能性很小，极有可能是回京以后才见到李公麟的画。由此推断，该题跋的写作时间，也许在元丰八年年底，或者元祐元年初。

神宗去世，哲宗继位，因其年幼，不能直接理政，故太皇太后高氏垂帘听政，处理朝政事务。她要做的头等大事，就是尽快改变熙宁变法所带来的政局动荡和人心不稳，故把当年被新法派排挤出京城的一大批士大夫悉数召回朝廷掌权。从宰相司马光到苏轼兄弟、王诜等，纷纷从闲居地、贬谪地齐聚京城，元祐士林之盛，较之熙宁有过之而无不及。而这一时期，苏轼已经居于文坛盟主地位，许多文人雅士重新开启当年的雅集盛会模式，包括元祐二年在王诜家中的第二次西园雅集活动。

关于元祐二年这次雅集的场所，元代袁桷《题李龙眠雅集图》认为，李公麟的西园雅集图有先后两本，一本是在王诜家的花园聚会时所画，聚会的具体时间在元丰初年（元丰二年"乌台诗案"发生之前），而苏轼写雅集图题跋的这一次雅集的聚集时间则是在元祐初。此时苏轼兄弟及苏门弟子、李公麟等均在京师任职，这次聚会的地点袁桷推测可能在赵令畤（德麟）家，但从其所谓"考斯时之集，则谁为之主欤？曰此安定郡王赵德麟之集也。德麟力慕王晋卿、侯鲭之盛,见于题咏"的措辞看,他也仅仅是推测,推测的理由也难以成立。比如他说此时王诜"以忧死",就完全不可靠,当代学界有考证认为王诜死于1114—1117年间(徽宗政和四年至七年)[1],表明此时王诜不仅有可能参加西园雅集,而且雅集的地点也有可能就在他家的花园里。因为米芾《西园雅集图记》中明言:"仙桃巾紫裘而坐观者为王晋卿……后有女奴云鬟翠饰倚立,自然富贵风韵,乃晋卿之家姬也。"[2]王文诰据此认为此次雅集发生在元祐初年,则袁桷关于集会地点在赵令畤家的推测,自然难以成立。

元祐前几年,苏轼主要在朝中任职,与李公麟的交往比较密集。元祐二年元月,与李公麟为柳子文(字仲远)作《松石图》,柳子文又请李公麟为之作《憩寂图》,苏辙有题咏诗,苏轼作次韵子由诗于图后,并作有题跋一篇。苏轼《次韵子由题〈憩寂图〉后》诗云:

> 东坡虽是湖州派,竹石风流各一时。前世画师今姓李,不妨还作辋川诗。[3]

而其《题〈憩寂图〉诗》,将此诗写作的时间及缘由交代得很清楚:

> 元祐元年正月十二日,苏子瞻、李伯时为柳仲远作《松石图》。仲远取杜子美诗"松根胡僧憩寂寞,庞眉皓首无住着。偏袒右肩露双脚,叶里松子僧前落"之句,复求伯时画此数句,为《憩寂图》。子由题云:"东坡自作苍苍石,留取长松待伯时。只有两人嫌未足,兼收前世杜陵诗。"……文与可尝云:"老夫墨竹一派,近在徐州。吾竹虽不及,石似过之。"此一卷公案,不可不令鲁直下一句。[4]

---

1 张荣国:《王诜生卒年新考》,《中国国家博物馆馆刊》2014年第9期。
2 〔宋〕米芾:《宝晋英光集·补遗》,《丛书集成新编》第六十二册,台北:新文丰公司,1985年,第150页。
3 〔宋〕苏轼:《次韵子由题〈憩寂图〉后》,《苏轼诗集》卷四十七,第2541页。
4 〔宋〕苏轼:《题〈憩寂图〉诗并鲁直跋》,《苏轼文集》卷六十八,第2138页。

文末附黄庭坚语曰："或言子瞻不当目伯时为前身画师，流俗人不领，便是诗病。伯时一丘一壑，不减古人，谁当作此痴计。子瞻此语是真相知。"[1]

这段话及上述绝句包含了苏轼、苏辙、黄庭坚三人对李公麟绘画才能及水平的评价，且牵涉到苏轼与文同墨竹画风的异同等当时士林及后来文艺界津津乐道的重大话题，同时还有李公麟为柳子文所作的画究竟是一幅还是两幅这个引起研究者误解的问题，值得在后面加以深入分析。

孔凡礼《苏轼年谱》依据苏辙《栾城集·次韵子瞻杜介供奉送鱼》等诗的编排时间及其元祐元年正月尚在赴京途中等情况，认为"'元年'当为'二年'之误刊"[2]，今从其说。

元祐三年（1088），苏轼知贡举，孙觉、孔文仲为同知。《续资治通鉴长编·元祐三年》载："（正月）乙丑，命翰林学士苏轼权知礼部贡举，吏部侍郎孙觉、中书舍人孔文仲同知贡举。"李焘注引黄庭坚为孙敏行书石刻所列参与其事者共计二十三人，其中没有李公麟的名字。[3] 然苏轼《书试院中诗》有云：

> 元祐三年二月二十一日领贡举事，辟李伯时为考校官。三月初，考校既毕，待诸厅参会，故数往诣伯时。伯时苦水悸，愊愊不欲食，作欲骡马以排闷。黄鲁直诗先成，遂得之。鲁直诗云……予又戏作绝句："竹头抢地风不举，文书堆案睡自语。看马欲骡顿风尘，亦思归家洗袍袴。"伯时笑曰："有顿尘马欲入笔。"疾取纸来写之后。三月六日所作皆是也。[4]

从苏轼的这段文字可知，李公麟不仅被苏轼辟为考校官，参与了元祐三年礼部进士考试的考校工作，而且跟苏轼还有频繁的走动交往。文章记

---

1 〔宋〕苏轼：《题〈憩寂图〉诗并鲁直跋》，《苏轼文集》卷六十八，第2138页。
2 孔凡礼：《苏轼年谱》卷二十六，第760页。
3 〔宋〕李焘：《续资治通鉴长编》卷四百八，第9921—9922页。
4 〔宋〕苏轼：《书试院中诗》，《苏轼文集》卷六十八，第2139—2140页。

录的是李公麟心情郁闷，没有食欲，画了一匹想土浴的马来解闷，结果最先作成咏马诗的黄庭坚得到了这幅画。苏轼在次黄庭坚诗韵后，又戏作一首绝句，说马都想洗澡了，何况被锁在院中这么久的各位考官呢？李公麟看了以后，心情好了许多，并且又产生了灵感，画了一幅表现"顿风尘"的马图。这件事，不仅表现了考务完成以后，考官们以诗画创作互相酬唱的文人雅趣，同时也可以看出苏轼与李公麟非比寻常的亲密关系。他数诣李公麟，交流探讨的应该主要是绘画艺术与诗歌创作方面的话题。

这年九月，李公麟为苏轼兄弟、黄庭坚作画像，又作自画像，苏轼有诗文记其事。其《书〈黄庭内景经〉尾并叙》云："余既书《黄庭内景经》，以赠葆光道师。而龙眠居士复为作经相其前，而画余二人像其后。笔势隽妙，遂为希世之宝。嗟叹不足，故复赞之。"诗云：

> 太上虚皇出灵篇，黄庭真人舞胎仙。髯者两卿相后前，丱妙夹侍清且妍。十有二神服锐坚，巍巍堂堂人中天。问我何修果此缘，是心朝空夕了然，恐非其人世莫传。殿以二士苍鹄骞，南随道师历山渊。山人迎笑喜我还，问谁遣化老龙眠。[1]

而其所作《李伯时画像跋》云："初，李伯时画予真，且自画其像，故赞云'殿以二士'。已而黄鲁直与家弟子由皆署语其后，故伯时复写二人，而以葆光为导，皆山中人也。"[2]按照诗和叙的记载，李公麟画了经相以后，将他自己和苏轼的像也画在图中，打算用以赠给葆光大师；随后苏辙、黄庭坚两人又在画上题字，于是李公麟又将两人的像画上去，构成了一幅新的图画，颇有山林中人的风味。

大约同时，李公麟为塞拱辰还画有《老子新沐图》，苏轼为之作赞：

> 老聃新沐，晞发于庭。其心淡然，若忘其形。夫子与回，见

---

[1] 〔宋〕苏轼：《书〈黄庭内景经〉尾并叙》，《苏轼诗集》卷三十，第1596—1597页。
[2] 〔宋〕苏轼：《李伯时画像跋》，《苏轼文集·苏轼佚文汇编》卷六，第2575页。

之而惊。入而问之，强使自名。曰：岂有已哉，夫人皆然。惟役于人，而丧其天。其人苟忘，其天则全。四肢百骸，孰为吾缠？死生终始，孰为吾迁？彼赫赫者，将为吾温。彼肃肃者，将为吾寒。一温一寒交，而万物生焉，物皆赖之，而况吾身乎？温为吾和，寒为吾坚，忽乎不知，而更千万年。葆光志之，夫非养生之根乎？[1]

苏轼在经历了牢狱之灾及黄州贬谪之后，对于人生的体悟更加深刻通透，文章并未针对画作发表意见，而是借李公麟画的"酒杯"，来浇自己心中的"块垒"。

又有《和王晋卿题李伯时画马》《次韵黄鲁直书伯时画王摩诘》《戏题李伯时书御马好头赤》诸诗，均作于是年秋。其《次韵黄鲁直书伯时画王摩诘》云：

前身陶彭泽，后身韦苏州。欲觅王右丞，还向五字求。诗人与画手，兰菊芳春秋。又恐两皆是，分身来入流。[2]

此诗王文诰《苏轼诗辑注》依据查慎行《苏诗补注》收入《补编》，未编年。《苏轼全集校注·苏轼诗集校注》卷三十的校注者王克让将其列入编年诗部分，且谓作于元祐三年秋，时在汴京。[3] 诗不仅对黄庭坚的题诗、李公麟的画作给予了高度称赞，而且表达了其一贯主张的"诗画一律"艺术创作观念，因为二人皆兼通诗画，故能够把两种艺术成功地融合起来，达到有声画、无声诗的表达效果。

十月，苏轼为李公麟《归去来图》《阳关图》作题画诗二首，两图系李公麟为林旦（字次中）所作。《书林次中所得李伯时〈归去来〉〈阳关〉

---

1 〔宋〕苏轼：《李伯时作老子新沐图遗道士塞拱辰赵郡苏某见而赞之》，《苏轼文集》卷二十二，第639—640页。
2 〔宋〕苏轼：《次韵黄鲁直书伯时画王摩诘》，《苏轼诗集》卷四十七，第2543页。
3 张志烈、马德富、周裕锴主编：《苏轼全集校注·苏轼诗集校注》卷三十《次韵黄鲁直书伯时画王摩诘》注〔一〕，第3327页。

二图后》其一:

> 不见何戡唱《渭城》,旧人空数米嘉荣。龙眠独识殷勤处,画出阳关意外声。

其二:

> 两本新图宝墨香,樽前独唱《小秦王》。为君翻作《归来引》,不学《阳关》空断肠。[1]

苏轼对李公麟《阳关图》高超的表现技巧极度欣赏,故有"龙眠独识殷勤处,画出阳关意外声"的赞誉。

十一月,李公麟为友人赵屼(字景仁)作《琴鹤图》,苏轼作《题李伯时画〈赵景仁琴鹤图〉二首》,其一曰:

> 清献先生无一钱,故应琴鹤是家传。谁知默鼓无弦曲,时向珠宫舞幻仙。[2]

赵屼为赵抃长子,赵抃死谥清献,苏轼作有《赵清献公神道碑》,称其"平生不治产业","为人和易温厚"。神宗初即位,将赵抃由知成都府召知谏院,人或议论之。神宗召见赵抃,特意问及:"闻卿匹马入蜀,以一琴一龟自随,为政简易,亦称是耶?"[3]暗示重用他是因为其为政清廉简易。叶梦得《石林诗话》载:"赵清献公以清德服一世,平生蓄雷氏琴一张,鹤与白龟各一,所向与之俱。始除帅成都,蜀风素侈,公单马就道,以琴、鹤、龟自随,蜀人安其政,治声藉甚。元丰间……既入见,先帝问:'卿前以匹马入蜀,所携独琴、鹤,廉者固如是乎?'"[4]苏轼诗中称赞赵屼父亲赵

---

1 〔宋〕苏轼:《书林次中所得李伯时〈归去来〉〈阳关〉二图后》,《苏轼诗集》卷三十,第1598—1599页。
2 〔宋〕苏轼:《题李伯时画〈赵景仁琴鹤图〉二首》其一,《苏轼诗集》卷三十,第1606页。
3 〔宋〕苏轼:《赵清献公神道碑》,《苏轼文集》卷十七,第522、520页。
4 〔宋〕叶梦得:《石林诗话》卷上,何文焕辑:《历代诗话》上,北京:中华书局,1981年,第404页。

抃一生清廉寡欲，身无长物，唯以琴鹤相伴。李公麟画《琴鹤图》以赠赵抃，当是寓意深刻，恰如其分。

苏轼另有《题李伯时临刘商观弈图》，其言云："余所藏刘商《观弈图》，由唐迄今二百年，绢素剥烂，粉墨萧瑟，伯时为余临之，茅君篆勒之，皆绝笔也。噫，刘商之画，非伯时则失其真；伯时之笔，非茅生则不能寿。茅生之名，岂以余言而遂传欤！"[1]此文孔凡礼从明人汪珂玉《珊瑚网·名家题跋》中摘出，编入《苏轼佚文汇编》卷六，注谓："此文约作于元祐中。"张志烈等主编的《苏轼全集校注·苏轼文集校注》因之。其《李伯时所画沐猴马赞》，《苏轼全集校注·苏轼文集校注》该文校注者周裕锴未能确定其写作时间，只言"约元祐年间作于开封"[2]。笔者以为，此两文大约作于元祐三年前后，因为这一年，苏轼所作题李公麟画的诗文特别多。

从元祐四年到元祐八年（1089—1093），苏轼先后在杭州、颍州等地任职，虽然中间有过短暂被召回京城为官的经历，但当时政治局势已经令其在朝中无法安身，穷于应付台谏政敌对他的围攻，心绪不佳，且没有太多闲暇与朋友交往集会，所以其间他与李公麟几乎没有诗文往还。唯元祐八年为李公麟作有《洗玉池铭》一文：

> 世忽不践，以用为急。秦汉以还，龟玉道熄。六器仅存，五瑞莫辑。赵璧妇玩，鲁璜盗窃。鼠乱郑璞，鹊抵晋棘。维伯时父，吊古啜泣。道逢玉人，解骖推食。剑瑶鍼珌，错落其室。既获拱宝，遂空四壁。哀此命世，久就沦蛰。时节沐浴，以幸斯石。孰推是心，施及王国。如伯时父，琅然环玦。援手之劳，终睨莫拾。得丧在我，匪玉欣戚。仲和父铭之，维以咏德。[3]

宋胡仔《苕溪渔隐丛话·后集·东坡四》引《复斋漫录》："《洗玉池

---

1 〔宋〕苏轼：《题李伯时临刘商观弈图》，《苏轼文集·佚文汇编》卷六，第2574页。
2 张志烈、马德富、周裕锴主编：《苏轼全集校注·苏轼文集校注》卷二十一《李伯时所画沐猴马赞》注［一］，第2392页。
3 〔宋〕苏轼：《洗玉池铭》，《苏轼文集》卷十九，第564页。

铭》，始予读之，皆不得其说。其后得伯时所刻序跋，乃能明其意。盖元祐八年，伯时在京师，居红桥子第，得陈陕州马台石，爱而置之斋中。一日，东坡过而谓曰：断石为沼，当以所藏玉，时出而浴之，且刻其形于四傍，予为子铭其唇，而号曰洗浴池。……伯时既下世，池亦湮晦。徽宗即其家访之，得于积壤中。其子硕以时禁苏文，因潜磨去铭文，以授使者。于是包以祠褥，栖以髹匣，舁致京师，置之宣和殿中，其十六种玉，惟鹿庐环从葬龙眠，余者咸归内府矣。"[1]苏轼在随后与李公麟的通信中专门提及此铭的缮写及处理建议：《洗玉池铭》，更写得小字一本，比之大字者稍精。请用陈伯修之说，更刻于石柱上为佳。"[2]看来苏轼为该铭写有大字、小字两本，而小字更精，所以信中特别强调，用小字写刻于石柱之上，效果更好。这表明苏轼对此文甚为看重，故殷殷嘱咐。

自哲宗绍圣至元符末（1094—1100），苏轼被贬惠州、儋州长达七年，行迹远至天涯海角，其与中原的联系多已断绝。故这期间，他与李公麟完全没有了诗文往来。直至元符三年（1100）六月得到皇帝允许在廉州（今广西合浦）安置的敕告，结束岭海之贬启程北归，途经韶州（今广东韶关），会见了李公麟之弟李公寅（字亮工），在此停留数日，作有《次韵韶倅李通直二首》，其一云：

　　一篇泷吏可书绅，莫向长沮更问津。老去常忧伴新鬼，归来且喜是陈人。曾陪令尹苍髯古，又见郎君白发新。回首天涯一惆怅，却登梅岭望枫宸。

其二云：

　　青山只在古城隅，万里归来卜筑初。会见四山朝鹤驾，更看三李跨鲸鱼。欲从抱朴传家学，应怪中郎得异书。待我丹成驭风

---

[1] 〔宋〕胡仔：《苕溪渔隐丛话·后集》卷二十九，第215页。
[2] 〔宋〕苏轼：《与李伯时一首》，《苏轼文集》卷五十一，第1509页。

去，借君琼珮与霞裾。[1]

第二首末句苏轼自注云："仆昔为开封幕，先公为赤令，暇日相与论内外丹，且出其丹示仆。今三十年，而见君曲江，同游南华，宿山水间数日，道旧感叹，且劝我卜居于舒，故诗中皆及之。"[2]苏轼在诗中追忆了三十年来跟李家父子的亲密交情，李公寅劝他在舒州定居，便于跟老友李公麟做伴，苏轼颇为动心。纪昀评第一首诗曰："语浅意深，常语而不觉其旧。"[3]说明苏轼此诗是饱含感情写的。与此同时，又作《李伯时画其弟亮工〈旧隐宅图〉》诗：

乐天早退今安有，摩诘长闲古亦无。五亩自栽池上竹，十年空看辋川图。近闻陶令开三径，应许扬雄寄一区。晚岁与君同活计，如云鹅鸭散平湖。[4]

"晚岁"联王文诰加按语曰："时公麟以疾告归，而亮工劝公居龙舒，故有此联。"[5]该诗作于元符三年十二月。此后，苏轼告别李公寅，继续其北归的行程。在写给李公寅的书信里，仍然能够看出苏轼对其兄李公麟的记挂，留存下来的六封书信中，有两信提及李公麟。《与李亮工六首》其二云："见孙叔静言，伯时顷者微嗽，不知得近信否？已全安未？余非面莫究。"其四云："近辱书，承比日起居佳胜。仍示和诗，词指高妙，有起衰疲，幸甚！幸甚！某更旬日乃行，逾远，怅望。意决往龙舒，遂见伯时为善也。"[6]信中对李公麟咳嗽是否痊愈深表关切；并打算北还去舒州居住，得与李公麟朝夕相处，认为是最符合自己心意的选择。尽管苏轼最后选择在

---

1 〔宋〕苏轼：《次韵韶倅李通直二首》其一，《苏轼诗集》卷四十四，第2410—2411页。
2 〔宋〕苏轼：《次韵韶倅李通直二首》其二，《苏轼诗集》卷四十四，第2412页。
3 张志烈、马德富、周裕锴主编：《苏轼全集校注·苏轼诗集校注》卷四十四《次韵韶倅李通直二首其一·集评》，第5225页。
4 〔宋〕苏轼：《李伯时画其弟亮工〈旧隐宅图〉》，《苏轼诗集》卷四十四，第2413—2414页。
5 〔宋〕苏轼：《李伯时画其弟亮工〈旧隐宅图〉》，《苏轼诗集》卷四十四，第2414页。
6 〔宋〕苏轼：《与李亮工六首》，《苏轼文集》卷五十八，第1761—1762页。

常州居住，次年（1101）六月，就在常州因病去世了，没有实现去见李公麟的愿望，但其殷切愿望所蕴含的至交深情，由此可见一斑。到此，苏轼与李公麟长达二十多年的交往和情谊宣告结束。

第三节　关于苏轼对李公麟评价的相关问题

从以上苏轼与李公麟诗文交往的叙述可以看出，其对于李公麟的绘画才能及其作品的艺术水平一直是高度推许的，而在《次韵子由题〈憩寂图〉后》及《题〈憩寂图〉诗》中反映得尤为充分。苏轼的诗乃是次韵其弟苏辙为他与李公麟共同创作的一幅画作《憩寂图》所题的一首绝句，原诗题名《子瞻与李公麟宣德共画翠石古木老僧谓之憩寂图题其后》[1]。由此可知，这幅图是苏轼与李公麟共同创作完成的。如不留意，或许会理解为他们两人合作完成的似乎还有另一幅《松石图》。按照苏辙"东坡自作苍苍石，留取长松待伯时"的说法，由苏轼先画石，然后留出画松的位置，待李公麟来画。图由松与石构成，所以命名为《松石图》，自然恰如其分。然而，依据苏轼《题〈憩寂图〉诗》的说法，《松石图》画好以后，柳子文还想请李公麟根据杜甫《戏韦偃为双松图歌》诗中"松根胡僧憩寂寞"等句的意境，再画一幅《憩寂图》。孔凡礼《苏轼年谱》据此认为："《憩寂图》乃苏、李二人共作，与苏轼跋文谓为公麟一人作者不同。"[2]其实，孔凡礼没有仔细领会苏轼题跋文字的全部意思。柳子文本来是希望李公麟另画一图，但李公麟并没有另纸作画，而是在《松石图》上把老僧画于松下，只是在原图里增加了一个人物，自然由此改变了原图的命意及画面的意境，故为之取了源于杜诗句意的《憩寂图》新名。其做法与前述的"写真图"完全一样。因此，苏辙诗才有"只有两人嫌未足，更收前世杜陵诗"的说法。显然，《憩寂图》就是在《松石图》的基础上画成的，整幅画的表达元素，除了苏

1　〔宋〕苏辙：《子瞻与李公麟宣德共画翠石古木老僧谓之憩寂图题其后》，《栾城集》卷十五，第352页。
2　孔凡礼：《苏轼年谱》卷二十六，第760页。

轼与李公麟两人的创作成分之外，还加入了杜甫诗的内容，使《憩寂图》比《松石图》画面构成更丰富，包含的内容也更深厚，而画面的意境，更加具有林下风味，与苏轼、李公麟两人向往归隐的愿望更加贴切。完全不存在所谓苏轼与苏辙关于此画完成是一人还是二人说法不一致的问题。

由苏轼、苏辙的诗和题跋，可以读出多重值得注意的内涵。首先，《憩寂图》的完成过程堪称独特，充分体现了李公麟对画面的高超驾驭能力和绘画艺术表现能力。从构思《松石图》画面开始，苏轼对于整幅图画构成的要素是有预设的，即他自己先画石，留出位置让李公麟画高高耸立的松，松与石要布局合理，共同构成对画面意境的表达。李公麟接着画松，他在苏轼留出的画面空间，画出了挺拔的松姿，已经完成了苏轼预设的《松石图》的画面构成。殊不知柳子文临时提出再画"松根胡僧"的要求，本来柳子文是希望另画一图的，但李公麟就在已经画好的画面上，增加了老僧憩于松下的人物形象。这不仅没有破坏原来画面的表达效果，反而使得整幅画内涵更加丰富深厚，意境更加耐人寻味。对于李公麟如此高超的处理画面的能力，苏轼与苏辙都十分佩服，故都在题画诗中大加赞美，苏轼谓"前世画师今姓李"，是对李公麟绘画才能的很高赞誉。"前世画师"之语取自苏轼很推崇的唐代诗画兼擅的王维，其在《偶然作六首》其六中有所谓"宿世谬词客，前身应画师"之自许[1]，后来往往用来赞美专擅画艺、水平过人的大家手笔，苏轼之意即是如此。

其次，苏轼在题跋中引述文同（字与可）对于苏轼墨竹的一段评价，称"老夫墨竹一派，近在徐州"，原话见于苏轼《文与可画筼筜谷偃竹记》："与可以书遗余曰：'近语士大夫，吾墨竹一派，近在彭城，可往求之。'"[2]文同以画墨竹著称于世，世人求之不绝，文同颇为厌烦，故让求画者到徐州向苏轼求索。话语间，当然含有苏轼得文同画墨竹真传的意味。对此，苏轼自有他自己的一番理论，即所谓"东坡虽是湖州派，竹石风流各一

---

1 〔唐〕王维：《偶然作六首》其六，赵殿成笺注：《王右丞集笺注》卷五，上海：上海古籍出版社，1984年，第75页。

2 〔宋〕苏轼：《文与可画筼筜谷偃竹记》，《苏轼文集》卷十一，第366页。

时",他虽然不否认自己画墨竹的技法受到文同的影响,但更强调自己的特色和创新。就画竹而言,苏轼并不满足于继承文同的技法与风格,而是在继承的基础上加以发展变化;而在画枯木怪石方面,自己比文同则更胜一筹,各具风流。他认为这是文学艺术创作最重要的特质,也应是文学艺术家努力追求的艺术使命。恰恰在这一点上,苏轼对李公麟肯定之处最多,如评价李公麟临摹韩幹马的自出新意,如评价李公麟为林旦所画《阳关图》"龙眠独识殷勤处,画出阳关意外声"等。宋《宣和画谱》云:"大抵公麟以立意为先,布置缘饰为次,其成染精致,俗工或可学焉,至率略简易处,则终不近也。盖深得杜甫作诗体制而移于画。"[1]杜甫穷古今诗人之变而集其大成,人得其一,即可名家,然终不能臻其兼擅众长的千变万化之境界。李公麟为一般人所不可企及处,不在于其"成染精致",而在于其"率略简易",符合大巧若拙、绚烂之极归于平淡的艺术创作原理。

再次,苏轼让黄庭坚就他跟文同的竹石风格与艺术水平做出评价,而黄庭坚并没有正面回应苏轼的问题,却对苏轼谓李公麟为"前世画师"的看法发表了一番议论:有些人对苏轼关于李公麟是"前世画师"的评价或者不予认同,但那都是流俗的浅薄见解;李公麟的绘画才能及表现水平,一丘一壑不减古人,非常人所能及。苏轼的评价,是知音者的高见,很准确到位,不可移易。如前所述,王维自谓"前身应画师",颇有几分扬扬自得之意,以为其绘画的才能乃是独特的天赋,与生俱来,并非只靠模仿前人,或者追求技巧形似所能至。苏轼赞扬李公麟为"前世画师",正用此意来表达对其卓越天赋与不逊古人的表达能力的赞美,自然是很高的评价。宋人邓椿《画继》评价李公麟云:"以其余力留意画笔,心通意彻,直造玄妙,盖其大才逸群,举皆过人也。士大夫以为鞍马愈于韩幹,佛像追吴道玄,山水似李思训,人物似韩滉,非过论也。尤好画马,飞龙状质,喷玉图形,五花散身,万里汗血,觉陈闳之非贵,视韩幹以未奇。故东坡诗云,龙眠胸中有千驷,不惟画肉兼画骨。山谷亦云:伯时作马,如孙太古湖滩

---

[1] 〔宋〕无名氏:《宣和画谱》卷七,《画史(外十一种)》,第108页。

水石，谓其笔力俊壮也。……郭若虚谓吴道子画，今古一人而已。以予观之，伯时既出，道子讵容独步耶？"¹由此可见其天赋之高，造诣之深，成就之大，地位之显。

最后，苏轼认为，李公麟过人绘画才能的获得，与其兼擅文学与艺术直接关联，其打通诗歌与绘画的表现界限，将诗歌的表达意境与绘画的立意构图有机结合，使其创作能够超越简单的技法和巧似，进而追求更加丰富的意蕴与更加卓越的表现力。如其画《归去来图》，能够把作为有声诗的《归来引》成功地用图画线条与画面语言加以表现；画《阳关图》能够表达出"意外声"的效果；画《琴鹤图》能够画出"默鼓无弦曲"的情趣与意境；画《憩寂图》能够画出杜诗"松根胡僧憩寂寞"的萧散意境：都是"诗画一律""诗画同体"成功运用的范例。故苏轼《次韵黄鲁直书伯时画王摩诘》所言"诗人与画手，兰菊芳春秋。又恐两皆是，分身来入流"²，阐明的就是这番道理。苏轼本人是宋代士大夫博学多能的典型代表，他从自身的成长中悟出了各种艺术可以相辅相成、相得益彰的规律，故其能够成为李公麟在文学艺术上的真正知音，这也是他们能够长期交往、关系日益亲密的根本原因所在。

---

1 〔宋〕邓椿：《画继》卷三，《画史（外十一种）》，第511—512页。
2 〔宋〕苏轼：《次韵黄鲁直书伯时画王摩诘》，《苏轼诗集》卷四十七，第2543页。

第十四章　苏轼与刘安世交往的曲折进程

在苏轼一生交往的友人中,刘安世是其人生中结交甚晚,且直接交往不多的一位。二人在元祐初虽然同朝为官,但共同语言很少,彼此印象不佳。在宋徽宗建中靖国元年初春,二人各自从贬谪地岭南北归中原,途经南安时相遇并结伴同行,游完庐山才分手,这成为他们的最后道别。因为彼此相似的人生磨难和以身报国的挺挺大节,晚景偶遇,相处甚欢,迅速建立了基于惺惺相惜的真挚情谊。学界一般认为他们早在元丰七年就有通信往来,经过仔细考察,这种观点可能是靠不住的。

第一节　刘安世其人

刘安世,字器之,元城(今河北大名)人,世称元城先生。生于宋仁宗庆历八年(1048),卒于宋徽宗宣和七年(1125),享年七十八岁。他于宋神宗熙宁六年登进士第,时年二十五。按照通行惯例,他应该释褐入仕为官。而关于其是否接受"就选"的官职任命,相关史料记载不同。在宋哲宗崇宁年间曾问学于刘安世的永城主簿马永卿所作刘安世《行录》中说:"公举进士,不就选,径归洛,从学于温公。温公曰:'何为不仕?'公以漆雕开'吾斯未能信'之语以对,温公说。复从学者数年。一日避席,问尽心行己之要,可以终身行之者。温公曰:'其诚乎!'"[1]南宋史学家王称在其所著《东都事略·刘安世传》的记载则是:"安世举进士,调洺州司法参军,就辟高阳帅幕,河南左军巡判官。少师事司马光。既仕,请于光曰:'愿一言终身行之。'光曰:'其诚乎!'"[2]依照马永卿的说法,刘安世考取进士,本该释褐为官,但他不"就选",直接去洛阳投师于此时正闲居撰著《资治通鉴》的司马光。司马光也许感到有些意外,询问其放弃为官的原因,刘安世则以孔门弟子漆雕开"吾斯未能信"之言作答。这个回答,让司马光很满意,不仅接受其问学的请求,而且这种师生关系还维持了数年之久。若按照王称的记载看,则刘安世之师从司马光,分为了两段,第一段是考取进士之前的"少时",另一段是"既仕"之后向司马光请益,中间的入仕经历为:洺州司法参军,就辟高阳帅幕,河南左军巡判官。似乎其请益的时刻,并不是新入仕,而是经历了几年做僚吏的过程。马永卿的说法被《宋史》采纳,对刘安世此段历史作了"登进士第,不就选。从学于司马光,咨尽心行己之要,光教之以诚,且令自不妄语始。调洺州司法参军"的叙述。[3]而南宋人杜大珪所编《名臣碑传琬琰之集》收录的《刘谏议安世传》,资料来源乃是南宋高宗绍兴年间官方委任洪迈修撰的《四朝国史》,本传记载此事分为了两处。一处先说:"安世熙宁六年登进士第,调洛(笔者按:当为洺)州司法,就辟高阳帅幕。父丧服除,为河南府左军巡判官。"另一处再言:"安世少师事司马光。初仕,请于光曰:'愿一言终身行之。'光曰:'其诚乎!'"[4]其将关于刘安世请益于司马光分为两段记载的处理方式,与《东都事略》相接近。稍有不同的是,在刘安世登第之后接着叙述了其仕宦经历,中间还记载了其为父守丧,服除,乃为河南府左军巡判官的变故。至于其师从司马光,则明言为"少时";其后登第"初

----

1 〔宋〕马永卿编,〔明〕王崇庆解:《元城语录解》附《行录》,《四库全书·子部·杂说类》,第863册,第392页。
2 〔宋〕王称:《东都事略》卷九十四,《四库全书·史部·别史类》,第382册,第612页。
3 〔元〕脱脱等撰:《宋史》卷三百四十五《刘安世传》,第10952页。
4 〔宋〕杜大珪:《名臣碑传琬琰之集·下》卷十九,《四库全书·史部·传记类·总录之属》,第450册,第807—808页。

仕"，特别请教"一言终身行之"者，司马光告知以"诚"。相比之下，两种说法哪一种可信度更高？一般说来，距离当事人年代越近，关系越亲密者的记述，可信度应该越高。马永卿既是受教于刘安世的人，其生活年代也较王称、洪迈、杜大珪略早，照理，其说法毋庸置疑。但是，同样在马氏所编的《行录》里，又有这样一段记载："公言：安世平生只是一个诚字，更扑不破。诚是天道，思诚是人道，天人无两个道理。因举左右手，顾之笑曰：只为有这躯壳，故假思以通之耳，及其成功，一也。安世自从十五岁以后，便知有这个道理也。"[1]刘安世十五岁，当仁宗嘉祐八年，与其登第相隔整整十年。其十五岁的年龄及以前，与"少时"的表述正相符合。倘若此"言"可信，则其师事司马光的时间，极有可能是在十五岁以前，这才使他懂得"诚"对于一个人的极端重要性，并且终身守之，奉行不悖，将其当成颠扑不破的人生真理。

在做过几年地方基层僚吏之后，刘安世的仕途转机，出现在元祐初司马光被召入朝为相时。元祐元年，刘安世由司马光荐举为朝官，十二月获得秘书省正字的正式任命。[2]到元祐三年，擢升为右正言。关于其受何人所荐，文献记载又有差异。马永卿《行录》云："温公荐充馆职。因谓公曰：'知所以相荐否？'公曰：'获从公游旧矣。'温公曰：'非矣。光居闲，足下时节问讯不绝；光位政府，足下独无书，此光之所以相荐也。'擢右正言。"[3]司马光所言荐举刘安世，当指元祐元年六月向朝廷举荐，而使刘安世获任正字。而对刘安世擢为右正言，则未明确荐主。李焘所作《续资治通鉴长编·元祐三年》的记载，则明确荐主为吕公著："（二月乙未）宣德郎、正字刘安世为右正言。司马光既殁，太皇太后问吕公著：'光门下士素所厚善，可任台谏者，孰当先用？'公著以安世对，遂擢任之。"[4]是因为太皇

1　〔宋〕马永卿编，〔明〕王崇庆解：《元城语录解》附《行录》，《四库全书·子部·杂说类》，第863册，第392页。
2　〔宋〕李焘：《续资治通鉴长编》卷三百九十三，第9552页。
3　〔宋〕马永卿编，〔明〕王崇庆解：《元城语录解》附《行录》，《四库全书·子部·杂说类》，第863册，第392页。
4　〔宋〕李焘：《续资治通鉴长编》卷四百〇八，第9940页。

太后主动询问司马光所善之人，谁当先用，吕公著便以刘安世对。《东都事略》及《宋史》本传同此说。而杜大珪《名臣碑传琬琰之集·刘谏议安世传》则云："哲宗初，刘挚为御史中丞，荐之，除右正言。"[1] 查《续资治通鉴长编·元祐元年二月》事，刘挚于本月丁亥由侍御史除御史中丞，三月曾举荐林旦为殿中侍御史，韩川、上官均为监察御史，未提及有举荐刘安世之事。况且元祐三年刘挚已改任中书侍郎，并非御史中丞，故当以《续资治通鉴长编》所载为是。刘安世履职右正言，首论自王安石执政以来，任用亲戚子弟于华要之职，迄二十年痼疾仍在，点名列举文彦博、吕公著、吕大防、范纯仁、孙固、王存、胡宗愈等七位所谓"耆德宿望"的政府要员，都有私亲不是通过正常程序获得任用的情况，刘挚虽然没有引用私亲，但雷同循默，依违其间，也脱不了罪责，要求将八人一并罢免。弹劾胡宗愈除尚书右丞不协公议，奏章凡二十上，终于使其被免职。弹劾章惇在昆山强买民田，其尽管受到罚金的处理，但刘安世以为责罚过轻，特别揭露其与蔡确、黄履、邢恕交结为党，天下以"四凶"目之，对这种人如此轻罚了事，何以示惩于天下？御史吴处厚弹劾蔡确在安州所作《车盖亭》诗含有讥刺意，刘安世加以附和，指责其诗"指斥乘舆"，属于大不敬之罪，终于酿成"车盖亭诗案"。蔡确因此被窜新州，同时还牵连到宰相范纯仁等大小官员十人。[2]

刘安世这一系列积极弹劾朝廷重臣的行动，得到了职务升迁的回报。他先后迁起居舍人兼左司谏，又擢升左谏议大夫。在任上，刘安世上疏规劝哲宗罢停讲筵及招乳婢事，实际上涉及对太皇太后本人的婉转批评。又弹劾翰林承旨邓温伯撰写蔡确任命制词不当，虚美其有"定策之功"，六上章而无果，便请领祠。除中书舍人，辞不就；改集贤殿修撰，提举嵩山崇福宫；次年，以宝文阁待制为枢密都承旨。时值吕惠卿以光禄卿分司南京，

---

[1]〔宋〕杜大珪：《名臣碑传琬琰之集·下》卷十九，《四库全书·史部·传记类·总录之属》，第450册，第807页。

[2]〔宋〕杜大珪：《名臣碑传琬琰之集·下》卷十九，《四库全书·史部·传记类·总录之属》，第450册，第807页。

刘安世应诏言事，弹劾吕惠卿乃"国之巨蠹，四海所疾，宜永投荒裔。考之常法，犹未应叙，不识何名，遽复卿列。若惠卿之命遂行，则将借以及确，确复用，则章惇之徒如猬毛而起。为国家计，其得安乎？愿使中外群小，不能动摇正道"。[1]因为吕惠卿与蔡确、章惇均为新法派要人，如果朝廷不加强防范，一旦他们得势，元祐大臣们就要倒霉了。

果然，局势的变化被刘安世不幸言中。随着太皇太后去世，哲宗亲政，绍述神宗变法，新法派被重用，不但元祐之政被废弃，而且章惇等人不遗余力地清洗元祐大臣，对刘安世更是恨之入骨。刘安世噩梦般的仕途命运就此开始了：先是被排挤出京，黜知南安军（治所在今江西大余）；未至任所，改命提举洪州玉隆观；不久，责降少府少监、分司南京；绍圣三年，贬为新州别驾，英州安置。绍圣四年，章惇为打击元祐政治势力，相信蔡确之子蔡渭为其父亲申冤的控诉，指控吕大防、刘挚、刘安世等人在贬谪蔡确过程中负有重要责任。经哲宗认可，提请新法派干将蔡京负责审理此案。蔡京把刘挚捉拿到同文馆进行审讯，史称"同文馆狱"。《宋史·刘安世传》云："同文馆狱起，蔡京乞诛灭安世等家，谗虽不行，犹徙梅州。惇与蔡卞将必置之死，因使者入海岛诛陈衍，讽使者过安世，胁使自裁。又擢一土豪为转运判官，使杀之。"[2]章惇、蔡卞、蔡京等人对刘安世的索命追杀，几乎到了丧心病狂的地步。恰巧哲宗驾崩，徽宗即位，大赦天下，对刘安世的迫害才得以停止。而蔡京掌权后，刘安世又被一贬再贬，"连七谪，至峡州羁管"。直到宣和后期，才恢复了承议郎之职，卜居于宋州（今河南商丘睢阳区）。两年之后的宣和七年卒于此地。再过一年，北宋便灭亡了。史谓刘安世"凡投荒七年，甲令所载远恶地无不历之"[3]，可见其后半生仕途命运之坎坷艰险。

在刘安世一生从政生涯中，担任言官的时间最长，建树也主要集中于

---

1 〔宋〕杜大珪：《名臣碑传琬琰之集·下》卷十九，《四库全书·史部·传记类·总录之属》，第450册，第808页。
2 〔元〕脱脱等撰：《宋史》卷三百四十五《刘安世传》，第10953页。
3 〔元〕脱脱等撰：《宋史》卷三百四十五《刘安世传》，第10954页。

此。他以不畏权贵、敢于直言而名震朝野。《宋史》本传称:"在职累岁,正色立朝,扶持公道。其面折廷争,或帝盛怒,则执简却立,伺怒稍解,复前抗辞。旁侍者远观,蓄缩栗汗,目之曰'殿上虎',一时无不敬慑。"[1]据说刘安世最初被任命为谏官时,就非常明白得罪权贵将要付出巨大代价,曾告诉其母:"朝廷不以安世不肖,使在言路。倘居其官,须明目张胆,以身任责,脱有触忤,祸谴立至。主上方以孝治天下,若以老母辞,当可免。"而母亲全力支持他,说其父终生希望任此职而未得,要他接受任命,并且恪尽职守,以身报国,即使遭遇贬谪,再远也从之而往。于是,刘安世才正式接受朝廷的任命。[2]从其后来的行动看,他坚持了初心,践行了诺言,对于新旧政治势力的人和事,都一视同仁地评弹,毫无顾忌与偏袒。其在绍圣以后的遭遇,确如当初的预料,由于树敌甚众,遭到几近疯狂的打击报复。如果不是偶然的原因,他可能已经被章惇、蔡京等人谋害于蛮荒的烟瘴之地了。

刘安世因早年师事司马光,被黄宗羲《宋元学案》列为"涑水门人",又专列于《元城学案》。全祖望《元城学案序录》云:"涑水弟子,不传者多。其著者,刘忠定公得其刚健。"[3]据与刘安世晚年有过交契的吕本中说,刘安世评论当世人物"多云'弱',实中世人之病。承平之久,人皆偷安畏死避事,因循苟且而致然耳"。[4]刘安世一生为人,刚正不阿,临危不惧,能够看透生死,故有直言的胆气与面临死亡威胁的淡定。较之宋代许多理学家,的确算是比较少见的说得出、做得到的行动派。其逝世后,理学家杨时为文祭之,其中有"劫火洞然,不烬惟玉"之语,一时"搢绅往往传诵,以为切当"。[5]大约刘安世从司马光那里得到的真传,乃在于一"诚"字,他不仅终身奉行,而且传之子孙,以为家风。司马光教他自不妄语开

---

1 〔元〕脱脱等撰:《宋史》卷三百四十五《刘安世传》,第10954页。
2 〔元〕脱脱等撰:《宋史》卷三百四十五《刘安世传》,第10954页。
3 〔清〕黄宗羲原著,〔清〕全祖望补修:《宋元学案》卷二十,北京:中华书局,1986年,第820页。
4 〔清〕黄宗羲原著,〔清〕全祖望补修:《宋元学案》卷二十,第831页。
5 〔宋〕马永卿编,〔明〕王崇庆解:《元城语录解》附《行录》,《四库全书·子部·杂说类》,第863册,第399页。

始,他不断体悟,认为立诚不只在于言说,更重要的在于笃行;不只在于不说假话,更重要的是敢于在任何权威面前说真话。其集名为《尽言》,既涵盖了说真话之意,也蕴藏了作者敢于向权威说"不"的过人胆略。明代石星云:"先生之所建白,每以辨是非邪正、进君子退小人为急,其攻击章、蔡诸疏,至二三十上不止,甚或犯主颜色,雷霆震怒,旁观缩朒,先生则少停复奏,不为竦挠。呜呼,其亦苦且危矣。"[1]这的确是古代一般士大夫不易做到的。

第二节　苏轼与刘安世的曲折交往

苏轼比刘安世大十二岁,其步入仕途也比刘安世要早好几年。刘安世熙宁六年考中进士时,苏轼已经经历了凤翔府签判、直史馆、开封府推官等岗位历练,且在杭州通判任上任职已近两年。即使刘安世当年就选为官,他先后做洺州司法参军、河南府左军巡判官的几年间,与苏轼各自都在地方任职,很难有工作上的交集。加之苏轼在元丰二年遭遇"乌台诗案",谪居黄州四年多,直至元丰末才被量移汝州,他们仍然没有结识的机缘。但这并不等于刘安世对苏轼完全不了解。马永卿在《元城语录》中,就记载了刘安世对苏轼遭遇"乌台诗案"的一段评论文字:

> 元丰二年秋冬之交,东坡下御史狱,天下之士痛之,环视而不敢救。时张安道致仕在南京,乃愤然上书,欲附南京递,府官不敢受,乃令其子恕,持至登闻鼓院投进。恕素愚懦,徘徊不敢投。久之,东坡出狱。其后东坡见其副本,因吐舌色动。久之,人问其故,东坡不答。其后子由亦见之,云:"宜吾兄之吐舌也,此时正得张恕力。"或问其故。子由曰:"独不见郑崇之救盖宽饶乎?其疏有云:上无许、史之属,下无金、张之托。此语正是激

---

[1]〔明〕石星:《尽言集序》,《四部丛刊续编·元城先生尽言集》卷首,上海涵芬楼影印明隆庆覆宋刊本。

宣帝之怒尔。且宽饶正以犯许、史辈有此祸，今乃再诈之，是益其怒也。"且东坡何罪？独以名太高，与朝廷争胜耳。今安道之疏乃云"其实天下之奇材也"，独不激人主之怒！时急救之，故为此言矣。仆曰："然则，是时救东坡者宜为何说？"先生曰："但言本朝未尝杀士大夫，今乃开端，则是杀士大夫自陛下始，而后世子孙因而杀贤士大夫，必援陛下以为例。神宗好名而畏义，疑可以此止之。"[1]

这段马永卿与刘安世关于苏轼遭遇"乌台诗案"的对话，发生的时间虽然已是徽宗崇宁年间，但至少透露出以下一些值得注意的信息：第一，当元丰二年"乌台诗案"发生时，刘安世是知道并且特别关注的，故有"东坡下御史狱，天下之士痛之，环视而不敢救"的深刻记忆。第二，张方平（安道）致仕以后居于陈州，为苏轼打抱不平，愤然上疏，力辩苏轼出于报国之忧而讽喻新法流弊，即使有言语欠妥的问题，也应该从爱惜人才的角度，予以宽恕。奏折写好后的投递过程，刘安世叙得如此详细，表明其对事态的进展时刻保持着关注。第三，述说苏轼、苏辙兄弟看到没有投递出去的奏章，有着同样的"庆幸"的表情，因为他们清楚，如果怒气未消的神宗此时看到张方平的奏章，必定是火上浇油，起到"激人主之怒"的反作用。今查张方平《乐全集》，保存有《论苏内翰》全文，其中不仅有"其文学实天下之奇才"语，而且还说："诗人之作，其甚者至指斥当世之事，语涉谤黩不恭，亦未闻见收而下狱也。"[2]这些话肯定会刺激神宗不喜欢听到指责新法弊病的声音的敏感神经。第四，在刘安世看来，苏轼遭遇的牢狱之祸，根本是无罪可言的，只是因为其名气太大，又有与变法者争胜之心，出位多言，才成为新法派和台谏官员的众矢之的。第五，马永卿请教当时的援救之策，刘安世告之以当从劝神宗不要开启杀贤士大夫的先例，

---

1 〔宋〕马永卿编，〔明〕王崇庆解：《元城语录解》卷下，《四库全书·子部·杂说类》，第863册，第387—388页。
2 〔宋〕张方平：《乐全集》卷二十六，《四库全书·集部·别集类》，第1104册，第272页。

以免破坏祖宗所定规矩的角度说，这会让好名而畏义的神宗不愿承担历史恶名，也许会达到援救的效果。

当时身为地方僚吏的刘安世，对苏轼之名是早有耳闻的，并且清楚其因为反对王安石力推的熙宁变法而遭遇了震动朝野的诗案，由此进一步加深了对苏轼的印象与了解。这无疑为接下来彼此相识结缘打下有利基础。

两人的交集，始于元祐之初分别从地方还朝，一起在京城共事。而促使他们走近的重要人物，正是对两人都非常了解和器重的司马光。司马光被召还朝为相，首废新法，天下更新求治，急需人才。苏轼《司马温公行状》云："公以为：'治乱之机，在于用人，邪正一分，则消长之势自定。每论事，必以人物为先，凡所进退，皆天下所谓当然者，然后朝廷清明，人主始得闻天下利害之实。'"[1]他以区分正邪为首要标准，大力举荐一批被新法派势力排挤或者贬谪到地方任职的士大夫，其中就包括苏轼与刘安世。前引马永卿编的刘安世《行录》载，刘安世入朝以后，司马光曾当面问过，是否知道自己何以要举荐他。刘安世回答说，因为是门生故旧。司马光马上纠正说，不是这个原因，而是自己在洛阳闲居时，刘安世经常致书请益，而当其身为宰相，却很少见刘安世有书信文字。这表明刘安世轻视权势，不为利诱，所以因其人品可靠而保荐。司马光曾于熙宁变法之初，在神宗面前谈论过自己与王安石对苏轼的评价，其事具载于《续资治通鉴长编·熙宁三年八月乙丑》。司马光向神宗解释自己请求到地方任闲职的政治背景时，特别举苏轼为例说："今忤安石者如苏轼辈，皆毁其素履，中以危法。"神宗又言："苏轼非佳士，卿误知之。鲜于侁在远，轼以奏稿传之；韩琦赠银三百两而不受，乃贩盐及苏木瓷器。"光曰："凡责人，当察其情。轼贩鬻之利，岂能及所赠之银乎？安石素恶轼，陛下岂不知？以姻家谢景温为鹰犬，使攻之。"[2]王安石"素恶轼"，对其非议新法更加恼怒，在神宗面前说了他不少坏话，已经完全影响到了神宗对苏轼的看法。司马光极力

---

1 〔宋〕苏轼：《司马温公行状》，《苏轼文集》卷十六，第489页。
2 〔宋〕李焘：《续资治通鉴长编》卷二百十四，第5201—5202页。

辩驳之，以为苏轼的"素履"，乃是王安石出于政治目的的恶意毁伤，其人比谢景温、李定等人高尚许多。因此，神宗在元丰八年去世后，司马光首先举荐了苏轼，使之由汝州团练副使起知登州，由此开启了苏轼元祐年间仕途上平步青云的时代。他在到任登州时专门给司马光写信，表示感谢之意："某即日蒙恩，罪戾之余，宠命过分，区区尺书，岂足上谢。又不敢废此小礼，进退恐栗。"[1]在登州才数日，便以礼部郎中召还，寻迁起居舍人。元祐元年三月，先任中书舍人，随即又擢升翰林学士、知制诰，成为两制的班头。这一年，刘安世由司马光等人举荐，先为正字，继任右正言，与苏轼同在朝中任职。

从现有资料看，他们二人在元祐前几年同朝共事，但直接交往不多，彼此算不上可以交心的朋友。邵博《邵氏闻见后录》云："刘器之与东坡元祐初同朝，东坡勇于为义，或失之过，则器之约以典故。东坡至发怒曰：'何处把上曳得一"刘正言"来，知得许多典故。'或以告器之，则曰：'子瞻固所畏也，若恃其才，欲变乱典常，则不可。'"[2]这段话说得有些不明不白，所谓"东坡勇于为义"，不知这个"义"具体指什么，何以又会与"变乱典常"扯在一起，颇为费解。苏轼对刘安世"知得许多典故"而至于发怒，似乎也与苏轼的为人不侔。结合上下文理解，大约是苏轼草拟制诰有恃其文才而文风比较华丽的特征，这在理学家刘安世看来，不太符合朝廷公文以典实庄重为体的传统要求。作为言官的刘安世或者以某种方式指出过其不符合"典常"，苏轼对此并不以为然。虽然事情的具体情况今天已经难以确考，但他们元祐初同朝共事，曾因工作中的细故而产生某种小的龃龉，彼此间的印象并不太好，这是可以确定的。另据《朱子语类》载："草堂刘先生曾见元城云：'旧尝与子瞻同在贡院。早起洗面了，绕诸房去胡说乱说，被他扰得不成模样，人皆不得看卷子。乃夜归张烛，一看数百副。'"注云："东坡曾知贡举。"[3]苏轼曾在元祐三年知贡举，他一共聘用了二十三

---

1 〔宋〕苏轼：《与司马温公五首》其四，《苏轼文集》卷五十，第1442页。
2 〔宋〕邵博：《邵氏闻见后录》卷二十，第159页。
3 〔宋〕黎靖德编：《朱子语类》卷一百三十，北京：中华书局，1986年，第3116页。

名考务官员,刘安世以右正言的身份参与点检试卷的工作。[1]从朱熹据他人转述刘安世之言看,言辞难免夸张,但可以看出刘安世对苏轼的评价并不好,中间甚至夹杂了一些贬低其工作作风的感情因素。

两人同朝期间,还涉及对著名理学家程颐的批评问题,彼此的态度却颇为相似。程颐因左司谏王岩叟、右正言朱光庭举荐,于元祐二年初以布衣为侍讲,获得亲近皇帝的机会。元祐三年刘安世为右正言,便多次弹劾程颐,谓其与欧阳棐(欧阳修之子)、毕仲游(苏门人士)、孙朴、杨国宝数人,"交结执政子弟,参预密论,号为死党。缙绅之所共疾,清论之所不齿"。[2]"欧阳棐自来与程颐、毕仲游、杨国宝、孙朴交结执政吕公著、范纯仁子弟,缙绅之间号为五鬼。又与王存系正亲家,附会权势,不畏公议。"[3]他虽然主要弹劾的是欧阳棐,但对程颐也极为厌恶,称其为交结执政子弟的"五鬼"之一,与理学家征圣宗经的道貌岸然形象完全不符。而苏轼与程颐交恶,大约始于司马光尽废新法而苏轼与之争议,以及后来司马光去世苏轼前往其府中凭吊,程颐秉持所谓"古礼",苏轼却不以为然,彼此产生了嫌隙。这种矛盾,被追随司马光的洛党人士及程颐弟子贾易等人记恨于心,利用其身居台谏的职务之便,在苏轼还朝以来所作制敕、策题等文字中百般"挑刺",弹劾其讥讽前朝之政,甚至涉及神宗本人。苏轼曾在给哲宗及太皇太后高氏的奏状中述及此事的由来:"及陛下即位,起臣于贬所,不及一年,备位禁林,遭遇之异,古今无比。臣每自惟昆虫草木之微,无以仰报天地生成之德,惟有独立不倚,知无不言,可以少报万一。始论衙前差顾利害,与孙永、傅尧俞、韩维争议,因亦与司马光异论。光初不以此怒臣,而台谏诸人,逆探光意,遂与臣为仇。臣又素疾程颐之奸,未尝假以色词,故颐之党人,无不侧目。"[4]所谓"程颐之奸",应该就是指刘安世所说的交结执政子弟、参与朝廷要事私议、朋比为党等言行表现。他

---

1 〔宋〕李焘:《续资治通鉴长编》卷四百八李焘自注,第9922页。
2 〔宋〕李焘:《续资治通鉴长编》卷四百十,第9987页。
3 〔宋〕李焘:《续资治通鉴长编》卷四百十一,第9997—9998页。
4 〔宋〕苏轼:《杭州召还乞郡状》,《苏轼文集》卷三十二,第913页。

又在一份乞郡的奏章中说："臣与贾易本无嫌怨，只因臣素疾程颐之奸，形于言色，此臣刚褊之罪也。而贾易，颐之死党，专欲与颐报怨。"[1] 苏轼被台谏揪住不放，无法安于朝廷，其根源乃是苏轼对程颐的厌恶，并且在给皇帝的奏折中毫不讳言此事。邵博对苏轼、刘安世同恶程颐，有记述评议云：

> 刘器之论曰："程颐、欧阳棐、毕仲游、杨国宝、孙朴交结执政子弟，搢绅之间号五鬼。"又曰："进言者必曰五鬼之号，出于流俗不根之言，何足为据。臣亦有以折之，方今士大夫无不出入权势之门，何当尽得鬼名？惟其阴邪潜伏，进不以道，故程颐等五人独被恶声。孔子曰：'吾之于人也，谁毁谁誉？如有所誉，其有所试矣。'盖人之毁誉，必以事验之。今众议指目五人，可谓毁矣。然推考其迹，则人言有不诬者，臣请历陈其说，若程颐则先以罪去"云云。苏子瞻奏则曰："臣素疾程颐之奸，形于言色。因颐教诱孔文仲，令以私意论事，为文仲所奏，颐遂得罪"，云云。又子瞻为礼部尚书，取伊川所修学制，贬驳讥诋略尽。如苏子瞻、刘莘老、孔文仲、刘器之，皆世之君子，其于伊川先生不同如此，至斥党锢，则同在祸中。悲夫！[2]

所举四人中，刘挚（字莘老）、孔文仲，皆有弹劾程颐奏章，孔文仲称程颐为"五鬼之魁"，俨然是五人中的领衔人物。尽管苏轼、刘安世、程颐三人后来都被蔡京等人列为元祐党人，但程颐从来就不是苏轼与刘安世的真正同路人。

苏轼与刘安世的再次直接交往，是到了苏轼即将走向生命尽头的建中靖国元年，他们在二人都从岭海北归途中相遇。施宿《东坡先生年谱·建中靖国元年》载："正月，先生自韶至南雄，度岭，经行南安，与刘安世器之相遇，同舟至江州，同游庐山。"[3] 孔凡礼《苏轼年谱》将两人在南安相遇

---

[1]〔宋〕苏轼：《再乞郡札子》，《苏轼文集》卷三十三，第930页。
[2]〔宋〕邵博：《邵氏闻见后录》卷二十二，第170—171页。
[3] 王水照编：《宋人所撰三苏年谱汇刊》，第97页。

的时间确定为正月九日,且谓苏轼"时已精力不济,鬓发并脱",引《朱子语类》之说以为证据。《朱子语类》卷一百三十载:"草堂刘先生尝见元城,云:'在赣上相会,(苏轼)坐时已自瞌睡,知其不永矣。'"[1]尽管此时身体状况已经不好,但苏轼自韶州、南雄(今韶关市、南雄市)翻越大庾岭而到达南安,在这里与曾谪知南安军的刘安世意外相逢,非常高兴。两人在这里做短暂停留,一起先到赣州,后又一同乘船抵达江州(今江西九江市),还结伴游览了庐山。邵博对他们的南安之遇有如下记录:"元符末,东坡、器之各归自岭海,相遇于道,始交欢。器之语人云:'浮华豪习尽去,非昔日子瞻也。'"[2]邵博认为苏轼与刘安世此时相遇"始交欢",当是依据刘安世此时对苏轼的评价,以及苏轼留下的与刘安世往还相关诗文所表达的内容和情感倾向得出的结论。刘安世认为这次见到的苏轼,已经褪去了之前(元祐前期)的"浮华豪习",似乎老成淡泊了许多。由此可以反证当年其对苏轼的印象并不好,评价也不高,苏轼也对这位具有理学渊源的言官没有多少好感,对其评价自己的制诰文字并不完全认同,故两人虽然同朝共事却缺乏密切交往的内生动力,这是两人之前关系淡薄很重要的原因。

  两人来到赣州,时任知州是苏轼在元祐时期知杭州时就结识了的友人江公著(字晦叔)。他们在此停留了一段时间,苏轼作有《次韵江晦叔二首》《次韵江晦叔兼呈器之》等诗。前诗施注云:"江晦叔,名公著,桐庐人,东坡守杭,赋诗送晦叔知吉州……坡以建中靖国元年正月至虔,寓丰乐禅院。太守乃霍大夫汉英。晦叔继来为守,以二月十九日交事。坡留至春晚,始与器之同发。"[3]《次韵江晦叔二首》其一有"幸与登仙郭,同依坐啸成"之句,施注谓"指刘器之、江晦叔"。《次韵江晦叔兼呈器之》有"归来又见颠茶陆,多病仍逢止酒陶"之句,苏轼于两句下分别有自注云:"往在钱塘,尝语晦叔,陆羽茶颠,君亦然。""陶渊明有《止酒》诗,器之

---

1 孔凡礼:《苏轼年谱》卷四十,第1376—1377页。
2 〔宋〕邵博:《邵氏闻见后录》卷二十,第159页。
3 张志烈、马德富、周裕锴主编:《苏轼全集校注·苏轼诗集校注·次韵江晦叔二首》注〔一〕引,第5292页。

少时饮量无敌,今不复饮矣。"[1]刘安世由酒量惊人到滴酒不沾,实与其遭贬岭南直接相关。马永卿《元城语录解》记刘安世自言云:"某初到南方,有一高僧教余言:南方地热,而酒性亦大热,《本草》所谓'大海虽冻而酒不冰'。今岭南烟瘴之地,而更加以酒,必大发疾。故疾之状,使人遍身通黄,此热之极也。故余过岭即断酒,虽遍历水土恶弱他人必死之地,某独无恙,今北归已十年矣,未尝一日患瘴者,此其效也。"[2]他凭借顽强的意志力,度过了贬谪岭南的劫难,回到中原依然身健如常,此不幸中之幸事。

苏轼现存文字可考者,除上述二诗外,尚有作于是年三月四日的《南安军学记》。《南安军学记》文中有云:"轼自海南还,过南安,见闻其事为详。士既德侯(笔者按:指建军学者曹登)不已,乃具列本末,赢粮而从轼者三百余里,愿纪其实。"末署"建中靖国元年三月四日,朝奉郎提举成都府玉局观眉山苏轼书"。[3]则知此文乃是应南安士人所请而作于赣州,时已三月初四。当日寒食,苏轼与刘安世同游赣州南塔寺,作《寒食与器之游南塔寺寂照堂》记其事。诗的首联云:"城南钟鼓斗清新,端为投荒洗瘴尘。"[4]一语双关,指自己与刘安世均遭遇岭海之贬,同是天涯沦落人,有惺惺相惜、感慨不尽之意。故清人汪师韩评此诗曰:"花落木荣,不言人事,而人事之变迁自见。寄慨者深。"[5]又据王文诰《苏诗总案》引《岁时杂咏》,苏轼于此日还作有《和代安世诗》一首:

> 雨过郊原一番新,寻芳车马蹑无尘。普天冷食闻前古,萧寺清游属两人。不作俟期问新历,颇同之问感余春。明年归藉梨花上,应会群贤及四邻。

---

1 〔宋〕苏轼:《次韵江晦叔兼呈器之》,《苏轼诗集》卷四十五,第2446页。
2 〔宋〕马永卿编,〔明〕王崇庆解:《元城语录解》卷上,《四库全书·子部·杂说类》,第863册,第361页。
3 〔宋〕苏轼:《南安军学记》,《苏轼文集》卷十一,第374页。
4 〔宋〕苏轼:《寒食与器之游南塔寺寂照堂》,《苏轼诗集》卷四十五,第2446页。
5 张志烈、马德富、周裕锴主编:《苏轼全集校注·苏轼诗集校注·寒食与器之游南塔寺寂照堂·集评》,第5298页。

王文诰加按语云:"此诗诸本不载,《查注》收入续采诗中。玩此诗,似是公作。今附载案中。"[1]不知《代安世诗》为谁所作,苏轼赓和之而有此诗。观诗意,两人游寺,盖记其实。末联表达期会明年在梨花盛开的春季,再与群贤相聚的美好愿望,流露出苏轼对刘安世的真切感情。

三月十五日,苏轼邀约刘安世山行,诳言造访玉版长老,刘安世喜谈禅,欣然应之。他们行至廉泉寺,烧竹笋而食之,引出一段趣事。清人查慎行《苏诗补注》载:"《苕溪丛话》:东坡尝与刘器之同参玉版和尚,器之欣然从之,至廉泉,烧笋而食。器之觉笋味胜,问:'此何名?'曰:'名玉版。此老僧善说法要,令人得禅悦之味。'于是器之方悟其戏。坡作偈云云。此谓尽用禅家语形容,可谓善于游戏者也。"[2]查氏所称"偈",实乃苏轼《器之好谈禅,不喜游山,山中笋出,戏语器之可同参玉版长老,作此诗》,诗云:

丛林真百丈,法嗣有横枝。不怕石头路,来参玉版师。聊凭柏树子,与问箨龙儿。瓦砾犹能说,此君那不知。[3]

诗语看似平白,但句句借用佛典,以此形成游戏三昧的表达特色。黄庭坚评此诗云:"此老于《般若》横说竖说,百无剩语,非其笔端有舌乎!"[4]由此可以看出,苏轼虽然身体已经比较虚弱,但其与刘安世出游,仍然诗兴盎然,并且其诙谐幽默的个性跃然纸上。关于苏轼说刘安世喜谈禅,亦见于马永卿所作《元城语录》:

仆又问:"东坡称先生喜谈禅,何也?"先生曰:"非也。北归时,与东坡同途,极款曲,故暇日多谈禅。某尝患士大夫多以此事

---

1 〔清〕王文诰:《苏文忠公诗编注集成总案》卷四十五,第1032页。
2 〔清〕查慎行:《苏诗补注》卷四十五,《四库全书·集部·别集类》,第1111册,第877页。
3 〔宋〕苏轼:《器之好谈禅,不喜游山,山中笋出,戏语器之可同参玉版长老,作此诗》,《苏轼诗集》卷四十五,第2447—2448页。
4 〔清〕查慎行:《苏诗补注·器之好谈禅,不喜游山,山中笋出,戏语器之可同参玉版长老,作此诗》引,《四库全书·集部·别集类》,第1111册,第877页。

为戏。且此事乃佛究竟之法,岂可戏以为一笑之资乎?此亦宜戒。"[1]

这里所谓"戒",并非戒谈禅,而是不能以谈禅为戏,观其与马永卿讨论"参禅"话题可知:"先生尝问仆:'参禅乎?'仆对以亦尝有此事,但未能深得尔。先生曰:'所谓禅一字,于六经中亦有此理,但不谓之禅尔。至于佛,乃窥见此理,而易其名。及达摩西来,此话大行。'"[2]刘安世认为佛教思想与儒家六经思想有相同相通处,这跟苏轼的见解完全吻合。正因为他们的观点相一致,经历了世道沧桑之后的两位老者,在北归路上相逢,都感到格外高兴,故喜欢以"禅"为话题,来讨论人生得失与生死攸关之事。

大约三月下旬,苏轼与刘安世同舟发赣州北行,至吉州永和镇,苏轼作有《永和清都观道士童颜鬓发,问其年,生于丙子,盖与予同,求此诗》,诗中云:"自笑余生消底物,半篙清涨百滩空。"作者自注云:"予与刘器之同发虔州,江水忽清涨丈余,赣石三百里,无一见者。至永和,器之解州先去,予独游清都。"[3]他们在吉州永和镇虽暂时分手告别,但似乎已约定在南康再见。

四月上旬,苏轼抵达南康军,接到孔平仲(字毅父)的书信,在回信中提及刘安世:

中闻常父倾逝,不能一奉慰疏,但荒徼一慨而已。惭负至今。承谕,子由不甚觉老。闻公亦蔚然如昔,不肖虽皤然,亦无苦恙。刘器之乃是铁人。但逝者数子,百身莫赎,奈何!奈何![4]

常父乃孔武仲之字,为孔平仲之兄。苏轼闻知其死讯,很伤感。联想

---

1 〔宋〕马永卿编,〔明〕王崇庆解:《元城语录解》卷上,《四库全书·子部·杂说类》,第863册,第359页。
2 〔宋〕马永卿编,〔明〕王崇庆解:《元城语录解》卷上,《四库全书·子部·杂说类》,第863册,第362页。
3 〔宋〕苏轼:《永和清都观道士童颜鬓发,问其年,生于丙子,盖与予同,求此诗》,《苏轼诗集》卷四十五,第2451页。
4 〔宋〕苏轼:《与毅父宣德七首》其六,《苏轼文集》卷五十七,第1719页。

到近期数位故旧已逝，生出"百身莫赎"的沉重感慨。从孔平仲的信中，得知弟弟苏辙近况，差可告慰。提及这次北归相遇的刘安世，苏轼觉得他的体魄康健，完全不像是经历蛮荒贬谪生活的人，故以"铁人"称美之。

南康军的长官乃苏轼故友刘恕之子刘羲仲（字壮舆），苏轼在此盘桓数日，与之叙旧甚欢。在这里他与刘安世再聚，两人相约同游庐山。游完庐山，再回刘羲仲的官舍，苏轼为其作《刘壮舆长官是是堂》诗，并为其《文编》作题跋。苏轼与刘安世应该是在游完庐山后分别的，到此，结束了他们自南安相遇一路走来的行程。苏轼回到常州后不久就去世了，这次相遇同行，成为二人一生交往中最后的也是唯一的一次面晤。

第三节　关于苏轼《与刘器之二首》其一写作时间辨析

在以明人茅维所编《苏文忠公全集》为底本进行整理点校的《苏轼文集》卷五十六里，收录有《与刘器之二首》，第一首署为黄州作。王文龙先生认为乃苏轼元丰七年作于黄州。以下一段注释可以视为其认定此信写作时间的理由：

> 本书云："轼拜呈《方丈铭》一首"，考此《方丈铭》，即本集卷十九《大别方丈铭》，该铭作于元丰七年三月，故本书约作于同时。[1]

据此说，则苏轼这封书信的写作时间应在元丰七年三月及稍后。其判断的唯一依据是《大别方丈铭》的写作时间，因为信中提及将此铭呈送给刘安世：

> 辱书，极论内外丹事，劣弟初不及此，受赐多矣。轼拜呈

---

[1] 张志烈、马德富、周裕锴主编：《苏轼全集校注·苏轼文集校注》卷五十六《与刘器之二首》其一注［一］，第6171—6172页。

《方丈铭》一首,更告与敲琢。¹

关于《大别方丈铭》的写作时间,检周裕锴先生对该文的"题注"云:"约于元丰七年(一〇八四)三月作于汉阳(今属湖北省)。案,清乾隆刻本《汉阳县志》卷三〇《方外·寺观附》云:'太平兴国寺,在县北大别山下。唐建。宋太平兴国中奉敕重建,因名。元丰时,苏轼自黄州诏还,游此,作方丈铭,僧刻于石。今毁。'据此可知,苏轼所铭方丈,即在大别山下太平兴国寺。上引县志一段文字后,即附载苏轼此铭,题为《太平兴国寺方丈铭》。又据县志,此铭乃轼自黄州诏还时所作。考苏轼行迹,此'诏还'当指元丰七年量移汝州。轼于四月初离黄,故此铭当作于三月间。文集卷六一有《与大别才老三首》,俱作于黄州,可参见。此铭当为应大别才老之请而作。"²

循着该"题注"所提供的线索,再检苏轼《与大别才老三首》,江裕斌先生认定三封书信皆为苏轼元丰七年夏秋时所作。³而苏轼在第一封书信中有"专人来,辱书"之语,第二封书信中有"昨日辱访,冗迫,未遑诣谢,领手教"之语,第三封书信有"禅师超然绝俗,乃肯惠顾,此意之厚,如何可忘"之语。⁴可知这位大别才老先是于夏天派专人送信给苏轼,其中的内容,包含了希望方便时前往相见之意,然后才是秋天造访苏轼于黄州贬所,再后来是才老回寺以后致信苏轼,告之平安到达。在这一段书信与见面交往过程中,必有对方请苏轼为其方丈作铭的话题,故苏轼深感于对方在其"衰疾无状,众所鄙弃"处境下主动造访的诚意,为之写作了《大别方丈铭》。

台湾学者李常生在其所著《苏轼行踪考》一书中,对苏轼写作《大别方丈铭》的时间有如下说法:"大别山太平兴国寺方丈才老曾至黄州访苏轼,苏轼或因邀至大别山太平兴国寺一游,并撰《大别方丈铭》。"⁵

----
1 〔宋〕苏轼:《与刘器之二首》其一,《苏轼文集》卷五十六,第1667页。
2 张志烈、马德富、周裕锴主编:《苏轼全集校注·苏轼文集校注》卷十九《大别方丈铭》注〔一〕,第2213—2214页。
3 张志烈、马德富、周裕锴主编:《苏轼全集校注·苏轼文集校注》卷六十一,第6809—6810页。
4 〔宋〕苏轼:《与大别才老三首》,《苏轼文集》卷六十一,第1896—1897页。
5 李常生:《苏轼行踪考》第十二章"贬谪黄州",新北:城乡风貌工作室,2019年,第129页。

综合以上研究，大致可以得出如下结论：《大别方丈铭》为苏轼元丰七年在即将离开黄州时所作，应该是可信的。至于是否受邀游过大别寺，或者系其被"召还"量移汝州行踪所至而作，则不能确定。从铭文中"我观大别"云云，其实不宜坐实理解为苏轼"观察"大别寺的地理位置，而是作者借用佛语而作"观"论，阐述佛教的四大皆空思想，与他是否亲临寺庙并无多少直接关系。

现在回头讨论苏轼写给刘安世这封书信的具体时间。之所以要讨论这一问题，是因为涉及苏轼与刘安世交往的起始时间在何时，这与本文考察的内容关系密切，且相当重要。

本章第二部分对苏轼与刘安世二人的交往情况已经做了深入考察，结论是他们在元祐以前没有交往的可能；元祐时期虽然同朝共事，但彼此的印象并不好，缺乏密切交往的动力；直至建中靖国元年，两人从岭海北归，才在南安意外相遇，面晤及一起游玩相处甚欢。而王文龙认为苏轼《与刘器之二首》其一作于被贬黄州的元丰七年，笔者认为其找出的依据缺乏说服力，且其推断的逻辑也是存在问题的。

首先，虽然《大别方丈铭》为苏轼元丰七年在黄州作，但并不能简单依据苏轼与刘安世的书信中言奉呈该铭，从而判定书信的写作时间与之同，因为苏轼在与朋友的文字交往中，多有将旧作抄录奉赠的情况，特别是将那些得意之作，反复多次抄赠友人。现存的例子，便是苏轼在与刘安世的另一封书信中，谈到经过赣州时钱毂（字志仲，王文诰认为其时任江南西路监司或者漕运之职）求苏轼所作杂诗，苏轼自己拿主意，抄写了旧作《广成子解》，委托刘安世转交。[1]

其次，刘安世于熙宁六年考中进士时，苏轼已经离开京城，辗转在地方任职。中间除元丰二年被逮捕投入御史台监狱踏上过京师的地皮以外，从未有机会回到京城任职，直到元丰八年神宗去世，哲宗即位，太皇太后高氏垂帘听政掌权。不管刘安世考取进士以后是否去洛阳投师司马光，他

---

[1]〔宋〕苏轼：《与刘器之二首》其二，《苏轼文集》卷五十六，第1667页。

与苏轼都没有打交道的机会。尽管在苏轼遭遇"乌台诗案"时刘安世时刻关注着事态的发展，但既然两人无缘结识，他也不会主动致书给远在黄州贬所的苏轼，苏轼又将所作《大别方丈铭》奉呈。通常情况下，要么属于朋友，要么是同样具有文学爱好，苏轼才会以自己的作品相赠，而苏轼与刘安世此时无缘结识，彼此完全不了解，就有主动以作品相赠的举动，是不太可能的。即使到了元祐时期，两人同朝为官，彼此也没有什么好感，这证明他们以前并无交往基础。

再次，关于苏轼的生平履历，自南宋以来就有施元之父子、傅藻、顾禧、王宗稷等人加以全面研究，撰成不止一种年谱，宋人笔记记录苏轼履迹和轶事者甚多，为后世了解苏轼事迹提供了权威依据。宋代以后，由于历代文人对苏轼的崇敬不断升温，研究其生平事迹，对其诗文集进行编纂、注解者从未间断，直到近现代，这种研究都热度不减，其中最负盛名者，如王文诰《苏文忠公诗编注集成总案》、孔凡礼《苏轼年谱》，均没有揭示出苏轼在元丰七年与刘安世有任何交往的痕迹。既然二人根本没有交往，那么彼此的书信往来就是不可能存在的。

最后，该信中谈到对方"极论内外丹事"，而从今天可以见到的有关刘安世的文献资料，都没有发现其对炼丹术感兴趣的记载，更不要说主动推荐给别人使用了。从刘安世的为学经历及其学术成就看，他是一个名副其实的理学家，在儒家经典研究方面颇有造诣，尤其推崇孟子，一生以"诚"为依归，步趋起坐，皆是较为典型的理学家做派，其与道家所热衷的炼丹术，是根本不搭界的。他自己也承认喜欢谈禅，认为佛理与孔孟之道相通，前已论及。马永卿《元城语录》载："先生云：'安世寻常未尝服药。方迁谪时，年四十有七。先妣必欲与俱，百端恳罢，不许。安世念：不幸使老亲入于炎瘴之地，已是不孝，若非义，固不敢为父母。惟其疾之忧，如何得无疾？只有绝欲一事。遂举意绝之，自是逮今，未尝有一日之疾，亦无宵寐之变。'"[1]故说刘安世三十多岁时就在信中向苏轼极力推荐练内外

---

[1] 〔宋〕马永卿编，〔明〕王崇庆解：《元城语录解》附《行录》，《四库全书·子部·杂说类》，第863册，第397页。

丹之事，是不太可能的。

从以上分析看，此信可能并非苏轼元丰七年写给刘安世的。至于何时所作，且是否为写给刘安世的，有理由引起怀疑。如果不是写给刘安世，又是写给谁的，中间的错误又是怎样发生的，有待研究者进一步弄清其真相。

第四节 "铁人"与"非随时上下人"

苏轼在与孔平仲的通信中称刘安世为"铁人"，后来也有文献记录了苏轼对刘安世的这一评价，如邵博《邵氏闻见后录》云：

> 至元符末，东坡、器之各归自岭海，相遇于道，始交欢。器之语人云："浮华豪习尽去，非昔日子瞻也。"东坡则云："器之铁石人也。"[1]

邵博的记载，显然源自苏轼对刘安世的评价，但由于脱离了苏轼原话的语境，就容易引起歧义，让人觉得是苏轼对刘安世立身处世的总体评价。清人王文诰就对此提出异议，反驳邵博之说："公与安世放还独在后，故辗转相遇于虔。公以其屡脱于死，故云'器之，铁人也'。邵博因此语附会为器之铁石人，若公叹赏其风节者然，即妄为轩轾矣。《东都事略》断安世嫉恶太甚，贻患国家，朋党之祸，遍于四海，以重天下之不幸。其独归咎安世若此，是其人毫不足取。而当时犹视安世为掀天震地者，皆洛中卑鄙之见也。"[2] 王文诰非议邵博，完全依据《东都事略·刘安世传》王称的一段议论，其言云："臣称曰：君子小人不两立。君子必恶小人，而小人必忌君子，此朋党之论所以兴也。盖君子不幸而为小人所间，不能深思远虑，优游浸渍，以消小人之势；而痛心疾首，务以口舌争之，事激势变，遂成朋党之祸。方元祐之际，朝多君子，如安世，忠直有余矣，特疾恶太甚，以

---
[1] 〔宋〕邵博：《邵氏闻见后录》卷二十，第159页。
[2] 〔清〕王文诰：《苏文忠公诗编注集成总案》卷四十五，第1031—1032页。

激小人之怨。及章惇得志，而流毒搢绅，贻患国家，朋党之祸，遍于四海，贤人君子，流放窜逐，无有遗类。乌乎！天下不幸，小人窃君之权，使生民受敝，社稷有可忧之渐，则为君子者，宜求其所以胜小人之术，而无务于力争，启其狼戾不肖之心，以重天下之不幸，庶几其有济也。"[1]

王称对刘安世"疾恶太甚"的批评，其实未必合理，而将元祐之后朋党之祸的责任完全归咎于刘安世，更不公平。刘安世担任言官，其职责就是弹击驳正。他确实对一大批执政官员进行了弹劾，有的甚至奏疏二十上，紧追不舍，所以被当时士大夫目为"殿上虎"，对不少官吏形成了巨大震慑。在其所弹劾的官员中，有新法派，也有元祐用事大臣，可见其并非以派别画线。"疾恶"只要是出以公心，依据事实，没有太甚的问题。刘安世曾感慨元祐士大夫"太软"，如果所有人都畏葸禁言，不敢对不法行为进行揭露批判，那将是一种什么世道？再说，北宋的党争问题，在仁宗甚至更早的太宗时就已经存在，往后越演越烈，熙宁变法、元祐复辟、绍圣绍述、崇宁党禁，党派斗争从未间断。没有刘安世，这种斗争依然会进行。为何要把刘安世"疾恶"与绍圣、崇宁对元祐士大夫的清剿扯上因果关系？

明于此，王文诰据之以反驳邵博之论，也就显得有些不得要领了。邵博的话容易引起歧义，但断然认为刘安世为人"毫不足取"，且以为是洛党人士的"卑鄙之见"，则有些违背事实。记录刘安世生平事迹的几部南宋官修史书，均对其立朝刚正不阿，敢于挑战权势给予高度肯定，岂能把这些都归结为洛党的"卑鄙之见"？

苏轼信中之言，是在感叹刘安世历经磨难而身体仍然很健朗，但如邵博那样将此评价加以泛化，用来称道刘安世为人的刚正气节，也并非全无凭据。从苏轼与刘安世在南安相遇而"交欢"的情形看，他们之间的好感不断增强，自然少不了意气相投的惺惺相惜。据马永卿《元城语录》记载："某（刘安世）之北归，与东坡同途，两舟相衔，未尝三日不相见。"[2] 可见彼此交

---

1 〔宋〕王称：《东都事略》卷九十四，《四库全书·史部·别史类》，第382册，第614页。
2 〔宋〕马永卿编，〔明〕王崇庆解：《元城语录解》卷下，《四库全书·子部·杂说类》，第863册，第388页。

往之密切。即使是在元祐时期的同朝共事过程中，尽管苏轼对刘安世批评其制敕文字未必很赞同，但刘安世这种直言不讳、无所回护的精神品格，苏轼在心里应是认可的。因此，苏轼称刘安世为"铁人"，其中包含了对此人人品气节赞誉的意味，不然，他们就不会那样一见如故，引为知己了。

事实上，虽然刘安世对苏轼的评价有一个前后变化的过程，但刘安世最为重视的，则是苏轼为人之"大节"。马永卿曾记录刘安世评价苏轼之言：

> 先生因言及东坡先生，曰："士大夫只看立朝大节如何，若大节一亏，则虽有细行，不足赎也。东坡立朝大节极可观，才意高广，惟己之是信。在元丰，则不容于元丰，人欲杀之；在元祐，则虽与老先生议论亦有不合处，非随时上下人也。"[1]

在刘安世眼中，苏轼属于北宋时代为数不多的不软弱的士大夫。他在新法推行期间，勇于用诗歌艺术表达的形式，对其中的流弊进行讽喻，希望引起皇帝及执政者的注意，及时予以纠正，最终遭遇了改变其仕途命运的"乌台诗案"，坐牢、贬官，差一点丢了性命。元祐初年，他因司马光的极力推荐，被快速提拔任用，进入到朝廷政治权力的核心圈层。但他并未因此而事事"惟温是从"，反倒是在免役法废存上与之激烈争辩，坚持自己认为不宜废除此法的明确意见，不惜得罪司马光及其大批追随者。他因此而遭到这些身处台谏的官员们围攻，无法安居于朝，只得请求外任。刘安世虽然是司马光的学生，终身保持着对这位"老先生"的崇敬，但其对于苏轼与司马光议论"不合"，却给予充分肯定，认为士大夫立朝就应该如此，是"大节"不亏的可贵品格，值得尊敬。他在北归途中见到苏轼，得出的总体印象是"非昔日之子瞻"，认为其经过人生磨难，浮华豪习蜕尽，而磊落气节更加彰显。这当然是经受过同样磨砺而精神如铁的刘安世所高度欣赏的了。

---

[1] 〔宋〕马永卿编，〔明〕王崇庆解：《元城语录解》卷上，《四库全书·子部·杂说类》，第863册，第359页。

后　记

　　苏轼一生喜欢交际，这既为其外向型性格所决定，也是其从事文学艺术创作、学术研究，追求人生理想等事业的主客观需要。苏学研究著名专家王水照先生在其所著的《北宋三大文人集团》的"结束语：后苏东坡时代"部分谈到北宋三大文学群体形成的内外动因时指出："作家个体自发的社会化要求，呼唤着文学群体的孕育诞生，而文学群体又促成个体的社会化得到发展和实现。"宋代曾形成钱（惟演）幕僚佐集团、欧（阳修）门进士集团、苏（轼）门"学士"集团，引起人们对北宋文学创作及文人"组团"现象的关注，进一步放大到这个时代的政治、文化等更广阔层面加以观察，会发现其中具有与之类似的结盟形态和显著特征。

　　我对苏门文人群体的研究，始于20世纪90年代前期完成《苏轼人格研究》（四川大学出版社，1994年出版）之后。当用文化学的研究方法对苏轼作为宋代最具典型性的文化巨人所取得的众多成就进行梳理、总结后，我进一步坚信前人早已注意并且做出过精辟论述的一个基本观点，即苏轼文化现象不是孤立于历史、时代、社会等因素之外而突然出现的，而是优秀传统文化的累积孕育、时代多种有利条件、社会经济发展等综合因素在苏轼身上叠加累积、综合反应的结果。这符合马克思历史唯物主义的基本原理，也是社会发展规律在宋代文化史上的集中表现。

　　那么，在众多使苏轼成功摘取宋代文化桂冠的催化因子中，苏轼的交游，即那些与苏轼或出于共同的文学艺术爱好，或因为相同相近的政治观念而与之走得很近的友人们，在其中发挥了什么积极作用，扮演了何种"助攻"的角色，就是值得去进一步探索的问题。于是，1996年我申报了四川省社科规划课题《苏轼与苏门人士文学概观》，2001年又申报了四川省教育厅重点科研课题《苏轼与苏门文人集团研究》，打算对苏门文人集团的形成过程、构成成员、创作特征、艺术风貌及其与历史传承、时代社会因素的关联性等相关问题做系统考察研究，试图对上述问题给出学理性、规律性解答。《苏轼与苏门人士文学概观》被收入"三苏文化丛书"十二种之一，于2001年由四川文艺出版社出版。《苏轼与苏门文人集团研究》却因为自身工作变动等原因，原先的研究思路和进展程度都受到一定影响，最终全书由"苏轼论""苏轼与苏门人士论""附录一""附录二"四部分构成，于2010年由四川人民出版社出版。两个课题互相关联，但又各有侧重。前者偏重于做"鸟瞰"似的宏观扫描，后者偏重于进行"个案"研判，特别是苏轼与众多苏门人士的交往，时间、场景、进程、结局都不相同，必须逐个进行"解剖"，才能够在"大结构"中看清"小细节"。只有弄清了诸多"小细节"，苏门文人集团"大结构"的基础才会更加牢固，内设才更明朗，"鸟瞰"所得到的印象认知才具有可信性与说服力。

在《苏轼与苏门文人集团研究》准备出版时，我在前面写了一篇短小的"出版弁言"，其中有这样一句话："迄今为止，苏轼与苏门人士的相关研究对我而言并未结束，日后还会选择自己感兴趣的其他对象与话题进行研究。"在此后的十多年里，我一直没有停止对苏轼与友人交游的研究，而选择的对象则逐渐由苏门人士转向了苏轼与前辈和平辈关系的个案研究，包括苏轼与父亲苏洵的文风、经学、史学关系，苏轼与"庆历四杰"交往及其政治品格受到的多方面塑造，苏轼与政坛先达诸公的交往共性与差异，苏轼与宋神宗、哲宗时期同辈友人的交谊深厚程度及其复杂原因等，积累形成了一批新的研究成果。

习近平总书记2022年6月来四川，专门视察了眉山三苏祠，对三苏文化做出高度评价，把弘扬以三苏文化为代表的优秀传统文化，提升到增强民族文化自信的新高度来认识，并且要求发掘好其对新时代文化建设有用的当代价值。四川上下备受鼓舞，采取了多项加强三苏文化研究的措施来尽快落实上述精神。2023年，在省委宣传部的组织协调下，"三苏研究院"在四川师范大学正式宣告成立。研究院副院长刘开军教授致电了解我的三苏研究情况，计划将我的这批成果在进一步充实完善后正式出版。我的任务是抓紧完成《苏轼和他的朋友们》的相关工作，为早日出版创造成熟条件。

《苏轼和他的朋友们》由"绪论"和正文十四章构成，除"绪论"外，都是以章节的形式对苏轼与十多位友人的交往情况分别进行考察分析，逐一弄清彼此交往的起讫时间、交往过程、交情变化及这种交往对双方仕途进退、人生经历的复杂影响等。虽然以"个案"研究为全书内容主体，但在研究过程中，我始终把握知人论世的研究原则，注重考察社会政治、经济、文化、风俗等时代因素对双方交往的制约与影响；坚持采用文化学研究方法，把个体研究对象放在文化大视野与时代大背景下加以比较、分析和评判，努力使得出的结论科学公允些。本书涉及的研究对象，跟之前的苏门人士比较起来，是将苏轼的交往群体向上"追溯"，客观上可能具有某些追根溯源的作用，比如没有欧阳修及其主盟嘉祐文坛对苏轼的示范性影响，就不一定会有苏轼主盟元祐文坛、形成苏门文人群体共同缔造北宋文化发展高峰局面的高度自觉与努力。从这个意义上也可以说，本书和《苏轼与苏门文人集团研究》可以构成"姊妹篇"，只是此"妹篇"有些姗姗来迟。

借此机会，首先我要衷心感谢三苏研究院对该书出版提供的有力支持，感谢刘开军教授在此书打磨完善过程中多次提出宝贵建议，感谢刘刚教授在此书编校阶段为我和出版机构做了大量联络协调工作。其次我要感谢三联书店及本书责任编辑在此书审阅出版过程中认真负责，严格把关。最后我要感谢夫人黄永一女士在我长期的学术研究中默默的付出，并在此书各环节所做的技术性支持。

杨胜宽
2024年7月

关于"三苏研究院丛书"

三苏研究院是在四川省委宣传部指导下成立的专注于三苏文化研究阐释、传承弘扬的研究机构。2023年12月15日，三苏研究院正式揭牌成立，设址在四川师范大学。

为深入贯彻落实习近平文化思想和习近平总书记来川视察重要指示精神，推动马克思主义基本原理同中华优秀传统文化相结合，研究院于2024年推出"三苏研究院丛书"。丛书秉承开放原则，坚持学术标准，致力于提供一个坚实的学术平台，通过持续、系统地出版三苏研究精品力作，深入推进三苏研究与三苏文化传承，为中华优秀传统文化的创新性发展和创造性转化贡献一份力量。丛书第一辑有四本专著，分别是周裕锴的《苏海观澜》、蔡方鹿的《三苏与蜀学研究》、杨胜宽的《苏轼和他的朋友们》和马东瑶的《苏轼与苏门六君子》，今后将陆续推出更多作品。

三苏研究院
2024年3月